COLEX READER | COLEX AUDIO

AF818620

COLEX

ACCESO GRATUITO DURANTE UN AÑO AL eBOOK Y/O AUDIOLIBRO **ADQUIRIDOS A TRAVÉS DE AMAZON**

Si ha adquirido este libro a través de **Amazon**, puede solicitar acceso gratuito a su versión digital durante **un año de forma gratuita**. Siga estos pasos:

¿Cómo solicitarlo?

1. Envíe un **correo electrónico a info@colex.es** con el asunto: **«Solicitud de eBook - [Título del libro]»**.
2. **Adjunte la factura de compra** de Amazon como comprobante.
3. Indique en el cuerpo del correo:
   - Su **nombre completo**.
   - Su **dirección de correo electrónico.**
     (para activar su cuenta en **www.colex.es**, si aún no está registrada).
4. **Una vez verificada la compra, recibirá un código de activación** para canjear en www.colex.es

✓ Una vez se valide el código, aparecerá una ventana de confirmación y su eBook y/o audiolibro estará disponible **durante 1 año desde su activación** en la pestaña «Mis libros» en el menú de usuario.

— Para más información y acceso a su código, visite: www.colex.es —

* Los audiolibros están disponibles en las ediciones más recientes de nuestras obras. Se excluyen expresamente las colecciones «Códigos comentados», «Biblioteca digital» y los productos de www.vademecumlegal.es.

No se admitirá la devolución si el código promocional ha sido manipulado y/o utilizado.

HUMANISMO DIGITAL Y PERSPECTIVA DE GÉNERO

La presente publicación recoge los resultados del Proyecto «Repensando el elemento tecnológico en clave de igualdad: hacia el humanismo digital» (31-8ACT-23), concedido por medio de la Resolución de 28 de noviembre de 2023, de la Directora del Instituto de las Mujeres, por la que se resuelve la convocatoria de subvenciones públicas destinadas a la realización de postgrados de estudios feministas y de género y actividades del ámbito universitario relacionadas con la igualdad para el año 2023, bajo la dirección del Prof. Dr. José Luis Domínguez Álvarez.

MINISTERIO DE IGUALDAD

Instituto de las MUJERES

La presente obra, forma parte de los resultados del Proyecto de I+D+i titulado «Desafíos de una administración tributaria más eficaz: Digitalización inclusiva, compliance, y mejoras en seguridad jurídica» (PID2021-126795NB-I00), liderado por la Prof.ª Dr.ª María Ángeles Guervós Maíllo.

MINISTERIO DE CIENCIA, INNOVACIÓN Y UNIVERSIDADES

UNIÓN EUROPEA

FONDO EUROPEO DE DESARROLLO REGIONAL

"Una manera de hacer Europa"

AGENCIA ESTATAL DE INVESTIGACIÓN

HUMANISMO DIGITAL Y PERSPECTIVA DE GÉNERO

Directores
José Luis Domínguez Álvarez
Alicia Rodríguez Sánchez

Coordinadora
Pilar Talavera Cordero

Presentación
Leonardo Cervera Navas

COLEX 2025

Calle Costa Rica, número 5, 3.º B (local comercial)
A Coruña, 15004, A Coruña (Galicia)
info@colex.es
www.colex.es

I.S.B.N.: 978-84-1194-971-2
Depósito legal: C 334-2025

SUMARIO

PRESENTACIÓN

CAPÍTULO I

MENORES, SALUD DIGITAL Y PRIVACIDAD. HERRAMIENTAS Y ESTRATEGIAS FRENTE A LA VIOLENCIA DIGITAL Y EL USO INADECUADO DE LOS MEDIOS TECNOLÓGICOS

José Luis Domínguez Álvarez

CAPÍTULO II

MENORES, INTERNET Y PORNOGRAFÍA: ¿ES LA CARTERA DE IDENTIDAD DIGITAL EUROPEA UNA SOLUCIÓN?

Pilar Talavera Cordero

CAPÍTULO III

DESAFÍOS Y RIESGOS DE LOS MENORES EN EL CIBERESPACIO: TECNOLOGÍA, VIOLENCIA DE GÉNERO Y DISCURSO DE ODIO

Sandra Suárez Castro

CAPÍTULO IV

ANÁLISIS DE LOS CIBERDELITOS: DIFERENCIAS EN LOS PERFILES DE AGRESOR Y DE VÍCTIMA EN EL CASO DE SUJETOS MENORES DE EDAD

Alicia Rodríguez Sánchez

CAPÍTULO V

INVESTIGACIÓN Y PRUEBA DE LOS DELITOS DE TRATA DE SERES HUMANOS CON INTELIGENCIA ARTIFICIAL

Irene González Pulido

CAPÍTULO VI

LA VULNERACIÓN DE DERECHOS FUNDAMENTALES A TRAVÉS DE LA SEXTORSIÓN: REFLEXIONES DESDE EL DERECHO CONSTITUCIONAL

José Luis Mateos Crespo

CAPÍTULO VII

EL CANAL PRIORITARIO DE LA AGENCIA ESPAÑOLA DE PROTECCIÓN DE DATOS COMO INSTRUMENTO PARA COMBATIR LA VIOLENCIA DIGITAL CONTRA LA MUJER

José Javier Sendín González y José Julio López Labajos

CAPÍTULO VIII

INTELIGENCIA ARTIFICIAL Y SUS RIESGOS PARA LOS DERECHOS FUNDAMENTALES DESDE LA PERSPECTIVA DE GÉNERO: UNA VISIÓN CONSTITUCIONAL

Emilio Ferrero García

CAPÍTULO IX

IMPACTO DE GÉNERO EN LA GESTIÓN ALGORÍTMICA: LA SUPERACIÓN DE LOS SESGOS DISCRIMINATORIOS Y DE LAS BRECHAS DIGITALES

Ana Castro Franco

CAPÍTULO X

LA INCORPORACIÓN DE LA IA EN LA PRESTACIÓN DE SERVICIOS ASISTENCIALES CON PERSPECTIVA DE GÉNERO

Paula M.ª Tomé Domínguez

CAPÍTULO XI

CIDADES DIGITAIS E VULNERABILIDADE: UM DESAFIO DE TODOS E, EM PARTICULAR, DOS NOVOS VULNERÁVEIS - OS EXCLUÍDOS DIGITAIS

Isabel Celeste

CAPÍTULO XII

PROPUESTAS PARA SANAR LA BRECHA DE GÉNERO STEM EN LAS AULAS

María Flores Ceballos

CAPÍTULO XIII

LA BRECHA DE GÉNERO EN LA ESTRATEGIA DIGITAL EUROPEA: UN ANÁLISIS DESDE EL DERECHO ADMINISTRATIVO

Juan Francisco Rodríguez Ayuso

CAPÍTULO XIV

OFFLINE NA IGUALDADE: NAVEGANDO NOS DESAFIOS DIGITAIS EM MEIO RURAL: UM ESTUDO EXPLORATÓRIO NO CÔA PARQUE E NO PARQUE NATURAL DA SERRA DA ESTRELA

Helena Antunes

PRESENTACIÓN

El tema de la obra que debo presentar, el humanismo digital, es de vital importancia en un mundo donde la tecnología avanza a pasos agigantados. Es fundamental detenernos y reflexionar sobre cómo estamos incorporando estos avances en nuestra sociedad. Si bien la tecnología tiene el potencial de mejorar nuestras vidas de innumerables maneras, también es importante reconocer que su implementación puede generar desigualdades si no se aborda adecuadamente.

No me malinterpreten. Los avances que tecnologías como la IA podría aportar son considerables. No me opongo al desarrollo de tecnologías que mejoren la calidad de vida y el progreso humano. Pero me preocupan los avances tecnológicos que reducen los seres humanos a meras cifras y aumentan las desigualdades. Si bien la IA promete grandes progresos, como la clasificación automatizada o la búsqueda dentro de grandes conjuntos de datos, también puede acarrear importantes inconvenientes para las personas y la sociedad a través de la amplificación de los sesgos existentes o la creación de unos nuevos.

Los sesgos pueden introducirse deliberada o inadvertidamente en un sistema de IA, o pueden surgir a medida que se utiliza esta tecnología, lo que afecta a la sociedad en general perpetuando y amplificando resultados sesgados y discriminatorios. Ante estos desafíos, y como custodios de los datos personales y la privacidad en la UE, desde el EDPS consideramos que debemos aprovechar los beneficios de la tecnología, pero al mismo tiempo, también creemos que debemos asegurarnos de que estos beneficios no sean a riesgo de perder la dignidad humana. Es lo que hemos venido llamando el «humanismo digital».

El humanismo es una corriente filosófica que surge en Europa en el siglo XV-XVI. Los primeros humanistas, Dante, Petrarca, Erasmus, Juan Luis Vives, Francisco de Vitoria, se atrevieron a imaginar un mundo más bello, más noble y justo que la noche medieval en la que todavía vivían. Esta corriente filosófica promueve la dignidad, la autonomía y la libertad del individuo y sigue muy vigente en nuestros días: de hecho, la UE está profundamente arraigada en ideas humanistas.

Esto se proclama explícitamente en el preámbulo de la Carta de los Derechos Fundamentales de la Unión Europea y se convierte en ley en su artículo 1 que dice que la dignidad humana es inviolable. Debe ser respetado y protegido. Incluso antes del derecho a la vida en su artículo 2.

La primera implementación de este humanismo digital fue el principio de protección de datos por diseño *(«privacy by design»)* incluido en el RGPD. Aplicado de manera más general, esto significa dignidad humana por diseño.

La reciente adopción del Reglamento de IA por parte de la UE es un paso crucial en este camino hacia el humanismo digital. Este Reglamento establece normas claras para el desarrollo y uso de la IA, con el objetivo de proteger los derechos fundamentales de los ciudadanos y promover la equidad en su aplicación. Además, gracias a este Reglamento, en el EDPS no sólo seguiremos cumpliendo nuestro papel como autoridad de protección de datos, sino que también asumiremos nuevas responsabilidades como la autoridad de IA para las instituciones y organismos de la UE, en estrecha colaboración con la Oficina de IA dirigida por la Comisión.

No debemos olvidar que en el centro de nuestro enfoque hacia la IA debe estar el principio del humanismo digital, que nos insta a adoptar una postura proactiva para abordar las implicaciones de protección de datos de la IA. Este enfoque no es incompatible con una visión realista de los retos y la evolución de las sociedades, y, por tanto, que permita la investigación en el ámbito de la IA. No obstante, no podemos obviar que esta tecnología viene acompañada de grandes riesgos, y un buen ejemplo del daño que pueden causar tecnologías que se desarrollan y se aplican de manera deshumanizada es el de las tecnologías de reconocimiento biométrico o facial en espacios accesibles al público.

Si permitimos que nuestras calles, nuestras plazas, nuestras estaciones de tren, nuestros aeropuertos se inunden con cámaras que permitan el reconocimiento facial de todos los transeúntes, de golpe y porrazo y casi sin darnos cuenta, nos habremos cargado el derecho a la anonimidad que ha acompañado a los seres humanos desde el comienzo de nuestra existencia como especie. La humanidad ya no será tan humana nunca más.

Como decía Giovanni Buttarelli, no todo lo que es técnicamente posible e incluso legal se debe tolerar. Hay que reducir a la tecnología a nuestra imperfección humana cuando sea necesario, cuando sea éticamente necesario y no permitir que la tecnología nos deshumanice.

La tecnología tiene que estar al servicio del hombre y no al revés. Ya el considerando 4 de la vieja Directiva de Protección de Datos, la Directiva del año 95, que es prácticamente la primera norma que reguló la esfera digital, lo decía muy claramente: el tratamiento de los datos personales debe ser diseñado para servir a la humanidad. Sin embargo, no debemos temer a la IA; ya es parte de nuestras vidas y continuará influyendo en nuestro futuro. En lugar de resistirla, debemos aceptarla y utilizarla sabiamente. Esto implica que también debemos aprovechar el poder de la educación y la sensibilización para empoderar a las personas y equiparlas con las habilidades necesarias para participar de manera significativa en esta sociedad digital.

La alfabetización digital y ética debe ser una prioridad en todos los niveles de la educación. Al promover la alfabetización digital y ética, estamos capacitando a las personas para comprender y cuestionar críticamente el papel de la tecnología en nuestra sociedad, permitiéndonos abordar sus desafíos éticos y sociales. No obstante, debemos ir más allá de la regulación y trabajar activamente para eliminar los sesgos y prejuicios que pueden estar presentes en las tecnologías existentes. Esto requiere un esfuerzo conjunto de gobiernos, empresas, organizaciones y la sociedad en su conjunto. Es a través de esta cooperación y diálogo que podemos construir un futuro digital que refleje nuestros valores compartidos de justicia, equidad y respeto mutuo.

Uno de los fundadores de la UE, Jean Monnet, ya dijo hace 75 años que el origen de la mayoría de los problemas que experimentó la humanidad en el siglo XX fue la incapacidad de nuestras estructuras de gobernanza para adaptarse a las nuevas realidades causadas por las nuevas tecnologías. Es por eso que Jean Monnet, basándose en los valores humanistas de respeto a la dignidad de la persona, persuadió a las clases políticas de finales de los años 40 y principios de los años 50 a crear una nueva estructura de gobernanza, una estructura supranacional, que condujo a la UE y décadas de paz y progreso material sin precedentes en el mundo.

Este enfoque humanista ha sentado las bases para un enfoque similar en la era digital, el cual nos llama a repensar el papel de la tecnología en nuestra sociedad, con un enfoque en la igualdad, la inclusión y el respeto a los derechos humanos. Al trabajar juntos hacia este objetivo, podemos construir un futuro donde la tecnología sea verdaderamente un motor de progreso para todos.

Leonardo Cervera Navas

Secretario General del Supervisor Europeo de Protección de Datos

CAPÍTULO I

MENORES, SALUD DIGITAL Y PRIVACIDAD. HERRAMIENTAS Y ESTRATEGIAS FRENTE A LA VIOLENCIA DIGITAL Y EL USO INADECUADO DE LOS MEDIOS TECNOLÓGICOS[1]

José Luis Domínguez Álvarez
Universidad de Salamanca

«Las decisiones que tomemos desde las familias, las instituciones y la industria decantarán el futuro y los valores de nuestra sociedad»

Mar España Martí
Presidenta de la Agencia Española de Protección de Datos (2015-2024)

SUMARIO: I. INTRODUCCIÓN. II. MARCO REGULATORIO DE LA PROTECCIÓN INTEGRAL DE LOS MENORES ANTE EL AVANCE DIGITAL. III. LA IMPORTANCIA DE ARTICULAR UNA ESTRATEGIA REFORZADA PARA PROTEGER EFICAZMENTE A LOS MENORES EN EL ENTORNO DIGITAL. IV. EL RENOVADO PROTAGONISMO DE LA EDUCACIÓN DIGITAL, UNA NUEVA GARANTÍA PENDIENTE DE DESARROLLO. V. NUEVOS INSTRUMENTOS PARA COMBATIR LA VIOLENCIA DIGITAL: DEL PACTO DIGITAL PARA LA PROTECCIÓN DE LAS PERSONAS A LOS SISTEMAS DE VERIFICACIÓN DE EDAD PARA PROTEGER A

1 La presente contribución científica forma parte de los resultados del proyecto de I+D+i «Desafíos de una Administración tributaria más eficaz: digitalización inclusiva, compliance y mejoras en seguridad jurídica», liderado por la Profa. Dra. María Ángeles Guervós Maíllo. Así mismo, el presente capítulo de libro se enmarca en la estancia de investigación desarrollada por el autor en la Faculdade de Direito da Universidade do Porto bajo la dirección de la Profa. Dra. Juliana Manuela Alves Ferraz Coutinho.

I. Introducción

Es un lugar común referirse a las innumerables ventajas, beneficios y potencialidades derivadas de la todopoderosa transformación digital de las estructuras sociales y económicas[2]. Sin embargo, la digitalización también presenta zonas de riesgo, especialmente entre determinados sectores de la población, toda vez que «expone a los y las menores, convertidos en grandes consumidores[3] activos de las tecnologías digitales en continuo desarrollo, a una diversidad de riesgos con potenciales efectos nocivos que afectan gravemente a varios ámbitos, desde la salud, ya sea física, mental[4], psicosocial

2 *Vid.* Comisión Europea, *Brújula Digital 2030: el enfoque de Europa para el Decenio Digital,* Bruselas, 2021, p. 1 [COM(2021) 118 final]; donde se señala que «las tecnologías son ahora esenciales para trabajar, aprender, entretenerse, socializar, comprar y acceder a todo tipo de cosas, desde los servicios sanitarios hasta la cultura».

3 *Vid.* Kelly, C.A. y Sharot, T., «Web-browsing patterns reflect and shape mood and mental health», en *Nature Human Behavior*, 2024, p. 1; quienes afirmar que los seres humanos pasan una media de 6,5 horas al día en Internet.
De conformidad con los estudios realizados por el Observatorio Nacional de Tecnología y Sociedad, *El uso de las tecnologías por los menores en España. Edición 2024,* Madrid, 2024, pp. 7 y ss.; la utilización de tecnologías digitales por parte de las y los menores ha experimentado cambios de distinto signo en el último año. La implantación de Internet y de ordenador o tableta es prácticamente universal y la de teléfono móvil supera el 70 %. El uso de Internet en menores de 10 a 15 años está muy extendido. En 2023, el 94,7 % ha accedido a Internet en los últimos tres meses. Las niñas (95,4 %) usan más Internet que los niños (94 %), con una diferencia de 1,4 puntos porcentuales. El uso de ordenador o tableta también es muy frecuente entre las y los menores en España. El 93,1 % lo utilizó en los últimos tres meses, igual que en 2022. Las niñas que emplearon ordenadores o tabletas (94,4 %) superan también a los niños (91,9 %), con una diferencia de 2,5 puntos porcentuales. La disponibilidad de teléfono móvil es menos frecuente que el uso de Internet y de ordenadores o tabletas. Los menores con teléfono móvil son el 70,6 %, sin grandes diferencias por sexo (70,8 % en niños y 70,5 % en niñas). Con este porcentaje, 2023 se convierte en el año con más menores que disponen de teléfono móvil y el tercero consecutivo en registrar crecimiento. Ha aumentado 1,1 puntos porcentuales respecto a 2022 y 0,8 puntos porcentuales en comparación con 2018.

4 La evidencia demuestra que las redes sociales están reduciendo la materia gris de los usuarios, acortando su capacidad de atención, debilitando su memoria y distorsionando procesos cognitivos fundamentales. *Vid.* Moshel, M.L., Warburton, W.A., Batchelor, J., Bennett, J.M. y Ko, K.Y., « Neuropsychological Deficits in Disordered Screen Use Behaviours: a Systematic Review and Meta-analysis», en *Neuropsychology Review*, vol. 34, 2024, pp. 791–822.

o sexual, en particular por violencia digital, al neurodesarrollo[5], aprendizaje y

5 El Instituto Nacional de Tecnologías Educativas y de Formación del Profesorado ha analizado alrededor de 1.000 herramientas digitales con el propósito de examinar su grado de cumplimiento de la legislación europea en materia de protección de datos de carácter personal. Tras dicho estudio se han identificado 113 herramientas digitales que no deberían ser empleadas por los profesores y profesoras, a saber: Coannotation; Gimkit; Knowt; LearningApps; Live Worksheets; Xerte; Podomatic; DappelMe; Voki Creator; Hearthcards; ChemSketch; iNMR reader; Pageloot; Unitag; Pixton; ContentGems; Diigo; Feedly; Instapaper; Listly; LiveBinders; Pocket; Scoop.it!; Symbaloo; Baamboozle; Plickers; Floorplanner; Edublogs; Marq; Kizoa; DCALab; EasyEDA; All Our Ideas; MyClassGame; RPGPlayground; Monosnap; Ask Your PDF; Catbird; Colossyan; Consenus; Explainpaper; Fireflies.ai; FlexClip; Ideogram; Jenni; Krikey AI; LeiaPix; Leonardo. Ai; Lexica; Piggy; Redacta.me; Repurpose.io; Runway; Suno; VanceAI; Vidyo.ai; Wisdolia; iSL Collective; 1Checker; Thinglink; Easel.ly; Onlinebadgemaker; Deck Toys; Learning paths de Symbaloo; Tiki-Toki; Timetoast; Dotstorming; Bubbl.us; Cmap Tools; Coggle; GoConqr; Popplet; Graspable Mat; Lino; Inklewriter; Storybird; StoryWeaver; Copyleaks; Quetext; PaperRater; Plagiarism Detector; fan.school; Emaze; EarSketch; Kodable; mBlock/makeblock coding; Pilas Bloques; Thunkable; Jigsaw Planet; Assemblr; Augment; Aumentaty; Clara.io; Cults; GrabCAD; MakerBot Thingiverse; MERGE EDU; My360; Plask; SelfCAD; Freeicons; Icon-Icons; Pics4Learning; PIKWIZARD; Pixnio.com; Filmusic; FreeSFX; Musopen; Stitcher; Zapsplat; Khan Academy; MotionElements; y Promo. Así mismo, se incorporan una serie de recomendaciones y/o advertencias, a saber: (i) no deben emplearse plataformas, herramientas o aplicaciones educativas distintas de las proporcionadas por la Administración Educativa (A.E.) o el centro educativo; (ii) es importante tener presente que estamos hablando de emplear plataformas, herramientas o aplicaciones educativas ofrecidas en abierto (para el público general y sin que exista un acuerdo entre las Administraciones Educativas y las empresas proveedoras de las mismas); (iii) en el caso de que, después de cerciorarse de que no es proporcionada por la A.E. o el centro educativo, se desee emplear una herramienta o aplicación educativa concreta, sería pertinente solicitar previamente el permiso que proceda; (iv) es necesario asegurarse de que ésta cumple estrictamente con la normativa vigente sobre protección de datos y privacidad. Para ello, se cuenta con la figura del Delegado de Protección de Datos, quien emite una respuesta sobre la consulta realizada acerca de la idoneidad o no de emplear dicha herramienta, plataforma o aplicación externa, la cual debe ser respetada; (v) no se deberá emplear una herramienta o aplicación para tratar datos de carácter administrativo con efectos jurídicos (por ejemplo: gestión de faltas de asistencia, evaluación de pruebas de conocimiento o aptitud, etc.) Para este fin, ya existen las herramientas ofrecidas por la A.E o centro educativo; (vi) la aplicación se utilizará como una herramienta más dentro de la función educativa, con el fin de potenciar el aprendizaje. El grupo de alumnos y alumnas y el docente deberían los únicos partícipes en el uso de dicha herramienta; (vii) en caso de que sea necesario almacenar o conservar los trabajos que se materialicen como fruto de su uso, estos se han de alojar en la nube o el aula virtual proporcionada por la correspondiente A.E. o centro educativo, no deben estar en la herramienta o aplicación externa; (viii) los trabajos o pruebas realizadas por los alumnos nunca deben ser difundidos ni publicados a través de la herramienta o aplicación, ni por parte de los docentes ni por parte del alumnado. Para este fin, deben emplearse las herramientas proporcionadas por la A.E. o el centro educativo; (ix) los padres o tutores legales han de ser informados de la actividad realizada a través de los medios corporativos, no debe hacerse a través de la herramienta o aplicación externa ni del uso de redes sociales o medios de mensajería instantánea; y (x) el empleo de tales herramientas es responsabilidad del profesorado y una incorrecta utilización de las mismas puede dar lugar a posibles procedimientos administrativos o sancionadores por incumpliendo de la normativa vigente. *Vid.* INSTITUTO NACIONAL DE TECNOLOGÍAS EDUCATIVAS Y DE FORMACIÓN

adquisición de capacidades cognitivas[6], a las relaciones familiares y sociales, y a los hábitos de consumo, que son monitorizados y monetizados»[7].

Sin ir más lejos, hace escasas fechas irrumpía con fuerza en el panorama internacional una noticia relativa al poder adictivo de las redes sociales, especialmente aquellas que como TikTok han permeado con más incidencia en el público que dispone de menor edad, bajo el siguiente titular: «El algoritmo de TikTok solo necesita 260 vídeos para enganchar al usuario»[8].

A este respecto, conviene recordar que buena parte de los beneficios que obtienen las entidades y corporaciones tecnológicas que utilizan Internet para proporcionar plataformas, aplicaciones y servicios dependen del

del Profesorado, *Orientaciones sobre el uso de herramientas digitales en el* ámbito *educativo desde la perspectiva de la protección de datos*, Madrid, 2024, pp. 25-26.

6 Investigaciones recientes encontraron que el uso y abuso de internet está asociado con una disminución de la materia gris en las regiones prefrontales del cerebro. Es la zona que interviene en la resolución de problemas, la regulación emocional, la memoria y el control de los impulsos. *Vid.* Solly, J.E., Hook, R.W., Grant, J.E., Cortese, S. y Chamberlain, S.R., «Structural gray matter differences in Problematic Usage of the Internet: a systematic review and meta-analysis», en *Molecular Psychiatry*, vol. 27, 2022, pp. 1000–1009.

7 Tenemos que contribuir a evitar las situaciones de riesgo que puede suponer el aumento de su consumo: uso inadecuado o adictivo, déficit de atención, dificultades para desconectarse, acceso a contenidos para personas adultas, en especial a la pornografía, publicidad, sesgos, perfilado, consumo con intercambio de datos personales, que son objeto de monetización por los diferentes servicios online utilizados intensamente por este colectivo. *Vid.* Agencia Española de Protección de Datos, *Menores, salud digital y privacidad. Estrategia y líneas de acción,* Madrid, 2024, p. 3

8 La noticia trae causa de la demanda interpuesta, con fecha 8 de octubre de 2024, por 14 fiscales generales de 14 estados distintos en Estados Unidos contra TikTok por haber «violado las leyes de protección al consumidor y contribuido a una crisis en la salud mental de los jóvenes [...] si bien esto puede parecer sustancial, los videos de TikTok pueden durar tan solo 8 segundos y se reproducen para los espectadores en rápida sucesión, de manera automática [..] Por lo tanto, en menos de 35 minutos, es probable que un usuario promedio se vuelva adicto a la plataforma». A ello se suman una serie de documentos internos de la compañía que han sido empleados por el fiscal de Kentucky para sustanciar la citada demanda, en los que se afirmaba que «el uso compulsivo se correlaciona con una serie de efectos negativos para la salud mental, como la pérdida de habilidades analíticas, la formación de la memoria, el pensamiento contextual, la profundidad conversacional, la empatía y el aumento de la ansiedad». Asimismo, de conformidad con los citados informes, TikTok era consciente de que «el uso compulsivo también interfiere con responsabilidades personales esenciales como dormir lo suficiente, las responsabilidades laborales y escolares y la conexión con los seres queridos». Más información, disponible en: https://lc.cx/ry958N

tiempo[9] y el grado de exposición de los usuarios[10] (también conocido como «*scroll infinito*») para maximizar su rédito económico[11].

En efecto, la constante evolución tecnológica ha traído consigo la llegada de patrones de diseño de herramientas digitales cada vez más sofisticados, de tal forma que algunas compañías han introducido en el mercado características que no solamente son atractivas para los usuarios sino también engañosas y adictivas, comportando además importantes operaciones de tratamiento de datos personales que no escapan a la aplicación del Reglamento (UE) 2016/679 relativo a la protección de las personas físicas en lo que respecta al tratamiento de datos personales y a la libre circulación de estos datos (RGPD)[12].

Y es que, como han insistido en señalar las diferentes autoridades de control encargadas de velar por el cumplimiento de la legislación de privacidad,

9 En torno a esta cuestión, es sumamente esclarecedor el documental titulado «El dilema de las redes» (2020), dirigido por Jeff Orlowski, en el que se analiza la peligrosa influencia de las redes sociales, con expertos que avisan de los peligros de las herramientas creadas por ellos.

10 A este respecto, resulta sumamente relevante la Resolución del Parlamento Europeo, de 12 de diciembre de 2023, sobre el diseño adictivo de los servicios en línea y la protección del consumidor en el mercado único de la Unión [2023/2043(INI)] que aborda explícitamente el diseño adictivo de los servicios y la protección del consumidor en el mercado único de la Unión Europea. La resolución exige prohibir prácticas adictivas como el desplazamiento *(scrolling)* infinito o la reproducción automática que fomentan la conexión prolongada, pasar de la economía de la atención al diseño ético, introducir un derecho digital a «no ser molestado» y empoderar a los usuarios para controlar sus experiencias en línea y garantizar que todas las plataformas, aplicaciones y servicios en línea sean seguros para la infancia, así como la introducción de nueva legislación para la protección de los consumidores dirigida específicamente a las prácticas adictivas.

11 De conformidad con el Comité Europeo de Protección de Datos, *Directrices 2/2019 sobre el tratamiento de datos personales en virtud del artículo 6, apartado 1, letra b), del RGPD en el contexto de la prestación de servicios en línea a los interesados,* Bruselas, 2019, p. 5; «[a]unque los usuarios reciben algunos de estos servicios previo abono de una tarifa, otros se ofrecen sin necesidad de que el consumidor realice ningún pago, ya que se financian mediante la venta de servicios publicitarios en línea que permiten dirigir publicidad específica a los interesados. El seguimiento de la conducta del usuario, con vistas a ofrecerle este tipo de publicidad, suele llevarse a cabo por vías de las que el usuario no suele ser consciente y que quizá no resulten inmediatamente obvias teniendo en cuenta la naturaleza del servicio prestado, lo que, en la práctica, hace que al interesado le resulte casi imposible elegir con conocimiento de causa sobre el uso de sus datos».

12 En torno a esta cuestión, *vid.* Agencia Española de Protección de Datos, *Patrones adictivos en el tratamiento de datos personales Implicaciones para la protección de datos,* Madrid, 2024, pp. 5-6; donde se señala que «[l]os patrones engañosos se consideran interfaces y experiencias de usuario que llevan a los usuarios a tomar decisiones no intencionadas, involuntarias y potencialmente dañinas con respecto al tratamiento de sus datos personales [...] Su impacto puede ser particularmente grave en el derecho a la integridad física y psíquica de la infancia y de los usuarios más jóvenes, afectando a su forma de tomar de decisiones, de relacionarse en sociedad o a su equilibrio mental».

la incorporación de operaciones que implementan patrones adictivos[13] a los tratamientos de datos personales tiene importantes implicaciones para diferentes aspectos relativos a la protección de datos, como la responsabilidad proactiva (accountability), la aplicación efectiva de las obligaciones de protección de datos desde el diseño y por defecto, la transparencia, la licitud, la lealtad, la limitación de la finalidad, la minimización de datos, las decisiones automatizadas que afectan significativamente a los usuarios o el tratamiento de categorías especiales de datos. También implica un riesgo para los derechos y libertades de todos los usuarios. En particular, para el derecho a su integridad física y psíquica, pero también pueden provocar discriminación, exclusión, manipulación, socavar la autonomía individual, influir en su proceso de pensamiento, sus emociones, su comportamiento, limitar su libertad de información y expresión, y afectar a su desarrollo. Estas consecuencias pueden ser especialmente graves para la infancia y los usuarios más jóvenes[14].

Ante esta situación, se requiere una urgente y rápida actuación por parte de los poderes públicos para facilitar a los niños, niñas y adolescentes[15] (NNA) el aprovechamiento de las oportunidades y potencialidades que ofrecen las nuevas tecnologías en todos los ámbitos de manera segura. A tal fin, en los últimos tiempos, las instituciones públicas nacionales e internacionales están haciendo importantes esfuerzos para capacitar y proteger a la infancia en el entorno digital.

En el entorno europeo, la protección de los NNA se recoge con clarividencia en la Estrategia para un Internet Mejor para los Niños (Estrategia BIK+), que refleja el principio digital de que las personas menores de edad deben estar protegidas y empoderadas en línea[16].

---

13 Los patrones adictivos se definen como características, atributos o prácticas de diseño que determinan una forma particular de utilizar las plataformas, aplicaciones y servicios digitales destinados a que los usuarios dediquen mucho más tiempo a su uso o con un mayor grado de compromiso del esperado, conveniente o saludable para ellos. Ambas características de un patrón, su carácter engañoso y adictivo, están muy relacionadas entre sí, aunque no son exactamente lo mismo. *Cfr.* Comité Europeo de Protección de Datos, *Guidelines 03/2022 on Deceptive design patterns in social media platform interfaces: how to recognise and avoid them*, Bruselas, 2023, pp. 3 y ss.

14 *Vid.* Agencia Española de Protección de Datos, *Patrones adictivos y el derecho a la integridad de la persona,* Madrid, 2024, p. 4.

15 De conformidad con el art. 1 de la Convención sobre los Derechos del Niño de Naciones Unidas, «[..] se entiende por niño todo ser humano menor de dieciocho años de edad, salvo que, en virtud de la ley que le sea aplicable, haya alcanzado antes la mayoría de edad». En la misma línea, la Resolución 44/25 de la Asamblea General de las Naciones Unidas, de 20 de noviembre de 1989 (Convención sobre los Derechos del Niño).

16 De esta forma, BIK+ constituye una iniciativa emblemática del Año Europeo de la Juventud 2022, que propone una serie de acciones que giran en torno a tres pilares: (i) experiencias digitales seguras para proteger a los niños de los riesgos para los consumidores, los contactos, las conductas y los contenidos nocivos e ilícitos en internet y para mejorar su bienestar en línea a través de un entorno digital seguro y adaptado a la edad, creado

Por su parte, la Declaración Europea sobre los Derechos y Principios Digitales[17] también contempla la importancia de la protección y el empoderamiento de la infancia y juventud en el entorno digital. En este sentido, se considera que se les debe facultar para que puedan tomar decisiones seguras y expresar su creatividad, que los materiales adaptados a cada edad deben mejorar sus experiencias, bienestar y participación en el entorno digital y que deben estar protegidos ante la delincuencia que se sirve de las tecnologías digitales. Para ello, se plantea una serie de compromisos entre los que se encuentran la capacitación digital[18], la promoción de experiencias digitales

de forma que respete el interés superior de los niños; (ii) capacitación digital para que los niños adquieran las capacidades y competencias necesarias para tomar decisiones sensatas y expresarse en el entorno digital de manera segura y responsable; y (iii) participación activa de los niños, respetándolos y teniendo en cuenta sus opiniones en el entorno digital, con un mayor número de actividades dirigidas por niños para fomentar experiencias digitales innovadoras, creativas y seguras. *Vid.* Comisión Europea, *Una década digital para los niños y los jóvenes: la nueva estrategia europea para una internet mejor para los niños (BIK+)*, Bruselas, 2022, p. 10 [COM(2022) 212 final].

17 *Vid.* Parlamento Europeo, *Declaración Europea sobre los Derechos y Principios Digitales para la Década Digital,* Estrasburgo, 2023, p. 4 [(2023/C 23/01)].

18 Así, el Plan de Acción de Educación Digital (2021-2027) establece una visión común de una educación digital de alta calidad, inclusiva y accesible en Europa y tiene por objeto apoyar la adaptación de los sistemas de educación y formación de los Estados miembros de la Unión a la era digital. Establece dos prioridades estratégicas: (a) fomentar el desarrollo de un ecosistema educativo digital de alto rendimiento; y (b) mejorar las competencias y capacidades digitales para la transformación digital.
Asimismo, expone catorce medidas destinadas a alcanzar estos objetivos estratégicos como son: (i) iniciar diálogos estructurados con los Estados miembros sobre los factores propicios para una educación digital y unas competencias exitosas, que incluya deficiencias de conectividad y equipamiento, apoyo a los centros de enseñanza y formación con conocimientos técnicos, tecnologías de asistencia, desarrollo de directrices para la pedagogía digital, y perfeccionamiento de las capacidades de los profesores; (ii) proponer una Recomendación del Consejo relativa a los enfoques de aprendizaje mixto para una educación primaria y secundaria de alta calidad e inclusiva, aprovechando las lecciones aprendidas de la pandemia de COVID-19; (iii) desarrollar un Marco Europeo de Contenidos de Educación Digital que se base en la diversidad cultural y creativa europea e incluya principios rectores para determinados sectores, incluido un estudio de viabilidad para una plataforma en línea a fin de compartir recursos certificados (como cursos en línea de gran envergadura); (iv) apoyar la conectividad y los equipos digitales para la educación y la formación, mediante el apoyo a la conectividad Gigabit y 5G, una mayor sensibilización sobre las oportunidades de financiación, incluida la banda ancha, en proyectos en el marco del Mecanismo de Recuperación y Resiliencia y la creación de aplicaciones y plataformas de aprendizaje electrónico destinados a las escuelas y, en particular, destinados a los estudiantes procedentes de grupos desfavorecidos y a los estudiantes y los educadores con discapacidad; (v) apoyar los planes de transformación digital a través de los centros de educación y formación que utilizan proyectos de cooperación Erasmus+, apoyar a los profesores a la hora de utilizar herramientas digitales a través de Erasmus Teacher Academies y poner en marcha una herramienta de autoevaluación en línea para profesores, «SELFIE»; (vi) desarrollar directrices éticas sobre inteligencia artificial (IA) y el uso de los datos en la educación y la formación para los educadores y promover la mejora de las capacidades y

positivas en un entorno seguro y adaptado a su edad, la protección frente a potenciales amenazas o la realización de seguimientos y elaboración de perfiles y la implicación de los menores en el desarrollo de políticas digitales que les afecten.

De igual forma, a nivel nacional, el Gobierno de España ha desarrollado medidas relacionadas con la capacitación y la protección de los NNA en el entorno digital[19]. Así, en relación con la formación, se han planteado iniciativas orientadas a educar digitalmente a la ciudadanía y garantizar la inclusión digital, priorizando la provisión de competencias digitales a determinados colectivos entre los que se encuentran los niños, niñas y adolescentes en riesgo de exclusión digital[20].

---

los conocimientos de los estudiantes e investigadores universitarios, incluido un objetivo de participación femenina del 45 %; (vii) desarrollar directrices comunes para profesores y educadores respecto al uso de la educación y la formación como medio para fomentar la alfabetización digital y abordar la desinformación, con el apoyo de un grupo específico que reúna a organismos interesados, incluidas organizaciones de la sociedad civil, empresas tecnológicas, medios de comunicación, autoridades nacionales, instituciones educativas, padres y jóvenes; (viii) actualizar el Marco Europeo de Competencias Digital con miras a incluir la IA y las capacidades relacionadas con los datos; (ix) desarrollar un Certificado Europeo de Capacidades Digitales que permita a los europeos indicar su nivel de competencias digitales; (x) proponer una Recomendación del Consejo relativa a la mejora de las competencias digitales en la educación y la formación, incluida la inversión en desarrollo profesional, el intercambio de mejores prácticas, el énfasis en la educación informática inclusiva de alta calidad, y la identificación y actualización de las necesidades de capacidades nuevas y emergentes; (xi) apoyar la recopilación transnacional de datos en materia de capacidades digitales de los jóvenes en toda la UE, comprender las deficiencias y reforzar el caso de medidas para abordarlas y establecer un objetivo a escala de la UE para las capacidades digitales de los estudiantes; (xii) ofrecer períodos de prácticas de oportunidad digital para ofrecer a estudiantes de enseñanza superior y titulados recientes en todas las disciplinas la oportunidad de adquirir experiencia profesional práctica en los ámbitos digitales reclamados por el mercado laboral; (xiii) fomentar la participación de las mujeres en estudios y carreras de ingeniería científica (CTIM) y garantizar una mayor inclusión de las mujeres en la economía digital, ayudándolas a desarrollar sus competencias digitales y empresariales; y (xiv) establecer un Centro Europeo de Educación Digital.

19 Así, dentro de la Agenda «España Digital 2026» las competencias digitales se erigen como las herramientas básicas para poder aprovechar las oportunidades que ofrecen desde el punto de vista económico, social y ambiental las tecnologías disruptivas: nuevas y accesibles formas de comunicación y de prestación de servicios, nuevos perfiles profesionales y oportunidades de negocio para las empresas para dar respuesta a los retos globales, nuevas posibilidades de acceso a la información, a los servicios públicos y a la actividad económica en todo el territorio nacional. *Vid.* Gobierno de España, *Plan Nacional de Capacidades Digitales (digital skills),* Madrid, 2023, p. 1.

20 Sirva como ejemplo el Programa CONFÍA desarrollado por el Instituto Nacional de Ciberseguridad (INCIBE) con el propósito de fortalecer las capacidades en ciberseguridad y la confianza digital de la ciudadanía y empresas, instaurar una cultura de ciberseguridad, invirtiendo en la concienciación de los riesgos asociados a la digitalización, así como en la formación en competencias digitales de ciberseguridad. Dicha iniciativa se estructura en torno a 4 ejes: (i) acciones de concienciación y comunicación, tales como campañas de difusión masivas para la ciudadanía, menores y empresas, eventos y acciones de proxi-

No obstante, la apuesta del Gobierno de España por garantizar la protección integral de los NNA en el entorno digital no se limita únicamente a la puesta en marcha de ambiciosos programas de capacitación digital. También se han acometido importantes avances legislativos, como demuestra la aprobación del Título X de la Ley Orgánica 3/2018, de 5 de diciembre, de Protección de Datos Personales y garantía de los derechos digitales (LOPDGDD) y la celebérrima Ley Orgánica 8/2021, de 4 de junio, de protección integral a la infancia y la adolescencia frente a la violencia (LOPIVI)[21], y de sensibilización del conjunto de las Administraciones públicas como pone de relieve la avalancha de informes[22] y documentos programáticos que inciden en la necesidad de desarrollar un entorno digital seguro para la juventud y la infancia[23].

Mención especial merece la Carta de Derechos Digitales, documento aprobado por el Gobierno de España el 14 de julio de 2021 en el que se recogen los derechos necesarios para la protección digital del conjunto de la ciuda-

midad en Comunidades Autónomas, que incorporen dinámicas y recursos interactivos y gamificados; (ii) capacitación en ciberseguridad para ciudadanía, menores y empresas mediante el desarrollo de programas formativos y recursos específicos para la adquisición de competencias digitales en ciberseguridad; (iii) cooperación y coordinación con acuerdos bilaterales y multilaterales para la consolidación de una cultura de ciberseguridad o la gestión de incidentes y el desarrollo de una red de actores relevantes; y (iv) herramientas y soluciones de ciberseguridad, con el desarrollo y fomento de soluciones tecnológicas específicas para menores, ciudadanía y empresas.

21 Hitos normativos a los que hay que añadir la aprobación, en junio de 2024, del Anteproyecto de Ley Orgánica para la protección de las personas menores de edad en los entornos digitales, con el objetivo de seguir avanzando en la garantía de los derechos de los menores en el ámbito digital, así como el derecho a la protección de sus datos personales y al acceso a contenidos adecuados para su edad.

22 En enero de 2024 el Gobierno de España aprobó la creación de un comité de personas expertas orientado a diseñar una estrategia nacional para fomentar un entorno digital seguro para la población infantil y adolescente5. Los fundamentos de este acuerdo son tres: la necesidad de aprobar una legislación integral para la protección de menores en Internet, la necesidad de impulsar una estrategia de enfoque multidisciplinario desde la educación y la promoción del desarrollo de soluciones tecnológicas para impedir el acceso de menores a contenidos para adultos.

23 Destaca, especialmente, el compromiso de la Agencia Española de Protección de Datos (AEPD) como una de las instituciones que más ha impulsado y promovido el compromiso con la protección de los y las menores de edad en el entorno digital para garantizar sus derechos y libertades en relación con el tratamiento de sus datos personales. De esta forma, la AEPD ha desarrollado acciones de sensibilización de familias y docentes con la realización sistemática de cursos de formación online, en colaboración con el Instituto Nacional de Tecnologías Educativas y de Formación de Profesorado (INTEF) y el Instituto Nacional de Ciberseguridad (INCIBE), y campañas como las realizadas con UNICEF, «Un móvil es más que un móvil» y «La guía que no viene con el móvil». Además, la AEPD convoca anualmente el premio a los centros educativos, personas y entidades que se distingan por su labor en pro del uso saludable y responsable de Internet por NNA.

danía[24], particularmente aquellos más expuestos, como son la infancia y la juventud, con el objetivo de actualizar una serie de derechos y adaptarlos a los retos digitales[25], claves para generar certidumbre, aumentar la confianza de la ciudadanía en el mundo digital y blindar la dignidad de la persona ante el avance tecnológico. Ahora bien, la Carta de Derechos Digitales no trata de crear nuevos derechos fundamentales sino de perfilar los más relevantes en el entorno y los espacios digitales o describir derechos instrumentales o auxiliares de los primeros[26]. No obstante, nos ofrece un catálogo detallado de aquellos institutos jurídicos que están llamados a disponer de un protagonismo fundamental a la hora de preservar la dignidad de la persona ante los crecientes envites y desafíos que plantea el avance digital[27]. Así, el documento se estructura en cinco grandes apartados (derechos de libertad, derechos de igualdad, derechos de participación y de conformación del espacio público, derechos del entorno laboral y empresarial y, finalmente, derechos digitales en entornos específicos), en los que se lleva a cabo el reconocimiento de una serie de garantías que están estrechamente imbricadas con nuestro objeto de estudio, garantizando la protección de los menores en el entorno digital en los siguientes términos

> «Con arreglo a las potestades que les son propias y de acuerdo con la legislación aplicable, las personas progenitoras, tutoras, curadoras, representantes legales o personas que presten apoyo para el ejercicio de la capacidad jurídica, velarán por que las personas menores de edad hagan un uso equilibrado y responsable de los entornos digitales a fin de garantizar el adecuado desarrollo de su personalidad y de preservar su dignidad y sus derechos fundamentales[28]. A tal fin, los centros

24 *Vid.* Valero Torrijos, J., «Los derechos en la era digital», en Rodríguez Ayuso, J.F. (Coord.), *Nuevos retos en materia de derechos digitales en un contexto de pandemia: perspectiva multidisciplinar,* Thomson Reuters-Aranzadi, Cizur Menor, 2022, p. 37.

25 *Vid.* Gobierno de España, *Carta de Derechos Digitales*, Madrid, 2021, p. 5.

26 *Vid.* Artigas Brugal, C., «La Carta de Derechos Digitales», en *Derecho Digital e Innovación. Digital Law and Innovation Review*, núm. 9, 2021, p. 1.

27 En palabras de Martínez Martínez, R., «Derechos digitales, planificación estratégica y compliance», en *Diario La Ley,* núm. 9901, 2021, p. 1; «la Carta debe ser bienvenida en su condición de espacio de reflexión y de propuesta de principios y políticas públicas».

28 Esta cuestión ha suscitado, a partes iguales, el interés y la preocupación de la doctrina desde tiempos inmemoriales. Por ejemplo, *vid.* Pérez Luño, A.E., «La protección de los datos personales del menor en Internet», en *Anuario Facultad de Derecho-Universidad de Alcalá*, vol. II, 2009, pp. 143-175; Gil Antón, A.M., «La privacidad del menor en Internet», en *Revista de Derecho, Empresa y Sociedad,* núm. 3, 2013, pp. 60-96; Martínez Otero, J.M., *La protección jurídica de los menores en el entorno audiovisual. Respuestas desde el Derecho a los desafíos de los nuevos medios audiovisuales y digitales,* Thomson Reuters-Aranzadi, Cizur Menor, 2013, 336 pp.; Dávara Fernández de Marcos, L., *Menores en Internet y Redes Sociales: Derecho Aplicable y Deberes de los Padres y Centros Educativos*, Agencia Española de Protección de Datos-Boletín Oficial del Estado, Madrid, 2017, 99 pp.; García López, M., *El impacto de Internet en el libre desarrollo de la personalidad*, Wolters Kluwer, Madrid, 2018, 96 pp.; Pérez Díaz, R., «La imagen del menor en las redes

educativos, las Administraciones y cualesquiera personas físicas o jurídicas que desarrollen actividades en entornos digitales en las que participen personas menores de edad están obligados, por la legislación aplicable, a la protección del interés superior de la persona menor y sus derechos fundamentales, especialmente los derechos a la intimidad, al honor y a la propia imagen, al secreto de las comunicaciones y el derecho a la protección de datos personales[29]. Deberá recabarse su consentimiento, si es mayor de 14 años, o el de sus representantes legales, para la publicación o difusión de sus datos personales o su imagen a través de servicios de redes sociales».

Ahora bien, el reconocimiento de estos nuevos derechos digitales (tanto los establecidos en el Título X de la Ley Orgánica 3/2018, de 5 de diciembre, de Protección de Datos Personales y garantía de los derechos digitales, como en la propia Carta de Derechos Digitales) presenta serias fallas normativas, ya que el legislador no encomienda su tutela a ningún elemento institucional concreto, dotado de los poderes públicos pertinentes para garantizar su efectividad. Solamente el art. 5.2 del Real Decreto 389/2021, de 1 de junio, por el que se aprueba el Estatuto de la Agencia Española de Protección de Datos atribuye a dicha Agencia la función de supervisar la aplicación de la normativa vigente en materia de garantía de los derechos digitales contemplados en los artículos 89 a 94 LOPDGDD, es decir: (i) derecho a la intimidad frente al uso de dispositivos de videovigilancia y de grabación de sonidos en el lugar de trabajo; (ii) derecho a la intimidad ante la utilización de sistemas de geolocalización en el ámbito laboral; (iii) derechos digitales en la negociación colectiva; (iv) protección de datos de los menores en Internet; (v) derecho al olvido en búsquedas en Internet; y (vi) derecho al olvido en servicios de redes sociales y servicios equivalentes[30].

---

sociales», en *Revista Doctrinal Aranzadi Civil-Mercantil,* núm. 3, 2018, pp. 71-86; DÁVARA FERNÁNDEZ DE MARCOS, L., «Protección de los menores en Internet: tan necesaria que el legislador lo alza a la categoría de derecho digital», en RODRÍGUEZ AYUSO, J.F. (Coord.), *Nuevos retos en materia de derechos digitales en un contexto de pandemia: perspectiva multidisciplinar,* Thomson Reuters-Aranzadi, Cizur Menor, 2022, pp. 147-172, etc.

29 Similar redacción posee el art. 84 LOPDGDD, precepto que aspira a «arbitrar mecanismos que permitan, si no ya evitar, al menos minimizar los riesgos que presenta para las personas menores de edad la generalización del uso masivo de Internet y las nuevas tecnologías de la información y la comunicación, a las que tienen un acceso prácticamente universal desde edades muy tempranas». *Vid.* CASTILLA BAREA, M., «La protección de los menores en Internet (Comentario al artículo 84 LOPDGDD)», en TRONCOSO REIGADA, A. (Dir.), *Comentario al Reglamento General de Protección de Datos y a la Ley Orgánica de Protección de Datos personales y Garantía de los Derechos Digitales*, Thomson Reuters-Aranzadi, Cizur Menor, 2021, p. 3946.

30 Estos criterios establecidos en esta nueva herramienta serán obligatorios tras su publicación en el BOE, contemplándose un procedimiento específico para su elaboración en aras de la seguridad jurídica (art. 6). Sirva como ejemplo la Circular 1/2019, de 7 de marzo, de la AGENCIA ESPAÑOLA DE PROTECCIÓN DE DATOS, sobre el tratamiento de datos personales relativos a opiniones políticas y envío de propaganda electoral por medios electrónicos o

Sentado lo anterior, la presente contribución científica pretende no solamente clarificar el régimen jurídico aplicable a la protección integral de los NNA ante el avance digital, sino también examinar la labor precursora desarrollada por la Agencia Española de Protección de Datos en este concreto campo, mediante la extensión del manto protector de la protección de datos de carácter personal para garantizar la plena eficacia de los derechos y libertades fundamentales de colectivos esenciales para lograr la tan ansiada transformación digital humanista. Esta meticulosa labor se ha traducido no solamente en la conquista de importantes hitos normativos, sino también en el desarrollo de herramientas pioneras y punteras para lograr un entorno digital seguro y respetuoso, donde no tenga cabida la violencia digital.

II. Marco regulatorio de la protección integral de los menores ante el avance digital

La protección de las personas menores de edad es una obligación prioritaria de los poderes públicos, reconocida en el art. 39 de la Constitución española y en diversos tratados internacionales, entre los que destaca por su especial transcendencia la Convención sobre los Derechos del Niño, adoptada por la Asamblea General de las Naciones Unidas el 20 de noviembre de 1989 y ratificada por España en 1990.

La Unión Europea, por su parte, contempla la «protección de los derechos del niño» en el art. 3 del Tratado de Lisboa como un objetivo general de la política común, tanto en el espacio interno como en las relaciones exteriores[31]. A tal fin, el Consejo de Europa, cuenta con estándares internacionales para garantizar la protección de los derechos de las personas menores de edad como son el Convenio para la protección de los niños contra la explota-

sistemas de mensajería por parte de partidos políticos, federaciones, coaliciones y agrupaciones de electores al amparo del artículo 58 bis de la Ley Orgánica 5/1985, de 19 de junio, del Régimen Electoral General; con la que la autoridad administrativa independiente clarifica uno de los pasajes más oscuros y criticados de la LOPDGDD. Nos estamos refiriendo como no podía ser de otra manera a la disposición final tercera de la Ley 3/2018, por la que se modifica el apartado 1 del artículo 58 bis de la Ley Orgánica 5/1985, de 19 de junio, del Régimen Electoral General, declarado inconstitucional poco después por medio de la Sentencia del Tribunal Constitucional 76/2019, de 22 de mayo.

31 Esta cuestión también figura en el art. 24 de la Carta de Derechos Fundamentales de la Unión Europea precepto que establece lo siguiente: «1. Los menores tienen derecho a la protección y a los cuidados necesarios para su bienestar. Podrán expresar su opinión libremente. Ésta será tenida en cuenta en relación con los asuntos que les afecten, en función de su edad y de su madurez. 2. En todos los actos relativos a los menores llevados a cabo por autoridades públicas o instituciones privadas, el interés superior del menor constituirá una consideración primordial. 3. Todo menor tiene derecho a mantener de forma periódica relaciones personales y contactos directos con su padre y con su madre, salvo si son contrarios a sus intereses».

ción y el abuso sexual (Convenio de Lanzarote), el Convenio sobre prevención y lucha contra la violencia contra la mujer y la violencia doméstica (Convenio de Estambul), el Convenio sobre la lucha contra la trata de seres humanos o el Convenio sobre la Ciberdelincuencia[32].

Paulatinamente, el ordenamiento jurídico español ha incorporado diversos e importantes avances en materia de defensa de los derechos de las personas menores de edad, así como en su protección frente a la violencia. En esta evolución encaja la reforma operada en la Ley Orgánica 1/1996, de 15 de enero, de Protección Jurídica del Menor, de modificación parcial del Código Civil y de la Ley de Enjuiciamiento Civil, por la Ley Orgánica 8/2015, de 22 de julio, y la Ley 26/2015, de 28 de julio, ambas de modificación del sistema de protección de la infancia y la adolescencia, instrumentos normativos que introducen como principio rector de la actuación administrativa el amparo de las personas menores de edad contra todas las formas de violencia, incluidas las producidas en su entorno familiar, de género, la trata y el tráfico de seres humanos, la mutilación genital femenina, etc.

A todos estos avances legislativos hay que añadir la aprobación de la Ley Orgánica 8/2021, de 4 de junio, de protección integral a la infancia y la adolescencia frente a la violencia[33] (también conocida como Ley Rhodes), norma

---

32 *Vid.* Comisión Europea, *Estrategia de la UE sobre los Derechos del Niño,* Bruselas, 2021, p. 17 [COM(2021) 142 final]; donde se señala lo siguiente: «[e]l desarrollo del entorno digital y el uso de las nuevas tecnologías han creado muchas oportunidades. Los niños juegan, crean, aprenden, interactúan y se expresan en un entorno en línea y conectado desde una edad muy temprana. Las tecnologías digitales permiten a los niños participar en movimientos mundiales y desempeñar el papel de ciudadanos activos. Al ser nativos digitales, están mejor situados para prosperar en una educación cada vez más digitalizada y conectada y en los futuros sistemas del mercado laboral. El uso de herramientas digitales puede ayudar a los niños con discapacidad a aprender, estar conectados, comunicarse y participar en actividades recreativas en línea, siempre que sean accesibles. Sin embargo, la presencia de los niños en línea aumenta su exposición a contenidos perjudiciales o ilícitos, como el abuso sexual o los materiales de explotación sexual de menores, la pornografía y los contenidos para adultos, el sexting, la incitación al odio en línea o la información falsa y la desinformación, debido a la falta de sistemas eficaces de control parental o de comprobación de la edad. La exposición en línea también encierra riesgos de contactos perjudiciales e ilegales, como el ciberacoso sexual y la captación de menores con fines sexuales, el ciberacoso o el abuso y el acoso en línea. Casi un tercio de las niñas y el 20 % de los niños encontraron contenidos perturbadores una vez al mes en el último año; y los niños de minorías se enfrentan con más frecuencia a actos ofensivos en línea [...]».

33 Los efectos que dicho hito normativo ha generado para las diferentes ramas de conocimiento han sido examinados ampliamente por la doctrina: Ravetllat Ballesté, I. y Cabedo Mallol, V. (Eds.), *Estudios sobre la ley orgánica de protección integral a la infancia y la adolescencia frente a la violencia*, Editorial Universitat Politècnica de València, Valencia, 2023, 314 pp.; García Álvarez, P., «La repercusión de la Ley Orgánica 8/2021, de 4 de junio (de protección integral a la infancia y la adolescencia frente a la violencia), en la protección reforzada de los menores de edad en el código penal», en *Revista General de Derecho Penal*, núm. 37, 2022, pp. 1 y ss.; Rosso Pérez, M.E., «Análisis de la Ley Orgánica 8/2021 de 4 de junio de protección integral a la infancia ya la adolescencia frente a la

que aspira a combatir la violencia sobre la infancia y la adolescencia desde una aproximación integral y holística, otorgando prioridad esencial a la prevención, la socialización y la educación; al tiempo que establece un amplio entramado de medidas orientadas a maximizar la protección, detección precoz, asistencia, reintegración de derechos vulnerados y recuperación de la víctima[34].

A los efectos de esta ley, se entiende por violencia «toda *acción, omisión o trato negligente que priva a las personas menores de edad de sus derechos y bienestar, que amenaza o interfiere su ordenado desarrollo físico, psíquico o social, con independencia de su forma y medio de comisión, incluida la realizada a través de las tecnologías de la información y la comunicación, especialmente la violencia digital*»[35] (art. 1.2 LOPIVI).

Constituyen fines y criterios generales de la ley[36] (art. 3 LOPIVI), los siguientes: (a) garantizar la implementación de medidas de sensibilización para el rechazo y eliminación de todo tipo de violencia sobre la infancia y la adolescencia, dotando a los poderes públicos, a los niños, niñas y adolescentes y a las familias, de instrumentos eficaces en todos los ámbitos, de las redes sociales e Internet, especialmente en el familiar, educativo, sanitario, de los servicios sociales, del ámbito judicial, de las nuevas tecnologías, del deporte y el ocio, de la Administración de Justicia y de las Fuerzas y Cuerpos de Seguridad; (b) establecer medidas de prevención efectivas frente a la violencia sobre la infancia y la adolescencia, mediante una información adecuada a los niños, niñas y adolescentes, la especialización y la mejora de la práctica profesional en los distintos ámbitos de intervención, el acompañamiento de las familias, dotándolas de herramientas de parentalidad positiva, y el

---

violencia», en *Diario La Ley*, núm. 10065, 2022, p. 3; GONZÁLEZ TASCÓN, M.M., «Observaciones a las novedades introducidas por la Ley orgánica de protección integral a la infancia y la adolescencia frente a la violencia en relación con la materia penal», en *Diario La Ley,* núm. 9902, 2021, p. 5, etc.

34 *Vid.* AZAGRA MALO, J. y ADELL TRONCHO, B., «Una primera aproximación a la Ley Orgánica 8/2021, de 4 de junio, de protección integral a la infancia y la adolescencia frente a la violencia», en *Actualidad Jurídica,* vol. 57, núm. 3, 2021, pp. 168 y ss.

35 *Vid.* MARTÍNEZ, C. y ESCORIAL, A., *Guía sobre la Ley Orgánica de Protección integral a la Infancia y la Adolescencia frente a la Violencia*, Universidad Pontificia Comillas, Madrid, 2021, p. 16; quienes recuerdan que «[e]n cualquier caso, se entenderá por violencia: el maltrato físico, psicológico o emocional; los castigos físicos, humillantes o denigrantes; el descuido o trato negligente; las amenazas, injurias y calumnias; la explotación, incluyendo la violencia sexual, la corrupción, la pornografía infantil, la prostitución; el acoso escolar, el acoso sexual, el ciberacoso; la violencia de género; la mutilación genital; la trata de seres humanos con cualquier fin; el matrimonio forzado, el matrimonio infantil; el acceso no solicitado a pornografía; la extorsión sexual; la difusión pública de datos privados; y la presencia de cualquier comportamiento violento en su ámbito familiar».

36 *Vid.* DOMÍNGUEZ ÁLVAREZ, J.L., «Ley Orgánica 8/2021, de 4 de junio, de protección integral a la infancia y la adolescencia frente a la violencia», en *AIS: Ars Iuris Salmanticensis*, vol. 9, núm. 2, 2021, pp. 333-334.

refuerzo de la participación de las personas menores de edad; (c) impulsar la detección precoz de la violencia sobre la infancia y la adolescencia mediante la formación interdisciplinar, inicial y continua de los y las profesionales que tienen contacto habitual con los niños, niñas y adolescentes; (d) reforzar los conocimientos y habilidades de los niños, niñas y adolescentes para que sean parte activa en la promoción del buen trato y puedan reconocer la violencia y reaccionar frente a la misma; (e) reforzar el ejercicio del derecho de los niños, niñas y adolescentes a ser oídos, escuchados y a que sus opiniones sean tenidas en cuenta debidamente en contextos de violencia contra ellos, asegurando su protección y evitando su victimización secundaria; (f) fortalecer el marco civil, penal y procesal para asegurar la tutela judicial efectiva de los niños, niñas y adolescentes víctimas de violencia; (g) fortalecer el marco administrativo para garantizar una mejor tutela administrativa de los niños, niñas y adolescentes víctimas de violencia; (h) garantizar la reparación y restauración de los derechos de las víctimas menores de edad; (i) garantizar la especial atención a los niños, niñas y adolescentes que se encuentren en situación de especial vulnerabilidad; (j) garantizar la erradicación y la protección frente a cualquier tipo de discriminación y la superación de los estereotipos de carácter sexista, racista, homofóbico, bifóbico, transfóbico o por razones estéticas, de discapacidad, de enfermedad, de aporofobia o exclusión social o por cualquier otra circunstancia o condición personal, familiar, social o cultural; (k) garantizar una actuación coordinada y colaboración constante entre las distintas administraciones públicas y los y las profesionales de los diferentes sectores implicados en la sensibilización, prevención, detección precoz, protección y reparación; (l) abordar y erradicar, desde una visión global, las causas estructurales que provocan que la violencia contra la infancia tenga cabida en nuestra sociedad; (m) establecer los protocolos, mecanismos y cualquier otra medida necesaria para la creación de entornos seguros, de buen trato e inclusivos para toda la infancia en todos los ámbitos desarrollados en esta ley en los que la persona menor de edad desarrolla su vida. Se entenderá como entorno seguro aquel que respete los derechos de la infancia y promueva un ambiente protector físico, psicológico y social, incluido el entorno digital; y (n) proteger la imagen del menor desde su nacimiento hasta después de su fallecimiento.

Asimismo, regula la formación especializada, inicial y continua, de los y las profesionales que tengan un contacto habitual con personas menores de edad (art. 5 LOPIVI), y recoge la necesaria cooperación y colaboración entre las Administraciones públicas (art. 6 LOPIVI), estableciéndose a tal efecto la creación de la Conferencia Sectorial de la infancia y la adolescencia (art. 7 LOPIVI), y la colaboración público-privada (art. 8 LOPIVI).

Seguidamente se recogen los derechos de los niños, niñas y adolescentes frente a la violencia, entre los que se encuentran su derecho a la información y asesoramiento (art. 10 LOPIVI), a ser escuchados y escuchadas (art. 11 LOPIVI), a la atención integral (art. 12 LOPIVI), a intervenir en el procedimiento judicial (art. 13 LOPIVI) o a la asistencia jurídica gratuita (art. 14 LOPIVI).

De igual forma, se regula el deber de comunicación de las situaciones de violencia. En este sentido, se establece un deber genérico, que afecta a toda la ciudadanía, de comunicar de forma inmediata a la autoridad competente la existencia de indicios de violencia ejercida sobre niños, niñas o adolescentes (art. 15 LOPIVI). Este deber de comunicación se configura de una forma más exigente para aquellos colectivos que, por razón de su cargo, profesión, oficio o actividad, tienen encomendada la asistencia, el cuidado, la enseñanza o la protección de personas menores de edad: personal cualificado de los centros sanitarios, centros escolares, centros de deporte y ocio, centros de protección a la infancia y de responsabilidad penal de menores, centros de acogida, de asilo y atención humanitaria y establecimientos en los que residan habitualmente niños, niñas o adolescentes. En estos supuestos, se establece la obligación de las Administraciones públicas competentes de facilitar mecanismos adecuados de comunicación e intercambio de información (art. 16 LOPIVI).

Por otro lado, se prevé la dotación por parte de las Administraciones públicas competentes de los medios necesarios y accesibles para que sean los propios niños, niñas y adolescentes víctimas de violencia, o que hayan presenciado una situación de violencia, los que puedan comunicarlo de forma segura y fácil (art. 17 LOPIVI). En relación con lo anterior, se reconoce legalmente la importancia de los medios electrónicos de comunicación, tales como líneas telefónicas de ayuda a niños, niñas y adolescentes, que habrán de ser gratuitas y que las Administraciones deberán promover, apoyar y divulgar, estableciendo previsiones concretas para centros educativos y establecimientos residenciales (art. 18 LOPIVI).

Además, se regula de forma específica el deber de comunicación de la existencia de contenidos en Internet que constituyan una forma de violencia o abuso sobre los niños, niñas o adolescentes, sean o no constitutivos de delito, en tanto que el ámbito de Internet y redes sociales es especialmente sensible a estos efectos[37] (art. 19 LOPIVI).

En todo caso, la ley garantiza la protección y seguridad, de las personas que cumplan con su deber de comunicación de situaciones de violencia, con el objetivo de incentivar el cumplimiento de tal deber (art. 20 LOPIVI).

La norma recoge, asimismo, la obligación de la Administración General del Estado de disponer de una Estrategia de erradicación de la violencia sobre la infancia y la adolescencia[38], con especial incidencia en los ámbitos familiar,

---

37 Como se analizará más adelante en otro punto de este estudio, la Agencia Española de Protección de Datos dispone de un Canal prioritario para comunicar la difusión ilícita de contenido sensible, sistema que tiene como objetivo dar una respuesta rápida en situaciones excepcionalmente delicadas, como aquellas que incluyen la difusión de contenido sexual o violento. Más información disponible en: https://bit.ly/3kCVAj7

38 El Gobierno de España aprobó en 2022 la Estrategia de erradicación de la violencia sobre la infancia y la adolescencia (2023-2030) y contiene cinco áreas estratégicas, para cada

educativo, sanitario, de los servicios sociales, de las nuevas tecnologías, del deporte y el ocio y de las Fuerzas y Cuerpos de Seguridad (art. 21 LOPIVI).

Adicionalmente, el legislador consigna los diferentes niveles de actuación, incidiendo en la sensibilización, la prevención y la detección precoz. En concreto, profundiza en la necesidad de que las Administraciones públicas establezcan planes y programas específicos de prevención de la violencia sobre la infancia y la adolescencia, identificando grupos de riesgo y especificando los recursos presupuestarios para llevarlos a cabo. También se apunta la necesidad de establecer medidas de sensibilización, prevención y detección precoz frente a los procesos de radicalización y adoctrinamiento que conducen a la violencia.

Especial mención requiere el desarrollo de medidas de prevención y detección precoz de la violencia en los centros educativos con la finalidad de «fomentar *una educación accesible, igualitaria, inclusiva y de calidad que permita el desarrollo pleno de los niños, niñas y adolescentes y su participación en una escuela segura y libre de violencia, en la que se garantice el respeto, la igualdad y la promoción de todos sus derechos fundamentales y libertades públicas, empleando métodos pacíficos de comunicación, negociación y resolución de conflictos*» (art. 30 LOPIVI). A tal fin, todos los centros educativos elaborarán un plan de convivencia, de conformidad con el art. 124 de la Ley Orgánica 2/2006, de 3 de mayo, de Educación, y deberán articular protocolos de actuación frente a indicios de abuso y maltrato, acoso escolar, ciberacoso, acoso sexual, violencia de género, violencia doméstica, suicidio, autolesión y cualquier otra forma de violencia (art. 34 LOPIVI). Para el correcto funcionamiento de estos protocolos se constituye un coordinador o coordinadora de bienestar y protección, en todos los centros educativos (art. 35 LOPIVI).

---

una de las cuales se establece un objetivo, una serie de líneas de actuación, así como las medidas más importantes y sus respectivas metas para evaluar el impacto, a saber; (i) garantizar el conocimiento de la realidad de la violencia contra la infancia y adolescencia necesario para desarrollar estrategias de actuación eficaces y ajustadas a la misma; (ii) crear una cultura de buen trato y tolerancia cero ante la violencia contra la infancia y la adolescencia; (iii) garantizar que los entornos donde convivan y se relacionen niños, niñas y adolescentes sean entornos seguros; (iv) garantizar una atención especializada y multidisciplinar a los niños, niñas y adolescentes que han sufrido o ejercido violencia; y (v) garantizar un abordaje multidisciplinar y coordinado de la violencia contra la infancia y adolescencia. Con todo ello, pretende ser la hoja de ruta para que las diferentes Administraciones, entidades y actores trabajen de la mano para fortalecer el trabajo de prevención de todas las formas de violencia; mejorar la detección e intervenir tempranamente desde un enfoque integral y multidisciplinar; visibilizar la violencia contra los niños, niñas y adolescentes con el fin de conocer la magnitud de este problema; generar una cultura de tolerancia cero ante la violencia y del buen trato, y fomentar la creación de entornos que protejan a todos los niños y niñas sin distinción alguna. *Vid.* MINISTERIO DE DERECHOS SOCIALES Y AGENDA 2030, *Estrategia de erradicación de la violencia sobre la infancia y la adolescencia,* Madrid, 2022, pp. 19 y ss.

Además de todas estas previsiones, el art. 33 LOPIVI, gracias a la extraordinaria labor de la Agencia Española de Protección de Datos positiviza el derecho a la educación para la digitalización, al establecer lo siguiente: «[l] as *Administraciones públicas garantizarán la plena inserción del alumnado en la sociedad digital y el aprendizaje de un uso de los medios digitales que sea seguro y respetuoso con la dignidad humana, los valores constitucionales, los derechos fundamentales y, particularmente con el respeto y la garantía de la intimidad personal y familiar y la protección de datos personales, conforme a lo previsto en el art. 83 de la Ley Orgánica 3/2018, de 5 de diciembre, de Protección de Datos Personales y garantía de los derechos digitales»*[39].

En esta misma línea, la norma regula aquellas actuaciones que deben realizar y promover las Administraciones públicas para garantizar el uso seguro y responsable de Internet por parte de los niños, niñas y adolescentes, familias, personal educador y profesionales que trabajen con personas menores de edad. En este sentido, conforme a las previsiones contempladas en la norma objeto de estudio, las Administraciones públicas deberán desarrollar campañas de educación, sensibilización y difusión dirigidas a los niños, niñas y adolescentes, familias, educadores y otros profesionales que trabajen habitualmente con personas menores de edad sobre el uso seguro y responsable de Internet y las tecnologías de la información y la comunicación, así como sobre los riesgos derivados de un uso inadecuado que puedan generar fenómenos de violencia sexual contra los niños, niñas y adolescentes como el *ciberbullying*, el *grooming*, la ciberviolencia de género o el *sexting*, así como el acceso y consumo de pornografía entre la población menor de edad[40] (art. 45 LOPIVI).

De igual forma, el hito legal establece la necesidad de que las Administraciones públicas fomenten la colaboración con el sector privado, para la creación de entornos digitales seguros, una mayor estandarización en el uso de la clasificación por edades y el etiquetado inteligente de contenidos digitales, para conocimiento de los niños, niñas y adolescentes y apoyo de los proge-

39 Recuérdese que, conforme a este precepto, el sistema educativo deberá garantizar la plena inserción del alumnado en la sociedad digital y el aprendizaje de un uso seguro de los medios digitales, respetuoso con la dignidad humana, los valores constitucionales, los derechos fundamentales y, particularmente con el respeto y la garantía de la intimidad personal y familiar y la protección de datos personales. Para ello, se prevé la obligación —inadvertida hasta la fecha— de que las Administraciones educativas incluyan en el diseño del bloque de asignaturas de libre configuración las competencias digitales, así como los elementos relacionados con las situaciones de riesgo derivadas de la inadecuada utilización de las TIC, con especial atención a las situaciones de violencia en la red.

40 Asimismo, fomentarán medidas de acompañamiento a las familias, reforzando y apoyando el rol de los progenitores a través del desarrollo de competencias y habilidades que favorezcan el cumplimiento de sus obligaciones legales y, en particular, las establecidas en el artículo 84.1 de la Ley Orgánica 3/2018, de 5 de diciembre, de Protección de Datos Personales y garantía de los derechos digitales.

nitores, o de quienes ejerzan funciones de tutela, guarda o acogimiento, en la evaluación y selección de tipos de contenidos, servicios y dispositivos (art. 46 LOPIVI).

A tal fin, la norma recoge el papel protagonista que debe desempeñar la Agencia Española de Protección de Datos con el fin de garantizar una defensa específica de los datos personales de las personas menores de edad en los casos de violencia ejercida sobre la infancia y la adolescencia, especialmente cuando se realice a través de las tecnologías de la información y la comunicación. Con este propósito, «la *Agencia garantizará la disponibilidad de un canal accesible y seguro de denuncia de la existencia de contenidos ilícitos en Internet que comportaran un menoscabo grave del derecho a la protección de datos personales»* (art. 52 LOPIVI). Actuación esta última que, por otro lado, la Agencia Española de Protección de Datos lleva prestando desde septiembre de 2019, fecha en la que se produce la puesta en marcha del #CanalPrioritario.

III. La importancia de articular una estrategia reforzada para proteger eficazmente a los menores en el entorno digital

Como es sobradamente conocido, la adopción del RGPD trajo consigo un fortalecimiento de las autoridades de control independientes en materia de protección de datos personales, ampliando su ámbito de actuación y otorgándole novedosos poderes en ámbitos antes desconocidos[41], al tiempo que se articula una protección reforzada de los datos personales de los NNA, ya que pueden ser menos conscientes de los riesgos, consecuencias, garantías y derechos concernientes al tratamiento de datos personales.

Por su parte, el Título X de la LOPDPGDD, dedicado a los derechos digitales, incorpora el derecho a la educación digital, para un uso crítico y seguro de los medios digitales y respetuoso con la intimidad personal y familiar y la protección de datos personales (art. 83), y preceptos destinados a la protección de los y las menores y de sus datos personales en Internet (arts. 84 y 92)

Ello ha permitido consolidar la tendencia y la experiencia de algunas instituciones que, como la Agencia Española de Protección de Datos (AEPD), se han caracterizado por desplegar una prolífica actuación[42] con el propósito de

41 *Vid.* DOMÍNGUEZ ÁLVAREZ, J.L., *Tratado de protección de datos personales: pasado, presente y futuro de la tutela jurídica de los derechos de la privacidad*, Colex, A Coruña, 2023, p. 246.

42 A este respecto, conviene recordar que la AEPD estableció en 2015 unos ejes de actuación prioritaria entre los que se incluía un programa propio para la protección y educación de las personas menores de edad, que se justificaba fundamentalmente en el avance de las tecnologías digitales y su impacto en el tratamiento de datos de los y las menores. Entre otras medidas, la Agencia puso en marcha un canal de comunicación destinado fun-

velar por los derechos y libertades de las personas más vulnerables en lo que respecta al tratamiento de sus datos personales. Entre ellas se encuentran los y las menores de edad, las víctimas de violencia de género[43], etc.

Ante este nuevo marco normativo, la AEPD constituyó en 2019 un Grupo de Trabajo sobre «Menores, salud digital y privacidad»[44] con el objetivo de

damentalmente a los centros educativos, docentes, monitores, padres y madres y alumnado; se realizó un plan de inspección sobre servicios cloud en el ámbito educativo; se establecieron alianzas con los distintos actores implicados en la protección y bienestar de los y las menores; se elaboraron materiales, contenidos y recursos para familias, docentes y menores; y se crearon los premios a las buenas prácticas educativas sobre el uso responsable de Internet y las redes sociales.

43 Tal y como se desprende del Plan de Acción de Responsabilidad Social de la Agencia Española de Protección de Datos, constituyen actuaciones prioritarias: (i) emprender actuaciones que permitan evitar o minimizar los daños, perjuicios y los riesgos de los delitos en las redes sociales para las víctimas de violencia de género, mujeres o menores; (ii) impulsar las modificaciones normativas que protejan la privacidad de las mujeres en los casos de víctimas de violencia de género (DA 7.ª LOPDGDD); (iii) articular protocolos para las mujeres víctimas de violencia de género que estén sufriendo además la vulneración de su privacidad en internet o en las redes sociales; (iv) participar en iniciativas para impulsar el empoderamiento de la mujer; y (v) impulsar protocolos contra el ciberacoso, en colaboración con las administraciones educativas, etc. *Vid.* Agencia Española de Protección de Datos, *Plan de Acción de Responsabilidad Social de la* Agencia Española de Protección de Datos. *Agenda 2030: 103 Acciones de Responsabilidad Social de la AEPD,* Madrid, 2015, pp. 2 y ss.

44 Dicho Grupo está formado por representantes de la AEPD, los Ministerios de Presidencia, Justicia y Relaciones con las Cortes; Educación y Formación Profesional y Deportes; Sanidad; Juventud e Infancia; Interior; Igualdad; Derechos Sociales, Consumo y Agenda 2030; y Transformación Digital; Fiscalía General del Estado; Comisión Nacional de los Mercados y la Competencia (CNMC); Fábrica Nacional de Moneda y Timbre (FNMT); Consejo Escolar del Estado; Consejo General de la Psicología; Consejo de Colegios Oficiales de Médicos; Consejo de Consumidores y Usuarios; Asociación Española de Pediatría; Asociación Española de Psiquiatría del Niño y Adolescente, y el Ilustre Colegio de Abogados de Madrid, entre otros.
A este mecanismo, hay que añadir el Grupo de Trabajo para diseñar el sistema de verificación de edad para el acceso online a contenido para adultos impulsado por el Ministerio para la Transformación Digital en marzo de 2024. El Grupo de Trabajo estará integrado por un número igual de personas en representación de la Secretaría Estado de Función Pública, de la Secretaría de Estado de Digitalización e Inteligencia Artificial, de la Secretaría de Estado de Telecomunicaciones e Infraestructuras Digitales, del Gabinete del Ministro para la Transformación Digital y de la Función Pública, de la Secretaría de Estado de Seguridad, de la Secretaría de Estado de Juventud e Infancia, de la Agencia Española de Protección de Datos y de la CNMC. Su presidencia corresponderá al titular de la Dirección General de Gobernanza Pública de la Secretaría de Estado de Función Pública, dependiente del Ministerio para la Transformación Digital y de la Función Pública. También participará la FNMT, en su calidad de emisor de las credenciales verificables. Entre las funciones del Grupo de Trabajo se cuentan la formulación de propuestas de funcionalidad para la implementación de soluciones técnicas, el liderazgo a nivel europeo del caso de uso de verificación de edad en el marco de la Cartera Digital europea, el seguimiento de la evolución de los trabajos técnicos y la coordinación con la estrategia integral para la protección de los menores en internet.

estudiar y proponer iniciativas y medidas para proteger a los y las menores en el ámbito digital, en el que los servicios que se prestan y los contenidos que se ofrecen a través de redes sociales y servicios equivalentes requieren del tratamiento de datos personales para su operatividad[45], labor que ha cristalizado finalmente en la adopción en enero de 2024 de la Estrategia «Menores, salud digital y privacidad. Estrategia y líneas de acción».

Dicho documento pretende ofrecer una estrategia reforzada que permita facilitar los recursos necesarios para hacer del uso de Internet por los NNA un lugar seguro y saludable. Para ello, se establecen 10 actuaciones prioritarias y 35 medidas, organizadas en cuatro marcos de actuación diferenciados (marco regulatorio; ejercicio de potestades; educación digital; y salud y bienestar digital), a saber:

1. La Agencia apoyará la iniciativa para la adopción de un Pacto de Estado promovida por organizaciones de la sociedad civil con medidas de consenso para la protección de la infancia y la adolescencia en Internet.
2. La Agencia colaborará, mediante la coordinación del Grupo de Trabajo de «Menores, salud digital y privacidad», en el análisis jurídico y tecnológico de las propuestas y medidas de cara a la elaboración de un proyecto de Ley de protección integral a la infancia y adolescencia en los ámbitos en los que se han detectado necesidades (penal, procesal, administrativo, educativo, sanitario, de protección de datos —neurodatos y neuroderechos—, comunicaciones audiovisuales y consumo).
3. La Agencia ha elaborado un Decálogo con los principios y requisitos que han de observar los Sistemas de Verificación de la Edad para ser eficaces y respetuosos con la privacidad de quienes acceden a esos contenidos que, en un mundo globalizado, se proporcionan desde cualquier lugar. A este respecto:
   - Impulsará la producción de apps que desarrollen estos sistemas conforme a los principios adoptados, colaborando en particular con la Comisión nacional de los Mercados y la Competencia (CNMC), la Fábrica Nacional de Moneda y Timbre (FNMT), el Ministerio del Interior y el Ministerio de Transformación Digital.
   - Coordinará y promoverá la asunción de los principios y requisitos en el marco de la UE con la finalidad de que sirvan de referencia para el desarrollo de sistemas de verificación de la edad eficaces y

45 Conferencia magistral impartida por D. Julián Prieto Hergueta, Subdirector General de Promoción y Autorizaciones de la Agencia Española de Protección de Datos, el 10 de mayo de 2024 en la Facultad de Derecho de la Universidad de Salamanca, en el marco del Congreso Internacional «Repensando el elemento tecnológico en clave de igualdad: hacia el humanismo digital».

garantistas en los Estados miembro. Para ello impulsará la adopción de una declaración por el Comité Europeo de Protección de Datos, y mantendrá contactos y reuniones con la Comisión Europea y el Parlamento Europeo a través de la Comisión de Libertades Civiles, Justicia y Asuntos de Interior (LIBE).

- Incentivará la adopción de los principios del decálogo en otros ámbitos internacionales, para lo que se presentarán a las autoridades en materia de privacidad y protección de datos reunidas en el seno de la Asamblea Global de Privacidad (GPA), a la Administración Federal de EEUU, la Federal Trade Commission y a la Autoridad de protección de datos del Estado de California (sede de la mayoría de los prestadores de servicios online), junto con la Red Iberoamericana de Protección de Datos (RIPD), cuya Secretaría ostenta la Agencia.

4. La Agencia intensificará su colaboración con el Instituto Nacional de Ciberseguridad (INCIBE) para el análisis de las Herramientas de Control Parental y la actualización de las guías sobre privacidad y seguridad en Internet, y para la configuración de la privacidad en redes sociales, aplicaciones de mensajería instantánea y principales navegadores.
5. La Agencia intensificará su colaboración con el Instituto Nacional de Tecnologías Educativas y de Formación del Profesorado (INTEF) para proporcionar las familias educación, formación digital, recursos y materiales mediante módulos formativos[46].
6. La Agencia colaborará activamente con las autoridades educativas para garantizar su adecuación a la regulación del derecho a la protección de datos y su control como garantía de su cumplimiento.
7. La Agencia llevará a cabo actuaciones de investigación a las plataformas, educativas y de aprendizaje, así como a las herramientas digitales que se utilizan en los centros escolares.
8. La Agencia, a través de los Consejos Generales de los Colegios Oficiales de Médicos, Psicólogos y Pedagogos, que participan en el Grupo de Trabajo, colaborará con las Administraciones educativas y sanitarias para fomentar la realización de evaluaciones de impacto en privacidad y salud digital en función de la edad y los riesgos para los y las menores.

46 Sirva como ejemplo el MOOC «Educar en seguridad y privacidad digital», impulsado por la AEPD, INCIBE e INTEF dirigido a docentes de todas las etapas educativas y a todas aquellas personas implicadas e interesadas en preservar la seguridad y la privacidad de los y las menores en Internet. Hasta la fecha se han celebrado tres ediciones (25 de octubre al 8 de diciembre de 2022; 7 de noviembre y el 14 de diciembre de 2023 y 9 de abril al 21 de mayo de 2024). Más información, disponible en: https://lc.cx/2tdZMG

9. La Agencia priorizará el ejercicio de sus potestades de investigación[47] a las páginas web de contenidos para personas adultas, en especial de pornografía, con respecto a la verificación de la edad para el acceso a dichos contenidos y al cumplimiento de la normativa de protección de datos de los y las menores. Actuando en cooperación con las autoridades de la Unión Europea cuando las páginas web no estén establecidas en España.
10. La Agencia realizará el análisis de los algoritmos y patrones adictivos que tienen como objetivo influir en el comportamiento y las decisiones de las personas usuarias, con relación a los datos y perfilados de los y las menores de edad, e impulsará la coordinación necesaria con el Comité Europeo de Protección de Datos.

IV. El renovado protagonismo de la educación digital, una nueva garantía pendiente de desarrollo

Además de establecer una estrategia reforzada de protección integral de los NNA en el entorno digital, es necesario que el conjunto de las Administraciones públicas se comprometa con el impulso de una auténtica cultura de la privacidad, convirtiendo la protección de datos de carácter personal en un valor añadido más de la gestión pública para la consecución de los intereses generales, así como con el desarrollo y promoción de los novísimos «derechos digitales».

Esta nueva generación de derechos aspira a corregir todas aquellas externalidades negativas que está propiciando la ausencia de una regulación jurídica adecuada que acompañe el vertiginoso desarrollo tecnológico al que asistimos en nuestros días, habida cuenta de que el derecho fundamental a la protección de datos personales, si bien es cierto que representa la última frontera para la salvaguarda de la dignidad de la persona ante el avance de la

47 La Agencia, como autoridad de control, está dotada de potestades de investigación y de sanción para supervisar el cumplimiento de la normativa de protección de datos. En el ejercicio de estas potestades ha iniciado actuaciones de investigación a páginas web de contenidos para personas adultas, así como a terceros de confianza en el ámbito de la verificación de la edad, que se han trasladado cuando ha sido necesario y cumpliendo lo establecido en el RGPD, a través del sistema de Información del Mercado interior (IMI) a las autoridades europeas de control en el marco de colaboración institucional y asistencia mutua.
Sirvan como ejemplo, los expedientes E/2022/07932 (PS/00098/2022) y E/02426/2021 (PS/00483/2021) incoados por la Agencia Española de Protección de Datos contra Ramona Films, S.L. (NIF B87763405) en los que se impone una sanción por valor de 193.600 euros, tras constatar la vulneración de los siguientes preceptos: art. 6.1.a) RGPD; art. 13 RGPD; art. 28.3 RGPD; art. 32 RGPD; art. 37 RGPD; y art. 38.6 RGPD.

(r)evolución tecnológica, no alcanza a doblegar la multitud de nuevos riesgos y amenazas que se vislumbran en el horizonte digital[48].

Un claro ejemplo de esta tendencia lo encontramos en la positivización, a propuesta de la Agencia Española de Protección de Datos, del Derecho a la educación digital[49], ex art. 83 LOPDGDD, cuyo tenor literal establece que

> «1. El sistema educativo garantizará la plena inserción del alumnado en la sociedad digital y el aprendizaje de un consumo responsable y un uso crítico y seguro de los medios digitales y respetuoso con la dignidad humana, la justicia social y la sostenibilidad medioambiental, los valores constitucionales, los derechos fundamentales y, particularmente con el respeto y la garantía de la intimidad personal y familiar y la protección de datos personales. Las actuaciones realizadas en este ámbito tendrán carácter inclusivo, en particular en lo que respecta al alumnado con necesidades educativas especiales[50].
>
> Las Administraciones educativas deberán incluir en el desarrollo del currículo la competencia digital a la que se refiere el apartado anterior, así como los elementos relacionados con las situaciones de riesgo derivadas de la inadecuada utilización de las TIC, con especial atención a las situaciones de violencia en la red[51].
>
> 2. El profesorado recibirá las competencias digitales y la formación necesaria para la enseñanza y transmisión de los valores y derechos referidos en el apartado anterior[52].

---

48 Y es que, como acertadamente ha subrayado Rallo Lombarte, A., «Una nueva generación de Derechos digitales», *Revista de Estudios Políticos*, núm. 187, 2020, p. 107; «este manto protector [de la protección de datos] parece no dar más de sí para cubrir y amparar otras muchas amenazas y riesgos que operan, al margen de la información personal, en la realidad digital sobre derechos y libertades individuales».

49 *Vid.* Domínguez Álvarez, J.L., «El Sistema Universitario Español como catalizador de los novísimos Derechos Digitales: propuestas de futuro para dar cumplimiento a la Ley Orgánica 2/2023, de 22 de marzo, del Sistema Universitario», en Romero García, C. y Buzón García, O. (Coords.), *Educación 360: emociones, tecnología, evaluación e inclusión en la era digital*, Dykinson, Madrid, 2024, p. 631.

50 Este precepto ha sido recientemente modificado por la disposición final cuarta de la Ley Orgánica 3/2020, de 29 de diciembre, por la que se modifica la Ley Orgánica 2/2006, de 3 de mayo, de Educación.

51 De conformidad con la Disposición adicional vigésima primera del mismo texto legal, «[l] as Administraciones educativas darán cumplimiento al mandato contenido en el párrafo segundo del apartado 1 del artículo 83 de esta ley orgánica en el plazo de un año a contar desde la entrada en vigor de la misma», mandato que se ha incumplido de manera sistemática salvo en contadas y honrosas excepciones.

52 *Vid.* Comisión Europea, *Plan de Acción de Educación Digital, Bruselas,* 2018, p. 3 [COM(2018) 22 final], señala que «los avances realizados en el ámbito digital también plantean nuevos retos para los alumnos, estudiantes y profesores de Europa. A la posibilidad de que los algoritmos aplicados por los sitios de los medios de comunicación social y los portales de noticias acentúen considerablemente el sesgo de los artículos y dilaten las falsas informaciones, se le suman las preocupaciones fundamentales surgidas en la sociedad digital en relación con la privacidad de los datos. Tanto los jóvenes como los adultos

> 3. Los planes de estudio de los títulos universitarios, en especial, aquellos que habiliten para el desempeño profesional en la formación del alumnado, garantizarán la formación en el uso y seguridad de los medios digitales y en la garantía de los derechos fundamentales en Internet.
>
> 4. Las Administraciones Públicas incorporarán a los temarios de las pruebas de acceso a los cuerpos superiores y a aquéllos en que habitualmente se desempeñen funciones que impliquen el acceso a datos personales materias relacionadas con la garantía de los derechos digitales y en particular el de protección de datos».

En idéntico sentido se manifiesta la Carta de Derechos Digitales (XVII), documento que señala lo siguiente con relación al Derecho a la educación digital:

> «El sistema educativo debe tender a la plena inserción de la comunidad educativa en la sociedad digital y un aprendizaje del uso de los medios digitales dirigido a una transformación digital de la sociedad centrada en el ser humano. Esta misión se inspirará en los valores de respeto de la dignidad humana con garantía de los derechos fundamentales y los valores constitucionales. Estos principios informarán cualesquiera otras actividades formativas promovidas por los poderes públicos»[53].

---

pueden tener que enfrentarse a ciberacoso, prácticas depredadoras o contenidos en línea molestos. La exposición cotidiana a datos digitales apoyada por algoritmos herméticos conlleva riesgos evidentes y requiere ahora más que nunca un pensamiento crítico y una capacidad de comprometerse de manera positiva y competente en el entorno digital. Nos enfrentamos a una necesidad en constante evolución de alfabetización mediática y de una amplia gama de capacidades y competencias digitales, como la seguridad física y operacional y la privacidad, pero acercar estos elementos a la población en general y a las profesiones y los sectores más avanzados sigue constituyendo un reto».

53 Así mismo, se contempla la necesidad de potenciar que el profesorado reciba formación para adquirir competencias digitales y para la enseñanza y transmisión de los valores y derechos antes enunciados. En particular, se promoverán: (a) planes de formación profesional ordenados a la inserción de las personas trabajadoras en los procesos de transformación digital; (b) la formación de personas adultas con particular atención a las personas mayores, personas con discapacidad y colectivos socialmente desfavorecidos o vulnerables; y (c) una educación que promueva un uso de los medios digitales seguro y respetuoso con la igualdad de género y orientado a la disminución de las brechas de género en el ámbito digital.
Se promoverá que en los planes de estudios se introduzcan los siguientes fines: (a) el aprendizaje de los derechos digitales y de un uso ético de las herramientas digitales en cuestiones como el uso de datos y el respeto a la privacidad, los derechos de propiedad intelectual o la identificación de información y comportamientos en la red que puedan comprometer su salud o bienestar, su huella digital, o la de terceros; (b) fortalecer el desarrollo de un pensamiento crítico que ayude a distinguir hechos objetivos de meras opiniones sin evidencias, así como a identificar noticias falsas y desinformación y a rechazar estereotipos de género y discriminatorios, discursos de odio o el ciber acoso, prestando especial atención al ciber acoso sexual; (c) fomentar la capacidad de participar en la generación de información de manera activa, creativa y, sobre todo, responsable; y (d) atender la diversidad de talentos y de procesos y ritmos de aprendizaje, particularmente aquéllos que presenten necesidades específicas de apoyo educativo. *Vid. op. cit.* Gobierno de España, *Carta de Derechos...*, pp. 18-19.

Sin embargo, pese a todos estos esfuerzos normativos y programáticos tendentes a instaurar este nuevo Derecho a la educación digital, aún persiste numerosas zonas sombrías tales como la necesidad de articular nuevas formas de intervención administrativa que permitan impulsar una transformación digital humanista efectiva[54], la urgencia de clarificar la naturaleza jurídica de este y los restantes nuevos derechos digitales e incluso la conveniencia de afrontar la constitucionalización de estas novísimas garantías de la ciudadanía para blindar la seguridad jurídica y maximizar la confianza de la población en el mundo digital[55].

Pese a la inobservancia de esta obligación, a nadie se le escapa que el avance tecnológico y el uso exponencial de los medios digitales ha convertido a estos últimos en una alternativa cierta para el desarrollo de multitud de actuaciones en ámbitos tan importantes como el educativo o el laboral, lo que sitúa a buena parte de la población, incluidos los menores de edad, ante un horizonte desconocido, repleto de novedosas amenazas, sin que estos dispongan de la debida formación para hacer frente a las vertiginosas transformaciones que plantea la (r)evolución digital. Urge, por tanto, que las Administraciones públicas promuevan las actuaciones necesarias para fomentar el autoconocimiento y la educación para la digitalización como presupuesto indispensable para garantizar no solamente el uso responsable y seguro de los medios digitales y promover una cultura de la privacidad, elementos imprescindibles para garantizar el cumplimiento de la normativa de protección de datos; sino también, y lo que es más importante, como elemento decisivo para alcanzar el ansiado humanismo tecnológico[56].

54 Esta necesidad social contrasta con el inmovilismo y la inacción del poder público en la materia, solamente alterado por algunas iniciativas pioneras y punteras, entre las que destaca el Pacto Digital para la Protección de las Personas impulsado por la Agencia Española de Protección de Datos. Dicha iniciativa tiene como objetivo promover un compromiso firme con la privacidad en las políticas de sostenibilidad y los modelos de negocio de las organizaciones, compatibilizando el derecho fundamental a la protección de datos con la innovación, la ética y la competitividad empresarial. El desarrollo del proyecto ha contado con la colaboración de algunas de las principales organizaciones empresariales, fundaciones, asociaciones de medios de comunicación y grupos audiovisuales, y está abierto a las organizaciones quieran asumir los compromisos reflejados en la carta de adhesión. La iniciativa está abierta únicamente a personas jurídicas, cualquiera que sea su forma societaria. Más información, disponible en: https://www.aepd.es/pactodigital

55 *Vid.* Domínguez Álvarez, J.L., «La silenciosa construcción de los derechos digitales», en *Revista Boliviana de Derecho*, núm. 34, 2022, p. 608.

56 En este contexto es en el que se enmarcan los sucesivos esfuerzos de la AEPD por impulsar numerosos instrumentos de colaboración con instituciones públicas y organizaciones privadas orientados al diseño de diversas campañas de sensibilización y concienciación del conjunto de la población, todo ello con el firme propósito de minimizar el alcance lesivo que plantea para los derechos y libertades fundamentales de la ciudadanía el uso inadecuado de la tecnología.
Un claro ejemplo de esta tendencia lo encontramos en la campaña *«El control es tuyo, que no te controlen»*, iniciativa promovida por la AEPD junto a los Ministerios de Educación

V. Nuevos instrumentos para combatir la violencia digital: análisis del papel precursor de la Agencia Española de Protección de Datos

1. Delimitando el régimen jurídico aplicable al tratamiento de datos personales de los menores de edad

Con el propósito de clarificar el marco normativo sobre el que se edifican las diferentes herramientas e instrumentos desarrollados por la Agencia Española de Protección de Datos para combatir la violencia digital y la protección de los NNA en el entorno digital, conviene delimitar el régimen jurídico aplicable al tratamiento de datos personales de los menores de edad.

A este respecto, en primer término, conviene precisar que Reglamento General de Protección de Datos «regula los datos personales relativos a los menores de edad, partiendo, en gran medida, del régimen contemplado en la Directiva 95/46/CE del Parlamento Europeo y del Consejo, de 24 de octubre de 1995, relativa a la protección de las personas físicas en lo que respecta al tratamiento de datos personales y a la libre circulación de estos datos, enriqueciéndolo con determinados criterios aportados por el Grupo de Trabajo del Artículo 29 y por el Tribunal de Justicia de la Unión Europea»[57].

En el caso español, dicha regulación se realizaba hasta la llegada de la LOPDGDD por medio del Real Decreto 1720/2007, de 21 de diciembre, por el que se aprueba el Reglamento de desarrollo de la Ley Orgánica 15/1999, de 13 de diciembre, de protección de datos de carácter personal (RLOPD), el cual en aras de contribuir a clarificar el régimen jurídico del tratamiento de datos personales de los menores de edad[58], incorpora un precepto específi-

---

y Formación Profesional, Igualdad y la asociación Pantallas Amigas. Tiene como objetivo ayudar a jóvenes y adolescentes a detectar el acoso y la violencia de género digital, así como ofrecer recomendaciones para la prevención y la intervención. La última de estas iniciativas se está impulsando en la actualidad bajo el lema *«Con un clic puedes arruinar tu vida».* Más información, disponible en: https://bit.ly/2NMxowU

57 *Vid.* Rodríguez Ayuso, J.F., «La garantía de la privacidad de los menores de edad», en *Actualidad Jurídica Iberoamericana*, núm. 13, 2020, p. 1006.

58 Sobre esta cuestión la propia AEPD ha señalado, incluso durante la vigencia de la antigua Ley Orgánica 5/1992, de 29 de octubre, de regulación del tratamiento automatizado de los datos de carácter personal, que «respecto de los mayores de catorce años, debe recordarse en primer término, que el artículo 162.1.º del Código Civil exceptúa de la representación legal del titular de la patria potestad a los actos referidos a derechos de la personalidad u otros que el hijo, de acuerdo con las leyes y con sus condiciones de madurez, pueda realizar por sí mismo», considerando que el mayor de catorce años «tiene condiciones suficientes de madurez para prestar su consentimiento al tratamiento de los datos, toda vez que nuestro ordenamiento jurídico viene, en diversos casos, a reconocer a los mayores

camente sobre la cuestión, detallando la forma en que necesariamente debe procederse para obtener el consentimiento de aquellos. Con ello, se pretendía proteger a los menores de los asedios y transgresiones a la intimidad propiciada por el avance de las nuevas tecnologías, los cuales requieren una mayor atención[59] y tutelas específicas[60].

---

de catorce años la suficiente capacidad de discernimiento para adoptar por sí solos determinados actos de la vida civil. Baste a estos efectos recordar los supuestos de adquisición de la nacionalidad española por ejercicio del derecho de opción o por residencia, que se efectuará por el mayor de catorce años, asistido de su representante legal, o la capacidad para testar (con la única excepción del testamento ológrafo) prevista en el artículo 662.1 para los mayores de catorce años». *Vid.* AGENCIA ESPAÑOLA DE PROTECCIÓN DE DATOS, *Guía de recomendaciones destinada a padres y niños para navegar de manera segura por Internet,* Madrid, 2008, in totum.

Recientemente la Agencia ha actualizado dichas recomendaciones, entre las que pueden distinguirse las siguientes: (i) educa a los menores sobre los riesgos para su privacidad y su seguridad en el uso de tecnologías móviles. Fomenta el uso responsable de la tecnología; (ii) limita a los menores el tiempo de uso de los dispositivos conectados; (iii) hazles saber que es necesario tomar medidas por su propia seguridad. Cuéntales que tomas esas medidas por su propio bien; (iv) emplea sistemas operativos, proveedores de internet y terceros que faciliten opciones de control parental que permitan monitorizar el uso de dispositivos móviles; (v) configura las opciones de control parental, ya que ofrecen diferentes funcionalidades como el filtrado de contenido, limitación de horarios, bloqueo de aplicaciones, detalles de uso de las redes sociales, localización GPS, etc.; (vi) elige la herramienta que mejor se ajuste a tus necesidades y ofrezca garantías para no introducir nuevos riesgos; (vii) infórmate de los periodos de retención de datos y asegúrate de que no se utilizan los datos para finalidades distintas de las que necesitas; (viii) emplea navegadores, launchers y aplicaciones en su versión infantil que son alternativas que pueden ser menos intrusivas; (ix) no olvides que otros dispositivos conectados como SmartTV o videoconsola están expuestos a riesgos similares; (x) ten en cuenta que algunas herramientas bloquean en exceso, mantenga abierta la posibilidad de desbloquear contenido a petición del menor y esté abierto a acordar con ellos los filtros y restricciones a configurar. Un bloqueo excesivo puede ser contraproducente; y (xi) recuerda que las herramientas de control parental no son infalibles, así que configura adecuadamente las opciones de privacidad y seguridad en aplicaciones y redes sociales, manténgase alerta y en comunicación con sus hijos. *Vid.* AGENCIA ESPAÑOLA DE PROTECCIÓN DE DATOS, *Protección del menor en Internet: evita el contenido inapropiado preservando su privacidad,* Madrid, 2020, pp. 10-11.

59 Esta cuestión fue analizada de forma precursora por CERVERA NAVAS, L., «Menores en la red: una llamada a la acción», en Datospersonales.org: La revista de la Agencia de Protección de Datos de la Comunidad de Madrid, núm. 43, 2010, p. 1, donde afirma que «el uso de Internet por parte de los menores plantea un serio dilema moral para los padres de hoy en día. No debemos considerar Internet como un problema sino más bien como una oportunidad. Los padres deben advertir a sus hijos sobre los peligros que plantea la Red para los menores (acceso a contenidos inapropiados, depredadores sexuales, ciber-acoso, etc.) pero, al mismo tiempo, los padres deben ser conscientes de que el reto va mucho más allá: hay que convertir a Internet en un aliado en la educación de nuestros hijos, en definitiva, extender el cuidado por la educación de nuestros hijos a este universo virtual en el que nuestros hijos viven también sus vidas».

60 *Vid. op. cit.* PÉREZ LUÑO, A.E., «La protección de...», p. 143.
Fruto de la importancia que reviste esta cuestión, aparecieron numerosos documentos que han intentado arrojar luz a esta materia en aras de garantizar la especial protección

Así, el art. 13.1 RLOPD señalaba que «podrá *procederse al tratamiento de los datos de los mayores de catorce años con su consentimiento, salvo en aquellos casos en los que la Ley exija para su prestación la asistencia de los titulares de la patria potestad o tutela»,* estableciendo con ello una presunción de madurez de los menores con una edad superior a los catorce años. El precepto continúa su exposición señalando que, en los casos restantes, es

de los menores ante el avance de Internet y las nuevas tecnologías. Entre ellos, conviene destacar los siguientes: la *Resolución sobre protección de la privacidad en los servicios de Redes Sociales,* que data de octubre de 2008 y que contiene las conclusiones de la Conferencia Internacional de Autoridades de Protección de Datos y Privacidad; el texto sobre *Security Issues and Recommentations for Online Social Network* de 2007, elaborado por la *European Network and Information Security Agency*; así como la Guía sobre *Derechos de Niños y Niñas y Deberes de los Padres y Madres* desarrollada por la Agencia Española de Protección de Datos de 2008.

En este último documento, se establecen una serie de recomendaciones dirigidas a los menores y a sus padres, para la utilización de Internet. Se alude a la conveniencia de una navegación conjunta de los padres y sus hijos en el ciberespacio, para prevenir riesgos y evitar que los niños puedan transmitir informaciones o imágenes personales en la Red, sin las debidas garantías. Se fomenta así, la comunicación entre los padres e hijos en el uso de los distintos de Internet. *Vid.* AGENCIA ESPAÑOLA DE PROTECCIÓN DE DATOS, *Derechos de niños y niñas y Deberes de los padres y madres,* Madrid, 2008, 8 pp.

No obstante, el texto más relevante sobre la cuestión es el Documento de trabajo 1/08 sobre la protección de datos personales de los niños, elaborado por el GT29, el cual señala lo siguiente: «los niños y alumnos deber ser educados para convertirse en ciudadanos autónomos de la Sociedad de la Información. Para ello, es fundamental que aprendan desde una edad temprana la importancia de la intimidad y la protección de datos. Estos conceptos les permitirán tomar decisiones informadas posteriormente sobre qué información desean divulgar, a quién y en qué condiciones. La protección de datos debería incluirse sistemáticamente en los planes escolares, en función de la edad de los alumnos y la naturaleza de las asignaturas impartidas». *Vid.* HERNÁNDEZ LÓPEZ, J.M., PIQUÉ JORGE, J.A. y ALBERTOS GARCÍA, J.M., «Educar en protección de datos», en *Datospersonales.org: La revista de la Agencia de Protección de Datos de la Comunidad de Madrid,* núm. 44, 2010, p. 4.

Este texto hace gravitar su sistema de garantías sobre dos ejes básicos: el principio *ratione personae*, es decir, se trata de un texto dirigido a la tutela de los derechos de un sector especial de personas: los menores de edad y, para tal efecto tiene presente los rasgos informadores de la Convención sobre los Derechos del Niño de la ONU promulgado en el año 1989; y el principio *ratione materiae*, porque su ámbito de tutela se concreta en un aspecto básico de los derechos del menor: sus datos personales, y para establecer su sistema de garantías se funda en la Directiva comunitaria 95/46/CE. El sistema tutelar de este Documento se cifra en unos principios fundamentadores de la tutela reforzada del menor (interés superior del menor, protección y cuidado para el bienestar de los niños, derecho a la intimidad, representación, adaptación al grado de madurez del menor, derecho a ser consultado, etc.), en unos principios y derechos relativos a la protección de datos (que no distan en demasía de las disposiciones propias de la Directiva comunitaria) y en unas políticas de actuación (orientadas a promover una cultura de la protección de datos en los centros escolares y núcleos familiares). *Vid. op. cit.* PÉREZ LUÑO, A.E., «La protección de...», pp. 162-169.

decir, cuando los menores dispongan de una edad inferior a los catorce años, se requerirá el consentimiento de los padres o tutores[61].

Seguidamente, con la finalidad de evitar la utilización de los menores de edad como «instrumento» para recabar datos que exceden de su esfera personal[62], el art. 13.2 RLOPD preveía que «en *ningún caso podrán recabarse del menor datos que permitan obtener información sobre los demás miembros del grupo familiar, o sobre las características del mismo, como los datos relativos a la actividad profesional de los progenitores, información económica, datos sociológicos o cualesquiera otros, sin el consentimiento de los titulares de tales datos»*. Esta regla únicamente admitía una excepción en el supuesto en que el consentimiento del padre, madre o tutor fuera necesario para el tratamiento de los datos, bien por tener el menor una edad inferior a catorce años, o bien por así requerirlo el negocio en cuyo ámbito se produce la recogida. Así, concluía el art. 13.2 señalando que «no *obstante, podrán recabarse los datos de identidad y dirección del padre, madre o tutor con la* única *finalidad de recabar la autorización prevista en el apartado anterior»*.

Del mismo modo, y con la finalidad de maximizar la protección de la privacidad de los menores ante las injerencias de terceros, el art. 13.3 RLOPD establecía que, cuando el tratamiento se refiriera a datos de menores de edad, la información dirigida a los mismos debería expresarse en un lenguaje que fuera fácilmente comprensible por estos.

Por último, el RLOPD establecía un deber explícito dirigido a quienes se encargarán de recabar datos personales de menores, previendo el art. 13.4 que «corresponderá *al responsable del fichero o tratamiento articular los procedimientos que garanticen que se ha comprobado de modo efectivo la edad del menor y la autenticidad del consentimiento prestado en su caso, por los padres, tutores o representantes legales»*[63].

---

61 Esta idea entronca con los estudios realizados por numerosos y destacados procesalistas en relación con el principio fundamental del «interés superior del menor», presupuesto jurídico según el cual «la condición del menor puede justificar un más de tutela jurídica y de garantías, nunca un menos; así pueden sintetizarse las novedades y las perspectivas de un sector de la justicia que, aunque sea de menores, no por ello tiene que ser menor». *Vid.* MARTÍN OSTOS, J., *Jurisdicción de menores*, Bosch, Barcelona, 1994, p. 145.

62 Llegados a este punto, conviene recordar que el art. 16 de la Convención de las Naciones Unidas sobre los Derechos del niño dispone que ningún niño será objeto de injerencias arbitrarias o ilegales en su vida privada, su familia, su domicilio o su correspondencia, ni de ataques ilegales a su honra y a su reputación. Este derecho debe ser respetado por todos incluso por los representantes del niño. Acerca de esta cuestión, *vid.* RODRÍGUEZ MATEOS, P., «Convención de Naciones Unidas sobre los derechos del niño», en *Revista Española de Derecho Internacional*, vol. 43, núm. 1, 1991, pp. 269-272.

63 Este deber no implica la exigencia de probar de forma absoluta la edad del menor, especialmente en los supuestos en que los datos se recaban a través de Internet, sino más bien de que el responsable del tratamiento sea capaz de demostrar la adopción de mecanismos que permitan garantizar la comprobación de la edad. Tales mecanismos diferirán en cada

Sobre esta base, el RGPD introduce importantes novedades en su art. 8 aplicables al consentimiento de los menores[64] en relación con los servicios de la sociedad de la información[65]. De esta forma, el tratamiento de los datos personales de un niño se considerará lícito cuando tenga como mínimo 16 años[66]. Si el niño es menor de 16 años, tal tratamiento únicamente se considerará lícito si el consentimiento lo dio o autorizó el titular de la patria potestad o tutela sobre el niño, y solo en los términos expresamente establecidos[67].

No obstante, paralelamente a este precepto, la nueva regulación deja la puerta abierta a que los Estados miembros de la Unión Europea desarrollen instrumentos normativos con rango de ley en los que se establezca una edad inferior para tales fines, siempre que esta no sea inferior a 13 años[68]. Han sido, por tanto, los propios Estados miembros los encargados de modular

caso, pero deberán ser suficientes para garantizar una cierta fiabilidad en la recogida. Generalmente, como señala Puente Escobar, esta comprobación podrá llevarse válidamente a cabo a través de la exigencia de determinados datos o el planteamiento de determinadas «preguntas de control» que en principio solo puedan contestar razonablemente los mayores de catorce años. *Vid.* Puente Escobar, A., «Consentimiento del afectado y deber de información», en Martínez Martínez, R. (Coord.), *Protección de datos. Comentarios al Reglamento de Desarrollo de la LOPD,* Tirant lo Blanch, Valencia, 2008, p. 38.p. 44.

64 *Vid.* Piñar Real, A., «Tratamiento de datos de menores de edad», en Piñar Mañas, J.L. (Dir.), *Reglamento general de protección de datos: hacia un nuevo modelo europeo de privacidad*, Reus, Madrid, 2016, pp. 187 y ss.

65 *Vid.* Adsuara Varela, B., «El consentimiento», en Piñar Mañas, J.L. (Dir.), *Reglamento General de Protección de Datos. Hacia un modelo europeo de privacidad,* Reus, Madrid, 2016, p. 164.

66 Así, en palabras de Ayllón García, J.D., «Consentimiento de los menores de edad en las redes sociales: especial referencia a TikTok», en *Actualidad Jurídica Iberoamericana*, núm. 16, 2022, p. 589; «[s]i en materia de los Derechos personales del honor, intimidad personal y familiar y propia imagen y en materia de consentimiento contractual se tiene en cuenta el criterio de la madurez del menor, en materia de protección de datos, el legislador, tanto el europeo como el español, han optado por el criterio cronológico».

67 El considerando 38 RGPD afirma que los niños merecen una protección específica de sus datos personales, ya que pueden ser menos conscientes de los riesgos, consecuencias, garantías y derechos concernientes al tratamiento de datos personales. Dicha protección específica debe aplicarse en particular, a la utilización de datos personales de niños con fines de mercadotecnia o elaboración de perfiles de personalidad o de usuario, y a la obtención de datos personales relativos a niños cuando se utilicen servicios ofrecidos directamente a un niño. El consentimiento del titular de la patria potestad o tutela no debe ser necesario en el contexto de los servicios preventivos o de asesoramiento ofrecidos directamente a los niños.

68 En este punto, conviene recordar una vez más el contexto técnico-político y empresarial en el que se redacta el RGPD, un tiempo convulso para el proyecto europeo, marcado inexorablemente por el Brexit, en que «las instituciones y los 28 países, celosos de su soberanía, son incapaces de ponerse de acuerdo ni siquiera en fijar una edad mínima para que el menor otorgue consentimiento [...] siendo necesario dar cobijo en el texto a previsiones específicas a las que cada Estado no ha querido renunciar». *Vid.* López Calvo, J., *Comentarios al Reglamento Europeo de Protección de Datos,* Sepin, Madrid, 2017, p. 27.

los límites de edad para garantizar la protección de los datos personales de los menores de edad[69] en el nuevo marco de la sociedad de la información[70].

De esta forma, en el caso del Reino de España, el art. 7 LOPDGDD se detiene en determinar el régimen jurídico aplicable al consentimiento de los menores de edad en los siguientes términos

> «1. El tratamiento de los datos personales de un menor de edad únicamente podrá fundarse en su consentimiento cuando sea mayor de catorce años.
>
> Se exceptúan los supuestos en que la ley exija la asistencia de los titulares de la patria potestad o tutela para la celebración del acto o negocio jurídico en cuyo contexto se recaba el consentimiento para el tratamiento.
>
> 2. El tratamiento de los datos de los menores de catorce años, fundado en el consentimiento, solo será lícito si consta el del titular de la patria potestad o tutela, con el alcance que determinen los titulares de la patria potestad o tutela».

---

69 La norma europea se refiere en el art. 8 al tratamiento de los datos del menor en el ámbito de la sociedad de la información, y en dicho ámbito tampoco establece una edad determinada, «sino solamente un límite mínimo fijado en los dieciséis años y una remisión a los Estados miembros para poder rebajar la edad en estos casos hasta el umbral de los trece años». *Vid.* SERRANO PÉREZ, M.M., «El consentimiento de los menores de edad para el tratamiento de datos personales (Comentario al art. 7 LOPDGDD)», en TRONCOSO REIGADA, A. (Dir.), *Comentario al Reglamento General de Protección de Datos y a la Ley Orgánica de Protección de Datos personales y Garantía de los Derechos Digitales,* Thomson Reuters-Aranzadi, Cizur Menor, 2021, p. 990.

70 Conviene señalar de conformidad por UNICEF, los jóvenes con edades comprendidas entre los 15 y los 24 años son el grupo de edad más conectado. Se estima que, en todo el mundo, el 71 % de los mismos están en línea, en comparación con el 48 % de la población total. Así, los niños y adolescentes menores de 18 años representan aproximadamente uno de cada tres usuarios de internet en todo el mundo. *Vid.* FONDO DE LAS NACIONES UNIDAS PARA LA INFANCIA, *Estado Mundial de la Infancia 2017. Niños en un mundo digital,* Nueva York, 2017, p. 1.
La forma en la que los menores se desenvuelven en Internet y, por ende, en las redes sociales, determina una mayor facilidad en lo que se refiere a la vulneración de algunos de sus Derechos, como sería el de la protección de datos de carácter personal, su honor, intimidad o propia imagen. Los menores están creciendo en la red de forma indudable, ello ha permitido que se hable de cuestiones tan disruptivas como «crecimiento virtual, identidad virtual o digital, o de biografía digital». *Vid.* LAGE COLETO, M., «Integración social de los menores a través de internet», en BURGUERA AMEAVE, L.; PAUL LARRAÑAGA, K. y SUAREZ PERTIERRA, G. (Dirs.), *Menores e Internet,* Aranzadi, Cizur Menor, 2013, p. 118
El paso del tiempo ha evidenciado que este precepto es una de las principales debilidades o lagunas normativas de las que adolece el texto articulado del RGPD, ya que ha dado lugar a una regulación desigual del consentimiento de los menores de edad en el ámbito europeo, dificultando una respuesta uniforme de las autoridades de control que permita garantizar la protección integral de la infancia y la adolescencia, poniendo coto a los abusos de las grandes corporaciones y prestadoras de servicios digitales. Pese a todo ello, sirva de ejemplo de la encomiable labor que realizan estas instituciones, la iniciación de oficio, con fecha 12 de julio de 2022, de actuaciones previas de investigación emprendidas por el *Garante per la Protezione dei Dati Personali* o la AGENCIA ESPAÑOLA DE PROTECCIÓN DE DATOS frente a TikTok por el cambio anunciado en la forma en la que esta compañía justifica el tratamiento de información personal para mostrar publicidad.

De esta forma, el art. 7 LOPDGG ha fijado la edad de prestación del consentimiento del menor para el tratamiento de sus datos finalmente en los catorce años. Ahora bien, «como la LOPDGDD no especifica que ese límite de edad sea para determinados tratamientos, no parece que exista inconveniente en interpretar los catorce años como la edad para la prestación de un consentimiento válido para cualquier tratamiento de datos, también cuando el menor contrate los servicios de la sociedad de la información»[71] [72].

2. Breves apuntes acerca del Pacto Digital para la protección de las personas

La Constitución española garantiza el derecho al honor, a la intimidad personal y familiar y a la propia imagen. Como derecho fundamental distinto reconoce el derecho a la autodeterminación informativa o libertad informática, que es el derecho a la protección de datos personales[73], complementario del anterior, pero que no se reduce solo a los datos íntimos, sino que abarca todos aquellos que identifiquen o permitan la identificación de la persona, pudiendo servir para la confección de su perfil ideológico, racial, sexual, económico o de cualquier otra índole, o que sirvan para cualquier otra utilidad que en determinadas circunstancias constituya una amenaza para el individuo.

Por su parte, los principios de igualdad, dignidad, no discriminación y el derecho a la integridad física y moral son principios jurídicos universales, consagrados en la Constitución española, que asigna a los poderes públicos la obligatoriedad de promover las condiciones necesarias para que la igualdad y no discriminación sean efectivas (art. 9.2 CE).

Como se ha puesto de relieve con anterioridad, actualmente, el RGPD y la LOPDGDD configuran conjuntamente el desarrollo del derecho fundamental a la protección de datos de carácter personal[74]. La mayor novedad que pre-

71 Sobre esta cuestión versa la Disposición Adicional 19.ª LOPDGDD, la cual señala lo siguiente: «[e]n el plazo de un año desde la entrada en vigor de esta ley orgánica, el Gobierno remitirá al Congreso de los Diputados un proyecto de ley dirigido específicamente a garantizar los derechos de los menores ante el impacto de Internet, con el fin de garantizar su seguridad y luchar contra la discriminación y la violencia que sobre los mismos es ejercida mediante las nuevas tecnologías».

72 *Vid.* Vilasau Solana, M., «El consentimiento general y de menores», en Rallo Lombarte, A. (Dir.), *Tratado de protección de datos. Actualizado con la Ley Orgánica 3/2018, de 5 de diciembre, de Protección de Datos Personales y Garantía de los Derechos Digitales*, Tirant lo Blanch, Valencia, 2019, pp. 197 y ss.

73 De igual forma, el art. 8.1 de la Carta de los Derechos Fundamentales de la Unión Europea y el art. 16.1 del Tratado de Funcionamiento de la Unión Europea establecen que toda persona tiene derecho a la protección de los datos de carácter personal que le conciernan.

74 Esta relación de complementariedad ha sido objeto de un análisis más extenso en *Vid.* Terrón Santos, D. y Domínguez Álvarez, J.L., *Nueva regulación de la protección de datos y su perspectiva digital*, Comares, Granada, 2019, p. 45.

senta la actual regulación en materia de protección de datos es el trasiego desde un modelo basado en el control, fundamentalmente de carácter formal, hacia el establecimiento de un sistema basado en el cumplimiento de la normativa de protección de datos sobre la base del principio de responsabilidad proactiva[75], idea-fuerza que exige una previa valoración por el responsable o por el encargado del tratamiento del riesgo que pudiera generar el tratamiento de los datos personales para, a partir de esa valoración, adoptar las medidas que procedan.

De esta forma, con carácter general, el responsable deberá aplicar medidas adecuadas y eficaces y poder demostrar la conformidad de las actividades de tratamiento con la normativa aplicable, incluida la eficacia de las medidas adoptadas, que se revisarán y actualizarán cuando sea necesario. Dichas medidas deberán tener en cuenta la naturaleza, el ámbito, el contexto y los fines del tratamiento, así como el riesgo para los derechos y libertades de las personas físicas (arts. 24.1 RGPD y 28 LOPDGDD).

Todo ello se traduce en la obligación del responsable del tratamiento de adoptar, por tanto, una actitud proactiva, incorporando el valor de la privacidad en su actividad ordinaria, garantizando el cumplimiento de este derecho como un activo de la organización y un elemento distintivo de competitividad en el mercado.

Con la finalidad de dotar de efectividad ese carácter proactivo que subyace en el espíritu de la normativa vigente en materia de protección de datos de carácter personal, a comienzos de 2020, la AEPD presentó el Pacto Digital para la Protección de las Personas (PDPP), una iniciativa estratégica que tiene como objetivo promover un compromiso firme con la privacidad en las políticas de sostenibilidad y los modelos de negocio de las organizaciones, compatibilizando el derecho fundamental a la protección de datos con la innovación, la ética y la competitividad empresarial[76].

En efecto, la finalidad de esta iniciativa no es otra que la de reforzar el derecho a la protección de datos a la vez que se promueve la innovación y la sostenibilidad. Para ello, la AEPD ha contado en el desarrollo del proyecto

75 En este sentido, el profesor PIÑAR MAÑAS afirma que la adopción del RGPD supone el establecimiento de un nuevo modelo sustentado sobre la siguiente premisa: el paso de la gestión de los datos al uso responsable de la información. *Vid.* PIÑAR MAÑAS, J.L., «Hacia un nuevo modelo europeo de protección de datos», en PIÑAR MAÑAS, J.L. (Dir.), *Reglamento General de Protección de Datos. Hacia un modelo europeo de privacidad,* Reus, Madrid, 2016, p. 16.

76 Un análisis más amplio de esta cuestión puede verse en DOMÍNGUEZ ÁLVAREZ, J.L., «Privacidad, sostenibilidad e igualdad: Algunas reflexiones acerca del nuevo modelo de intervención administrativa de la Agencia Española de Protección de Datos», en GONZÁLEZ BUSTOS, M.A. (Dir.), *Agenda 2030: desarrollo sostenible e igualdad,* Thomson Reuters-Aranzadi, Cizur Menor, 2021, pp. 239-273.

con la colaboración de algunas de las principales organizaciones empresariales, fundaciones, asociaciones de medios de comunicación y grupos audiovisuales, al objeto de aglutinar al mayor número posible de entidades que quieran asumir los compromisos reflejados en la carta de adhesión. La iniciativa está abierta únicamente a personas jurídicas, independientemente de cuál sea su forma societaria[77].

De tal forma, quienes decidan adherirse a este Pacto Digital para la protección de las personas, se comprometen a garantizar el cumplimiento de una serie de obligaciones específicas en el ámbito digital, entre las que destacan las siguientes[78]:

1. Informar a los usuarios y usuarias sobre el tratamiento de sus datos y el ejercicio de sus derechos. Las organizaciones deberán informar de forma clara y sencilla sobre los aspectos más importantes del tratamiento de sus datos, identificando quién los trata, con qué base jurídica, para qué finalidad, y sobre la forma de ejercer sus derechos. Como manifestación empírica de esta primera obligación se establece que no podrá denegarse el ejercicio de estos derechos en el caso de que la persona quiera ejercitarlos por un procedimiento o cauce diferente al que se le ofrezca (arts. 13 y 14 RGPD).
2. Aplicar los principios relativos al tratamiento. Las organizaciones deberán aplicar en el tratamiento de los datos de clientes, su personal, proveedores, ciudadanos y ciudadanas los principios de licitud, lealtad, transparencia, limitación de la finalidad, minimización, exactitud, limitación del plazo de conservación, integridad, confidencialidad y responsabilidad proactiva, con el alcance dado a los mismos por el art. 5 del RGPD.
3. Garantizar la licitud del tratamiento. Las organizaciones estarán obligadas a garantizar la licitud del tratamiento de los datos de clientes, su personal, ciudadanos y ciudadanas sobre la base de alguna de las causas contempladas en el art. 6 y también, en caso de que las operaciones de tratamiento empleen categorías especiales de datos personales, en su art. 9, ambos del RGPD.
4. Designar un delegado de protección de datos. Las organizaciones privadas deberán designar, en los supuestos legalmente exigibles, y las

77 Las entidades adheridas a la iniciativa han manifestado su compromiso con las personas a través del derecho fundamental a la protección de sus datos y su privacidad, tanto de sus clientes y usuarios como de su personal mediante un uso responsable y ético de la tecnología. A día de hoy, y cuando ha transcurrido menos de un mes desde el lanzamiento de la iniciativa, las entidades suscritas superan el centenar.

78 *Vid.* Agencia Española de Protección de Datos, *Pacto Digital para la protección de las personas,* Madrid, 2021, pp. 12 y ss.

entidades del sector público, en todo caso, a una persona como delegado/a de protección de datos que cuente con la debida cualificación, garantizándole los medios necesarios para el ejercicio de sus funciones de manera independiente, debiendo comunicar la designación a la Agencia Española de Protección de Datos, de conformidad con los arts. 37 a 39 RGPD. En particular, se prestará especial atención en designar como DPD a quienes acrediten la cualificación y la capacitación profesional que se requieren para su desempeño.

Adicionalmente, se promoverá especialmente la designación de delegados/as de protección de datos en los casos en que no resulte legalmente obligatorio, siempre que las circunstancias del tratamiento así lo aconsejen y la entidad disponga de los recursos para ello. La organización ofrecerá todo el apoyo necesario al DPD para que pueda atender en las mejores condiciones las reclamaciones que le dirijan los ciudadanos y ciudadanas cuando opten por esta vía antes de plantear una reclamación ante la AEPD, o en los casos en que la AEPD decida su traslado a la persona responsable con carácter previo a su admisión a trámite (art. 65.4 LOPDGDD).

5. Aplicar la privacidad desde el diseño[79] y por defecto[80]. Las organizaciones deberán aplicar, tanto a la hora de determinar los medios de tratamiento como en el momento del propio tratamiento, es decir, «desde el diseño», medidas técnicas y organizativas apropiadas, e

79 La idea de «protección de datos desde el diseño» existe desde hace más de 20 años y se ha trabajado intensamente en ella bajo la terminología de «privacidad desde el diseño» (*Privacy by Design,* PbD). Este concepto fue desarrollado por la Comisionada de Protección de Datos de Ontario, Ann Cavoukian, en la década de los 90; presentado en la XXXI Conferencia Internacional de Comisionados de Protección de Datos y Privacidad del año 2009 bajo el título «Privacy *by Design: The Definitive Workshop»* y aceptado internacionalmente en la XXXII Conferencia Internacional de Comisionados de Protección de Datos y Privacidad, celebrada en Jerusalén en el año 2010, con la aprobación de la «Resolución sobre la Privacidad por Diseño». Implica utilizar un enfoque orientado a la gestión del riesgo y de responsabilidad proactiva para establecer estrategias que incorporen la protección de la privacidad a lo largo de todo el ciclo de vida del objeto (ya sea este un sistema, un producto hardware o software, un servicio o un proceso). *Vid.* Agencia Española de Protección de Datos, *Guía de Privacidad desde el Diseño*, Madrid, 2019, pp. 5-6. Disponible en: https://bit.ly/3t4e2Wx

80 De conformidad con el I documento «Guidelines 4/2019 on Article 25 Data Protection by Design and by Default», el Comité Europeo de Protección de Datos manifiesta en el apartado 2.2 «Protección de datos por defecto» que la Protección de Datos por Defecto (PDpD) hace referencia a las elecciones realizadas con respecto a los valores de configuración u opciones de tratamiento fijadas en los sistemas y procedimientos que implementan el tratamiento y que determinan la cantidad de los datos personales recopilados, el alcance de su procesamiento, el periodo de su conservación y su accesibilidad. *Vid.* Agencia Española de Protección de Datos, *Guía de protección de Datos por Defecto,* Madrid, 2020, p. 5. Disponible en: https://bit.ly/3F3ukRO

integrar las garantías necesarias en el tratamiento, a fin de cumplir eficazmente las obligaciones legales y proteger los derechos de las personas afectadas (art. 25.1 RGPD).

6. Asimismo, promoverán la aplicación de las medidas técnicas y organizativas apropiadas para garantizar que, por defecto, solo sean objeto de tratamiento los datos personales que sean necesarios para cada uno de los fines específicos del tratamiento. Esta obligación se aplicará a la cantidad de datos personales recogidos, a la extensión de su tratamiento, a su plazo de conservación y a su accesibilidad (art. 25.2 RGPD).

De igual forma, el Pacto Digital para la protección de las personas contempla un decálogo de buenas prácticas en privacidad para medios de comunicación y organizaciones con canales de difusión propios, con el objetivo de divulgar la existencia del Canal Prioritario, poderosa herramienta desarrollada por la AEPD con la finalidad de combatir la creciente violencia digital en la red[81].

El fundamento de esta estrategia de incorporar al sector empresarial de la comunicación en la contienda por alcanzar una verdadera cultura de la privacidad no es otro que desarrollar las previsiones contempladas en el art. 17 del Convenio de Estambul, precepto que explícitamente contempla la posibilidad de que los Estados animen al sector privado, al sector de las tecnologías de la información y de la comunicación y a los medios de comunicación, respetando la libertad de expresión y su independencia, a participar en la elaboración y aplicación de políticas, así como a establecer líneas directrices y normas de autorregulación para prevenir la violencia contra la mujer y reforzar el respeto de su dignidad[82]. Igualmente, dicho artículo especifica que se promoverán las capacidades de los menores y su entorno familiar y educativo para hacer frente a los contenidos degradantes de carácter sexual o violento[83].

81 En este contexto tienen lugar diferentes formas de ciberviolencia o violencia digital, dirigidas en su mayor parte contra las mujeres, los menores de edad, las personas discriminadas por su orientación sexual o raza, las personas con discapacidad o enfermedad grave o en riesgo de exclusión social. Así, es cada vez más frecuente que se publiquen en Internet o se difundan a través de las redes sociales contenidos sexuales o violentos que tienen como víctimas estos colectivos.

82 Las nuevas tecnologías y los servicios que estas ofrecen proporcionan innumerables ventajas. No obstante, en ocasiones se utilizan como vía para extender y amplificar la violencia que tiene lugar en el mundo offline, tratando de fomentar la humillación pública de las víctimas y dañando de forma grave su privacidad.

83 En idéntico sentido, la Ley Orgánica 3/2007, de 22 de marzo, para la Igualdad Efectiva de Mujeres y Hombres, en su art. 48.1, dispone a este respecto que «[l]as *empresas deberán promover condiciones de trabajo que eviten el acoso sexual y el acoso por razón de sexo y arbitrar procedimientos específicos para su prevención y para dar cauce a las denuncias o reclamaciones que puedan formular quienes hayan sido objeto del mismo*».

Este decálogo forma parte de la «Carta de Adhesión: Por un Pacto Digital para la protección de las personas», elaborada por la Agencia Española de Protección de Datos. Mediante dicha Carta de Adhesión, la Agencia pretende intensificar las relaciones tanto con los medios de comunicación como con todas aquellas organizaciones que disponen de canales de difusión propios para informar sobre temas de interés para su público concreto. El objetivo final es fomentar la privacidad de las víctimas[84] y concienciar de manera global acerca de la existencia del Canal Prioritario[85] para solicitar la retirada de contenidos (textos, audios, fotografías o vídeos) sexuales o violentos difundidos sin el consentimiento de las personas que aparecen en ellos.

3. El canal prioritario, una manifestación de celeridad y eficacia administrativa prácticamente desconocida

Nuestra imagen es un dato personal (art. 4.1 RGPD) y, por tanto, la difusión de fotografías y vídeos en los que aparecemos debe hacerse de manera lícita (art. 6 RGPD). Sin embargo, en la práctica se ha comprobado que la proliferación de dispositivos móviles y el acceso generalizado a Internet, unido al perverso y oscurantista funcionamiento de los sistemas algorítmicos, están propiciando la difusión[86], en muchas ocasiones de manera

84 Un análisis más amplio de esta cuestión puede apreciarse en los siguientes trabajos: Domínguez Álvarez, J.L., «La normativa de protección de datos personales como dique de contención frente al avance de la violencia de género digital», en Figueruelo Burrieza, Á. (Dir.), *Nuevas tendencias en materia de derechos y libertades*, Thomson Reuters-Aranzadi, Cizur Menor, 2022, pp. 41-70; Domínguez Álvarez, J.L., «El pacto digital para la protección de las personas y el canal prioritario: Nuevos instrumentos impulsados por la Agencia Española de Protección de Datos para la defensa de las víctimas de violencia digital», en Figueruelo Burrieza, A. y del Pozo Pérez, M. (Dirs.), *Enseñar en igualdad de género: aspectos multidisciplinares*, Thomson Reuters-Aranzadi, Cizur Menor, 2022, pp. 71-87, etc.

85 Iniciativa pionera en el mundo, que tiene por finalidad dar respuesta a situaciones excepcionalmente delicadas, mediante la habilitación de un mecanismo que permite comunicar la difusión ilícita de contenido sensible, como aquellas fotografías o vídeos que tengan carácter sexual o muestren actos de agresión y pongan en alto riesgo los derechos y libertades de los afectados. El Canal Prioritario se apoya en seis instrumentos de colaboración —un Convenio y 5 Protocolos— firmados el 24 de septiembre en el acto de presentación del Canal, con el Ministerio de Presidencia, Relaciones con las Cortes e Igualdad, Ministerio del Interior, Ministerio de Educación y Formación Profesional, Ministerio de Trabajo, Migraciones y Seguridad Social, Fiscalía General del Estado y Consejo General de la Abogacía, respectivamente. *Vid.* Agencia Española de Protección de Datos, *Canal prioritario de retirada de contenidos sensibles,* Madrid, 2019. Información disponible en: https://bit.ly/2XjrAMV

86 En este punto, conviene subrayar que, si bien es cierto que la violencia de género es un problema social grave, esta ve potenciados sus efectos sobre la víctima por el uso de las nuevas tecnologías y por la participación en las redes sociales. Bajo esta premisa, con la intención de maximizar la protección de la víctima violencia de género digital, en 2015 se promulgó el nuevo artículo 172 ter introducido por el número noventa y uno del artículo único de la LO 1/2015, de 30 de marzo, por la que se modifica la LO 10/1995, de 23 de

ilegítima e incontrolada, de nuestros datos personales a través de perfiles en redes sociales y otros sitios web[87].

En este contexto, es cada vez más frecuente que se publiquen en Internet o se difundan a través de las redes sociales[88] imágenes o vídeos de mujeres víctimas de violencia por razón de género, de menores de edad y de otros colectivos vulnerables[89]. En la actualidad, la grabación y difusión de imágenes personales es uno de los instrumentos más utilizados en los casos de acoso, tanto en el entorno laboral como en el escolar (*bullying* y su versión a través de internet, *cyberbullying*) y de acoso sexual a menores (*grooming* o *sexting*). En último término, toda persona, hombre o mujer, de cualquier edad, puede llegar a verse afectada por este tipo de situaciones.

Con el objetivo de actuar con celeridad e intentando evitar la difusión masiva de este tipo de contenidos, la AEPD, en septiembre de 2019, puso a disposición de la ciudadanía un canal específico[90] para la atención prioritaria de este tipo de situaciones de violencia digital.

En efecto, la finalidad última de este Canal Prioritario[91], la cual representa una iniciativa pionera en el mundo, es la atención de situaciones excepcio-

---

noviembre, del Código Penal. *Vid.* SALA ORDÓÑEZ, R., «La violencia de género digital: tratamiento jurídico y percepción social». En *La Ley Derecho de Familia: Revista jurídica sobre familia y menores*, núm. 23, 2019, p. 34.

87 Según los datos que obran en poder de la Delegación del Gobierno contra la Violencia de Género «sobre la violencia sexual en la adolescencia, el 14 % de las chicas afirma haberse sentido presionada para actividades de tipo sexual, presión realizada en casi todos los casos (97,4 %) por un hombre, que suelen provenir del chico con el que salen en un 55,7 % de los casos. Las situaciones que un mayor porcentaje de chicas de entre 14 y 20 años ha vivido, son las relacionadas con mostrar (48 %) o pedir (43,9 %) fotografías sexuales, y el 23,4 % ha recibido peticiones de cibersexo online. Por otro lado, la situación más frecuente que los chicos reconocen realizar, es pedir fotografías online (17,1 %), y pedir cibersexo online (7,4 %)». *Vid.* DELEGACIÓN DEL GOBIERNO CONTRA LA VIOLENCIA DE GÉNERO, *La situación de la violencia contra las mujeres en la adolescencia en España,* Madrid, 2021, pp. 58 y ss. Más información disponible en: https://bit.ly/3vPTslQ

88 Recuérdese en este punto que, con carácter general, la actividad de los ciudadanos en las redes sociales está excluida de la aplicación de la normativa de protección de datos, siempre que se trate de actividades exclusivamente personales o domésticas.

89 *Cfr.* DOMÍNGUEZ ÁLVAREZ, J.L., «La especial protección de los datos personales de las víctimas de violencia de género en las administraciones públicas», en DEL POZO PÉREZ, M. (Dir.), *Estudios interdisciplinares de género*, Tirant lo Blanch. Valencia, 2020, pp. 189-214.

90 La AGENCIA ESPAÑOLA DE PROTECCIÓN DE DATOS dispone de un Canal prioritario para comunicar la difusión ilícita de contenido sensible, un sistema que tiene como objetivo dar una respuesta rápida en situaciones excepcionalmente delicadas, como aquellas que incluyen la difusión de contenido sexual o violento. Más información disponible en: https://bit.ly/3uelfR3

91 El Canal Prioritario se apoya en seis instrumentos de colaboración (un Convenio y 5 Protocolos) firmados el 24 de septiembre en el acto de presentación del Canal, con el Ministerio de Presidencia, Relaciones con las Cortes e Igualdad, Ministerio del Interior, Ministerio

nalmente delicadas, cuando los contenidos (fotografías o vídeos) tengan carácter sexual o muestren actos de agresión y se estén poniendo en alto riesgo los derechos y libertades de los afectados[92], siempre que éstos sean ciudadanos españoles o se encuentren en España, especialmente si se trata de menores de edad o de víctimas de violencia de género[93].

Ahora bien, ¿cómo funciona esta poderosa herramienta articulada por la AEPD para garantizar los derechos y libertades fundamentales de la ciudadanía ante el creciente uso inadecuado de los medios digitales?

En primer lugar, el interesado deberá proceder a la descripción detallada de las circunstancias en que se ha producido la difusión no consentida de los contenidos, indicando en particular si la persona afectada es víctima de violencia de género, abuso o agresión sexual o acoso y si pertenece a cualquier otro colectivo especialmente vulnerable: menores de edad (especificando si es menor de catorce años), personas con discapacidad o enfermedad grave o en riesgo de exclusión social u otros.

Si el contenido está siendo difundido través de Internet en el momento de presentar la reclamación a través del Canal Prioritario, la AEPD solicitará que se identifique con clarividencia la dirección, direcciones o perfil social a través del que se están difundiendo los contenidos de manera ilícita. De igual forma, la AEPD necesitará conocer si se han emprendido acciones tendentes a denunciar los hechos ante las instancias policiales (detallando, en tal caso, las instancias administrativas o judiciales concretas y la referencia de los procedimientos que se estén tramitando) o para limitar la difusión de los datos personales, identificando claramente, en tal caso, a los prestadores de servicios (la red social, el portal de vídeo o de blogs...) a los que el interesado se ha dirigido[94].

---

de Educación y Formación Profesional, Ministerio de Trabajo, Migraciones y Seguridad Social, Fiscalía General del Estado y Consejo General de la Abogacía, respectivamente.

92 Al objeto de maximizar el alcance y la efectividad de esta novedosa herramienta, podrán acudir a este canal tanto el afectado como cualquier persona que tenga conocimiento de la difusión ilícita de este tipo de contenidos.

93 La AEPD no podrá atender aquellas reclamaciones interpuestas a través de este canal prioritario cuando sean presentadas por ciudadanos de nacionalidad extranjera que no se encuentren en territorio del Estado español, o cuando la petición haga alusión a la difusión ilícita de contenidos mediante servicios de mensajería instantánea (por ejemplo, Whatsapp o Telegram), o por medio de correo electrónico, sin perjuicio de las competencias de la AEPD para iniciar un procedimiento sancionador contra quien difunda o replique este contenido utilizando dichos medios.

94 Con la finalidad de facilitar el proceso de presentación de la solicitud ante la AEPD, esta permite adjuntar todos aquellos documentos que el interesado considere relevantes para la tramitación de la reclamación, particularmente una copia de la pantalla o del dispositivo donde pueda apreciarse claramente el servicio (la red social, el portal de vídeo o de blogs...) a través del cual se están difundiendo las imágenes.

La presentación de la solicitud podrá realizarse a través de la sede electrónica de la Agencia siempre que se disponga de un certificado válido o de cualquiera de los medios de autenticación soportados conforme a la legislación administrativa vigente (art. 10 LPACAP). En el supuesto de no encontrarse en disposición de los medios de autenticación necesarios para proceder a la tramitación electrónica de la solicitud de retirada de contenido sensible, se prevé la posibilidad de que el interesado pueda imprimir un formulario generado en el sitio web oficial de la AEPD y presentarlo en cualquier oficina de asistencia en materia de registros, en las oficinas de correos o en las representaciones diplomáticas y oficinas consulares de España, si se encuentra en el extranjero.

Una vez finalizado el proceso de registro de la solicitud por medio del Canal Prioritario, la AEPD se compromete al análisis de la reclamación de forma prioritaria[95] y, en su caso, emitirá la correspondiente orden de retirada del contenido sensible al prestador del servicio o plataforma donde se esté difundiendo[96]. Además, si hay indicios de delito, la propia Agencia será la encargada de ponerlo en conocimiento de la Fiscalía y, si procede, la investigación continuará para tramitar un procedimiento sancionador contra las personas responsables de la difusión ilícita de contenidos, extremos que serán comunicados al interesado en tiempo y forma.

4. Aproximación a los sistemas de verificación de edad para proteger a los menores de edad ante el acceso a contenidos de adultos en internet

En los últimos tiempos, las diferentes Instituciones europeas han abogado abiertamente por la instauración de métodos eficaces de verificación de la edad con carácter prioritario para acceder a determinados servicios en línea[97].

95 Hasta la fecha, en aquellos supuestos en los que existen indicios de violencia digital, la AEPD ha emitido la orden de retirada de los contenidos sensibles en un plazo inferior a 24 horas desde la presentación de la solicitud por parte del interesado.

96 Durante 2023 se recibieron 413 peticiones a través del Canal Prioritario, de las cuales 159 entraron a través del canal de menores. Tras el análisis por parte de la Agencia, finalmente se tramitaron como urgentes 41 de estas peticiones por encontrarse dentro de los objetivos perseguidos por esta herramienta. De las 41, se solicitaron 36 retiradas urgentes de los contenidos a proveedores de servicios consiguiendo la retirada en más de un 100 % de los casos. *Vid.* Agencia Española de Protección de Datos: *Memoria AEPD 2023,* Madrid, 2024, pp. 148-149.

97 *Vid. op. cit.* Comisión Europea, *Una década digital...,* p. 12; donde se señala que «[a] pesar del Derecho de la Unión vigente (Directiva de servicios de comunicación audiovisual y RGPD), los mecanismos de verificación de la edad y las herramientas de consentimiento parental siguen siendo ineficaces en muchos casos y a menudo los usuarios solo tienen que introducir su fecha de nacimiento en el momento del registro [...] Sobre la base de los trabajos en curso y teniendo en cuenta las nuevas norma de la Ley de Servicios Digitales,

De esta forma, la Unión Europea quiere asegurarse de que las tecnologías digitales y las plataformas en línea respeten los derechos y libertades fundamentales del conjunto de la población, que la ciudadanía europea pueda tener confianza en los servicios digitales que utiliza, y garantizar la seguridad y protección en línea, independientemente del tipo de servicio digital empleado. Esta apuesta se ha visto fortalecida con la aprobación del Reglamento (UE) 2022/2065 del Parlamento Europeo y del Consejo de 19 de octubre de 2022 relativo a un mercado único de servicios digitales y por el que se modifica la Directiva 2000/31/CE (Reglamento de Servicios Digitales, RSD), hito normativo que recoge un importante conjunto de obligaciones para ello. Dicha norma vela por que todos los servicios digitales disponibles, especialmente las llamadas «plataformas en línea de muy gran tamaño», como Instagram, Snapchat, TikTok o YouTube, así como los «motores de búsqueda en línea de muy gran tamaño», como Google o Bing, apliquen más medidas para proteger los derechos de sus usuarios, garantizar nuestra seguridad y frenar la difusión de contenido ilícito o inapropiado[98].

Así las cosas, el art. 28 RSD establece que las plataformas en línea que puedan utilizar los menores deben asegurarse de que sus servicios ofrecen un alto nivel de privacidad, seguridad y protección a los usuarios jóvenes en los siguientes términos

> «1. Los prestadores de plataformas en línea accesibles a los menores establecerán medidas adecuadas y proporcionadas para garantizar un elevado nivel de privacidad, seguridad y protección de los menores en su servicio.
>
> 2. Los prestadores de plataformas en línea no presentarán anuncios en su interfaz basados en la elaboración de perfiles, tal como se define en el artículo 4, punto

la Comisión apoyará métodos para demostrar la edad de un modo seguro y que respete la privacidad. Dichos métodos se reconocerán en toda la UE. La Comisión colaborará con los Estados miembros (que, de conformidad con la legislación nacional, pueden optar por expedir identidades electrónicas a los menores de dieciocho años en el marco de la reciente propuesta sobre una Identidad Digital Europea), las partes interesadas pertinentes y los organismos europeos de normalización para reforzar los métodos eficaces de verificación de la edad, con carácter prioritario. Esta labor fomentará las soluciones de mercado a través de un sólido marco de certificación e interoperabilidad. Más allá de la verificación de la edad para acceder a determinados contenidos en línea, la Comisión también incluirá en el código de conducta para los proveedores en línea, que debe elaborarse en el marco de la estrategia para la igualdad de género en el período 2020-2025, una sección específicamente dedicada al contenido solo para adultos, cuya finalidad concreta será la lucha contra el intercambio de imágenes íntimas no consentidas, ya sean auténticas o manipuladas, que también podrían implicar a niños, aunque no exclusivamente».

98 El Reglamento engloba distintos tipos y tamaños de servicios en línea que cualquier persona en la Unión Europea puede utilizar, independientemente de dónde se ubique el servicio, y establece normas más estrictas para los servicios de mayor tamaño. El Reglamento exige que las plataformas en línea tengan en cuenta el impacto de sus servicios en cuestiones como las elecciones justas, la seguridad pública, el bienestar mental y físico de los usuarios o la violencia de género.

4, del Reglamento (UE) 2016/679, mediante la utilización de datos personales del destinatario del servicio cuando sean conscientes con una seguridad razonable de que el destinatario del servicio es un menor.

3. El cumplimiento de las obligaciones establecidas en el presente artículo no obligará a los prestadores de plataformas en línea a tratar datos personales adicionales a fin de evaluar si el destinatario del servicio es un menor».

A fin de evaluar los riesgos que presenta su servicio para los usuarios jóvenes, las plataformas en línea de muy gran tamaño y los motores de búsqueda en línea de muy gran tamaño deben tener en cuenta los siguientes aspectos:

a) si los menores pueden comprender fácilmente el diseño y el funcionamiento del servicio (considerando 81 RSD);

b) si los menores corren el riesgo de verse expuestos a contenidos que puedan perjudicar «su salud y su desarrollo físico, mental y moral» (considerando 81 RSD). Tales riesgos pueden surgir, por ejemplo, con interfaces en línea que estén diseñadas de manera que exploten intencionada o involuntariamente las debilidades y la inexperiencia de los menores o que puedan generar un comportamiento adictivo; y

c) si el diseño, el funcionamiento o la utilización de plataformas en línea de muy gran tamaño y de motores de búsqueda en línea pueden generar un efecto negativo real o previsible en la protección de la salud pública, los menores y graves consecuencias negativas para el bienestar físico y mental de una persona, o en la violencia de género. Estos riesgos también pueden derivarse de campañas coordinadas de desinformación o del diseño de interfaces en línea que puedan estimular adicciones comportamentales de los destinatarios del servicio (considerando 83 RSD).

Por su parte, en España, el art. 89 de la Ley 13/2022, de 7 de julio, General de Comunicación Audiovisual (LGCA) exige, como medidas para la protección de personas menores de edad frente a determinados contenidos audiovisuales, que los prestadores de servicios de intercambio de vídeos a través de plataforma han de establecer y operar «sistemas de verificación de edad de las personas usuarias» con respecto a los contenidos que puedan perjudicar el desarrollo físico, mental o moral de la población menor de edad y que, en todo caso, impidan su acceso a los contenidos más nocivos como la violencia gratuita o la pornografía. La idoneidad de estas medidas deberá ser evaluada por la Comisión Nacional de los Mercados y la Competencia, previo informe preceptivo de la AEPD (art. 93.6 LGCA).

Con la finalidad de cumplir este mandato, la Agencia Española de Protección de Datos ha adoptado un conjunto de principios[99] que deben respetar los sistemas de protección de personas menores de edad ante contenidos

99 *Vid.* Agencia Española de Protección de Datos, *Decálogo de principios. Verificación de edad y protección de personas menores de edad ante contenidos inadecuados,* Madrid, 2023, p. 6.

inadecuados para garantizar el interés superior del menor y los derechos fundamentales con relación al tratamiento de los datos personales de todas las personas usuarias de Internet, a saber:

Principio 1: el sistema de protección de personas menores de edad ante contenidos inadecuados debe garantizar que no es posible la identificación, el seguimiento o la localización de menores a través de Internet.

Principio 2: la verificación de edad debe estar orientada a que las personas con la edad adecuada acrediten su condición de «persona autorizada a acceder», y no permitir la acreditación de la condición de «menor de edad».

Principio 3: la acreditación para el acceso a contenidos inadecuados debe ser anónima para los proveedores de servicios de Internet y terceras entidades.

Principio 4: La obligación de acreditar la condición de «persona autorizada a acceder» estará limitada únicamente al contenido inadecuado.

Principio 5: La verificación de edad se debe realizar de forma cierta y la edad categorizada a «persona autorizada a acceder».

Principio 6: El sistema debe garantizar que las personas no pueden ser perfiladas en función de su navegación.

Principio 7: El sistema debe garantizar la no vinculación de la actividad de una persona entre distintos servicios.

Principio 8: El sistema debe garantizar el ejercicio de la patria potestad por los progenitores.

Principio 9: Todo sistema de protección de personas menores de edad ante contenidos inadecuados debe garantizar los derechos fundamentales de todas las personas en su acceso a Internet.

Principio 10: Todo sistema de protección de personas menores de edad ante contenidos inadecuados debe tener definido un marco de gobernanza.

Pese a la importancia capital que poseen estos sistemas de verificación de edad, conviene señalar que estos constituyen únicamente el primer paso en un sistema mucho más amplio cuyo objetivo primordial no es otro que el de proteger a las personas menores de edad ante contenidos inadecuados[100].

---

100 Hasta la fecha, la Agencia Española de Protección de Datos, en colaboración con el Consejo General de Colegios Profesionales de Ingeniería Informática, ha desarrollado tres pruebas de concepto con el propósito de demostrar que existen formas de cumplir los principios antes enunciados y de que, por tanto, la AEPD puede exigir su cumplimiento. En la primera prueba de concepto se ha abordado el acceso a contenidos desde un dispositivo como un ordenador o consola de videojuegos. El usuario debe tener instalada en el dispositivo una aplicación de verificación de edad, de manera que cuando se reciba o acceda a un contenido para adultos lo filtre por defecto y recurra a esta aplicación para saber si el usuario está «autorizado a acceder» al mismo y mostrárselo. El usuario necesita además un código QR, proporcionado, por ejemplo, por los desarrollos de la FNMT para el Ministerio de Interior en su teléfono móvil que le permita demostrar a la aplicación de

Sentada esta premisa, el citado sistema estará formado por los siguientes elementos: (i) un mecanismo de verificación de edad, que proporcionará una información cierta sobre la autorización de acceso a contenidos orientados a personas adultas[101]; (ii) unas políticas de calificación de sitios y contenidos por razones de edad, que permitirán tener un criterio de qué sitios en Internet, o qué contenidos en sitios generalistas, son considerados contenidos orientados a personas adultas o tienen establecidos unos requisitos de limitación de acceso por edad; (iii) una calificación de los sitios, o de los contenidos, en función y aplicación de las políticas previamente establecidas; y (iv) la ejecución de las políticas de acceso en función de las políticas establecidas, la calificación de los contenidos y de la autorización de acceso de la persona usuaria, que realizará el filtrado de los contenidos. Esta ejecución debe implicar, no solo a las entidades responsables de los sitios web y de las redes sociales, sino también a los buscadores en Internet, las empresas de telefonía móvil y los fabricantes de videojuegos o dispositivos, entre otros.

verificación que supera la edad necesaria para acceder a los contenidos para adultos.
En la segunda prueba de concepto el acceso a contenidos se realiza con un teléfono móvil con Android instalado. El usuario debe instalar en este teléfono la app de verificación de edad y necesita disponer en su teléfono de una app de tipo cartera digital (eWallet), por ejemplo, la cartera que próximamente proporcionará la Secretaría General de Administración Digital (SGAD), compatible con la regulación europea eIDAS2. De esta forma, la app de verificación recurre a los datos o atributos de identidad almacenados en esta cartera, que pueden ser emitidos por diferentes organismos e incorporar diferente información, para comprobar que el usuario tiene la edad adecuada para acceder a los contenidos.
En la tercera prueba, el acceso a contenidos se realiza de nuevo con un teléfono móvil, pero en este caso, con el sistema operativo iOS instalado. El funcionamiento es similar: el usuario debe instalar en su teléfono la app de verificación de edad y una app de acceso a contenidos preparada para trabajar con la de verificación (la de acceso a una red social, a una plataforma de contenidos audiovisuales o a una tienda online, por ejemplo). Para esta prueba, los datos necesarios para verificar la edad del usuario se extraen de alguno de sus documentos de identidad oficiales, como puedan ser su DNI o pasaporte. Para ello, también se ha desarrollado una app capaz de recoger estos datos de los documentos físicos y de validar que el usuario es su propietario, mediante biometría o firma digital.

101 Ya existen soluciones en el mercado que sirven para verificar la edad de las personas usuarias de Internet y muchas de ellas no abordan la protección global de los derechos y libertades de la ciudadanía. Algunas se basan en compartir credenciales o atributos de identidad con los proveedores de contenidos para que puedan realizar comprobaciones directamente, otras se basan en la incorporación de proveedores de identidad especializados que recogen la información de navegación, otras confían en estimaciones de edad realizadas mediante la aplicación de técnicas de inteligencia artificial a imágenes faciales recogidas en tiempo real, y muchas funcionan con una combinación de las características anteriores. Sin embargo, multitud de estas soluciones implican un tratamiento de datos que incumple con los requisitos básicos del RGPD, incluyen operaciones de alto riesgo para los derechos y libertades de las personas usuarias y, lo que es peor, establecen limitaciones importantes en la protección del interés superior del menor y de sus derechos fundamentales. *Vid.* Agencia Española de Protección de Datos, *Descripción de las pruebas de concepto sobre sistemas de verificación de edad y protección de personas menores ante contenidos inadecuados*, Madrid, 2023, p. 3.

VI. Bibliografía

Adsuara Varela, B., «El consentimiento», en Piñar Mañas, J.L. (Dir.), *Reglamento General de Protección de Datos. Hacia un modelo europeo de privacidad,* Reus, Madrid, 2016.

Agencia Española de Protección de Datos, *Menores, salud digital y privacidad. Estrategia y líneas de acción,* Madrid, 2024.

Agencia Española de Protección de Datos, *Patrones adictivos en el tratamiento de datos personales Implicaciones para la protección de datos,* Madrid, 2024.

Agencia Española de Protección de Datos, *Patrones adictivos y el derecho a la integridad de la persona,* Madrid, 2024.

Agencia Española de Protección de Datos: *Memoria AEPD 2023,* Madrid, 2024.

Agencia Española de Protección de Datos, *Decálogo de principios. Verificación de edad y protección de personas menores de edad ante contenidos inadecuados,* Madrid, 2023.

Agencia Española de Protección de Datos, *Descripción de las pruebas de concepto sobre sistemas de verificación de edad y protección de personas menores ante contenidos inadecuados*, Madrid, 2023.

Agencia Española de Protección de Datos, *Pacto Digital para la protección de las personas,* Madrid, 2021.

Agencia Española de Protección de Datos, *Protección del menor en Internet: evita el contenido inapropiado preservando su privacidad,* Madrid, 2020.

Agencia Española de Protección de Datos, *Guía de protección de Datos por Defecto,* Madrid, 2020.

Agencia Española de Protección de Datos, *Canal prioritario de retirada de contenidos sensibles,* Madrid, 2019.

Agencia Española de Protección de Datos, *Guía de Privacidad desde el Diseño*, Madrid, 2019.

Agencia Española de Protección de Datos, *Plan de Acción de Responsabilidad Social de la Agencia Española de Protección de Datos. Agenda 2030: 103 Acciones de Responsabilidad Social de la AEPD,* Madrid, 2015.

Agencia Española de Protección de Datos, *Guía de recomendaciones destinada a padres y niños para navegar de manera segura por Internet,* Madrid, 2008.

AGENCIA ESPAÑOLA DE PROTECCIÓN DE DATOS, *Derechos de niños y niñas y Deberes de los padres y madres,* Madrid, 2008.

ARTIGAS BRUGAL, C., «La Carta de Derechos Digitales», en *Derecho Digital e Innovación. Digital Law and Innovation Review*, núm. 9, 2021.

AYLLÓN GARCÍA, J.D., «Consentimiento de los menores de edad en las redes sociales: especial referencia a TikTok», en *Actualidad Jurídica Iberoamericana*, núm. 16, 2022.

AZAGRA MALO, J. y **ADELL TRONCHO, B**., «Una primera aproximación a la Ley Orgánica 8/2021, de 4 de junio, de protección integral a la infancia y la adolescencia frente a la violencia», en *Actualidad Jurídica,* vol. 57, núm. 3, 2021.

CASTILLA BAREA, M., «La protección de los menores en Internet (Comentario al artículo 84 LOPDGDD)», en TRONCOSO REIGADA, A. (Dir.), *Comentario al Reglamento General de Protección de Datos y a la Ley Orgánica de Protección de Datos personales y Garantía de los Derechos Digitales*, Thomson Reuters-Aranzadi, Cizur Menor, 2021.

CERVERA NAVAS, L., «Menores en la red: una llamada a la acción», en Datospersonales.org: *La revista de la Agencia de Protección de Datos de la Comunidad de Madrid*, núm. 43, 2010.

COMISIÓN EUROPEA, *Una década digital para los niños y los jóvenes: la nueva estrategia europea para una internet mejor para los niños (BIK+),* Bruselas, 2022 [COM(2022) 212 final].

COMISIÓN EUROPEA, *Estrategia de la UE sobre los Derechos del Niño,* Bruselas, 2021 [COM(2021) 142 final].

COMISIÓN EUROPEA, *Brújula Digital 2030: el enfoque de Europa para el Decenio Digital,* Bruselas, 2021 [COM(2021) 118 final].

COMISIÓN EUROPEA, *Plan de Acción de Educación Digital, Bruselas,* 2018 [COM(2018) 22 final].

COMITÉ EUROPEO DE PROTECCIÓN DE DATOS, *Guidelines 03/2022 on Deceptive design patterns in social media platform interfaces: how to recognise and avoid them*, Bruselas, 2023.

COMITÉ EUROPEO DE PROTECCIÓN DE DATOS, *Directrices 2/2019 sobre el tratamiento de datos personales en virtud del artículo 6, apartado 1, letra b), del RGPD en el contexto de la prestación de servicios en línea a los interesados,* Bruselas, 2019.

DÁVARA FERNÁNDEZ DE MARCOS, L., «Protección de los menores en Internet: tan necesaria que el legislador lo alza a la categoría de derecho digital», en RODRÍGUEZ AYUSO, J.F. (Coord.), *Nuevos retos en materia de derechos digitales en un contexto de pandemia: perspectiva multidisciplinar,* Thomson Reuters-Aranzadi, Cizur Menor, 2022.

Dávara Fernández de Marcos, L., *Menores en Internet y Redes Sociales: Derecho Aplicable y Deberes de los Padres y Centros Educativos*, Agencia Española de Protección de Datos-Boletín Oficial del Estado, Madrid, 2017.

Delegación del Gobierno contra la Violencia de Género, *La situación de la violencia contra las mujeres en la adolescencia en España,* Madrid, 2021.

Domínguez Álvarez, J.L., «El Sistema Universitario Español como catalizador de los novísimos Derechos Digitales: propuestas de futuro para dar cumplimiento a la Ley Orgánica 2/2023, de 22 de marzo, del Sistema Universitario», en Romero García, C. y Buzón García, O. (Coords.), *Educación 360: emociones, tecnología, evaluación e inclusión en la era digital*, Dykinson, Madrid, 2024.

Domínguez Álvarez, J.L., *Tratado de protección de datos personales: pasado, presente y futuro de la tutela jurídica de los derechos de la privacidad*, Colex, A Coruña, 2023.

Domínguez Álvarez, J.L., «La silenciosa construcción de los derechos digitales», en *Revista Boliviana de Derecho*, núm. 34, 2022.

Domínguez Álvarez, J.L., «La normativa de protección de datos personales como dique de contención frente al avance de la violencia de género digital», en Figueruelo Burrieza, Á. (Dir.), *Nuevas tendencias en materia de derechos y libertades*, Thomson Reuters-Aranzadi, Cizur Menor, 2022.

Domínguez Álvarez, J.L., «El pacto digital para la protección de las personas y el canal prioritario: Nuevos instrumentos impulsados por la agencia española de protección de datos para la defensa de las víctimas de violencia digital», en Figueruelo Burrieza, A. y Del Pozo Pérez, M. (Dirs.), *Enseñar en igualdad de género: aspectos multidisciplinares*, Thomson Reuters-Aranzadi, Cizur Menor, 2022.

Domínguez Álvarez, J.L., «Privacidad, sostenibilidad e igualdad: Algunas reflexiones acerca del nuevo modelo de intervención administrativa de la Agencia Española de Protección de Datos», en González Bustos, M.A. (Dir.), *Agenda 2030: desarrollo sostenible e igualdad,* Thomson Reuters-Aranzadi, Cizur Menor, 2021.

Domínguez Álvarez, J.L., «Ley Orgánica 8/2021, de 4 de junio, de protección integral a la infancia y la adolescencia frente a la violencia», en *AIS: Ars Iuris Salmanticensis*, vol. 9, núm. 2, 2021.

Domínguez Álvarez, J.L., «La especial protección de los datos personales de las víctimas de violencia de género en las administraciones públicas», en Del Pozo Pérez, M. (Dir.), *Estudios interdisciplinares de género*, Tirant lo Blanch. Valencia, 2020.

Fondo de las Naciones Unidas para la Infancia, *Estado Mundial de la Infancia 2017. Niños en un mundo digital,* Nueva York, 2017.

García Álvarez, P., «La repercusión de la Ley Orgánica 8/2021, de 4 de junio (de protección integral a la infancia y la adolescencia frente a la violencia), en la protección reforzada de los menores de edad en el código penal», en *Revista General de Derecho Penal*, núm. 37, 2022.

García López, M., *El impacto de Internet en el libre desarrollo de la personalidad*, Wolters Kluwer, Madrid, 2018.

Gil Antón, A.M., «La privacidad del menor en Internet», en *Revista de Derecho, Empresa y Sociedad,* núm. 3, 2013.

Gobierno de España, *Carta de Derechos Digitales*, Madrid, 2021.

Gobierno de España, *Plan Nacional de Capacidades Digitales (digital skills),* Madrid, 2023.

González Tascón, M.M., «Observaciones a las novedades introducidas por la Ley orgánica de protección integral a la infancia y la adolescencia frente a la violencia en relación con la materia penal», en *Diario La Ley,* núm. 9902, 2021.

Hernández López, J.M., **Piqué Jorge, J.A.** y **Albertos García, J.M.**, «Educar en protección de datos», en *Datospersonales.org: La revista de la Agencia de Protección de Datos de la Comunidad de Madrid,* núm. 44, 2010.

Instituto Nacional de Tecnologías Educativas y de Formación del Profesorado, *Orientaciones sobre el uso de herramientas digitales en el* ámbito *educativo desde la perspectiva de la protección de datos*, Madrid, 2024.

Kelly, C.A. y **Sharot, T.**, «Web-browsing patterns reflect and shape mood and mental health», en *Nature Human Behavior*, 2024.

Lage Coleto, M., «Integración social de los menores a través de internet», en Burguera Ameave, L.; Paul Larrañaga, K. y Suarez Pertierra, G. (Dirs.), *Menores e Internet,* Aranzadi, Cizur Menor, 2013.

López Calvo, J., *Comentarios al Reglamento Europeo de Protección de Datos,* Sepin, Madrid, 2017.

Martín Ostos, J., *Jurisdicción de menores*, Bosch, Barcelona, 1994.

Martínez Martínez, R., «Derechos digitales, planificación estratégica y compliance», en *Diario La Ley,* núm. 9901, 2021.

Martínez Otero, J.M., *La protección jurídica de los menores en el entorno audiovisual. Respuestas desde el Derecho a los desafíos de los nuevos medios audiovisuales y digitales,* Thomson Reuters-Aranzadi, Cizur Menor, 2013.

Martínez, C. Y Escorial, A., *Guía sobre la Ley Orgánica de Protección integral a la Infancia y la Adolescencia frente a la Violencia*, Universidad Pontificia Comillas, Madrid, 2021.

Ministerio de Derechos Sociales y Agenda 2030, *Estrategia de erradicación de la violencia sobre la infancia y la adolescencia,* Madrid, 2022.

Moshel, M.L., **Warburton, W.A.**, **Batchelor, J.**, **Bennett, J.M**. y **Ko, K.Y**., « Neuropsychological Deficits in Disordered Screen Use Behaviours: a Systematic Review and Meta-analysis», en *Neuropsychology Review*, vol. 34, 2024.

Observatorio Nacional de Tecnología y Sociedad, *El uso de las tecnologías por los menores en España. Edición 2024,* Madrid, 2024.

Parlamento Europeo, *Declaración Europea sobre los Derechos y Principios Digitales para la Década Digital,* Estrasburgo, 2023 [(2023/C 23/01)].

Pérez Díaz, R., «La imagen del menor en las redes sociales», en *Revista Doctrinal Aranzadi Civil-Mercantil,* núm. 3, 2018.

Pérez Luño, A.E., «La protección de los datos personales del menor en Internet», en *Anuario Facultad de Derecho-Universidad de Alcalá*, vol. II, 2009.

Piñar Real, A., «Tratamiento de datos de menores de edad», en Piñar Mañas, J.L. (Dir.), *Reglamento general de protección de datos: hacia un nuevo modelo europeo de privacidad*, Reus, Madrid, 2016.

Puente Escobar, A., «Consentimiento del afectado y deber de información», en Martínez Martínez, R. (Coord.), *Protección de datos. Comentarios al Reglamento de Desarrollo de la LOPD,* Tirant lo Blanch, Valencia, 2008.

Rallo Lombarte, A., «Una nueva generación de Derechos digitales», *Revista de Estudios Políticos,* núm. 187, 2020.

Ravetllat Ballesté, I. y **Cabedo Mallol, V**. (Eds.), *Estudios sobre la ley orgánica de protección integral a la infancia y la adolescencia frente a la violencia*, Editorial Universitat Politècnica de València, Valencia, 2023.

Rodríguez Ayuso, J.F., «La garantía de la privacidad de los menores de edad», en *Actualidad Jurídica Iberoamericana*, núm. 13, 2020.

Rodríguez Mateos, P., «Convención de Naciones Unidas sobre los derechos del niño», en *Revista Española de Derecho Internacional*, vol. 43, núm. 1, 1991.

Rosso Pérez, M.E., «Análisis de la Ley Orgánica 8/2021 de 4 de junio de protección integral a la infancia ya la adolescencia frente a la violencia», en *Diario La Ley*, núm. 10065, 2022.

Sala Ordóñez, R., «La violencia de género digital: tratamiento jurídico y percepción social». En *La Ley Derecho de Familia: Revista jurídica sobre familia y menores*, núm. 23, 2019.

Serrano Pérez, M.M., «El consentimiento de los menores de edad para el tratamiento de datos personales (Comentario al art. 7 LOPDGDD)», en Troncoso Reigada, A. (Dir.), *Comentario al Reglamento General de Protección de Datos y a la Ley Orgánica de Protección de Datos personales y Garantía de los Derechos Digitales,* Thomson Reuters-Aranzadi, Cizur Menor, 2021.

Solly, J.E., **Hook, R.W.**, **Grant, J.E.**, **Cortese, S**. y **Chamberlain, S.R.**, «Structural gray matter differences in Problematic Usage of the Internet: a systematic review and meta-analysis», en *Molecular Psychiatry*, vol. 27, 2022.

Terrón Santos, D. y **Domínguez Álvarez, J.L.**, *Nueva regulación de la protección de datos y su perspectiva digital*, Comares, Granada, 2019.

Valero Torrijos, J., «Los derechos en la era digital», en Rodríguez Ayuso, J.F. (Coord.), *Nuevos retos en materia de derechos digitales en un contexto de pandemia: perspectiva multidisciplinar,* Thomson Reuters-Aranzadi, Cizur Menor, 2022.

Vilasau Solana, M., «El consentimiento general y de menores», en Rallo Lombarte, A. (Dir.), *Tratado de protección de datos. Actualizado con la Ley Orgánica 3/2018, de 5 de diciembre, de Protección de Datos Personales y Garantía de los Derechos Digitales*, Tirant lo Blanch, Valencia, 2019.

CAPÍTULO II

MENORES, INTERNET Y PORNOGRAFÍA: ¿ES LA CARTERA DE IDENTIDAD DIGITAL EUROPEA UNA SOLUCIÓN?

Pilar Talavera Cordero
Universidad de Salamanca

La pornografía es (...) práctica social y discurso. Fenómeno económico y representación. Es negocio internacional y, al mismo tiempo, fuente inagotable de definiciones sociales sobre la sexualidad, el placer, el poder, la masculinidad y la feminidad o sobre la mercantilización del cuerpo, entre otras muchas significaciones.

Rosa Cobo[1]

SUMARIO: I. NOTAS INTRODUCTORIAS BREVES AL FEMINISMO CONTEMPORÁNEO: ¿DE DÓNDE PARTIMOS? II. LA PORNOGRAFÍA EN LA ERA DIGITAL. III. LA SOCIALIZACIÓN DE GÉNERO EN LA INFANCIA. IV. ¿CÓMO CONTRIBUYE LA PORNOGRAFÍA A LA CONSOLIDACIÓN DE LA MASCULINIDAD HEGEMÓNICA? V. ¿ES LA CARTERA DE IDENTIDAD DIGITAL EUROPEA UNA SOLUCIÓN? VI. CONCLUSIONES. VII. BIBLIOGRAFÍA.

I. Notas introductorias breves al feminismo contemporáneo: ¿de dónde partimos?

En los últimos tiempos, los avances feministas han sido evidentes: igualdad formal a nivel legal, permisos de paternidad/maternidad iguales e intransfe-

1 Cobo Bedía, R., *Pornografía. El placer del pod*er, Penguin Random House, Barcelona, 2020, p. 11.

ribles, reducción de las brechas salariales, incremento de la representación femenina en las esferas políticas y económicas.. Esto hace que exista un sentimiento generalizado de que no queda nada por hacer. Sin embargo, los datos en múltiples variables[2] nos muestran la necesidad de seguir luchando y ahondando en los esquemas patriarcales que generan situaciones de desigualdad. Puesto que lejos de desaparecer, el patriarcado se transforma en formas más sutiles de discriminación, que no por ello son menos dañinas.

Recordando las palabras de Simone de Beauvoir «no *olvidéis jamás que bastará una crisis política, económica o religiosa para que los derechos de las mujeres vuelvan a ser cuestionados. Estos derechos nunca se dan por adquiridos, debéis permanecer vigilantes toda vuestra vida*». Este mandato de seguir vigilantes nos incumbe a todos en general y, particularmente, a la academia, que debe seguir liderando investigaciones feministas que cuenten con financiación y apoyo institucional. Para así, fijar los retos del movimiento y aportar soluciones, en este caso jurídicas, para afrontarlos.

En línea con esta actitud, en el siglo XXI el feminismo no se ha mostrado conformista, al contrario, se ha erigido como un fenómeno de masas extraordinario que ha manifestado el hartazgo de millones de mujeres en el mundo frente a la violencia, la opresión y la discriminación[3]. Así, la cuarta ola, con el saber de las tres anteriores y un marcado componente digital, está removiendo las estructuras patriarcales como nunca, a pesar de que en el inte-

2 Persiste la brecha salarial, una mayor temporalidad, menor presencia en los centros de poder económico, cifras alarmantes de delitos sexuales y asesinatos machistas, la feminización de la pobreza, el desigual uso del espacio público, una ausencia de corresponsabilidad en los cuidados, entre otras. Estas preocupaciones se trasladan no solo al colectivo feminista, sino que, en mayor o menor medida, ven su reflejo en instancias internacionales como las Naciones Unidas, que incluyen en su ODS 5 la igualdad entre sexos y el empoderamiento a todas las mujeres y niñas o el foro Económico Mundial, que ha desarrollado el Índice de Brecha Global de Género para medir la brecha entre mujeres y hombres en términos de salud, educación, economía e indicadores políticos. De hecho, los resultados de ese índice en 2014 muestran, por primera vez desde que se publica, un retroceso en los niveles de igualdad de género. *Vid.* Blanca García, A. I. y Aguado Cabezas, E., «La agenda feminista del siglo XXI: continúa la reacción», en *Cuestiones de género: de la igualdad y la diferencia*, núm. 18, 2023, pp. 1-2.

3 El punto álgido del movimiento fue la manifestación feminista del 8 de marzo de 2018 que tuvo un éxito rotundo de aceptación. En ella, no solo se ponía el foco en los logros obtenidos y la necesidad de asegurarlos, sino también en la cantidad de retos que seguían por delante. Se reivindicaba el freno a todas las violencias de género (en sentido amplio); la necesidad de una huelga de consumo, cuidados, laboral y educativa; la paridad en todos los ámbitos y la presencia de múltiples discriminaciones. Además de la importancia de luchar contra el discurso político que identifica las reivindicaciones de género con una denominada «ideología de género» y que busca frenar los avances feministas. *Vid.* Moriana Mateo, G., «Y después de la huelga feminista del 8M, qué», en *Revista de treball, economia i societat*, núm. 88, pp. 1-8.

rior existan contradicciones y discursos influidos por la posmodernidad, que abren paso a nuevas formas de teorización[4].

La cuarta ola se desarrolla en un peculiar espacio: el virtual. De hecho, algunas autoras apuntan a lo digital como el elemento transformador del movimiento actual feminista y diferenciador de una nueva ola[5]. En efecto, esta cuarta ola debe enfrentarse a un patriarcado que ha desplegado nuevas formas de discriminación y que se desarrollan o se ven potenciadas por el espacio virtual. Un espacio que se ha creado y sigue alimentándose con una presencia de mujeres escasa[6] y que ha tenido efectos muy diversos e incluso contradictorios entre sí para la lucha feminista.

Por un lado, ha globalizado el movimiento, lo que ha incrementado su alcance y la intercomunicación de las diferentes problemáticas internacionales, resultando en un feminismo más inclusivo e interseccional. Sin embargo,

---

4 Varela califica la cuarta ola feminista de tsunami feminista por su gran expansión territorial, intergeneracionalidad y multiculturalidad, que lo convierte en un movimiento de carácter global muy distinto al conocido hasta ahora en la historia del feminismo. *Vid.* Varela, N., «El tsunami feminista», en *Nueva sociedad*, núm. 286, 2020, pp. 93-106.

5 Aránguez Sánchez hace una caracterización de las implicaciones de la aparición de Internet en el movimiento feminista que conjuga con una evolución histórica de las tres olas anteriores. La autora enumera las consecuencias de Internet sobre las mujeres: proliferación de costumbres discriminatorios (como la prostitución), incremento de los estereotipos de género, hipersexualización de las mujeres, brechas laborales (con la introducción del fenómeno del teletrabajo y la automatización de procesos de selección con Inteligencia Artificial), así como una escasa participación de las mujeres en la creación y gestión de los fenómenos tecnológicos; las cuales motivan la conceptualización como cuarta ola. Por lo que, siguiendo a esta autora, la investigación presente se insertará en esta nueva corriente, partiendo de sus peligros y potencialidades. *Vid.* Aránguez Sánchez, T., «La cuarta ola feminista, contra el sexismo digital», en Aránguez Sánchez, T. y Olariu, O. (Coords.), *Feminismo digital: violencia contra las mujeres y brecha sexista en Internet*, Dykinson, Madrid, 2021, pp. 381-397.

6 En una contribución anterior, analicé tres de las principales brechas digitales de género. Una primera brecha de acceso y uso de la tecnología, que según los datos parece ya superada; una segunda de competencias digitales, las cuales tienen una especial relevancia en el mercado de trabajo y en este caso, las mujeres se ven mucho más afectadas que los hombres. Una tercera brecha habla de la presencia de mujeres en puestos STEM, en los cuales la presencia femenina es muy minoritaria. *Vid.* Talavera Cordero, P., «La influencia del proceso de digitalización en la consecución de la igualdad entre hombres y mujeres: estado de la cuestión y acciones de las Administraciones públicas», en Domínguez Álvarez, J. L. y Terrón Santos, D. (Dirs.), Desafíos éticos, jurídicos y tecnológicos del avance digital, Iustel, Madrid, 2023, pp. 213-226. Respecto a la presencia de las mujeres en carreras STEM, Sánchez Galán apunta a que una de las causas de las cifras tan bajas de mujeres en carreras STEM es que a partir de los seis años las mujeres se consideran menos que los niños. Además de señalar algunos de los inconvenientes a los que deben enfrentarse aquellas que lideran grupos de ingeniería o arquitectura. *Vid.* Sánchez Galán, M. C., «Las mujeres STEM y la dirección empresarial», en *Revista EXPE*, núm. 7, 2023, pp. 35-37.

por otro lado, el ciberespacio ha aumentado la sexualización de las mujeres[7], lo cual se está produciendo casi sin resistencias, ni sociales ni institucionales e incluso, con el consentimiento de las mujeres.

Esta cuarta ola feminista se caracteriza por politizar fenómenos patriarcales persistentes: cuidados, amor romántico, sexualidad, pornografía, prostitución, aunque con formas vertiginosamente nuevas; y otros hasta ahora desconocidos, como los vientres de alquiler[8]. Uno de los retos fundamentales, y sobre el que pivotará esta contribución es la politización de la sexualidad[9]. La sexualidad como preocupación en el movimiento feminista no es nueva, se puso en el centro el siglo pasado, y ya fue un elemento fragmentador. Como igualmente está sucediendo en este, lo que no debe ser percibido como negativo, sino como símbolo de crecimiento de éste.

La politización de la sexualidad implica el cuestionamiento de las narrativas y de los comportamientos que se generan en el plano sexual y, por tanto, privado. Las discusiones en torno al ámbito sexual siempre han ocasionado discusiones tanto dentro del movimiento feminista, como fuera de él. La esencia de la conflictividad interna es la propia concepción de la sexualidad; para algunos es liberalizadora y capitalizable, para otros es, en muchas ocasiones, una fuente de reproducción de formas de violencia machista.

El origen del primer grupo está en la denominada «revolución sexual» de la década de los sesenta, cuyo objetivo era vivir la sexualidad con más libertad y rompiendo los códigos establecidos. Se inauguró entonces una cultura de la abundancia sexual hasta el extremo de que lo sexual se sitúa en el centro de las reivindicaciones[10]. Sin embargo, los efectos no fueron los deseados. Se abrió una etapa de mayor aperturismo sexual, pero con resultados diferentes para hombres y mujeres. El hombre entendió este movimiento como la posibilidad de acceder a los cuerpos de las mujeres sin ningún tipo de vínculo emocional o afectivo, con los consiguientes efectos sobre las relaciones sexuales que se entablaban (y se entablan)[11]. Para las mujeres se abrió una nueva etapa en la que las relaciones eran una forma de satisfacer su deseo sexual, el problema radicó en que ese deseo se identificó con el deseo mas-

7 De Miguel Álvarez, A., «La reacción contra la cuarta ola feminista. La (re)legitimación de la violencia sexual en los tiempos post «Me too». Claves filosóficas para comprender lo incomprensible», en *Eunomía: Revista en Cultura de la Legalidad*, núm. 25, 2023, p. 60.

8 Cobo Bedía, R., «La cuarta ola feminista y la violencia sexual», en Alcañiz Moscardó, M. (Coord.), *Investigació i gènere a la Universitat Jaume I*, Universitat Jaume I, Castellón de la Plana, 2021, p. 25.

9 Cobo Bedía, R., «La cuarta ola: la globalización del feminismo», en *Servicios sociales y política social*, núm. 119, 2019, pp. 134-138.

10 Cobo Bedía, R., «El cuerpo de las mujeres y la sobrecarga de sexualidad», en *Investigaciones feministas*, núm. 6, 2015, pp. 7-8.

11 Cobo Bedía, R., «El imaginario pornográfico como pedagogía de la prostitución», en *Oñati socio-legal series*, vol. 9, núm. extra 1, 2019, p. 11.

culino, por construirse sin cuestionarse las lógicas patriarcales que podían influir en la conformación de la sexualidad. Asimismo, el potencial liberalizador y de capital erótico pronto chocó con los esquemas capitalistas que colonizaron cualquier intento emancipador de las mujeres[12].

El segundo grupo es el denominado feminismo radical o abolicionista que surge a finales de los setenta como respuesta a los efectos perniciosos e indeseados del movimiento «liberalizador», que en última instancia legitimaba la pornografía y la prostitución. Este discurso de exaltación de la libertad sexual, en palabras de COBO BEDÍA hace que «tengan el mismo valor en términos de libertad sexual los proxenetas que las mujeres prostituidas o que merezca la misma defensa moral la homosexualidad que la pederastia»[13]. Sin olvidar, que la sexualidad está atravesada por el capitalismo contemporáneo, capaz de mercantilizar sujetos y objetos sin la menor distinción.

El posicionamiento dentro de esta segunda corriente se erige, entonces, como una acción necesaria. Puesto que, de lo contrario, abordaríamos las problemáticas feministas de una forma descontextualizada e individualista. La sexualidad, como realidad poliédrica, presenta muchos retos que enfrentar desde el feminismo en general y la academia en particular. En este sentido, esta contribución detendrá su atención en la pornografía actual y su influencia en la construcción de la sexualidad de los menores, así como la pertinencia de habilitar mecanismos legales de protección a éstos frente a los efectos perniciosos de la pornografía a tan temprana edad.

II. La pornografía en la era digital

El feminismo radical se ha manifestado, tanto desde el punto de vista teórico como el de la acción política en contra de la pornografía ya desde los años setenta del pasado siglo[14]. Esta corriente de pensamiento ha problematizado la pornografía desde una conceptualización estructural y no individual,

12 *Vid. op. cit.* COBO BEDÍA, R., *Pornografía...*, p. 23.

13 *Vid. op. cit.* COBO BEDÍA, R., «La cuarta ola feminista y...», p. 27.

14 El inicio debe marcarse en los años setenta del pasado siglo, tras la aprobación por Richard Nixon en Estados Unidos del consumo de pornografía por adultos apoyándose en el Informe de la Comisión sobre la Obscenidad y la Pornografía de este país. Desde entonces, las feministas radicales usaron el término pornografía para hacer referencia a los contenidos explícitos dirigidos a la satisfacción del placer sexual del hombre a través de la explotación y subordinación de la mujer. Este movimiento consideraba la pornografía como un elemento patriarcal que replicaba sus lógicas y era símbolo de poder sobre la mujer. Las movilizaciones que acompañaron estas reivindicaciones se aglutinaron bajo el lema «*Take Back the night*», las cuales tuvieron lugar en numerosas ciudades estadounidenses. *Vid.* MALEM SEÑA, J. F., «Pornografía y feminismo radical», en *Doxa: cuadernos de filosofía del derecho*, núm. 12, 1992, p. 178. En esta obra, además, se hace un recorrido desde los inicios del movimiento antipornografía hasta los años noventa y el pensamiento filosófico de A. Dworkin y C. Mackinnon.

es decir, no se parte del cuestionamiento de las acciones particulares aisladas, sino de los mecanismos coercitivos y normativos que las propician[15]. La pornografía, desde esta corriente, ha sido siempre una institución patriarcal más y una catalizadora de la violencia machista. La pornografía es una herramienta básica para perpetuar el dominio masculino. En ella, se materializa la apropiación colectiva masculina de las capacidades sexuales y reproductivas de las mujeres, perpetuando a los hombres en el genérico dominante y a las mujeres en el genérico subordinado. La pornografía, desde sus inicios, no fue más que esto, un recordatorio del monopolio del poder de los hombres[16].

Gil Irastorza define la pornografía como un producto cultural que responde a las exigencias del capitalismo y a la permanente cosificación de los cuerpos de las mujeres en un sistema patriarcal. Se trata de una muestra de poder y de masculinidad hegemónica que atraviesa nuestra sexualidad y nuestras vidas rebajando a las mujeres a meros cuerpos para el disfrute masculino, en el que el deseo sexual de las mujeres es inexistente[17].

El problema añadido, en nuestros tiempos, es que la revolución digital ha ampliado enormemente los efectos de la pornografía, ya que la globalización del acceso a Internet ha transformado las formas de producción y consumo de esta, tanto es así que hay autoras que hablan de «nueva pornografía»[18]. Si analizamos la forma de consumo, antes, la pornografía consistía en imágenes impresas o filmaciones, distribuidas por canales ilegales, revistas o en *sex-shops*. Esto implicaba una dificultad para su acceso, una exposición del que la consumía y un coste, por lo que su impacto era limitado. Sin embargo, actualmente la oferta es gratuita e ilimitada, lo que multiplica exponencialmente sus efectos. De un lado, el consumo es extremadamente fácil y se garantiza el anonimato del usuario. Esto genera una necesidad de producción de contenido que ha llevado, incluso, a crear redes sociales pornográficas como es *Only Fans*, lo que favorece, además, el acceso de más mujeres a la creación de contenidos pornográficos.

Desde el lado de la producción Ballester Brage y Orte Socias establecían cinco notas características de esta «nueva pornografía»: la calidad de la imagen; su asequibilidad, ya que es mayoritariamente gratuita[19]; accesible,

15 De Miguel Álvarez, A., «La revolución sexual de los sesenta: una reflexión crítica de su deriva patriarcal», en *Investigaciones feministas*, núm. 6, 2015, p. 34.

16 *Vid. op. cit.* Cobo Bedía, R., «El imaginario pornográfico ...», p. 9.

17 Gil Irastorza, H., «Análisis feminista del impacto de la pornografía en la educación sexual de la adolescencia», en Aránguez Sánchez, T. y Olariu, O. (Coords.), *Feminismo digital: violencia contra las mujeres y brecha sexista en Internet*, Dykinson, Madrid, 2021, p. 575.

18 Ballester Brage, L., Orte Socías, C. y Pozo Gordaliza, R., «Estudio de la nueva pornografía y relación sexual en jóvenes», en *Anduli: revista andaluza de ciencias sociales*, núm. 13, 2014, pp. 166-167.

19 Esto no debe confundirse con un rendimiento menor. Las empresas de producción de contenidos pornográficos son altamente rentables, aunque oficialmente sea muy difícil

su distribución y producción es constante en todas las partes del mundo; sin límite, no se ponen límites a las prácticas sexuales que se pueden observar, ni siquiera a las ilegales y anónima, nadie tiene porqué saber que consumes pornografía para hacerlo[20].

La nueva pornografía no tiene límites para satisfacer las fantasías masculinas. Él es el sujeto que mira y, por tanto, es su subjetividad la que importa. De hecho, hay una serie de vídeos que no se ve en ningún momento el hombre, solo la mujer. Son los denominados vídeos *point of view*. Ni las palabras, ni los deseos de las mujeres importan, con frecuencia los vídeos recrean relaciones sexuales en las que la mujer no quiere ni desea explícitamente la relación, pero a pesar de ello, se llevan a cabo. Incluso, se muestra una satisfacción ficticia de la mujer. Además, el tipo de mujeres que pueden encontrarse en estos vídeos es casi ilimitado: de todas las razas, edades, condiciones físicas y psíquicas[21]...

La pornografía transmite un mensaje de poder de los hombres sobre las mujeres a través de diversos mecanismos. En primer lugar, por la inexistencia de placer real de las mujeres. En la pornografía, la forma que tienen las mujeres de obtener placer es proporcionándoselo a los hombres[22]. Esta exclusión del placer femenino supone una desigualdad de base, puesto que una relación sexual que se presume recíproca se convierte en unidireccional.

En segundo lugar, la pornografía está atravesada por contenidos que producen dolor físico a las mujeres y que provocan el placer de los hombres. Las mujeres se presentan sufriendo dolor, lo que se percibe por sus expresiones corporales o verbalmente. En ambos, la respuesta del hombre ante esto no es parar, sino reiterar la conducta e, incluso, aumentar su intensidad. Estos vídeos tienen dos vertientes: los que muestran a la mujer durante todo el vídeo sufriendo dolor y los que, incluso haciéndolo, al final muestran satisfacción. En ambos, este dolor es irrelevante y, además, genera placer y exci-

---

cifrar sus beneficios. El mercado a partir de 2008 está controlado por 10 u 11 grandes compañías que controlan más del 90 % de la cuota de mercado, con una gran rentabilidad desde el principio. *Vid.* Ballester Brage, L., Dosil-Santamaría, M., Villena Moya, A. y Testa, G., «La nueva pornografía online y los procesos de naturalización de la violencia sexual», en Gutiérrez García, A., *Una mirada interdisciplinar hacia las violencias sexuales*, Octaedro, Barcelona, 2023, p. 234.

20 Ballester Brage, L. y Orte Socias, C., *Nueva pornografía y cambios en las relaciones interpersonales*, Octaedro, Barcelona, 2019, pp. 12-13.

21 *Vid. op. cit.* Ballester Brage, L., Dosil-Santamaría, M., Villena Moya, A. y Testa, G., «La nueva pornografía ...», p. 236.

22 El placer de las mujeres en la pornografía responde a patrones irreales. Hay una casi inexistencia de vídeos en los que haya estimulación clitoriana o sexo oral practicado a mujeres si interviene un varón en él. Con muchísima más extensión *vid.* Alario Gavilán M., *Política sexual de la pornografía. Sexo, desigualdad, violencia*, Ediciones Cátedra, Valencia, 2021, pp. 217-221.

tación al hombre[23]. En este punto se suman dos cuestiones, la sustitución del placer de la mujer por su dolor y el placer del hombre a través del sufrimiento de la mujer. El hombre ejerce su poder en la relación sexual a través de su monopolio de la violencia. Ya no solo él puede recibir placer de forma exclusiva, sino que también será el único que pueda causar dolor.

En resumidas cuentas, la pornografía *mainstream*, es decir, la más popular en términos de fácil acceso y con un mayor número de visualizaciones, muestra relaciones sexuales que se hacen pasar por sexo, pero que realmente son violencia sexual. En primer lugar, por la inexistencia de placer de la mujer, lo que implica que desaparece la bidireccionalidad y, por tanto, pierde uno de los componentes de lo que sí podría denominarse sexo. En segundo lugar, porque muestra vídeos en los que el hombre produce dolor físico a las mujeres. En ningún caso, estos vídeos reflejan la preocupación del hombre en ese dolor y esto se interioriza por quienes consumen pornografía. Así, tanto hombres como mujeres asumen el dolor unidireccional (del hombre a la mujer) como placentero. Esto provoca que las relaciones sexuales que se entablen estén viciadas en términos de deseo y consentimiento.

La pornografía es sumamente perniciosa, no solo para las mujeres que participan de ella, que son convertidas en mercancías a bajo coste y altos beneficios[24]; sino también a todas las mujeres en general, por cuanto las lógicas de sexualidad que aprenden los hombres que consumen pornografía son intensamente dañinas para ellas, ya que replicarán las conductas que interioricen en el visionado. La construcción de la sexualidad de los menores en nuestros días se hace de forma casi exclusiva a través de la pornografía. Esto repercute en los propios niños y en los futuros adultos, que confundirán sexualidad con violencia y poder.

III. La socialización de género en la infancia

Los efectos de la pornografía en la configuración de la sexualidad se fraguan en uno de los colectivos más vulnerables, y en el que el feminismo debe poner el foco con urgencia: la infancia. Puesto que es ahí, donde se inicia la socialización de género, es decir, donde se interiorizan los modelos

23 Algunas de las conductas que pueden encontrarse en estos vídeos son las siguientes: tirones de pelo; azotes en la cara, en los muslos, en las nalgas, en los pechos, en la vulva; escupitajos en la cara y en la boca; eyaculaciones en la cara, en la boca o en los ojos. Por supuesto de forma unidireccional del hombre a la mujer. *Vid. op. cit.* ALARIO GAVILÁN M., *Política sexual de...*, pp. 225-239. En esta obra, ALARIO GAVILÁN ejemplifica toda una serie de vídeos en los que se perpetran estas conductas. La selección de la autora de estos vídeos se ha hecho en las páginas pornográficas de mayor alcance (Xvideos y PornHub) y analizando los vídeos con más visualizaciones.

24 *Vid. op. cit.* COBO BEDÍA, R., *Pornografía...*, p. 25.

de masculinidad y feminidad imperantes, tan dañinos para la consecución de la deseada igualdad. En este sistema binario adoptaremos una personalidad y una forma de actuar según nos perciban como «niño o niña»[25] y, por tanto, es en ese momento donde los niños comienzan a absorber los patrones de conducta de la denominada masculinidad hegemónica.

Hay muchas instituciones que influyen en el desarrollo de la infancia: la familia, el entorno socioeconómico, los amigos, la escuela... Comenzando por la educación. Hoy, podríamos pensar que la educación es igualitaria, ya que contamos con una educación mixta y universal, en la que se han unificado currículos, espacios, aulas y profesorados para todos[26]. Sin embargo, esto no es suficiente, ya que la escuela está inundada de lógicas patriarcales. Entre algunos ejemplos de esto tenemos: la infrarrepresentación de las mujeres en los currículos escolares, el desigual reparto de cargos directivos entre el profesorado, el persistente uso sexista del lenguaje o una enseñanza ajena a las formas de socialización de género[27].

En el propio aula hay dinámicas que muestran un desigual proceso educativo. En los juegos, los niños son alentados a participar en unos u otros en función de su género, lo que limita su desarrollo psicosocial[28]. Esto se ve, por ejemplo, en las actividades físicas, como los deportes, que son mayormente elegidos por los chicos lo que repercute en las habilidades de las chicas. También en la elección de los juguetes, en la que las niñas «prefieren» (porque la sociedad se lo asigna) los que están relacionados con los cuidados, como son las muñecas, las cocinitas[29]... Cuestión similar ocurre en los cuen-

---

25 Alario Gavilán, M., «La influencia del imaginario de la pornografía hegemónica en la construcción del deseo sexual masculino prostituyente: un análisis de la demanda de prostitución», en *Asparkía*, núm. 33, 2018, p. 63.

26 Un estudio de mayor profundidad sobre cómo se edifica la desigualdad de género en la escuela mixta puede encontrarse en: Subirats, M. y Brullet, C., *Rosa y Azul. La transmisión de los géneros en la escuela mixta*, Instituto de la Mujer, Madrid, 1988.

27 Esto es importante, por cuanto, la educación no se adapta a las personalidades que desarrollan por razón del constructo social niños y niñas. Por ejemplo, no hay un refuerzo especial para que las niñas asuman posiciones de liderazgo o a ser más asertivas; ni para que los niños sean más comunicativos y menos violentos. *Vid.* Simón Rodríguez, M. E., *La igualdad también se aprende: cuestión de coeducación*, Narcea, Madrid, 2010, p. 35.

28 Espinosa Cevallos, P. A., Arteaga Alcívar, Y. A., «Construcción de la identidad del niño y la influencia de los estereotipos de género», en *Revista científica y académica VICTEC*, vol. 5, núm. 8, 2024, p. 62.

29 En un estudio sobre esta cuestión en niños de entre 3 y 4 años destacan como juguetes favoritos de los niños, los coches, y de las niñas, las muñecas. Además, los juegos son desarrollados con mayor frecuencia con niños de su mismo sexo. *Vid.* Gómez Estañ, A. y Ponce Gea, A. I., «Estereotipos de género y educación infantil: del contexto familiar al desarrollo del juego», en *Contextos educativos*, núm. 31, 2023, pp. 155-178.

tos, en los que se encontró que el 70 % de los personajes femeninos están asociados con actividades domésticas y el 30 % de los masculinos con roles de liderazgo y aventura[30].

Desde los niveles más bajos de la educación, se perciben relaciones de inferioridad de las niñas respecto a los niños. Ellos no quieren realizar actividades junto a ellas y si lo hacen, ellas asumen el rol de «ayudantes». Además, algunas niñas evidencian cierta dependencia de los niños en el terreno del juego, esto puede deberse a la percepción que tienen acerca de sus juegos, al entender que encierran mayor nivel de dificultad que los suyos y, por tanto, requieren de mayores destrezas y habilidades para su correcta ejecución. Asimismo, existe un uso desigual del espacio del patio de recreo, en el que los niños ocupan los espacios centrales y ejercen intimidación y violencia, a través de, por ejemplo, el robo de juguetes. Mientras tanto, las niñas suelen posicionarse en los márgenes[31].

Nos encontramos ante una situación en el que la mujer, por fin, ha logrado participar en el sistema educativo al mismo nivel que los hombres en el plano formal, incluso ser exitosa en él. Sin embargo, ese mismo sistema le enseña a subordinarse ante sus compañeros y en cierta forma, a ser invisible; ya que, de los contenidos, de quién lo dirige, del lenguaje[32], de los espacios y de los juegos aprenden a estar infrarrepresentadas. Estos elementos, que pueden parecer insignificantes, marcan y guían las formas de socialización de hombres y mujeres.

Esta educación sexista en la escuela, se ve reafirmada por la crianza familiar y los productos culturales. La familia sigue reproduciendo los roles de género tanto en el ámbito intrafamiliar, como en la vida productiva de los progenitores. No solo transmiten los roles de género en su trato de la infancia (con los juguetes, la ropa, el corte de pelo, los pendientes...), sino que también la división sexual del trabajo[33] es percibida y aprendida por los niños.

---

30 Asensi Juliá, E. M., «Influencia de los estereotipos de género en los cuentos clásicos», en *Repositorio UJI*, 2019.

31 Martínez García, L., «Socialización diferenciada por razón de género en Educación Infantil: un estudio etnográfico», en *Revista Complutense de Educación*, vol. 29, núm. 3, 2018, pp. 926-927.

32 Sobre el sexismo del lenguaje en la escuela resulta muy interesante el programa de «Queridas Hermanas» de la Plataforma Podimo, en el que participan Teresa Meana, activista feminista y filóloga especialista en lenguaje inclusivo y no sexista; y María Martín, escritora y divulgadora especialista en igualdad y lenguaje inclusivo.

33 La mujer se ha incorporado al mundo laboral sí, pero lo hace asumiendo trabajos peor remunerados, muchas veces asociados a los cuidados y en pocos casos, se trata del sueldo principal del hogar. Además, la mujer asume lo que se denomina «carga total de trabajo», ya que dedican de media más del doble de tiempo a las tareas domésticas y de cuidados que los hombres, *vid*. Altuzarra Artola, A., Gálvez Gálvez, C. y González Flores, A., «Diferencias de género en la distribución del tiempo de trabajo en las regiones españolas», en *Revista internacional de sociología*, vol. 76, núm. 3, 2018. Dicho artículo

Los productos culturales, por su parte, son en su gran mayoría androcéntricos, misóginos, machistas o sexistas, lo que eclipsa los pocos contenidos alternativos construidos sobre el principio de igualdad[34].

Esta masculinidad, que se aprende desde la infancia, se edifica sobre la oposición a lo socialmente considerado femenino, situándolo como inferior. Pero, para pertenecer al grupo de los «niños» no basta con «serlo», sino que se necesita el reconocimiento del resto de los iguales niños y para conseguirlo, hay que demostrar que eres niño de forma constante. De lo contrario, se corre el riesgo de perder los privilegios de pertenecer al grupo dominante y, por tanto, recibir comentarios del tipo «no llores, que pareces una niña», «maricón», «nenaza» (de forma despectiva)[35].

Estas formas de socialización en la infancia generan dos perfiles contrapuestos en uno y otro género, que repercuten en la construcción de la sexualidad. En el femenino, se potencia la empatía y el cuidado ajeno, lo que genera formas de placer basadas en lo recíproco y en la búsqueda del placer del otro. Sin embargo, en el masculino, su socialización le provocará una falta de empatía con las emociones del otro y una creencia de supremacía respecto a lo femenino. Esto desembocará en una preponderancia del deseo sexual propio a través del cuerpo de la mujer[36]. Esta socialización sumada al visionado de pornografía temprana serán el caldo de cultivo perfecto para erigir relaciones sexuales en las que se confunda violencia con sexo, es decir, en delitos sexuales dentro y fuera de la pareja.

IV. ¿Cómo contribuye la pornografía a la consolidación de la masculinidad hegemónica?

Históricamente, la masculinidad hegemónica se ha sustentado en tres pilares para legitimar sus privilegios: la provisión, la protección y la potencia sexual[37]. La provisión y protección, pese a que siguen siendo relevantes, pierden cada vez más fuerza por la incorporación de la mujer al mundo laboral. Sin embargo, el plano sexual se ha mantenido casi impasible a los logros feministas. En este ámbito, los hombres van a tener dos funciones: por un lado, satisfacer sus deseos sexuales a través del cuerpo de la mujer; y por otro, será donde demuestren ser «hombres de verdad» y, por tanto, su perte-

basa sus resultados en la Encuesta de Empleo de Tiempo (EET) para España, realizada por el Instituto Nacional de Estadística (INE).

34 *Vid. op. cit.* Simón Rodríguez, M. E., *La igualdad también...*, p. 46.

35 *Vid. op. cit.* Alario Gavilán, M., «La influencia del...», p. 64.

36 *Vid. op. cit.* Alario Gavilán, M., «La influencia del...», p. 67.

37 Gilmore, D. D., *Hacerse hombre. Concepciones culturales de la masculinidad*, Paidós Ibérica, Barcelona, 1994, pp. 52-57.

nencia al grupo dominante. Funciones que están íntimamente relacionadas, por cuanto una forma de satisfacer el deseo sexual es precisamente la dominación de la mujer[38].

Como explica PULEO el deseo sexual masculino es conceptualizado como necesidad biológica[39]. Si el deseo sexual es una necesidad, entonces el hombre queda eximido de la responsabilidad de las acciones que perpetre para satisfacer ese deseo. El hombre según esta construcción es incapaz de gestionar y controlar lo que haga movido por esa necesidad[40].

Pero ¿qué es ser un hombre de verdad en el terreno sexual? O, mejor dicho, ¿cuál es la idea percibida por los niños sobre cómo deben comportarse en las relaciones sexuales? Para responder a esta pregunta debemos partir de una escasa educación sexual en los colegios[41] y un temprano acceso de los niños al contenido pornográfico[42], lo que desemboca en un aprendizaje sexual casi

38 ALARIO TRIGERO, M., «La reproducción de la violencia sexual: un análisis de la masculinidad hegemónica y la pornografía», en BLANCO RUIZ, M. y SAINZ DE BARANDA ANDÚJAR, C (Coords.), *Investigación joven con perspectiva de género IV*, Universidad Carlos III de Madrid, Madrid, 2019, p. 57.

39 PULEO analiza a través de diferentes teorías filosóficas como se ha construido la sexualidad masculina en términos esencialistas. Esto permite la exclusión de las connotaciones sociales y por tanto, eximir al hombre de los resultados de sus conductas. *Vid.* PULEO, A., *Dialéctica de la sexualidad. Género y sexo en la filosofía contemporánea*, Ediciones Cátedra, Valencia, 1992.

40 Un ejemplo actual de esta cuestión es el caso Íñigo Errejón, exportavoz del grupo político SUMAR. Este político, tras hacerse públicas una serie de denuncias por agresión sexual, publicó en sus redes una carta en la que no pedía perdón a las víctimas por las acciones de violencia sobre las mujeres que había llevado a cabo. En lugar de eso, señalaba como culpable de su comportamiento al ritmo político y a un proceso psicológico. Un político, que ha militado en un partido defensor de las leyes y políticas de género, ejemplificando maravillosamente el funcionamiento de las lógicas patriarcales. Confundiendo necesidad con violencia sexual.

41 En una investigación cuyo objetivo fue determinar los impactos de la nueva pornografía en los adolescentes y jóvenes de siete comunidades autónomas de nuestro país se preguntaba sobre la educación afectivo-sexual recibida en las escuelas. En ella, un 15,5 % de los encuestados reconocían no haber recibido nunca a esta educación y un 14,6 % no contestó. Para los que, si la recibieron, solo para un 21,9 % fue satisfactoria; a un 42,2 % solo les sirvió en parte o no les sirvió para concertar a sus preguntas, curiosidades o intereses. Eso significa, que siguieron con dudad o expectativas que tenían que resolver de otra manera. Estas otras maneras son mayormente dos: las amistades (72,8 %) e Internet (69,1 %), por lo que el poder de este último es superlativo. Además, este estudio muestra que el 70,7 % de los jóvenes reconoce que en los últimos años ha mirado pornografía. *Vid.* BALLESTER BRAGE, L. y ORTE SOCIAS, C., *Nueva pornografía y ...*, pp. 26-29.

42 De media, los niños acceden a contenido pornográfico, por primera vez, a los 8 años, según alertaba la directora de la Agencia de Protección de Datos, Mar España, en unas declaraciones de 2021. Disponible en: https://acortar.link/SPDesd (Fecha de última consulta el 5 de agosto de 2024)

exclusivo a través de la pornografía[43]. Es en la adolescencia donde se consolida la identidad sexual construida en la infancia, ya que durante esta etapa se integran toda una serie de dimensiones cognitivas, emocionales y sociales[44]. El resultado de esto es que los niños se socializan en el género dominante sin ninguna capacidad de autocensura o autogestión. Por lo que, cuando los adolescentes inician sus relaciones sexuales podríamos decir, incluso, que es demasiado tarde.

Una pornografía que, además, es cada vez más accesible, ilimitada (tanto en contenido como en tipo de prácticas), anónima[45] y de consumo frecuente[46]. Estos contenidos no solo se han multiplicado, sino que se han normalizado más allá de los vídeos explícitamente pornográficos, ya que la cultura de la pornografía ha permeado en los medios, las estéticas, las narrativas, las sensibilidades, las subjetividades y las prácticas sexuales de la mayoría[47][48]. La pornografía influye decisivamente en la construcción de la sexualidad de mujeres y hombres, ya que su consumo desde la adolescencia influye en su desarrollo posterior. Se marca desde el inicio una máxima en la sexualidad: el hombre es sujeto y la mujer objeto.

El hombre es el sujeto sexual y, por tanto, debe estar dispuesto siempre a mantener relaciones sexuales (cuantas más mejor), que deben ser heterosexuales, falocéntricas y coitocéntricas, y él debe ser la parte activa y dominante[49]. La pornografía enseña a los hombres a convertir a las mujeres en objetos sexuales disponibles para su satisfacción, eliminando de manera absoluta cualquier emoción que sientan las mujeres, ya que en muchos de los vídeos las mujeres son presentadas teniendo miedo, dolor, asco, rechazo...

---

43 COBO BEDÍA, R., «La pornografía, una narrativa de violencia sexual contra mujeres», en *Historia y comunicación social*, vol. 29, núm. 1, 2024, p. 135.

44 BALLESTER BRAGE, L. y ORTE SOCIAS, C., *Nueva pornografía y ...*, p. 11.

45 SANJUÁN, C. *(Des)información sexual: pornografía y adolescencia*, Save the Children, Madrid, 2020, p. 4.

46 Más del 70 % de los adolescentes de la encuesta elaborada por Save the Children reconocen haber visto porno alguna vez y de esos, el 66,5 % lo han hecho en los últimos 30 días. *Vid. op. cit.* SANJUÁN, C. y POLO, S., *(Des)información sexual: ...*, pp. 11-12.

47 FAVARO, L. y DE MIGUEL ÁLVAREZ, A., «¿Pornografía feminista, pornografía antirracista y pornografía antiglobalización? Para una crítica del proceso de pornificación cultural», en *Labrys*, núm. 29, 2016, p. 8.

48 Esta normalización ha calado en algunas corrientes feministas, que perciben esta capitalización erótica como empoderante e incluso, subversivo. Como acertadamente apuntaba la Profa. GILL la mujer ha pasado de estar cosificada de forma pasiva por otro masculino a estar subjetivamente sexualizada por ella misma, *vid.* GILL, R., «Postfeminist media culture: elements of a sensibility», in *European Journal of cultural studies*, vol. 10, núm. 2, 2007, pp. 147-166. Corriente que, a su vez, podemos englobar dentro del mito de la libre elección brillantemente analizado en la obra DE MIGUEL ÁLVAREZ, A., *Neoliberalismo sexual: el mito de la libre elección*, Cátedra, Valencia, 2016.

49 *Vid. op. cit.* ALARIO GAVILÁN, M., «La influencia del...», p. 67.

Y esto, no solo no es una barrera para no sentir placer, sino que genera aún más excitación[50]. En la pornografía el deseo sexual masculino se pone en el centro y se erotiza el dolor físico de las mujeres, su falta de deseo, su sufrimiento, su humillación, los abusos sexuales a menores y el consumo de prostitución. Y esto es así, porque cuando un hombre se masturba con este tipo de vídeos, que son los mayoritarios, se está excitando con esa subordinación absoluta de la mujer[51]. Este posicionamiento por encima de la mujer a través de la violencia sexual es una herramienta necesaria para seguir perpetuando el sistema patriarcal[52]. Si no hay violencia en el terreno sexual, no hay poder; y si no hay poder, el hombre no demuestra su supremacía sobre la mujer.

La pornografía también influye en las mujeres, cuya identidad sexual está articulada alrededor del atractivo sexual. La pornografía presenta a mujeres hipersexualizadas que sirven de espejo para el resto de las mujeres. Sexualizarse, en el sistema patriarcal, se presenta como el único camino posible para ser aceptada por el hombre[53]. La mujer codifica su deseo y sexualidad en función de los deseos masculinos[54], percibiéndose esos deseos como propios. No solo existe una voluntad de satisfacer el deseo masculino, sino que se entienda como deseo femenino ciertas prácticas que responden al imaginario sexual masculino. Esta identificación del deseo femenino y masculino permite la reproducción de violencias con el consentimiento de las mujeres, lo que desemboca en el actual patriarcado del consentimiento. Según el cual, las mujeres aprenden a tratar de disfrutar o hacer disfrutar asumiendo como propia y libre elección ciertas dosis de violencia[55].

---

50 *Vid. op. cit.* Alario Gavilán, M., «La influencia del...», p. 69.

51 *Vid. op. cit.* Alario Gavilán, M., «La influencia del...», pp. 70-74.

52 La sexualidad es un ámbito en el que el hombre debe posicionarse por encima de la mujer para perpetuar el sistema patriarcal. La única manera de llevar a cabo esto es a través de la violencia, que se manifiesta de diversas maneras: cosificándola, deshumanizándola, poniendo su placer en el centro e ignorando el de ella, realizando prácticas que son desagradables para ella, que ella no desea o a las que no da su consentimiento. Todas ellas, interiorizadas a través de la pornografía y exportadas a sus relaciones privadas y/o la prostitución. *Vid.* Alario Gavilán, M., «Pornografía», en Gómez Suárez, Á. y Villar Lemos, M. Á., *Itinerario formativo virtual en xénero*, vol. 4, Universidade de Vigo, Vigo, 2020, p. 81.

53 *Vid. op. cit.* Cobo Bedía, R., «La pornografía, una...», p. 138.

54 *Vid. op. cit.* Cobo Bedía, R., «El imaginario pornográfico...», p. 9.

55 En contraposición con el patriarcado de la coacción, en el del consentimiento las mujeres aceptan «libremente» formas de violencia machista. Este consentimiento funciona como legitimador de instituciones como la pornografía, la prostitución, prácticas sexuales como el BDSM..., *vid. op. cit.* de Miguel Álvarez, A., «La reacción contra...», pp. 65-73. Sobre la diferenciación entre el patriarcado de coacción y de consentimiento puede consultarse: Puleo, A., «Patriarcado», en Amorós, C. (Dir.), *10 palabras clave sobre mujer* (4 ed.), Verbo Divino, Navarra, 2002, pp. 28-37.

Si el hombre disfruta ejerciendo poder y violencia sobre la mujer; la mujer interioriza como deseo propio prácticas sexuales de sumisión, violencia o degradación. Las jóvenes de hoy en día, incluso consumiendo mucho menos porno que ellos, han interiorizado su deber de sumisión y sexualización. Lo paradójico de todo esto es que, de forma paralela, las jóvenes exigen avances feministas en el resto de los ámbitos (laboral, reproductivo, económico...). La sexualidad se convierte, en este sentido, en un oasis para el sistema patriarcal. En el ámbito sexual, el hombre perpetra acciones que una chica no toleraría si no hubiera sexo de por medio: insultos, tirones de pelo, penetraciones en grupo, erotizar el dolor, desprecios... Parecería incluso que, si es durante una relación sexual, cualquier violencia está legitimada[56].

La erotización de estas formas de violencia en el contenido pornográfico hace que se normalicen y se presenten como sexo, lo que hace que las interioricen sin ser conscientes de que son violencia y finalmente, ayuden a su reproducción[57]. Esta es una de las herramientas del patriarcado del consentimiento para mantener las estructuras patriarcales. El sistema condiciona a hombres y a mujeres para que deseen y elijan precisamente aquello que mantiene a los primeros en posiciones de poder y privilegio y a las segundas de subordinación[58]. Esto dificulta mucho la identificación de las violencias machistas, debido a que el sistema enseña a las mujeres a dar su consentimiento a conductas que enmascaran violencia y superioridad.

Igualmente, el porno lleva a hombres y mujeres a tener relaciones sexuales no seguras. De hecho, en un informe reciente de la OMS se expone que la tasa de adolescentes sexualmente activos que utilizaron preservativo en su última relación sexual descendió del 70 % al 61 % entre los hombres, y del 63 % al 57 % entre las mujeres, entre 2014 y 2022. Además, casi un tercio de los adolescentes declararon no haber utilizado ni preservativo ni píldora anticonceptiva en su más reciente relación sexual[59]. Una de las causas de ello puede ser que en los vídeos de contenido pornográfico en muy pocas ocasiones se usan métodos anticonceptivos, ya que, además, se ha generado un falso mito entre ellos que conecta el uso de preservativo con la reducción del placer sexual del hombre[60].

---

56 Este fenómeno se inserta en la denominada «cultura de la violación» examinada por DE MIGUEL ÁLVAREZ, A., «Sobre la pornografía y la educación sexual: ¿puede «el sexo» legitimar la humillación y la violencia?», en *Gaceta sanitaria:* órgano *oficial de la sociedad española de salud pública y administración sanitaria*, vol. 35, núm. 4, 2021, pp. 379-382.

57 ALARIO GAVILÁN, M., «¿Por qué los hombres pueden excitarse ejerciendo violencia? Un análisis de la invisibilización y la erotización de la violencia sexual contra las mujeres en la pornografía», en *Atlánticas: revista internacional de estudios feministas*, vol. 6, núm. 1, 2021, pp. 199-200.

58 *Vid. op. cit.* DE MIGUEL, A., *Neoliberalismo sexual: ...*, p. 9.

59 Disponible en: https://news.un.org/es/story/2024/08/1532401.

60 *Vid. op. cit.* GIL IRASTORZA, H., «Análisis feminista del ...», pp. 583-584.

La pornografía es, además, la puerta en la infancia hacia formas de violencia sexual hacia las mujeres y consumo de prostitución en la etapa adulta. Esto se debe a múltiples factores entre los que destacamos dos. El primero de ellos es que la pornografía, como hemos analizado, funciona como mecanismo catalizador de la falta de empatía de los hombres con las mujeres. Gracias a la pornografía, el hombre interioriza que puede excitarse en una situación de falta de reciprocidad, en la que una mujer no quiere estar o en la que no hay deseo por su parte[61]. En segundo lugar, porque la pornografía muestra un sinfín de prácticas sexuales deseadas por los hombres que, por su magnitud, ni siquiera se insertan dentro de lo permitido por el patriarcado del consentimiento. Esto los lleva a buscar satisfacerlas consumiendo prostitución y a ser normalizadas por las mujeres que están en situación de prostitución[62].

V. ¿Es la Cartera de Identidad Digital Europea una solución?

A lo largo del trabajo se han expuesto los efectos negativos que tiene el visionado de pornografía en la construcción de la sexualidad, ya que genera relaciones desiguales y perpetúa formas de violencia machista, más si cabe si quién lo hace es menor. Ante esto, el Estado debe proteger a los menores del consumo de pornografía para en consecuencia, mejorar la construcción de su sexualidad.

Legalmente, ya desde 1995, el Código Penal en su artículo 186 condena al que «por cualquier medio directo, vendiere, difundiere o exhibiere material pornográfico entre menores de edad o personas con discapacidad necesitadas de especial protección». Sin embargo, ahora no solo preocupa que alguien facilite directamente a un menor pornografía, sino también que el propio menor se exponga a estos contenidos, ya sea intencionalmente (por ejemplo, mediante su búsqueda en Internet) o accidentalmente (por ejemplo, salta un pop-up pornográfico o mientras usaba redes sociales como X (antes Twitter))[63].

Actualmente, el único mecanismo de restricción del acceso a los menores a contenidos pornográficos consiste en una casilla que pregunta al usuario si tiene más de 18 años seguido de un mensaje de advertencia. Esto provoca que su

61 Alario Gavilán, M., *Política sexual de ...*, pp. 67-68.

62 *Vid. op. cit.* Cobo Bedía, R., «El imaginario pornográfico...», p. 10. En este artículo COBO BEDÍA analiza la pornografía como elemento pedagógico para los hombres, las mujeres y la industria del sexo. La pornografía favorece que los hombres utilicen la prostitución para satisfacer aquellos deseos que son creados por el consumo de pornografía; y a las mujeres que están en prostitución a normalizar las prácticas sexuales que desean los hombres.

63 Turienzo Fernández, A., «Pornografía y daño a menores: principales efectos perjudiciales asociados a la exposición temprana a la pornografía», en *Indret: revista para el análisis del derecho*, núm. 2, 2024, p. 439.

elusión sea muy sencilla y, por tanto, su eficacia bastante limitada, por no decir totalmente inútil. Esto hace necesario que desde las Administraciones públicas se impulsen mecanismos eficaces para verificar la edad de los menores.

La UE coincide en esta máxima y en la reforma de 2018 a la Directiva de servicios de comunicación audiovisual[64][65] introdujo importantes modificaciones en aras de evitar el acceso de los menores a la pornografía. En ellas, se pone especial atención en la protección a los menores de ciertos contenidos nocivos para su desarrollo físico, mental o moral. Entre los que se incluyen los contenidos pornográficos. Esta Directiva habilita a que pueda obligarse a los prestadores de servicios audiovisuales a la implementación de descriptores de contenido (considerando 19) y medidas de cifrado o de control parental (considerando 20). Respecto a la pornografía, el artículo 6 bis establece que:

> «Los Estados miembros adoptarán las medidas adecuadas para velar por que los servicios de comunicación audiovisual ofrecidos por prestadores de servicios de comunicación sujetos a su jurisdicción que puedan perjudicar el desarrollo físico, mental o moral de los menores solo sean accesibles de un modo que garantice que, normalmente, dichos menores no los verán ni oirán. Dichas medidas podrán incluir la elección de la hora de emisión, instrumentos de verificación de la edad u otras medidas técnicas. Deberán ser proporcionadas al perjuicio potencial del programa.
>
> Los contenidos más nocivos, como la violencia gratuita y la pornografía, estarán sujetos a las medidas más estrictas»[66].

De este precepto destacamos dos cuestiones: la primera, la obligación de los Estados de implementar medidas estrictas de restricción de acceso a contenidos pornográficos por parte de los menores para garantizar su correcto desarrollo físico, mental y moral; la segunda, que esta disposición se aplicará a los prestadores de servicios de comunicación audiovisual ofrecidos por prestadores de servicios de comunicación sujetos a su jurisdicción.

En el ámbito nacional, cabe mencionar primeramente la Ley Orgánica 8/2021, de 4 de junio, de protección integral a la infancia y la adolescencia frente a la violencia, en la que se establece un mandato a las administraciones públicas para que desarrollen campañas de educación, sensibilización

64 Directiva (UE) 2018/1808 del Parlamento Europeo y del Consejo de 14 de noviembre de 2018 por la que se modifica la Directiva 2010/13/UE sobre la coordinación de determinadas disposiciones legales, reglamentarias y administrativas de los Estados miembros relativas a la prestación de servicios de comunicación audiovisual (Directiva de servicios de comunicación audiovisual).

65 En 2010 se aprueba esta directiva por la revolución en las formas de producción y consumo de contenidos audiovisuales, que requería de un marco jurídico actualizado que reflejase la evolución del mercado y lograse un equilibrio entre el acceso a los servicios de contenidos en línea, la protección del consumidor y la competencia.

66 Cursivas incluidas por la autora.

y difusión dirigidas a los niños, niñas y adolescentes, familias, educadores y otros profesionales que trabajen habitualmente con personas menores de edad sobre el acceso y consumo de pornografía (artículo 45). Así como, la puesta en marcha por parte de la industria de mecanismos de control parental y protocolos de verificación de edad (artículo 46).

En la misma línea, la Ley 13/2022, de 7 de julio, General de Comunicación Audiovisual. En ella se prevén dos medidas para evitar el consumo de porno en menores: la creación de códigos de conducta que protejan a los usuarios respecto de los contenidos con violencia gratuita y pornografía (artículo 15.4. k)) y sistemas de verificación de edad (artículo 89.1 e)). Además, la no implementación por parte de los operadores audiovisuales de esta última constituirá una infracción grave (artículo 157). Sin embargo, los mecanismos de verificación de edad implementados hasta la fecha por dichos operadores han demostrado ser ineficaces, ya que bastaba con un simple clic afirmando tener más de 18 años para sortear este control.

Por ello, en 2024, en el marco de la Estrategia Nacional de Protección de la Infancia y de la Adolescencia en el Entorno digital, el Consejo de Ministros aprobó el Anteproyecto de Ley Orgánica para la protección de los menores en los entornos digitales. En él, se incluye la modificación del artículo 89 de la Ley de Comunicación audiovisual para proveer al sistema de restricción de edad con una mayor eficacia. En concreto, se prevé que este control de edad se haga a través de la Cartera de Identidad Digital Europea (EUDI Wallet).

La Cartera de Identidad Digital Europea[67] tiene muchísimas otras funcionalidades que se establecen en el Reglamento[68] sobre la identidad digital europea. Este Reglamento pretende establecer un marco común europeo de identidad digital de uso voluntario por los ciudadanos. Asimismo, permitirá el control de los datos por parte de sus usuarios, pues impulsa y da validez jurídica a los conceptos de Identidad digital autosoberana (SSI) y de identificadores descentralizados (DID)[69]. En el Reglamento se establecen las condiciones de creación de la cartera digital y serán los Estados miembros los que la tendrán que desarrollar y ofrecer a los ciudadanos. La norma, ya aprobada, exige a los Estados miembros que proporcionen carteras de identidad digital de la UE a los ciudadanos en un plazo de veinticuatro meses a partir de la adopción de los actos de ejecución, en las que se describan las especificaciones técnicas y la certificación[70].

---

67 Su nombre oficial en inglés es: European Digital Identity Wallet (EDIW).

68 Reglamento (UE) 2024/1183 del Parlamento Europeo y del Consejo de 11 de abril de 2024 por el que se modifica el Reglamento (UE) n.o 910/2014 en lo que respecta al establecimiento del marco europeo de identidad digital.

69 Espuga Tomé, G., «La wallet de Identidad Digital Europea», en *Actualidad civil*, núm. 3, 2023.

70 En nuestro país, en el momento en que se escriben estas líneas, se está desarrollando un

Una vez desarrollada por los Estados miembros, el Gobierno pretende implementar esta forma de control de acceso en las páginas de contenido pornográfico para así verificar la edad de los usuarios y restringir la entrada a menores. Sin embargo, existen muchas incógnitas en torno a su efectividad tanto como herramienta en sí misma, como para evitar la tan perniciosa masculinidad hegemónica en el ámbito sexual, la cual reproduce formas de poder y violencia indeseables en una sociedad igualitaria.

Comenzando con la efectividad como herramienta, la Ley de Comunicación Audiovisual establece la obligatoriedad de implementar mecanismos de identificación de edad, lo cual parece haberse conseguido; aunque eludirlo sea tan fácil como hacer un clic. La cartera digital europea puede ser una solución, ya que programas parecidos han demostrado su eficacia, como puede ser la firma digital española emitida por la Fábrica Nacional de la Moneda y Timbre. Sin embargo, el propio reglamento de la Cartera de Identidad Digital Europea indica que su uso debe ser voluntario tanto para el usuario, como para los sitios web[71]. Con lo cual, existen incógnitas sobre la facultad del Estado español de utilizar la cartera digital para esta empresa. Por ello, sería conveniente garantizar la obligatoriedad, al menos en el medio plazo, de esta herramienta para poder acceder a contenidos pornográficos. En forma de analogía, en tiempos pasados para poder comprar una revista con este contenido era necesario identificarse con el Documento Nacional de Identidad.

Una alternativa ante su fracaso o una medida complementaria si consiguiéramos que fuera exitosa sería la implementación de controles parentales. En consonancia con la obligación enunciada en el artículo 84.1 de la Ley Orgánica de Protección de Datos: «los padres, madres, tutores, curadores o representantes legales procurarán que los menores de edad hagan un uso equilibrado y responsable de los dispositivos digitales y de los servicios de la sociedad de la información a fin de garantizar el adecuado desarrollo de su personalidad y preservar su dignidad y sus derechos fundamentales». Es decir, los padres tienen el deber de guiar a sus hijos en un consumo responsable y sano para su desarrollo personal. Sobre todo, si tenemos en cuenta que, actualmente, la mayoría de los menores acceden a Internet sin una educación tecnológica previa y sin control o supervisión[72].

Para ayudar a esta labor, los progenitores tienen a su alcance una serie de herramientas (p. ej., filtros de contenido, *softwares*, *apps*, etc.) orientadas

---

proyecto piloto puesto en marcha a través de la colaboración entre la Secretaría General de Administración Digital, la Fábrica Nacional de Moneda y Timbre-Real Casa de la Moneda, la Universidad Carlos III de Madrid, la Universidad de Murcia y la Universitat Rovira I Virgili.

71 Considerandos 3, 57, 65 y artículo 5 bis.

72 Rodríguez Sánchez, A., «Los menores como víctimas de cibercriminalidad. La necesidad de políticas públicas para prevenirlo», en *Cuadernos de Investigación en Juventud*, núm. 7, 2019, p. 8.

tanto a impedir el acceso a determinadas páginas perjudiciales para su edad, como a través de la vigilancia de su actividad digital[73]. La mayoría de estos mecanismos las ofrece el propio dispositivo o los proveedores de contenido, por lo que para incrementar su efectividad es necesaria su difusión y acercamiento a los progenitores[74].

Estas herramientas de control de acceso a contenidos pornográficos en sentido estricto de los menores deben ir acompañadas necesariamente de medidas de regulación de contenidos pornográficos en todas las plataformas digitales. Esto es así porque, como ya hemos mencionado, la construcción de la masculinidad hegemónica no solo se consolida a través de la pornografía, aunque podríamos decir que es una de las más influyente, sino que los productos culturales[75], la publicidad, la propia sociedad... también contribuye a ella. Por ello, sería necesario una revisión estructural de estos contenidos, para evitar cualquier promoción de ellos por parte del Estado, conscientes de que su eliminación es imposible, ya que depende de poderes privados.

No debemos olvidar el papel de la educación, pues es la herramienta fundamental para caminar hacia sociedades más igualitarias, tanto la educación sexual, en sentido estricto, como la no sexual. Por un lado sexual, porque ante una escasa educación, limitada al conocimiento de las infecciones de transmisión sexual y del riesgo de embarazos, en la que el porno es su única escuela, el Estado debe ofrecer una educación sexual basada en la reciprocidad, el deseo y el consentimiento mutuo. De lo contrario, la ausencia se convierte en el caldo de cultivo perfecto para legitimar y consolidar las lógicas patriarcales.

---

73 Turienzo Fernández, A., «Herramientas de control y educación afectivo-sexual ante la exposición de los menores a pornografía», en *Revista General de Derecho Penal*, núm. 41, 2024, p. 9. En esta misma obra, el autor analiza la forma en la que deben implementarse estas herramientas para respetar la intimidad del menor, en este caso, los padres deberán tener el consentimiento de su hijo menor para usarlas. Por ejemplo: porque el menor haya aceptado como condición para que los progenitores le compren un teléfono móvil que estos comprueben periódicamente qué páginas web visita. De forma contraria, podría apreciarse una invasión del progenitor en la intimidad del menor. *Ibidem*, pp. 10 y 11.

74 En este sentido, destacamos la labor del Instituto Nacional de Ciberseguridad (INCIBE), que ha elaborado una guía de herramientas de control parental en la que se ofrece tanto un catálogo de todos los mecanismos habilitados tanto de los propios dispositivos y páginas de contenido, como aplicaciones que facilitan este control. Más información disponible en: https://acortar.link/AxNVCw (Fecha de última consulta 09/11/2024).

75 Existe una pornificación de la cultura, esto implica una introducción de la pornografía en ámbitos de la cultura no considerados pornográficos, lo que los invisibiliza en su categoría de pornografía y los normaliza dentro de la sociedad. Un ejemplo de ello es la industria de la música, en el que los varones se rodean en sus videoclips de mujeres semidesnudas que adoptan posturas y expresiones que proceden de la pornografía. Además, en sus letras exponen comportamientos perpetuadores de las lógicas sexuales violentas. También las mujeres participan, pues cuando son ellas las artistas reproducen en sus vídeos y letras su posición de inferioridad y confunden su deseo con el masculino. *Vid. op. cit.* Alario Gavilán, M., *Política sexual de ...*, pp. 37-39.

Por otro lado, no sexual, puesto que la educación sexual en sí misma no es suficiente y debe acompañarse de una educación integral a todos los niveles ya que, como vimos, la masculinidad hegemónica muestra sus comportamientos antes de la etapa adolescente en la que se tienen las primeras relaciones sexuales. Se debe educar a niños y niñas según las carencias afectivas que reproduce el patriarcado. En los niños hay que desactivar el rechazo a las conductas no identificadas con la masculinidad hegemónica y potenciar su empatía. En las niñas hay que potenciar la identificación de sus límites y deseos, así como, ayudar a construir una autoestima sana[76].

VI. Conclusiones

La cuarta ola del feminismo debe poner el foco urgentemente en los efectos perniciosos que está teniendo la revolución digital. En particular, es necesario politizar la sexualidad, para así intentar paliar las consecuencias negativas que se están produciendo en el seno de Internet para las mujeres. Una de ellas, tal como hemos analizado, es la «nueva pornografía». Esta nueva pornografía es de fácil acceso y con un contenido casi ilimitado. En ella, se muestran dos máximas: la ausencia de placer femenino y su dolor físico como medio de satisfacción sexual del hombre.

Estos contenidos afectan intensamente a los menores, ya que construyen su sexualidad a través de ella debido a su temprano acceso. Por ello, uno de los retos del Estado, si quiere caminar hacia una sociedad igualitaria, es poner el foco en la protección de los menores y su correcto desarrollo. Primeramente, a través de la educación reglada, ya que es en esta edad en la que se produce la socialización de género y, por tanto, donde se consolidan dinámicas que posteriormente, repercutirán en lógicas de desigualdad entre uno y otro género. Tal como se ha demostrado en el presente capítulo, la escuela, a pesar de ser mixta y universal, funciona como una herramienta más para consolidar los dos perfiles antagónicos de uno y otro género: el niño tiene falta de empatía y debe ser el superior, y la niña tiene que ser para los otros y asumir un papel secundario.

Estas dinámicas son el caldo cultivo perfecto para mantener el sistema patriarcal y funcionarán a la perfección para perpetuar formas de violencia en el ámbito sexual. Por ello, el Estado debe enseñar de forma igualitaria intentando paliar la socialización de género, de forma complementaria es necesario dotar a la educación pública de una educación sexual integral que vaya más allá de la prevención de las ITS y los embarazos, poniendo el foco en el deseo y el consentimiento.

Más allá de esto, teniendo en cuenta el difícil reto de conseguir una educación integral igualitaria y partiendo del momento presente, en el que la casi

76 *Ibidem*, pp. 365-369.

exclusiva educación sexual que reciben nuestros menores es a través de la pornografía, está más que justificado y es enormemente necesario, poner límites de acceso a estos contenidos.

La base de esto es que la pornografía enseña a los hombres a que las mujeres son objetos sexuales disponibles para satisfacer sus deseos y además, configura esos deseos para que se exciten con el dolor, la humillación, la falta de deseo... de las mujeres. A las mujeres, por su parte, las educa para convertirse en un atractivo sexual, por ser el único camino para ser aceptada por el hombre. La mujer identifica su deseo con el masculino y permite comportamientos que no aceptaría de no estar insertos en el plano sexual.

Ante esta situación, los mecanismos de restricción de acceso de los menores a los contenidos pornográficos son absolutamente necesarios. Las herramientas hasta ahora desarrolladas se han mostrado ineficaces, pues son fácilmente eludibles (es solo necesario un clic). Por ello, la nueva propuesta del Gobierno es imprescindible. Sin embargo, se trata de una herramienta que aún no está desarrollada y que tal como está configurada legalmente es de uso voluntario, lo que dificulta su eficacia.

Para solventar este vacío, la aprobación de guías de implementación de controles parentales en los dispositivos de los menores son medidas que ayudan a la protección de los menores. En este sentido, cabe destacar las acciones emprendidas por el Instituto Nacional de Ciberseguridad. Aunque, de nuevo, tiene también una eficacia limitada, por cuanto requiere de su difusión y comprensión por parte de los progenitores. Por lo que sería conveniente una labor de promoción mayor para así aumentar sus efectos positivos.

Además, este instrumento debe acompañarse de una educación sexual en los colegios adecuada y una educación integral desde la infancia en igualdad, poniendo el foco en los comportamientos dañinos derivados de la socialización de género que repercutirán en su sexualidad. Es decir, educar a las mujeres en su falta de autoestima y a no superponer los deseos del otro, y a los hombres a tener una mayor empatía y validar comportamientos alejados de la masculinidad hegemónica.

VII. Bibliografía

Alario Gavilán, M., «¿Por qué los hombres pueden excitarse ejerciendo violencia? Un análisis de la invisibilización y la erotización de la violencia sexual contra las mujeres en la pornografía», en *Atlánticas: revista internacional de estudios feministas*, vol. 6, núm. 1, 2021, pp. 190-218. DOI: https://doi.org/10.17979/arief.2021.6.1.7164.

— *Política sexual de la pornografía. Sexo, desigualdad, violencia*, Ediciones Cátedra, Valencia, 2021.

— «Pornografía», en Gómez Suárez, Á. y Villar Lemos, M. Á., *Itinerario formativo virtual en xénero*, vol. 4, Universidade de Vigo, Vigo, 2020, pp. 73-103.

— «La reproducción de la violencia sexual: un análisis de la masculinidad hegemónica y la pornografía», en Blanco Ruiz, M. y Sainz de Baranda Andújar, C. (Coords.), *Investigación joven con perspectiva de género IV*, Universidad Carlos III de Madrid, Madrid, 2019, pp. 55-66.

— «La influencia del imaginario de la pornografía hegemónica en la construcción del deseo sexual masculino prostituyente: un análisis de la demanda de prostitución», en *Asparkía*, núm. 33, 2018, pp. 61-79.

— «Pornografía en un patriarcado neoliberal: ¿una cuestión de deseos individuales?», en Nuño Gómez, L. (Coord.), Elementos para una teoría crítica del sistema prostitucional, Comares, Granada, 2017, pp. 181-191. DOI: https://doi.org/10.6035/Asparkia.2018.33.4.

Altuzarra Artola, A., **Gálvez Gálvez, C**. y **González Flores, A**., «Diferencias de género en la distribución del tiempo de trabajo en las regiones españolas», en *Revista internacional de sociología*, vol. 76, núm. 3, 2018.

Aránguez Sánchez, T., «La cuarta ola feminista, contra el sexismo digital», en Aránguez Sánchez, T. y Olariu, O. (Coords.), *Feminismo digital: violencia contra las mujeres y brecha sexista en Internet*, Dykinson, Madrid, 2021, pp. 381-397.

Asensi Juliá, E. M., «Influencia de los estereotipos de género en los cuentos clásicos», en *Repositorio UJI*, 2019.

Ballester Brage, L., **Dosil-Santamaría, M**., **Villena Moya, A.** y **Testa, G**., «La nueva pornografía online y los procesos de naturalización de la violencia sexual», en GUTIÉRREZ GARCÍA, A., *Una mirada interdisciplinar hacia las violencias sexuales*, Octaedro, Barcelona, 2023, pp. 233-250.

Ballester Brage, L. y **Orte Socias, C**., *Nueva pornografía y cambios en las relaciones interpersonales*, Octaedro, Barcelona, 2019.

Ballester Brage, L., **Orte Socías, C.** y **Pozo Gordaliza, R**., «Estudio de la nueva pornografía y relación sexual en jóvenes», en *Anduli: revista andaluza de ciencias sociales*, núm. 13, 2014, pp. 165-178. DOI: https://doi.org/10.12795/anduli.2014.i13.10.

Blanca García, A. I. y **Aguado Cabezas, E.**, «La agenda feminista del siglo XXI: continúa la reacción», en *Cuestiones de género: de la igualdad y la diferencia*, núm. 18, 2023, pp. 1-22. DOI: https://doi.org/10.18002/cg.i18.7701.

Cobo Bedía, R., «La pornografía, una narrativa de violencia sexual contra mujeres», en *Historia y comunicación social*, vol. 29, núm. 1, 2024, pp. 135-140. DOI: https://doi.org/10.5209/hics.95826.

— «La cuarta ola feminista y la violencia sexual», en Alcañiz Moscardó, M. (Coord.), *Investigació i gènere a la Universitat Jaume I*, Universitat Jaume I, Castellón de la Plana, 2021, pp. 23-30.

— *Pornografía. El placer del poder*, Penguin Random House, Barcelona, 2020.

— «La cuarta ola: la globalización del feminismo», en *Servicios sociales y política social*, núm. 119, 2019, pp. 134-138.

— «El imaginario pornográfico como pedagogía de la prostitución», en *Oñati socio-legal series*, vol. 9, núm. extra 1, 2019, pp. 6-26. DOI: https://doi.org/10.35295/osls.iisl/0000-0000-0000-1002.

— «El cuerpo de las mujeres y la sobrecarga de sexualidad», en *Investigaciones feministas*, núm. 6, 2015, pp. 7-19. DOI: https://doi.org/10.5209/rev_INFE.2015.v6.51376.

De Miguel Álvarez, A., «La reacción contra la cuarta ola feminista. La (re) legitimación de la violencia sexual en los tiempos post «Me too». Claves filosóficas para comprender lo incomprensible», en *Eunomía: Revista en Cultura de la Legalidad*, núm. 25, 2023, pp. 58-77. DOI: https://doi.org/10.20318/eunomia.2023.7990.

— «Sobre la pornografía y la educación sexual: ¿puede «el sexo» legitimar la humillación y la violencia?», en *Gaceta sanitaria:* órgano *oficial de la sociedad española de salud pública y administración sanitaria*, vol. 35, núm. 4, 2021, pp. 379-382. DOI: https://doi.org/10.1016/j.gaceta.2020.01.001.

— *Neoliberalismo sexual: el mito de la libre elección*, Cátedra, Valencia, 2016.

— «La revolución sexual de los sesenta: una reflexión crítica de su deriva patriarcal», en *Investigaciones feministas*, núm. 6, 2015, pp. 20-38. DOI: https://doi.org/10.5209/rev_INFE.2015.v6.51377.

Espinosa Cevallos, P. A., **Arteaga Alcívar, Y. A.**, «Construcción de la identidad del niño y la influencia de los estereotipos de género», en *Revista científica y académica VICTEC*, vol. 5, núm. 8, 2024, pp. 60-68.

Espuga Tomé, G., «La wallet de Identidad Digital Europea», en *Actualidad civil*, núm. 3, 2023.

Favaro, L. y **De Miguel Álvarez, A.**, «¿Pornografía feminista, pornografía antirracista y pornografía antiglobalización? Para una crítica del proceso de pornificación cultural», en *Labrys*, núm. 29, 2016, pp. 1-20.

Gil Irastorza, H., «Análisis feminista del impacto de la pornografía en la educación sexual de la adolescencia», en Aránguez Sánchez, T. y Olariu, O. (Coords.), *Feminismo digital: violencia contra las mujeres y brecha sexista en Internet*, Dykinson, Madrid, 2021, pp. 571-598.

Gill, R., «Postfeminist media culture: elements of a sensibility», in *European Journal of cultural studies*, vol. 10, núm. 2, 2007, pp. 147-166. DOI: https://doi.org/10.1177/1367549407075898.

Gilmore, D. D., *Hacerse hombre. Concepciones culturales de la masculinidad*, Paidós Ibérica, Barcelona, 1994.

Gómez Estañ, A. y **Ponce Gea, A. I.**, «Estereotipos de género y educación infantil: del contexto familiar al desarrollo del juego», en *Contextos educativos*, núm. 31, 2023, pp. 155-178. DOI: https://doi.org/10.18172/con.5219.

Malem Seña, J. F., «Pornografía y feminismo radical», en *Doxa: cuadernos de filosofía del derecho*, núm. 12, 1992, pp. 177-210. DOI: https://doi.org/10.14198/DOXA1992.12.06.

Martínez García, L., «Socialización diferenciada por razón de género en Educación Infantil: un estudio etnográfico», en *Revista Complutense de Educación*, vol. 29, núm. 3, 2018, pp. 919-934. DOI: https://doi.org/10.5209/RCED.54263.

Moriana Mateo, G., «Y después de la huelga feminista del 8M, qué», en *Revista de treball, economia i societat*, núm. 88, pp. 1-8.

Puleo, A., «Patriarcado», en Amorós, C. (Dir.), *10 palabras clave sobre mujer* (4 ed.), Verbo Divino, Navarra, 2002, pp. 21-54.

— *Dialéctica de la sexualidad. Género y sexo en la filosofía contemporánea*, Ediciones Cátedra, Valencia, 1992.

Rodríguez Sánchez, A., «Los menores como víctimas de cibercriminalidad. La necesidad de políticas públicas para prevenirlo», en *Cuadernos de Investigación en Juventud*, núm. 7, 2019, pp. 1-10. DOI: 10.22400/cij.7.e041.

Sánchez Galán, M. C., «Las mujeres STEM y la dirección empresarial», en *Revista EXPE*, núm. VII, 2023, pp. 31-38.

Sanjuán, C., *(Des)información sexual: pornografía y adolescencia*, Save the Children, Madrid, 2020.

Simón Rodríguez, M. E., *La igualdad también se aprende: cuestión de coeducación*, Narcea, Madrid, 2010.

SUBIRATS, M. y **BRULLET, C.**, *Rosa y Azul. La transmisión de los géneros en la escuela mixta*, Instituto de la Mujer, Madrid, 1988.

TALAVERA CORDERO, P., «La influencia del proceso de digitalización en la consecución de la igualdad entre hombres y mujeres: estado de la cuestión y acciones de las Administraciones públicas», en DOMÍNGUEZ ÁLVAREZ, J. L. y TERRÓN SANTOS, D. (Dirs.), Desafíos éticos, jurídicos y tecnológicos del avance digital, Iustel, Madrid, 2023, pp. 213-226.

TURIENZO FERNÁNDEZ, A., «Pornografía y daño a menores: principales efectos perjudiciales asociados a la exposición temprana a la pornografía», en *Indret: revista para el análisis del derecho*, núm. 2, 2024, pp. 437-475. DOI: https://doi.org/10.31009/InDret.2024.i2.11.

— «Herramientas de control y educación afectivo-sexual ante la exposición de los menores a pornografía», en *Revista General de Derecho Penal*, núm. 41, 2024, pp. 1-56.

VARELA, N., «El tsunami feminista», en *Nueva sociedad*, núm. 286, 2020, pp. 93-106.

CAPÍTULO III

DESAFÍOS Y RIESGOS DE LOS MENORES EN EL CIBERESPACIO: TECNOLOGÍA, VIOLENCIA DE GÉNERO Y DISCURSO DE ODIO

Sandra Suárez Castro
Universidad Isabel I

I. Introducción

En la última década, la incorporación de la tecnología en la vida diaria ha cambiado drásticamente el escenario en el que se desenvuelven los menores de edad. El acceso ilimitado a la información, sumado a la conexión global mediante el uso de las redes sociales, los dispositivos móviles o las plataformas en línea, ha propiciado un aumento en las oportunidades que facilitan el aprendizaje, la socialización y el desarrollo. No obstante, esta misma facilidad de acceso sugiere una dualidad alarmante donde los beneficios de la tecnología se ven opacados por riesgos significativos. Los jóvenes, debido a características propias de la etapa vital en la que se encuentran, su corta edad, su madurez y su continua exposición al entorno digital, se enfrentan a desafíos que pueden impactar en su desarrollo y bienestar.

El ciberespacio es un lugar complejo en constante cambio, que plantea desafíos únicos en la protección de los jóvenes. Los menores, frecuentemente considerados como nativos digitales, se adentran en el mundo virtual, en ocasiones sin la precaución y supervisión adecuada. Esta situación puede exponerlos a infinidad de riesgos, entre los que se incluyen los discursos de odio y las actitudes misóginas en línea. En concreto, el discurso de odio presente en las redes puede proporcionar una base cultural e ideológica para muchos jóvenes. Además, también puede intensificar las divisiones sociales de género, así como fomentar actitudes y comportamientos discriminatorios entre los usuarios. Estas actitudes en ocasiones traspasan las barreras del mundo online instaurándose en los esquemas sociales del mundo *offline*. Por otro lado, los comentarios misóginos pueden instaurarse en los esquemas sociales y en las actitudes de los menores, pudiendo reproducirse o normalizarse.

Dada la importancia crítica que presentan estas cuestiones para la sociedad y la vida de los jóvenes, se hace necesario su abordaje desde una perspectiva multidisciplinar. Atendiendo a estas cuestiones, en este capítulo identificaremos los diferentes riesgos que la tecnología presenta para los menores, así como las posibles soluciones que esta herramienta puede proporcionar para mitigar estos riesgos.

II. Nuevas formas de violencia de género en el entorno digital

La violencia de género ha encontrado en el mundo tecnológico nuevas formas para poder expandirse y manifestarse. El Fondo de Población de las Naciones Unidas define la violencia de género facilitada por la tecnología (TFGBV en adelante) como todo acto de violencia dirigido hacia una persona por razón de género, que es perpetrado por una o más personas, y cuyo alcance se ve agravado mediante el uso de las TIC o a través de los medios de comunicación[1]. La TFGBV comprende una extensa variedad de abusos, incluida la violencia cibernética contra mujeres y niñas, la cual muestra como las tecnologías pueden ser utilizadas para perpetrar y amplificar comportamientos de acosos y discriminación por razón de género.

Estimaciones recientes nos muestran el alcance de este fenómeno, entre ellas el estudio realizado por el Fondo de Población de las Naciones Unidas. Este estudio europeo afirma que las mujeres presentan 27 veces más posibilidades de ser atacadas en línea que los hombres[2]. Además, el Institute

1 Fondo de Población de las Naciones Unidas (UNFPA), *Hacer que todos los espacios sean seguros: Violencia Basada en Género facilitada por la tecnología*, División Técnica de Género y Derechos Humanos, 2021, p. 20.

2 European Women's Lobby, *Her Net, Her Rights: The State of Online Violence Against Women in Europe,* European Women's Lobby, Bruselas, 2017, p. 2.

of Development Studies afirma que entre el 16 % y el 58 % de las mujeres han sufrido alguna forma de violencia de género que ha sido facilitada por el uso de las tecnologías[3]. Estas cifras nos muestran como los entornos digitales, que deben ser concebidos como espacios seguros, pueden suponer una grave amenaza para las mujeres. En ocasiones, la violencia presente en estos entornos hostiles puede intensificarse, debido al anonimato e impunidad que esta tecnología ofrece.

El estudio realizado por The Economist Intelligence Unit añade que, el 38 % de las mujeres encuestadas declararon haber sufrido experiencias personales de violencia en línea, en un 65 % afirmaron conocer a otras mujeres que habían sido víctimas de este tipo de violencia y un 85 % afirmaron haber sido testigos de violencia en línea hacía otras mujeres[4]. Estas cifras muestran como la violencia de género en línea puede tener repercusiones no solo en las víctimas directas, sino también en las mujeres que presencian estas actitudes.

Centrándonos en el caso concreto de las mujeres jóvenes, una encuesta global realizada en 45 países mostró que el 85 % de las mujeres ha sufrido experiencias de victimización en línea, siendo aquellas más jóvenes las más afectadas en un 76 %[5]. Además, estos resultados coinciden con el estudio realizado por UN WOMEN, en el que afirman que las mujeres jóvenes, las niñas y las personas que presentan una situación de vulnerabilidad, presentan una mayor predisposición a sufrir violencia digital de forma más graves y reiterada[6].

Sufrir este tipo de violencia de género facilitada por las nuevas tecnologías puede tener graves repercusiones en la víctima. Primeramente, en lo que respecta a la salud de las mujeres, según los datos proporcionados por UN WOMEN, el 92 % de las víctimas afirmaron que la violencia repercutió negativamente en su bienestar[7]. En lo que respecta a la participación femenina en la esfera pública, el 80 % afirmó haber limitado su participación online sobre determinados temas ante el temor de las repercusiones que podría sufrir y como esto podría repercutir en sus vidas[8]. Estos datos nos muestran una doble vertiente. Por un lado, revelan la impunidad con la que actúan los

3 Hicks, J., *Global evidence on the prevalence and impact of online gender-based violence*, K4D Helpdesk Report, Institute of Development Studies, 2021, p. 2.

4 The Economist Intelligence Unit, *Measuring the prevalence of online violence against women*, 2021. Disponible en: https://onlineviolencewomen.eiu.com/.

5 The Economist Intelligence Unit, *Measuring the prevalence of online violence against women*, 2021. Disponible en: https://onlineviolencewomen.eiu.com/.

6 Un Women, *Technology-facilitated violence against women: Taking stock of evidence and data collection*, 2023, p. 14

7 The Economist Intelligence Unit, *Measuring the prevalence of online violence against women*, 2021. Disponible en: https://onlineviolencewomen.eiu.com/.

8 ONU Mujeres, *Violencia en línea por razones de género hacia mujeres con voz pública. Impacto en la libertad de expresión*, 2022, p. 9.

perpetradores, lo que fomenta que este tipo de actuaciones proliferen y se normalicen en los espacios virtuales. Por otro lado, nos muestran como las víctimas ante el temor a ser juzgadas, acosadas o descreditadas, limitan su participación, lo que minimiza su influencia y visibilidad en el espacio público *online*. Ante esta situación, es preciso intervenir para mitigar los posibles efectos adversos que puede tener en la población más joven, al fin de crear espacios neutrales libres de violencia.

III. Formas de violencia de género digital y el efecto del contenido de odio en adolescentes

La TFGBV puede manifestarse de diversas formas, pero es necesario distinguir entre aquellas dirigidas específicamente a una persona y aquellas que expresan un odio generalizado a las mujeres como colectivo.

Respecto al primer caso, las agresiones personalizadas pueden manifestarse a través del acoso directo, el envío de imágenes sexuales no solicitadas (*cyberflashing*) o sexting coercitivo, donde a través de amenazas o manipulaciones, los victimarios coaccionan a la víctima para que acceda al envío de contenido de carácter íntimo[9]. Otras prácticas que podríamos incluir dentro de este grupo es el *cyberstalking*, entendido como el seguimiento o acoso realizado hacía una persona mediante el uso de herramientas tecnológicas, y el acoso sexual en línea, en el que el victimario hace uso de plataformas digitales para hostigar sexualmente a la víctima[10]. La humillación, la intimidación o el control sobre la víctima se consideran el eje central de estas formas de violencia, en las que se busca intensificar su vulnerabilidad emocional y psicológica.

Centrándonos en el segundo caso, existe otro tipo de violencia que presenta un carácter más despersonalizado, en el que la violencia no se dirige a una mujer en específico, sino a todas las mujeres en general. En este sentido, debemos destacar la *manosfera*, que consiste en una red de comunidades virtuales que fomentan los discursos misóginos y de rechazo al feminismo, con una intensa exaltación de los estereotipos de masculinidad agresiva[11].

---

9 EUROPEAN INSTITUTE FOR GENDER EQUALITY, *Cyber Violence against Women and Girls: Key Terms and Concepts*, European Institute for Gender Equality, 2022.

10 SOSA-VALCÁRCEL, A., GALARZA, E., y RANEA-TRIVIÑO, B., «Percepciones, experiencias y posicionamientos sobre la violencia de género en las redes sociales: Resultados de una encuesta a la juventud andaluza», en *Comunicación y Sociedad*, núm. e8676, 2024, pp. 1-24.

11 GARCÍA, J., «La manosfera y las subculturas supremacistas masculinas» en RODRÍGUEZ DEL PINO, J. A., MASANET RIPOLL, E. y GONZÁLEZ SANJUÁN, M. E. (Coords.), *Moldear Hombres: Juventud y representación de las masculinidades en la sociedad actual*, Árbol Académico, 2021, pp. 191-200.

En estos entornos se promueve el odio a las mujeres, considerándolas el origen de los problemas de los hombres. Un ejemplo claro de esta violencia es el fenómeno *incel*. En esta subcultura, los hombres jóvenes que la conforman se autodenominan «célibes involuntarios», y culpan a las mujeres de su incapacidad para mantener relaciones románticas o sexuales[12]. Este resentimiento deriva en discursos misóginos, cargados de hostilidad hacia las mujeres, que pueden repercutir negativamente en la percepción que los menores, expuestos a estos discursos, pueden tener sobre las relaciones interpersonales[13].

El odio que promueven los integrantes del fenómeno *incel* y otras subcomunidades de la *manosfera*, tiene un gran impacto en la socialización de los adolescentes. Los jóvenes, al poder acceder fácilmente a estos discursos y al encontrase expuestos a los mismos, pueden desarrollar actitudes hostiles hacia el sexo femenino. En este sentido, los algoritmos presentes en las plataformas online tienen un papel relevante al influir en la creación de cámaras de eco y filtros burbuja. Entendemos por cámaras de eco a aquellos entornos digitales donde los usuarios únicamente interactúan con personas que comparten sus mismas ideas o creencias, lo que las fomenta y evita el razonamiento crítico[14].

Por su parte, los filtros burbuja son el resultado de los algoritmos de personalización de las plataformas, que filtran el contenido que se les presenta a los usuarios, adaptándolo a sus preferencias y asilándolos de otras perspectivas[15]. Según Hawdon y Costello, esta dinámica no solo refuerza las creencias extremas, sino que fomenta la radicalización al evitar la exposición a ideas alternativas[16]. En estos espacios, la misoginia y la violencia hacia las mujeres se presentan como comportamientos aceptables, exacerbando así la violencia de género en línea y excluyendo cualquier discurso contrario a estos preceptos.

Este fenómeno puede verse reflejado en el Barómetro Juventud y Género 2023, donde se evidencia un aumento de posturas reaccionarias respecto a

12 Aiolfi, I., Palena, N., Ó Ciardha, C., *et al.*, «The incel phenomenon: A systematic scoping review», en *Current Psychology*, vol. 43, 2024, pp. 26264-26278. Disponible en: https://doi.org/10.1007/s12144-024-06236-6.

13 Suárez, S., «Violencia y desigualdades de género presentes en la adolescencia en entornos digitales», en Rodríguez, V., Martín, M. y Paya, C., *Virtualmente invisibles: Género, violencia y desigualdades en entornos virtuales*, Aranzadi, Cizur Menor, 2024, pp. 149-161.

14 Sunstein, C. R., *Going to Extremes: How Like Minds Unite and Divide*, Oxford University Press, Oxford, 2009.

15 Pariser, E., *The Filter Bubble: What the Internet is Hiding from You*, Penguin Press, Nueva York, 2011.

16 Hawdon, J., y Costello, M., *Learning to Hate: Explaining Participation in Online Extremism*, en *Radicalization and Counter-Radicalization*, Emerald Publishing Limited, Bradford, 2020.

la igualdad de género en la juventud española. Aunque este comportamiento ya se detectó en los varones jóvenes desde el 2019, recientemente ha empezado a manifestarse entre las jóvenes desde 2021. Además, el informe alerta sobre el aumento del doble del porcentaje de jóvenes que niegan la existencia de la violencia de género respecto a las cifras de 2017, mientras que cada vez menos perciben este tipo de violencia como un problema social grave[17]. Estos resultados muestran como de forma paulatina, los menores están integrando y normalizando estas conductas, disminuyendo así su percepción negativa sobre las mismas y sobre las graves consecuencias que estas pueden tener para las víctimas y los victimarios.

1. Efectos del visionado de actitudes misóginas *online*

La exposición y visualización de contenidos misóginos a través de las tecnologías puede tener un gran impacto en los menores, afectando a su desarrollo psicológico, social y emocional. Una de las graves consecuencias de esta situación es la integración e interiorización de estereotipos de género por parte de los menores, que pueden derivar en el desarrollo creencias negativas y distorsionadas sobre las mujeres, percibiéndolas como inferiores[18]. Además, la exposición constante de estos contenidos puede contribuir a la normalización de la violencia, presentándose las agresiones o el acoso hacia las mujeres como comportamientos aceptables o habituales[19].

Otro aspecto clave es el impacto en la participación de las mujeres en el mundo *online*. Las narrativas hipermasculinizadas pueden desincentivar la implicación y participación de las mujeres en el discurso de género dentro de la comunidad[20]. Autoras como Salter y Blodgett sostienen que, en contextos como juegos *online*, las mujeres que abordaron el discurso de género fueron menospreciadas, agredidas verbalmente y acosadas[21]. Este tipo de

17 Sanmartín, A., Gómez, A., Kuric, S. y Rodríguez, E., *Barómetro Juventud y Género 2023*, Centro Reina Sofía de Fad Juventud, Madrid, 2023. DOI: 10.5281/zenodo.10144131.

18 Lewis, R., *Incels and the Manosphere: Tracking Men's Movements Online*, Center for Countering Digital Hate, Londres, 2022, pp. 35-55.

19 García, J. A., Castaño, A., Herra, M., Villalobos, N., y Fallas Vargas, M. A., *Normalización de la violencia en redes sociales: un estudio de casos con adolescentes costarricenses*, Universidad Veracruzana, Instituto de Investigaciones en Educación, Xalapa, Veracruz, México, 2024; Bundtzen, S., *Misogynistic Pathways to Radicalisation: Recommended Measures for Platforms to Assess and Mitigate Online Gender-Based Violence*, Institute for Strategic Dialogue, Londres, Reino Unido, 2023, p. 14.

20 Council of Europe, *Seminar Combating Sexist Hate Speech*, Council of Europe, 2016. Disponible en: https://rm.coe.int/16806cac1f.

21 Salter, A., y Blodgett, B., «Hypermasculinity & Dickwolves: The contentious role of women in the new gaming public», en *Journal of Broadcasting & Electronic Media*, vol. 56, núm. 3, 2012, pp. 401-416. DOI: https://doi.org/10.1080/08838151.2012.705199.

reacción puede disminuir el empoderamiento, la participación y la confianza de las niñas a la hora de expresar sus opiniones públicamente. Además, también puede afectar negativamente a su autoestima, al tener que enfrentarse a estereotipos dañinos en los que puedan sentir que sus opiniones carecen de validez[22].

En lo que respecta al comportamiento de los menores, los varones pueden manifestar un incremento en la agresividad y hostilidad hacia sus compañeras, al imitar los comportamientos que han observado en los contenidos misóginos (aprendizaje social)[23]. Al mismo tiempo, se produce una desensibilización gradual hacia la violencia presente en los medios de comunicación[24], cuestión que también puede extrapolarse a la observación de contenidos misógino[25]. Esto, sumado a la impunidad percibida en las redes sociales, puede favorecer la participación de los menores en estos discursos de odio[26].

Los menores también pueden experimentar dificultades significativas en sus relaciones interpersonales como consecuencia de la exposición a este contenido. La internalización de creencias y conductas misóginas a edades tempranas puede tener una repercusión negativa en las relaciones de pareja futuras. Esto ocurre debido a que la violencia de género es un fenómeno colectivo, alimentado por ideas sociales compartidas, como son las relaciones de poder y los estereotipos de género, que se asimilan y forman parte del comportamiento individual[27]. Existe una fuerte correlación, tanto en hombres como en mujeres, entre las actitudes favorables a la violencia de género y la exposición previa a violencia de pareja y violencia sexual, influyendo tanto en

22 Miller, C. y Demirbilek, M., «El papel de las redes sociales en la lucha contra la violencia de género», en *Ciberfeminismo y violencia de género en las redes sociales*, Universidad TC Süleyman Demirel, 2023. DOI: 10.4018/978-1-6684-8893-5.ch006.

23 Wachs, S., Wettstein, A., Bilz, L., Krause, N., Ballaschk, C., Kansok-Dusche, J. y Wright, M.F., «¿Jugar según las reglas? Una investigación de la relación entre las normas sociales y la perpetración de discursos de odio por parte de los adolescentes en las escuelas», en *Journal of Interpersonal Violence*, vol. 37, núm. 21-22, pp. 21143-21164, 2022. DOI: https://doi.org/10.1177/08862605211056032a.

24 Krahé, B., Möller, I., Huesmann, L. R., Kirwil, L., Felber, J., y Berger, A., «Desensitization to media violence: links with habitual media violence exposure, aggressive cognitions, and aggressive behavior», en *Journal of Personality and Social Psychology*, vol. 100, núm. 4, 2011, pp. 630-646. DOI: 10.1037/a0021711.

25 Arranz, F., *Estereotipos, roles y relaciones de género en series de televisión de producción nacional: un análisis sociológico*, Instituto de la Mujer y para la Igualdad de Oportunidades, Madrid, 2020, p.18

26 Sigma Dos, *Discursos de odio sexistas en redes sociales y entornos digitales*, Centro Reina Sofía sobre Adolescencia y Juventud, FAD, Madrid, 2021. DOI: 10.5281/zenodo.4580436.

27 López, M. I., «La construcción de la masculinidad y su relación con la violencia de género», en *Comunitania: International Journal of Social Work and Social Sciences*, núm. 5, enero de 2013. DOI: http://dx.doi.org/10.5944/comunitania.5.4.

la victimización como en la perpetración de estas conductas[28]. Los hombres y niños que sostienen creencias tradicionales sobre los roles de género creen en la superioridad masculina o presentan actitudes hostiles de índole sexual, así como tendencias a culpar a las víctimas, son más propensos a cometer actos de violencia contra sus parejas íntimas en comparación con aquellos que no comparten estas creencias.[29]

Finalmente, se observa una tendencia alarmante entre la juventud española, donde cada vez un número menor de jóvenes están dispuestos a confrontar la violencia de género, llegando a justificarla o negarla en los casos más graves[30]. Además, en los últimos años, ha aumentado considerablemente el número de jóvenes que adoptan actitudes derrotistas, que minimizan o trivializan la violencia de género[31]. Esta visión distorsionada de la realidad puede llevar a la revictimización de las mujeres, culpándolas en lugar de responsabilizar al agresor, perpetuando así una narrativa que agrava la desigualdad y la violencia.

IV. Nuevas herramientas tecnológicas para la prevención de la violencia de género y la protección de menores

En un mundo cada vez más digitalizado, surge la necesidad no solo de identificar aquellos aspectos negativos derivados de mal uso de la tecnología, sino también identificar las herramientas que nos puede ofrecer para identificar y prevenir estos comportamientos nocivos. Por este motivo, a continuación, se esbozan algunas propuestas que podrían orientar futuras investigaciones en este ámbito, aunque será necesario que especialistas evalúen la viabilidad de su implementación y su eficacia práctica.

1. Gemelos digitales para la seguridad en línea

Una de las tecnologías emergentes e innovadoras que pueden fomentar la seguridad en línea de menores son los gemelos digitales. Estas réplicas

28 World Health Organization/London School of Hygiene and Tropical Medicine, *Preventing intimate partner and sexual violence against women: taking action and generating evidence*, Ginebra, World Health Organization, 2010.

29 Mathenson, M., *Get it Right for Girls*, The Educational Institute of Scotland, Edimburgo, 2016, p. 8.

30 Sanmartín, A., Gómez, A., Kuric, S., y Rodríguez, E., *Barómetro Juventud y Género 2023*, Centro Reina Sofía de Fad Juventud, Madrid, 2023. DOI: 10.5281/zenodo.10144131.

31 Sanmartín, A., Gómez, A., Kuric, S., y Rodríguez, E., *Barómetro Juventud y Género 2023*, Centro Reina Sofía de Fad Juventud, Madrid, 2023. DOI: 10.5281/zenodo.10144131.

virtuales de sistemas o procesos físicos[32], a pesar de ser utilizadas en otros sectores, podrían adaptarse para simular los entornos digitales donde los menores normalmente interactúan, como las redes sociales, los videojuegos o las plataformas educativas. Al poder simular entornos, comportamientos y escenarios de riesgos, podrían utilizarse para evaluar y perfeccionar técnicas de intervención que no pongan en riesgo a los usuarios reales.

Esta tecnología está siendo empleada en contextos similares. Investigaciones como la de NAVARRO *et al.* proponen el uso de gemelos digitales cognitivo-afectivos para evaluar los sentimientos y reacciones ante diversos estímulos que se presentan en las redes sociales[33]. El objetivo es poder predecir comportamientos y entender la manera en los usuarios responden emocionalmente en las plataformas digitales, mejorando la moderación y seguridad de estos contextos. En este sentido, podría hacerse uso de esta tecnología para enseñar a los menores a gestionar estas interacciones de forma segura y responsable, simulando los riesgos sin que deriven en consecuencias reales.

2. Realidad virtual para la educación en seguridad digital

La realidad virtual (RV) es una herramienta innovadora, que posee innumerables ventajas en la educación y seguridad. Investigaciones como la llevada a cabo por Guo Freeman, afirman la conexión existente entre los avatares y el usuario en juegos de RV que en juegos tradicionales[34]. Esta conexión fomenta el realismo de las experiencias virtuales, aumentando la verosimilitud de las experiencias. Esto puede tener implicaciones positivas en el mundo offline, proporcionando a los usuarios una comprensión mayor de las situaciones discriminatorias, incentivando la empatía y fomentando el pensamiento crítico en un entorno seguro[35].

Un ejemplo de esta tecnología es el *Virtual Inclusion: Tackling Hate and Extremism in the UK Using Virtual Reality Technology*, que utiliza realidad vir-

32 MASHALY, M., «Connecting the Twins: A Review on Digital Twin Technology & its Networking Requirements», en *Procedia Computer Science*, vol. 184, 2021, pp. 299-305. DOI: https://doi.org/10.1016/j.procs.2021.03.039.

33 NAVARRO, A., BERLANGA, R., y MUSEROS, L., «Learning Cognitive-Affective Digital Twins from Social Networks», en VILLARET, M. et al. (Ed.), *Artificial Intelligence Research and Development*, IOS Press, 2021, pp. 132-135.

34 FREEMAN, G., y MALONEY, D., «Body, Avatar, and Me: The Presentation and Perception of Self in Social Virtual Reality», en *Proceedings of the ACM on Human-Computer Interaction*, vol. 4, CSCW3, artículo 239, Asociación para la Maquinaria Computacional, diciembre de 2020.

35 KRASODOMSKI-JONES, A., BLOOM, P., y MOHAMUD, K., *Virtual Inclusion, Demos y The Open University*, 2019, p. 67.

tual (RV) y videos 360° para educar sobre la discriminación[36]. Con el apoyo de *Google* y el *Institute of Strategic* Dialogue, la iniciativa ha involucrado a más de 120 estudiantes, exponiéndolos a escenarios de acoso escolar y estereotipos culturales a través de experiencias inmersivas. Estos entornos permiten a los participantes enfrentarse a desafíos presentes en la vida real en un entorno controlado. Con esta herramienta, podrían crearse escenarios virtuales en los que los menores puedan enfrentarse a situaciones de hostigamiento y violencia de género, como las que pueden presenciar online, y aprender a reconocer y manejar estas situaciones en un espacio seguro.

3. Plataformas de apoyo emocional en línea

Otra línea de investigación interesante es el desarrollo de plataformas de creadas a través de inteligencia artificial (IA). Estas plataformas podrían proporcionar asistencia inmediata a los menores que están expuestos a este contenido o son víctimas de violencia de género online, para que puedan contar con las herramientas necesarias para actuar ante este tipo de situaciones. Un ejemplo de chatbot creado por IA es Sara, asistente virtual desarrollado por el Proyecto Regional Infosegura, que brinda una respuesta inmediata ante las inquietudes de los usuarios, proporcionando una respuesta confidencial y segura[37]. Estos chatbots pueden proporcionar información y apoyo inmediato a las víctimas en momentos de crisis.

En el contexto de la violencia de género online en menores de edad, el desarrollo de un chatbot que pueda proporcionar información y orientar a los jóvenes ante una situación de violencia de género puede ser una herramienta eficaz. Además, podría proporcionarles pautas para identificar de forma correcta cuando se encuentran ante una situación de violencia de género a través de recursos accesibles.

4. Inteligencia artificial para la detección de comportamientos de riesgo

La IA es una herramienta poderosa para poder moderar e identificar comportamientos que puedan suponer un riesgo de riesgo en línea para los menores. Un ejemplo relevante es eMonitor+, una herramienta desarrollada por el PNUD e implementada en Perú, que utiliza algoritmos de IA para identificar de forma automática discursos de odio y violencia de género en las

36 «Virtual Inclusion: Tackling Hate and Extremism through the Use of Virtual Reality Technology», en *The Open University Business School*, disponible en: https://business-school.open.ac.uk.

37 «Chatbot Sara», en *Chatbot Sara*, disponible en: https://chatbotsara.com

conversaciones digitales[38]. Esta tecnología permite intervenciones tempranas y eficaces para proteger a los menores en el entorno digital.

Del mismo modo, plataformas como Roblox también han integrado algoritmos de IA para monitorear el comportamiento de sus usuarios. Roblox emplea inteligencia artificial multimodal para analizar conversaciones, actividades y contenidos generados por los usuarios, detectando patrones que puedan suponer una situación de riesgo para los menores[39]. La aplicación de estas herramientas en los entornos virtuales más utilizados por los menores puede ayudar a detectar y prevenir comportamientos de riesgo, discursos de odio y posibles situaciones de violencia de género, otorgando una protección efectiva.

V. Conclusiones

La violencia de género presente en numerosos ámbitos de nuestra sociedad ha conseguido adaptarse y trasladarse al mundo online. Esta cuestión presenta numerosos desafíos para los menores, quienes por su corta edad y madurez son especialmente vulnerables. Además, los menores tienen acceso a dispositivos electrónicos a edades cada vez más tempranas, creciendo el uso de internet progresivamente entre los 10 y los 15 años, y aumentando su uso con la edad[40]. Derivado de esto, los menores se enfrentan a riesgos significativos en el entorno digital, donde la violencia de género se manifiesta de diversas formas, desde el acoso directo hasta los discursos de odio.

La facilidad con la que los menores pueden acceder al contenido digital, sumado a la ausencia de supervisión adecuada en muchos casos, contribuyen a que puedan estar expuestos a contenido misógino, que exalte el odio y la discriminación por razón de género. Como consecuencia de esta situación, los menores pueden interiorizar los estereotipos de género presentes en estos medios, lo cual puede alterar su desarrollo emocional y social, así como tener un impacto negativo en sus relaciones futuras. Por otro lado, la exposición a este contenido de odio puede generar un gran impacto en el bienestar de las mujeres, excediendo los límites virtuales del mundo online e impactando en el bienestar psicoemocional de las víctimas en el mundo offline[41]. Los ataques que pueden sufrir las mujeres y las niñas a través de

---

38 *Polarizados:* ¿Cómo *se percibe la crisis institucional en las redes sociales?*, eMonitor+ y PNUD, marzo de 2024, disponible en: https://api.transparencia.org.pe

39 Kaufman, M., «Driving Civility and Safety for All Users», en *Roblox Newsroom*, 2024.

40 Observatorio Nacional de Tecnología y Sociedad, *El uso de las tecnologías por los menores en España. Edición 2024 - Datos 2023*, Secretaría de Estado de Digitalización e Inteligencia Artificial, Ministerio para la Transformación Digital y de la Función Pública. DOI: doi.org/10.30923/23024007X.

41 Velasco, J., «Activismo en las redes sociales, de la misoginia a las buenas prácticas», en

estas tecnologías pueden ser un obstáculo para la su participación en la vida pública. Ante el temor a las represarías, pueden reducir su visibilidad e influencia en el mundo digital y en la esfera pública general. Esta autocensura no solo las silencia, sino que también contribuye a la perpetuación de desigualdades de género.

La violencia en línea, que se ve facilitada por el anonimato y la impunidad, no solo afecta a las víctimas directas, sino que también convierte a los menores varones en víctimas indirectas. En este sentido, la accesibilidad a este tipo de contenido, y falta de regulación de este, puede influir de manera negativa en su desarrollo. Los menores pueden imitar estas conductas agresivas e interiorizar masculinidades hegemónicas idealizadas basadas en la desigualdad de poder. A largo plazo, estos esquemas pueden influir negativamente en sus relaciones sentimentales, llevando a la interiorización de conductas tóxicas y provocando conflictos internos. Además, pueden generar dificultades en sus relaciones afectivas, afectando su capacidad para establecer vínculos saludables.

Ante esta situación, surge la necesidad de abordar nuevas herramientas educativas que fomenten el pensamiento crítico de los menores y les proporcionen pautas para actuar ante estas situaciones. A través de una educación integral y del uso de tecnologías emergentes, los jóvenes podrán adquirir las habilidades necesarias para poder identificar, cuestionar y actuar más fácilmente ante estos comportamientos nocivos.

VI. Bibliografía

Aiolfi, I., **Palena, N.**, **Ó Ciardha, C.**, «The incel phenomenon: A systematic scoping review», en *Current Psychology*, vol. 43, 2024, pp. 26264-26278.

Arranz, F., *Estereotipos, roles y relaciones de género en series de televisión de producción nacional: un análisis sociológico*, Instituto de la Mujer y para la Igualdad de Oportunidades, Madrid, 2020.

Bundtzen, S., *Misogynistic Pathways to Radicalisation: Recommended Measures for Platforms to Assess and Mitigate Online Gender-Based Violence*, Institute for Strategic Dialogue, Londres, 2023.

Council of Europe, *Seminar Combating Sexist Hate Speech,* Council of Europe, 2016.

Prados, C. y Rubio, R. (Eds.), *Igualdad de género en entornos digitales. Desafíos educativos*, Dykinson, 2024, pp. 123-138.

European Institute for Gender Equality, *Cyber Violence against Women and Girls: Key Terms and Concepts*, European Institute for Gender Equality, 2022.

European Women's Lobby, *Her Net, Her Rights: The State of Online Violence Against Women in Europe*, European Women's Lobby, Bruselas, 2017.

Fondo de Población de das Naciones Unidas (UNFPA), *Hacer que todos los espacios sean seguros: Violencia Basada en Género facilitada por la tecnología*, División Técnica de Género y Derechos Humanos, 2021.

Freeman, G., y **Maloney, D.**, «Body, Avatar, and Me: The Presentation and Perception of Self in Social Virtual Reality», en *Proceedings of the ACM on Human-Computer Interaction*, vol. 4, 2020.

García, J., «La manosfera y las subculturas supremacistas masculinas», en Rodríguez del Pino, J. A., Masanet Ripoll, E. y González San-juán, M. E. (Coords.), *Moldear Hombres: Juventud y representación de las masculinidades en la sociedad actual*, Árbol Académico, 2021, pp. 191-200.

García, J. A., **Castaño, A.**, **Herra, M.**, **Villalobos, N.**, y **Fallas Vargas, M. A.**, *Normalización de la violencia en redes sociales: un estudio de casos con adolescentes costarricenses*, Universidad Veracruzana, Instituto de Investigaciones en Educación, 2024.

Hawdon, J., y **Costello, M.**, «Learning to Hate: Explaining Participation in Online Extremism», en *Radicalization and Counter-Radicalization,* Emerald Publishing Limited, 2020, pp. 120-130.

Hicks, J., *Global evidence on the prevalence and impact of online gender-based violence,* K4D Helpdesk Report, Institute of Development Studies, 2021.

Kaufman, M., «Driving Civility and Safety for All Users», en *Roblox Newsroom*, 2024.

Krasodomski-Jones, A., **Bloom, P.**, y **Mohamud, K.**, *Virtual Inclusion*, Demos y The Open University, 2019.

Krahé, B., **Möller, I.**, **Huesmann, L. R.**, **Kirwil, L.**, **Felber, J.**, y **Berger, A.**, «Desensitization to media violence: links with habitual media violence exposure, aggressive cognitions, and aggressive behavior», en *Journal of Personality and Social Psychology*, vol. 100, núm. 4, 2011, pp. 630-646.

Lewis, R., *Incels and the Manosphere: Tracking Men's Movements Online*, Center for Countering Digital Hate, 2022.

López, M. I., «La construcción de la masculinidad y su relación con la violencia de género», en *Comunitania: International Journal of Social Work and Social Sciences*, núm. 5, 2013.

Mashaly, M., «Connecting the Twins: A Review on Digital Twin Technology & its Networking Requirements», en *Procedia Computer Science*, vol. 184, 2021, pp. 299-305.

Matheson, M., *Get it Right for Girls*, The Educational Institute of Scotland, Edimburgo, 2016.

Miller, C., y **Demirbilek, M.**, «El papel de las redes sociales en la lucha contra la violencia de género», en *Ciberfeminismo y violencia de género en las redes sociales*, Universidad TC Süleyman Demirel, 2023.

Navarro, A., **Berlanga, R.**, y **Museros, L.**, «Learning Cognitive-Affective Digital Twins from Social Networks», en Villaret, M. *et al.* (Eds.), *Artificial Intelligence Research and Development*, IOS Press, 2021, pp. 132-135.

Observatorio Nacional de Tecnología y Sociedad, *El uso de las tecnologías por los menores en España. Edición 2024 - Datos 2023*, Red.es, Secretaría de Estado de Digitalización e Inteligencia Artificial, Ministerio para la Transformación Digital y de la Función Pública, 2023.

ONU Mujeres, *Violencia en línea por razones de género hacia mujeres con voz pública. Impacto en la libertad de expresión*, 2022.

Pariser, E., *The Filter Bubble: What the Internet is Hiding from You*, Penguin Press, Nueva York, 2011.

Plan International, *The Truth Gap (Des)informadas online: Cómo la desinformación y la información errónea online afectan a la vida, el aprendizaje y el liderazgo de las niñas, adolescentes y mujeres jóvenes*, 2021.

Sanmartín, A., **Gómez, A.**, **Kuric, S.**, y **Rodríguez, E.**, *Barómetro Juventud y Género 2023*, Centro Reina Sofía de Fad Juventud, Madrid, 2023.

Salter, A., y **Blodgett, B.**, «Hypermasculinity & Dickwolves: The contentious role of women in the new gaming public», en *Journal of Broadcasting & Electronic Media,* vol. 56, núm. 3, 2012, pp. 401-416.

Sigma Dos, *Discursos de odio sexistas en redes sociales y entornos digitales*, Centro Reina Sofía sobre Adolescencia y Juventud, FAD, Madrid, 2021.

Sosa-Valcárcel, A., **Galarza, E.**, y **Ranea-Triviño, B.**, «Percepciones, experiencias y posicionamientos sobre la violencia de género en las redes sociales: Resultados de una encuesta a la juventud andaluza», en *Comunicación y Sociedad*, núm. e8676, 2024, pp. 1-24.

Suárez, S., «Violencia y desigualdades de género presentes en la adolescencia en entornos digitales», en Rodríguez, V., Martín, M. y Paya, C. (Coords.), *Virtualmente invisibles: Género, violencia y desigualdades en entornos virtuales*, Aranzadi, Madrid, 2024, pp. 149-161.

Sunstein, C. R., *Going to Extremes: How Like Minds Unite and Divide*, Oxford University Press, 2009.

The Economist Intelligence Unit, *Measuring the prevalence of online violence against women*, apoyado por Jigsaw, 2021.

UN Women, *Technology-facilitated violence against women: Taking stock of evidence and data collection*, 2023

Velasco, J., «Activismo en las redes sociales, de la misoginia a las buenas prácticas», en Prados, C. y Rubio, R. (Eds.), *Igualdad de género en entornos digitales. Desafíos educativos*, Dykinson, 2024, pp. 123-138.

Wachs, S., Wettstein, A., Bilz, L., Krause, N., Ballaschk, C., Kansok-Dusche, J., y **Wright, M. F.**, «¿Jugar según las reglas? Una investigación de la relación entre las normas sociales y la perpetración de discursos de odio por parte de los adolescentes en las escuelas», en *Journal of Interpersonal Violence,* vol. 37, núm. 21-22, 2022.

CAPÍTULO IV

ANÁLISIS DE LOS CIBERDELITOS: DIFERENCIAS EN LOS PERFILES DE AGRESOR Y DE VÍCTIMA EN EL CASO DE SUJETOS MENORES DE EDAD[1]

Alicia Rodríguez Sánchez
Universidad de Salamanca

SUMARIO: I. INTRODUCCIÓN. II.LOS DELITOS COMETIDOS A TRAVÉS DE LAS TECNOLOGÍAS DE LA INFORMACIÓN Y LA COMUNICACIÓN. III. EVOLUCIÓN ESTADÍSTICA DE LOS CASOS CON ESPECIAL ATENCIÓN A LA VÍCTIMA-AGRESOR MENOR DE EDAD. *1. Cuestiones generales. 2. El perfil agre-*

---

1 Este capítulo ha sido desarrollado durante los últimos meses del año 2024 sin que esté disponible el Informe sobre la Cibercriminalidad en España, motivo suficiente por el que la investigación solo contempla hasta el año 2023. No obstante, el Balance de Criminalidad correspondiente al tercer trimestre de 2024 ya aporta algunos datos que en consonancia con los que se desarrollan y presentan en este estudio corroboran la continuidad de la tendencia al alza. Tal es así que este Balance publica que: el número total de infracciones penales registradas en el período de enero a septiembre de 2024 suma un total de 1.854.283 hechos, de los que 1.506.876 (81,3 % del total) se corresponden con la categoría de criminalidad convencional (consideradas aquí todas las formas de criminalidad no cometidas en el espacio ciber y que presenta una variación del 0,9 % sobre 2023), en tanto que la cibercriminalidad (347.407 infracciones penales, el 18,7 % del total), presenta un incremento del 2,5 % sobre 2023. En relación con la cibercriminalidad como infracciones penales cometidas en/por medio ciber, las estafas informáticas siguen representa la magnitud de los casos. estafas informáticas (309.090 infracciones penales que representan el 89,0 % de toda la cibercriminalidad y el 16,7 % de toda la delincuencia registrada de enero a septiembre) presenta un incremento del 0,9 % sobre el mismo período de 2023.
Para comprender mejor todavía la evolución de la cibercriminalidad, y su impacto sobre el conjunto de la criminalidad, tras un proceso de consolidación de datos de 2023, las estafas informáticas representaron la cantidad anual de 427.448 delitos en el período anual de 2023 y 70.178 hechos registrados en el mismo período de 2016, ambos años con datos del conjunto de todas las Fuerzas y Cuerpos de Seguridad. Eso implica que, en apenas ocho años, las estafas informáticas conocidas en el año 2023 crecieron un 509,1 % sobre las registradas en 2016.

sor menor de edad cibercriminal (2011-2023). 3. El perfil víctima menor de edad en los casos de cibercriminalidad (2011-2023). 4. Comparación por sexos víctima-agresor (2011-2023). IV. UNA CLARA BRECHA DE GÉNERO Y LA NECESARIA MEJORA DE LAS COMPETENCIAS DIGITALES. V. EVOLUCIÓN DEL DERECHO PENAL EN TORNO A LA PERSPECTIVA DE GÉNERO. VI. CONCLUSIONES. VII. BIBLIOGRAFÍA.

I. Introducción

Las absolutamente conocidas e implementadas Tecnologías de la Información y la Comunicación son un medio perfecto para la comisión delictiva, lo que supone una amenaza no solo a nivel individual sino igualmente, a las estructuras nacionales e internacionales obligando a los Estados a permanecer alerta.

Así mismo, es cierto que, con menos énfasis, también actúan como fuente de prevención delictual si se lleva a cabo un uso adecuado de estas tecnologías.

Con el paso de los años y el avance de Internet, las TIC's se han situado en una posición que no ha pasado desapercibida para el legislador y que sobre la que ha tenido que tomar decisiones realizando modificaciones en la legislación, ampliando los antiguos delitos informáticos y generando nuevos conceptos como cibercriminalidad. Todo ello ha ido abriendo un campo de trabajo e investigación mayor a lo que conocíamos anteriormente. No obstante, el continuo avance y las nuevas terminologías obligan a mantenerse a la vanguardia a los diferentes agentes. La irrupción de la Inteligencia Artificial y la ya Inteligencia Artificial Generativa han generado nuevas necesidades para las que el conocimiento y la investigación no siempre están preparados. El abordaje de estos fenómenos complejos, en continuo desarrollo y que además provocan estoicas consecuencias requieren de un enfoque multidisciplinar que aborde las posibles respuestas con la premura que se merece para las que las consecuencias que se generen sean las mínimas.

La aproximación al conocimiento y a la realidad es uno de los abordajes que pretenden con base a la comprensión de la casuística establecer líneas protectoras.

Con las nuevas terminologías, existe la necesidad de una investigación más profunda de la realidad en la que intervengan variables como el carácter trasnacional o la multitud de perfiles de agresor y víctima en los que se desarrollan los delitos.

Pese a novísimas y continuas investigaciones en el ámbito «ciber», es significativo un elemento que puede ser clave, la ausencia de perspectiva de género en las mismas. En estas páginas no solamente vamos a poner el énfasis en el análisis de la perspectiva de género en las circunstancias de cibercriminalidad, sino que esta variable se analizará junto con la edad de los agresores y de las víctimas con la especial relevancia de los menores de edad.

Los sujetos menores de diez y ocho años son víctimas de los delitos del espacio ciber, pero también son agresores tal y como hacen referencia los informes de Cibercriminalidad de España que publica anualmente el Ministerio del Interior.

Estos datos que van en aumento deberían de producir en la misma medida un aumento de la preocupación social e institucional. De esta novedad, surge la necesidad de analizar los datos que recogen organismos nacionales oficiales para poder perfilar cuales son las acciones que se deben realizar para frenar el crecimiento de estos perfiles, así como para el caso de los delitos cometidos mediante el uso o aplicación de las TIC's. Los datos son abrumados y van en continuo aumento lo que provoca inevitablemente una respuesta social a la altura de las necesidades que se derivan ya que esto genera grandes consecuencias para España.

II. Los delitos cometidos a través de las tecnologías de la información y la comunicación

En 2021 se aprobó el Plan Estratégico contra la Cibercriminalidad del Ministerio del Interior para detectar, prevenir y perseguir la ciberdelincuencia y generar un nuevo impulso operativo y técnico eficaz que garantice la protección de los derechos y libertades y la seguridad ciudadana[2]. En el citado plan se diseña una estrategia global para alcanzar un marco legal e institucional que dé solución a los desafíos que surjan relacionados con la ciberseguridad y la cibercriminalidad, entre otros objetivos[3], que para su consecución de plantean líneas de acción bajo ejes estratégicos. Para dar cumplimiento, entre otros aspectos, la publicidad de datos, la evaluación de herramientas y capacidades y la modificación normativa colaboran ineludiblemente al conocimiento y a ahondar en temáticas para dimensionar y comprender adecuadamente el fenómeno de la ciberdelincuencia.

---

2 El plan estratégico diseñado por la Secretaría de Estado de Seguridad pone el foco en la prevención; en la cooperación entre las diferentes Fuerzas y Cuerpos de Seguridad del Estado (FCSE) y los operadores jurídicos; en la dotación de capacidades suficientes y adecuadas para articular respuestas adaptadas a las diferentes modalidades delictivas; en la colaboración con la industria y los operadores relevantes en materia de ciberseguridad en el sector público y privado; y en el respeto escrupuloso a la libertad, a la privacidad y demás derechos fundamentales.

3 Objetivos específicos: Promover la cultura de prevención de la cibercriminalidad entre la ciudadanía y la empresa; Impulsar la formación y la especialización de los miembros de las FCSE en materia de ciberseguridad y cibercriminalidad; Incrementar y mejorar el uso y disposición de las herramientas tecnológicas e implementar el ámbito de la I+D+i; Gestionar adecuadamente la información disponible en el ciberespacio; impulsar la coordinación a nivel nacional e internacional y favorecer la colaboración entre el sector público y privado.

En España, con relación a la cibercriminalidad es necesario resaltar el previsible aumento de la ciberdelincuencia. En palabras de las propias instituciones europeas, «los ciberataques y la ciberdelincuencia están aumentando en toda Europa, y cada vez son más sofisticados. Esta tendencia seguirá agravándose en el futuro, ya que se espera que 22.300 millones de dispositivos en todo el mundo estén conectados a la internet de las cosas antes de que finalice 2024»[4]. La Unión Europea y sus instituciones están comprometidas para promover mayor resiliencia contra la cibercriminalidad[5]. No obstante, el abrumador crecimiento de casos no solo investigados, sino condenados y el aumento de dispositivos tecnológicos en todos los espacios mundiales genera complejas creencias en relaciona a que las medidas estén siendo fructíferas. Es conveniente señalar que los intentos preventivos nunca se han abandonado. La Directiva 2022/2555 de 14 de diciembre estable obligaciones concretas de ciberseguridad para los Estados miembros, medidas en la gestión de riesgos y obligaciones en supervisión e intercambio de información[6].

En esta misma línea, para España las amenazas a la ciberseguridad suponen una preferencia para la creación de políticas públicas en dos versiones. Por un lado, el uso del ciberespacio para realizar actividades ilícitas, como el cibercrimen, el ciber-espionaje, la financiación del terrorismo o el fomento de la radicalización y por otro lado, acciones disruptivas que actúan contra sistemas y elementos tecnológicos. Se pretende, al menos, intentar garantizar una mínima protección de los derechos de las personas y su seguridad[7].

Cuando hablamos de cibercriminalidad, nos referimos al conjunto de actividades ilícitas cometidas en el ciberespacio que tienen por objeto los elementos, sistemas informáticos o cualesquiera otros bienes jurídicos, siempre que en su planificación, desarrollo y ejecución resulte determinante la utili-

---

4 Consejo Europeo, Ciberseguridad: cómo combate la UE las amenazas cibernéticas. Consular en: https://www.consilium.europa.eu/es/policies/cybersecurity/

5 Sirva de ejemplo la Identidad Digital Europea: permitirá a todos los europeos acceder a los servicios en línea sin tener que utilizar métodos de identificación privada ni compartir datos personales sin necesidad. Brújula Digital para la Década Digital de la UE: que persigue los siguientes objetivos para 2030. Ciudadanía digital: derechos y principios para los europeos.

6 La UE está en la búsqueda de crear un espacio digital más seguro en el que se protejan los derechos fundamentales de todos los usuarios de servicios digitales y establecer condiciones equitativas para fomentar la innovación, el crecimiento y la competitividad, tanto en el Mercado Único Europeo como a nivel mundial.

7 La Estrategia de Seguridad Nacional del año 2021: «En términos de ciberseguridad, se requiere garantizar el uso seguro y fiable del ciberespacio, para proteger los derechos y las libertades de los ciudadanos y promover el progreso socio económico. Para ello es importante incrementar las capacidades (tecnológicas, humanas y económicas) de la ciberseguridad nacional dirigidas a la prevención, detección, respuesta, recuperación, investigación y defensa activa».

zación de herramientas tecnológicas; en función de la naturaleza del hecho punible en sí, de la autoría, de su motivación, o de los daños infligidos, se podrá hablar así de ciberterrorismo, de ciberdelito, o en su caso, de hacktivismo[8]. Estos comportamientos encuadrables en tipos penales más o menos graves se reparten estadísticamente de manera desigual en tanto son cometidos contra las personas. La lucha contra los delitos en este ámbito se ha centrado en tres aspectos concretos; el ciberespacio es objetivo directo de los hechos delictivos y de la amenaza, es un medio clave para la comisión delictiva y un medio directo para la investigación de los hechos ilícitos, sin embargo, nada se define como forma o medio de prevención e información, o de educación, lo que deja circunscritas las TIC's a una vertiente negativa, sin valorar los beneficios sociales, que a bajo coste además podría ofertar.

Ante el avance continuo de la cibercriminalidad, lo que además se sitúa como un problema de seguridad ciudadana de primer orden, representando una de las amenazas más extendidas y generalizadas, que se materializa de forma continua y que victimiza cada vez de manera más importante a miles de instituciones, empresas y ciudadanos. En 2023, EUROPOL a través de su informe IOCTA extrae varias conclusiones entre las que se identifican claramente tres[9] que son de vital importancia para la posterior extracción de datos.

Estas son:

- La cibercriminalidad sigue experimentando un crecimiento durante todos estos años.
- La digitalización acelerada debido a la pandemia de COVID ha influido significativamente en el desarrollo de amenazas cibernéticas. La «infraestructura gris» como servicios de cifrado extremo a extremo, VPN y criptomonedas, sigue facilitando una amplia gama de actividades delictivas.
- Se ha observado un aumento en la técnica del phishing, donde los ciberdelincuentes se hacen pasar por terceros para obtener información confidencial.

En el periodo 2019-2023 se constata un claro y significativo aumento de los delitos informáticos señalando que alrededor del 90 % de los casos corresponden a fraudes informático (estafas) y alrededor de un 4 % amenazas y coacciones en el año 2023. Este año se conocieron un total de 472125 hechos que suponen un 26 % más respecto del año anterior.

---

8 Ministerio del Interior, Informe de Cibercriminalidad España 2023. Disponible para su descarga en la web: https://goo.su/stMZrw-

9 Modelo de evaluación centrada en la aplicación de la ley de las amenazas en evolución y los desarrollos clave en el ámbito de la ciberdelincuencia. EUROPOL, disponible en: https://goo.su/Elczt.

El Sistema Estadístico de Criminalidad (SEC) publica anualmente diferentes datos en relación con la criminalidad en España. En 2019, un 9.9 % del total de infracciones penales representa la cibercriminalidad. Este porcentaje, en 2023 creció hasta el 19.2 %.

TABLA 1. Porcentaje de infracciones penales que representa la cibercriminalidad

Año	Porcentaje[10]
2019	9,9 %
2020	16,3 %
2021	15,6 %
2022	16,1 %
2023	19,2 %

Fuente: Tabla de elaboración propia a partir de los datos publicados en los Informes sobre la Cibercriminalidad en España (2019, 2020,2021, 2022 y 2023[11]).

A todas estas características, también se le suman el carácter trasnacional de los delitos y la facilidad de anonimato[12] tanto de la víctima como del agresor, lo que dificulta la investigación y el esclarecimiento de los hechos, y en muchas ocasiones también la denuncia, engordado la cifra negra, lo que hay que tener muy presente en el análisis de los datos, en un medio que está abierto a todos aquellos con acceso a la red, que cada vez somos más[13].

Durante los últimos años, en España se han tomado datos de los hechos criminosos conocidos divididos en las siguientes categorías:

- Acceso e interceptación ilícita
- Amenazas y coacciones.
- Contra el honor.

---

10 Porcentaje que representa la cibercriminalidad sobre el total de las infracciones penales de ese año recogidas por el Sistema Estadístico de Criminalidad (SEC).

11 Todos los datos que se contienen en las tablas y gráficos siguientes se han obtenido de fuentes nacionales oficiales. En concreto, los datos están contenidos en los Informe de Cibercriminalidad que publica anualmente el Ministerio del Interior de España. Ministerio del Interior, Informe de Cibercriminalidad España. Disponible para su descarga en la web: https://goo.su/stMZrw

12 Eduardo Aboso, G., *Derecho penal cibernético*, BdeF, Montevideo, 2017, pp. 28-57.

13 Díaz Lazo, J., Pérez Gutierrez, A. y Florido Bacallao, R., «Impacto de las tecnologías de la información y las comunicaciones (TIC) para disminuir la brecha digital en la sociedad actual», en *Cultivos Tropicales*, Vol. 32, núm. 1, 2011.

- Contra propiedad industrial o intelectual.
- Delitos sexuales (se excluyen las agresiones (con y sin penetración y los abusos sexuales con penetración)
- Falsificación informática.
- Fraude informático.
- Interferencia datos y en sistema.

TABLA 2. Datos totoles por año

	2019	2020	2021	2022	2023
Hechos conocidos (Total)	218.302	287.963	305.477	374.737	472.125
Hechos fraude informático	192.375	257.907	267.011	335.995	427.448
Hechos amenazas y coacciones	12.782	14.066	17.319	15.982	17.472
Hechos esclarecidos (Total)	30.841	38.046	46.141	51.642	60.197

Fuente: Tabla de elaboración propia a partir de los datos publicados en los Informes sobre la Cibercriminalidad en España (2019, 2020,2021, 2022 y 2023) del Ministerio del Interior del Gobierno de España y el Sistema Estadístico de Criminalidad.

La evolución de hechos conocidos y hechos esclarecidos es significativa de que el trabajo de las instituciones está siendo útil. Sin embargo queda argumentado que el desigual reparto de casos en atención a las categorías es merecedor de actuaciones concretas y basadas en la alta incidencia sobre los fraudes informáticos.

III. Evolución estadística de los casos con especial atención a la víctima-agresor menor de edad

A pesar de que la realidad es muy dispar y son abismales las diferencias encontradas entre los datos publicados; el caso de los menores de edad se presenta bajo un compromiso social especial. La creciente preocupación por el aumento de casos referentes a la cibercriminalidad se debe a que la misma afecta significativamente más a aquellos que tienen menos herramientas de defensa y menores conocimientos. Esto ocurre en los menores de diez y ocho años y en la franja de edad identificada como mayores de 60 años. Es inevitable subrayar la especial protección que merecen nuestros menores frente a los riesgos a los que se enfrentan dotándoles de las herramientas de control y defensa necesarias, para lo que indiscutiblemente es necesario el conocimiento fundado de esta realidad.

1. Cuestiones generales

Salvando las propias particularidades de la cibercriminalidad, se pretende a continuación analizar la comisión delictiva *de* y *en* los menores de edad en España para, con ello, esclarecer una posible vía de análisis, que precisa de una atención especial, así como de un cuidado investigador para el que no responden otras categorías. No obstante, previamente se busca indicar algunos datos relativos a los datos totales o a los mayores de edad, para establecer posibles diferencias importantes.

Durante los últimos años analizados los porcentajes de mujeres y de hombres víctimas de comportamientos cibercriminales han estado relativamente similares. En los últimos años existe aún, una mayor tendencia a igualarse, tal y como se desprende la Tabla 3. No obstante, esta circunstancia se desdibuja cuando se toman los datos relativos a los menores de edad[14] y que se presentan a continuación.

TABLA 3. Número de mujeres y hombres víctimas de cibercriminalidad

Año	Mujeres	Hombres
2023	179.706	174.770
2022	149.210	148.962
2021	115.434	124.526
2020	103.733	111.671

Fuente: Tabla de elaboración propia a partir de los datos publicados en los Informes sobre la Cibercriminalidad en España (2020,2021, 2022 y 2023).

Hay que puntualizar que la distribución de víctimas por grupo penal o modalidad delictual según el sexo es muy diferente. El reparto de número de víctimas hombre-mujer está muy lejos de un 50 %-50 %, en algunas categorías y en especial en dos. En los datos relativos a 2023 para el caso de los delitos sexuales, la mujer representa un 67 % de los casos en los que es víctima frente a un 33 % de hombres. En el caso de las amenazas, los hombres representan un 65 % de las víctimas de estos delitos, frente a un 35 % de las mujeres[15], cuestiones que de una manera similar se aprecian en los años precedentes.

14 Pueden existir desfases numéricos como consecuencia de que las estadísticas contemplan datos de los que se desconoce el rango de edad o su sexo.

15 Ministerio del Interior, Informe de Cibercriminalidad España 2023. Disponible para su descarga en la web: https://goo.su/stMZrw

Sin embargo, la realidad cuantificable cuando se trata de datos que configuran los resultados de agresor/a, las mujeres conforman porcentajes más reducidos que los hombres. Además, en el trascurso de los años las diferencias aparecen crecientes lo que evidentemente también significa un contexto investigable. Los hombres, en todos los hechos cibercriminales, son porcentualmente más que las mujeres. El reparto de número de agresores hombre-mujer está muy lejos de un 50 %-50 %[16], en todas categorías, aunque de manera muy significativa en una. En los datos relativos en 2023 a los delitos sexuales, la mujer representa un 4 % de los casos en los que es agresora frente a un 96 % de hombres.

TABLA 4. Número de mujeres y hombres agresores en cibercrímenes.

Año	Mujeres	Hombres
2023	4720	12453
2022	3965	9836
2021	3013	8267
2020	2289	6625

Fuente: Tabla de elaboración propia a partir de los datos publicados en los Informes sobre la Cibercriminalidad en España (2020,2021, 2022 y 2023).

2. El perfil agresor menor de edad cibercriminal (2011-2023)

Ya con plena inmersión en el caso de los menores de edad, se aclara que, como sujetos pasivos, en el análisis del perfil de víctima, se toma la edad de cero a diez y siete años para analizar cuáles son los delitos que inciden de manera más relevante en estas situaciones y tomar comparativas en cuanto al sexo. En contraposición para el perfil de agresor, únicamente se toma de referencia la franja de edad de catorce a diez y siete años, como consecuencia de que es la edad en la que existe responsabilidad penal (de los menores) en España.

En la gráfica 5, apreciamos la relación de datos de los ciberdelitos en España para la categoría hombre-mujer infractor entre los años 2011 y 2023 menores de edad.

16 Los datos establecen que las causas por las que las personas de sexo masculino han sido objeto de la detención/investigación ha sido principalmente por estafas, amenazas, y la pornografía de menores. Se puede observar que las estafas, amenazas y usurpación de estado civil predominan entre las razones para actuar contra los responsables de sexo femenino. La mayoría de los detenidos/investigados por ciberdelincuencia son de nacionalidad española (76,7 %).

La disposición es claramente al alza para ambos supuestos, pues se presenta para el caso de los varones un incremento de más del cuádruple de casos desde el primer año analizado, hasta la actualidad. Es significativa la propensión constante de casos entre 2013-2018 (aunque siempre creciente) y el despunte de 2019, lo que se ha mantenido en años sucesivos llegando casi a los 500 menores hombres infractores en 2019 y en 2023.

En el caso de las mujeres, la propensión es igualmente al alza de manera generalizada, aunque el crecimiento constante se presenta de forma mucho más lenta salvando un pequeño repunte de casos en 2015 del que no se tienen conocimientos especiales. No obstante, las diferencias entre hombres y mujeres menores de edad son claras. A pesar de que, en el caso del total, los porcentajes se configuran entorno al cincuenta por ciento, para la situación de los menores de edad, las mujeres agresoras representan (por ejemplo, en 2023) apenas un 17 %.

GRÁFICO 5. Menores de edad mujeres y hombres infractores.

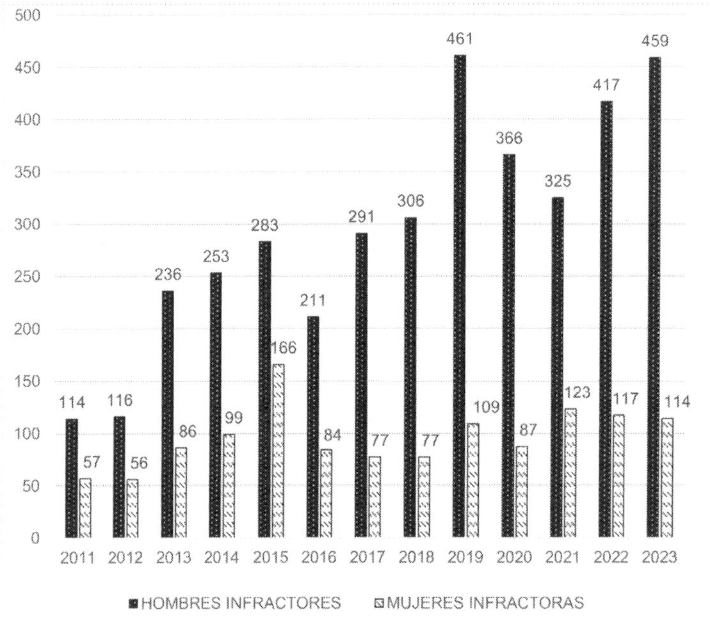

Fuente: Gráfico de elaboración propia a partir de los datos publicados en los Informes sobre la Cibercriminalidad en España y otras fuentes oficiales del Ministerio del Interior.

Analizando el grupo penal en atención a los agresores bajo el total de casos sin distinguir edad, casi un 75 % se reseñan a fraude informático y un 13 % a hechos relativos al caso de las amenazas y coacciones. No obstante, si este mismo análisis lo realizamos por edad, en el caso de los menores de edad hombre, al igual que para las mujeres, los porcentajes están más diseminados. En el asunto de los menores (hombre), la mayor incidencia viene establecida por el grupo penal fraude informático (28,5 %), seguido de las amenazas y coacciones (24,8 %), el acceso e interceptación ilícita (28,5 %) y de los delitos sexuales (18.3 %). Por otra parte, en el caso de las menores (mujeres), se configura en otro orden, el fraude informático (32,5 %), precedido de las amenazas y coacciones (46,5 %). Con menor entidad se presenta el acceso e interceptación ilícita (12,3 %) y los delitos relativos a cuestiones de ámbito sexuales (6,1 %).

3. El perfil víctima menor de edad en los casos de cibercriminalidad (2011-2023)

En el momento de análisis bajo los mismos presupuestos de los datos relativos a las víctimas, las gráficas presentan modificaciones significativas, ya que se produce una inversión clara de los informes numéricos. Las cifras más elevadas se recogen en el caso de las mujeres. La diferencia con los hombres es significativa, no obstante, con el paso de los años los datos hombre/mujer víctima han comenzado a asemejarse entorno a los 2.500 casos de víctimas anuales por sexo.

GRÁFICO 6. Menores de edad mujeres y hombres víctimas.

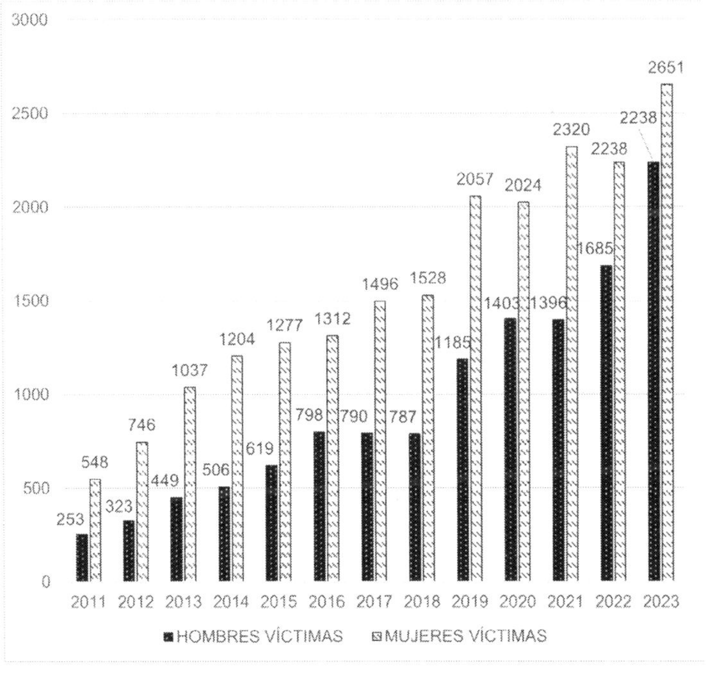

Fuente: Gráfico de elaboración propia a partir de los datos publicados en los Informes sobre la Cibercriminalidad en España y otras fuentes oficiales del Ministerio del Interior.

Mientras que de manera general los datos relativos a las falsificaciones informáticas colman las estadísticas en todas las franjas de edad, en el caso de los menores (hombre) la mayor incidencia viene establecida por el grupo penal de las amenazas y las coacciones (42,6 %), seguido del fraude informático (24,6 %) y de los delitos sexuales (17 %), lo que es más o menos contante en el caso de las menores (mujeres), un 30 % referido a las amenazas y coacciones, un 25,8 % a los delitos sexuales y un 20,7 % del fraude informático.

Las cerca de cinco mil victimizaciones anuales[17] puede poner en tela de juicio las actuaciones de los operadores jurídicos y de control. No obstante, la creciente puesta en conocimiento es significativa y los mecanismos de control social debe mantenerse a la vanguardia en términos preventivos. En los datos ofrecidos se dispone que el uso de las TIC's y el conocimiento de ellas no exime la probabilidad de situarse en la categoría víctima.

La necesidad de un conocimiento ampliado potencia y desarrolla en nuevo campo de actuación en un terreno que es de uso masificado, de donde nace el problema de la indefensión en el que también se agrava cuando la relación víctima-agresor se da entre pares de iguales. El contacto va más allá de las redes y en ocasiones se hace extensible de la vida social a la real, como es el colegio, las actividades con amigos...aunque igualmente puede existir el anonimato de una o de ambas partes, lo que agrava la realidad. Con el paso del tiempo, la legislación española se ha encargado de proteger a las víctimas a través de, entre otros sistemas, el Estatuto Jurídico de la Víctima, que colabora en el esclarecimiento de los hechos y dota de derechos a las víctimas fomentando la denuncia y la colaboración. No obstante, queda un arduo camino que recorrer con cooperación entre administraciones y actores sociales.

La realidad de las diferencias anuales puede venir de varias actuaciones, como puede ser de una ampliación de la actividad delictiva hacia los menores a través de las tecnologías, pero también de un crecimiento mayor por parte de las Fuerzas y Cuerpos de Seguridad del Estado en la persecución de los delitos, así como por parte de los tribunales al momento de juzgar y condenar, identificando a las víctimas. Las victimizaciones sobre los menores de edad en atención al grupo penal también presentan claras diferencias respecto a los totales siendo muy representativos los comportamientos de coacciones y amenazas.

4. Comparación por sexos víctima-agresor (2011-2023)

Si estos datos los cruzamos distinguiendo no los perfiles víctima-agresor como lo veníamos haciendo, sino en atención al género de los sujetos, los datos son plenamente devastados para el caso de las mujeres en compara-

17 Las víctimas menores de edad son más vulnerables a otro tipo de hechos delictivos, en concreto a las amenazas y coacciones y delitos sexuales,

ción con las reseñas de los hombres. En ellas se aprecia una distinción abismal en la relación víctima-agresora que obliga a reflexionar y a tomar decisiones al respecto como la instauración de modelos educativos y preventivos a desarrollar en todas las etapas de desarrollo en especial en las primeras etapas de maduración en las que los riesgos son mayores, a realizar con la perspectiva de género de la que precisa en atención a los datos presentados.

GRÁFICO 7. Mujeres víctimas e infractoras

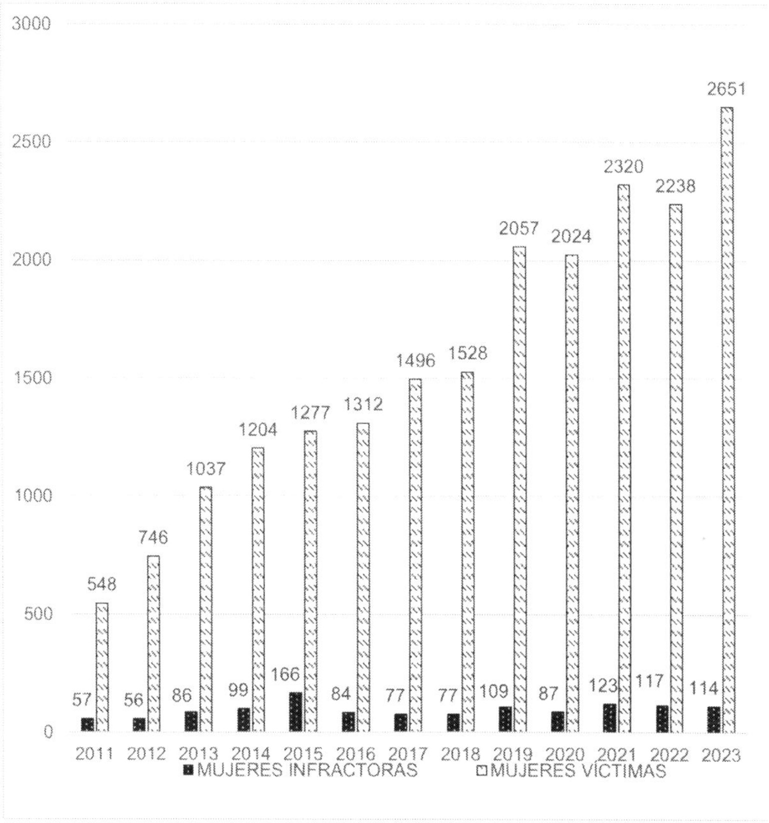

Fuente: Gráfico de elaboración propia a partir de los datos publicados en los Informes sobre la Cibercriminalidad en España y otras fuentes oficiales del Ministerio del Interior.

De las diferencias claras entre mujeres víctimas y mujeres infractoras en contraposición a los datos del Gráfico 8, de hombres, nace el elemento del género como situación esencial en la valoración de los tipos delictivos y su aplicación, de lo que el derecho penal no puede hacer significativa gala, pero en este sentido tampoco otros entes, Administraciones Públicas, gestores, mecanismos de control.. que tienden a abandonar la cuestión del género. Esta realidad deja de ser una simple variable estadística hombre/mujer para pasar a ser una cuestión general de referencia y con una importancia clara en el momento social, económico y legal actual, en el que la realidad de la igualdad es aún un imaginario deseable pero lejano.

GRÁFICO 8. Hombres víctimas e infractores.

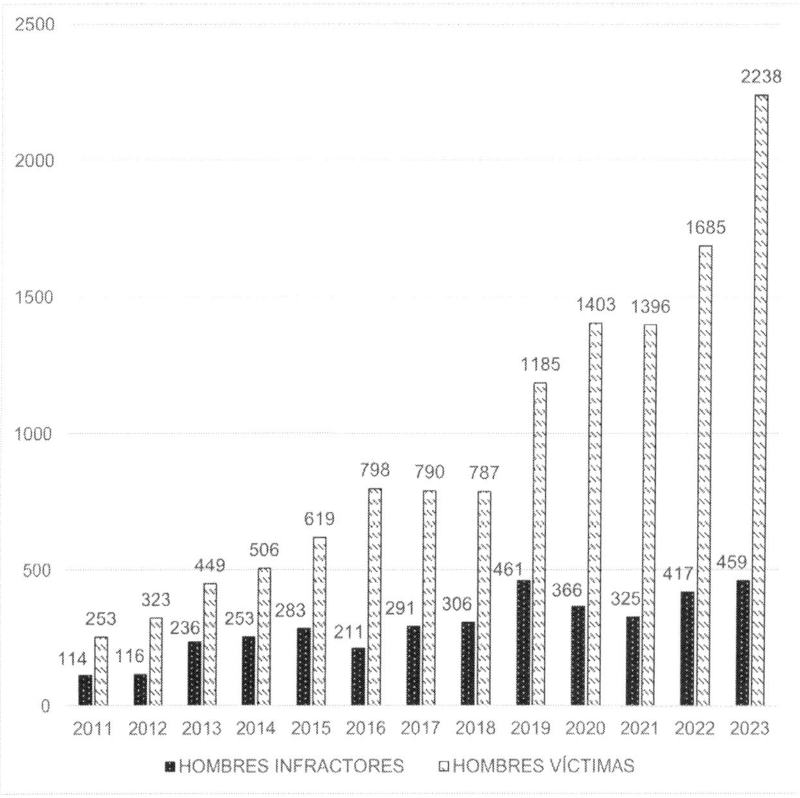

Fuente: gráfico de elaboración propia a partir de los datos publicados en los Informes sobre la Cibercriminalidad en España y otras fuentes oficiales del Ministerio del Interior.

IV. Una clara brecha de género y la necesidad de mejora en competencias digitales

La conocida Agenda «España Digital», ya 2026[18], es la hoja de ruta para la transformación digital del país, una estrategia ambiciosa para aprovechar plenamente las nuevas tecnologías y lograr un crecimiento económico más intenso y sostenido, rico en empleo de calidad, con mayor productividad y que contribuya a la cohesión social y territorial, aportando prosperidad y bienestar a todos los ciudadanos en todo el territorio.

España Digital 2026 actúa en tres dimensiones clave: infraestructuras y tecnología, economía y personas. La agenda mantiene los diez ejes estratégicos de su versión inicial, añadiendo además dos nuevos ejes transversales para impulsar proyectos estratégicos de gran impacto a través de la colaboración público-privada y la co-gobernanza del Estado y las Comunidades Autónomas, tales como el impulso de la transformación digital del país mediante la garantía de la conectividad digital, el despliegue del 5G, el refuerzo de la capacidad en materia de ciberseguridad, el fortalecimiento de la digitalización de las Administraciones públicas y del sector empresarial, la garantía de los derechos digitales de la ciudadanía...entre otros. Para las cuestiones que aquí se presentan y dentro del significante conjunto de actuaciones, son de interés las relacionadas con la ciberseguridad y la garantía de los derechos de los ciudadanos ya que estrechamente vinculadas entre sí, son, además, generados de un problema común, la asunción de riesgos por desconocimiento, con una serie de consecuencias incalculables. A lo que claramente ayudará el Plan Nacional de Competencias Digitales[19].

La conocida brecha de género en competencias digitales abarca multitud de circunstancias muy diferentes entre las que encuentra el escaso impulso de la figura de la mujer en la ciencia o la ausencia de reconocimiento del talento femenino. No obstante, esta brecha se pone en valor igualmente cuando se analizan los comportamientos y actitudes de víctima y agresor. El fomento de la investigación y erradicación se potencia cuando el campo de trabajo son los menores de edad sobre los que debemos tener un mayor compromiso social de protección. En este sentido, el Instituto Nacional de Ciberseguridad

18 España Digital 2026 es la actualización de la estrategia lanzada en julio de 2020 como hoja de ruta de transformación digital del país. Desde su presentación, se ha aprobado el Plan de Recuperación de España, se han publicado ocho planes específicos para su despliegue, se han puesto en marcha los principales programas de inversión, a nivel nacional, autonómico y local, y se ha avanzado de forma decidida en las reformas estructurales.

19 El objetivo del Plan es garantizar la formación e inclusión digital de los trabajadores y del conjunto de la ciudadanía, con el fin de impulsar la creación de empleos de calidad, reducir el desempleo, aumentar la productividad y contribuir a cerrar las brechas de género, sociales y territoriales.

(INCIBE)[20] es una institución clave y de referencia nacional e internacional en el desarrollo de la ciberseguridad y la confianza digital en España. Los modelos preventivos obligan a las instituciones a inversiones económicas, materiales y personales que no siempre tienen una correlación en la práctica. No obstante, a la luz de los datos, los modelos preventivos, formativos y de educación son una herramienta necesaria para el freno delictual en términos de cibercriminalidad. Así mismo, con ello se dota de instrumentos suficientes para identificar los riesgos tanto en adultos, como en especial en menores. En consonancia con lo anterior, INCIBE ofrece servicios de ciberseguridad orientados a fomentar el uso seguro de las tecnologías por parte de niños/as y adolescentes a través de la iniciativa Internet Segura for Kids (IS4K), que es a su vez el Centro de Seguridad en Internet para menores de edad en España. A través de IS4K, INCIBE trabaja de manera alineada con la estrategia *Europea Better Internet for Kids (BIK),* además forma parte de la red paneuropea INSAFE de Centros de Seguridad en Internet, con cofinanciación de la Comisión Europea. De esta forma, los menores colaboran en la creación de una Internet más segura a través de la ciberseguridad y el uso responsable de la Red, con espacios de reflexión y paneles de jóvenes. Fomentando un uso responsable basado en el conocimiento y en la utilidad. No obstante, en este trabajo común no podemos perder de vista la necesidad de potenciar y argumentar la perspectiva de género desde edades tempranas.

V. Evolución del derecho penal en torno a la perspectiva de género

Con el paso del tiempo, el concepto de género se ha ido implementando en nuestra sociedad incluso hasta completar las sucesivas reformas que se han llevado a cabo en el Código Penal. El Derecho Penal, se ha mantenido al margen ya que no se consideraba un instrumento necesario para alcanzar la igualdad real en la sociedad[21]. A pesar de que, de manera consciente, hasta las últimas reformas, nunca se ha buscado que la legislación penal tuviera la perspectiva de género, dos reformas lograron ciertos avances.

El primero de ellos, fue con el cambio de la protección exclusiva de la mujer en los delitos de violación. Con el Código de 1995, fueron ubicados en los delitos contra la libertad sexual, eliminándose de la rúbrica de la honesti-

20 INCIBE trabaja para afianzar la confianza digital, elevar la ciberseguridad y la resiliencia y contribuir al mercado digital de manera que se impulse el uso seguro del ciberespacio en España. Así mismo, dispone de la Oficina de Seguridad del Internauta (OSI) ofrece servicios de ciberseguridad orientados a la ciudadanía. Consultar en: https://www.incibe.es.

21 QUINTERO OLIVARES, G. *La Tutela Penal: entre la dualidad de bienes jurídicos o la perspectiva de género en la violencia contra la mujer*, Minerva. Repositorio Institucional de la Universidad de Santiago de Compostela, 2012. Consultado en https://minerva.usc.es/xmlui/handle/10347/4151

dad, lo que fue un paso certero hacia la igualdad efectiva[22]. Así se acabó otorgándose a la mujer el derecho de libre decisión en la sexualidad, alejándose de la protección histórica de la *honestidad*[23]. Aunque se avanza lentamente, en algunas otras ocasiones, se desaprovechó la posibilidad de adecuar estos artículos y su contenido al escenario criminológico y las necesidades político-criminales de la violencia de género[24].

Igualmente, las reformas fueron sucediendo de manera continua y con incluso cierto desconocimiento, tras grandes campañas mediáticas en contra de violencias sobre las mujeres, se amplió la definición de maltrato habitual, se extendió a la violencia psíquica y se hizo una extensión de los sujetos activos[25].

Es cierto que no es ni mucho menos la solución a un serio problema persistente, el legislador seguía manteniendo la intención de castigar de forma concreta ciertas conductas penales sin ahondar en la idiosincrasia de estos hechos. Incluso de estas reformas, nació una ampliación de los sujetos pasivos a los convivientes que supuso automáticamente un alejamiento de la violencia contra la mujer y la ubicación delictual en la violencia familiar. A pesar de que existían en la legislación redacciones cargadas de perspectiva de género, estas se diluían entre una lista interminable de sujetos.

Es importante el cambio de ubicación que se le da en 2003[26], cuando pasa a ubicarse en los delitos contra la integridad moral y se elimina de las lesiones.

Con esta reforma y pese a las innumerables críticas por mantener al margen las verdaderas necesidades de estas mujeres que quedan invisibilizadas[27] en un sinfín de artículos que están lejos de protegerlas, es un avance significativo hacía un modelo penal configurado bajo la perspectiva de género. No obstante, la literatura en la materia identifica la verdadera inclusión en el Código Penal con la aprobación de la ley 1/2004[28]. No solo por la ley, sino

---

22 Lamarca Pérez, C, «La protección de la libertad sexual en el nuevo Código Penal», en *Jueces para la democracia*, núm. 27, 1997.

23 Larrauri Pijoán, E, *Control formal y el derecho penal de mujeres*, Mujeres, Derecho Penal y Criminología, Siglo XXI, 1994.

24 Faraldo Cabana, P, «Razones para la introducción de la perspectiva de género en Derecho Penal a través de la Ley Orgánica 1/2004, de 28 de diciembre, sobre medidas de protección integral contra la violencia de género», en *Revista penal*, núm. 17, 2006, pp. 78-79.

25 Maqueda Abreu, M.L., «La violencia habitual en el ámbito familiar : razones de una reforma», en *Protección jurídico penal de la mujer maltratada·* Ilustre Colegio Provincial de Abogados de La Coruña, A Coruña, 2000, pp. 119 y ss.

26 Ley Orgánica 11/2003, de 29 de septiembre, de medidas concretas en materia de seguridad ciudadana, violencia doméstica e integración social de los extranjeros.

27 Ferrajoli, L, «La differenza sessuale e le garanzie dell'uguaglianza», en *Democrazia e diritto·* núm. 2, 1993, pp. 49-73.

28 Ley Orgánica 1/2004, de 28 de diciembre, de Medidas de Protección Integral contra la Violencia de Género.

también, al amparo de la Convención para la eliminación de todas las formas de discriminación contra la mujer y de las resoluciones de la Comisión de Derechos Humanos en las que se señala la necesidad de reforzar la legislación para eliminar la violencia infligida a mujeres y niñas. La violencia hacia la mujer parte de unos patrones sociales aprendidos para lograr, lo que algunos autores resumen como la obediencia[29]. Aunque puede parecer sencillo el trato diferenciado en las causas de desigualdades sociales, así como la distinta incidencia en las mujeres que, en los hombres, muchos autores han considerado que las diferencias respondían más a cuestiones de la vida cotidiana y de la familia que a conductas en las que el derecho penal debiera tener cabida, salvo y únicamente en las que se produzcan unas lesiones[30] pero en atención a la lesión y no al trato diferenciado.

No obstante, y a pesar de que las críticas han estado servidas[31], los avances han ido aconteciendo bajo el imperativo de la prohibición del derecho penal de autor. En múltiples ocasiones se ha encontrado literatura en la que señala que regular con perspectiva de género es castigar por el delito únicamente en base a la personalidad del autor[32], no obstante, otros muchos autores defienden que estas posiciones están alejas de la realidad.

Uno de los mayores exponentes de esta visión de género se ha producido en una de las reformas con mayores críticas que han existido, la de 2015[33] con la inclusión de la agravante genérica en el artículo 22.4 CP que detalla la posibilidad de agravar la pena de cualquier delito que se haya cometido «por razones de género», entre otros cambios en el articulado[34] sin precisar de una agravación en cada tipo penal, evitando posibles fallos en la legislación, haciéndola más breve y sencilla. Igualmente, desde 2023 se llevan concatenando una serie de reformas en el Código Penal con relación a los delitos de agresión y abuso sexual sobre lo que igualmente no han estado lejos de controversias. Diferentes reformas en este sentido han hecho trasladar la discusión a las calles y enfatizar las diferencias de género que se producen entre el agresor y la víctima en algunas conductas constitutivas de delito, aunque sin alcanzar consenso.

---

29 Faraldo Cabana, P, «Razones para...», op. cit., pp. 81-82.

30 Gimbernat Ordeig, E, *La mujer en el Código Penal español,* Estudios de derecho penal, 3.° edición, Tecnos, 1990.

31 Consejo General del Poder Judicial quién mantiene que no existe un desequilibrio desfavorable hacia la mujer olvidando que este se produce en lo material y no concretamente en lo formal.

32 Gómez Martín, V, *El Derecho penal de autor desde la visión criminológica tradicional hasta* las actuales propuestas de Derecho penal de varias velocidades, Tirant lo Blanch, Valencia, 2007

33 Ley Orgánica 1/2015, de 30 de marzo, por la que se modifica la Ley Orgánica 10/1995, de 23 de noviembre, del Código Penal.

34 Cervelló Donderis, V. y Chávez Pedrón, C., Comentarios a la Reforma del Código Penal 2015, «Violencia de Género y Violencia Doméstica», 2.° Ed., Tirant lo Blanch, 2015.

VI. Conclusiones

La cibercriminalidad se presenta como un problema de seguridad creciente que afecta a toda la población, pero de manera desigual. Los datos anuales argumentan un incremento de casos, investigados, detenidos y castigados que ha obligado a mantener una política de control y prevención. En esta compleja realidad está determinando líneas estratégicas en las políticas mundiales y estableciendo líneas de cooperación.

Los datos extraídos de estadísticas oficiales demuestran no solo una realidad creciente, sino que además los casos se reparten de manera desigual según las franjas de edad y modalidad de cibercrimen. Los datos relativos a los menores de edad ponen en auge una grave preocupación. Los casos de menores de edad víctimas de ciberdelitos crecen anualmente, pero también lo hacen aquellos datos que se refieren a los menores agresores. Irrefutables instancias se muestran claramente proclives a trabajar en este sentido, no obstante, los riesgos que entraña son y cambian, demasiado rápido. Las transformaciones en la regulación penal en la dirección en la que se han venido desarrollando están lejos de poner freno a los asuntos especificados. El alto número de procedimientos en los que los menores, hombre y mujeres y los datos referidos a los varones agresores son las dos cuestiones más referentes. Además, mientras que los delitos más cometidos por menores son dispares, los datos referidos a los menores víctimas en las categorías de hechos criminosos son semejantes. No obstante, la gravedad de los hechos y al continuo crecimiento, las soluciones aportadas no están siendo concluyentes.

Uno de los problemas que fomentan las diferencias estadísticas es la carencia de perspectiva de género en las investigaciones. A pesar de que el derecho penal no es el ordenamiento preferente para tomar partido, como ultima ratio si ha venido tomado ciertas medidas. Sin embargo, las verdaderas actuaciones en este sentido deben provenir de mecanismos previos a los penales, así como del fomento de las políticas públicas con inversiones económicas y material que potencien una educación digital enfocada hacia el futuro, así como hacia los nuevos y rápidos cambios que internet permite. Garantizar la seguridad de nuestros menores fomentará una sociedad más segura y libre que permita el uso y disfrute de las herramientas a nuestra disposición con control y seguridad.

VII. Bibliografía

Cervelló Donderis, V. y **Chávez Pedrón, C.**, *Comentarios a la Reforma del Código Penal 2015*, «Violencia de Género y Violencia Doméstica», 2.º Ed., Tirant lo Blanch, 2015.

Díaz Lazo, J., **Perez Gutierrez, A.** y **Florido Bacallao, R.**, «Impacto de las tecnologías de la información y las comunicaciones (TIC) para disminuir la brecha digital en la sociedad actual», en *Cultivos Tropicales*, vol. 32, núm. 1, 2011.

Eduardo Aboso, G., *Derecho penal cibernético*, BdeF, Montevideo, 2017.

Faraldo Cabana, P, «Razones para la introducción de la perspectiva de género en Derecho Penal a través de la Ley Orgánica 1/2004, de 28 de diciembre, sobre medidas de protección integral contra la violencia de género», en *Revista penal*, núm.17, 2006.

Ferrajoli, L, «La differenza sessuale e le garanzie dell'uguaglianza», en *Democrazia e diritto*, núm. 2, 1993.

Gimbernat Ordeig, E, *La mujer en el Código Penal español,* Estudios de derecho penal, 3.° edición, Tecnos, 1990.

Gómez Martín, V, *El Derecho penal de autor desde la visión criminológica tradicional hasta las actuales propuestas de Derecho penal de varias velocidades*, Tirant lo Blanch, Valencia, 2007.

Lamarca Pérez, C, «La protección de la libertad sexual en el nuevo Código Penal», en *Jueces para la democracia,* núm. 27, 1997.

Larrauri Pijoán, E, *Control formal y el derecho penal de mujeres,* Mujeres, Derecho Penal y Criminología, Siglo XXI, 1994.

Maqueda Abreu, M.L, «La violencia habitual en el ámbito familiar: razones de una reforma», en *Protección jurídico penal de la mujer maltratada*, Ilustre Colegio Provincial de Abogados de La Coruña, A Coruña, 2000.

Quintero Olivares, G. *La Tutela Penal: entre la dualidad de bienes jurídicos o la perspectiva de género en la violencia contra la mujer*, Minerva Repositorio Institucional de la Universidad de Santiago de Compostela, 2012.

Valero Torrijos, J., «Los derechos en la era digital», en Rodríguez Ayuso, J.F. (Coord.), *Nuevos retos en materia de derechos digitales en un contexto de pandemia: perspectiva multidisciplinar,* Thomson Reuters-Aranzadi, Cizur Menor, 2022.

Otras fuentes bibliográficas

BOE. Ley Orgánica 1/2015, de 30 de marzo, por la que se modifica la Ley Orgánica 10/1995, de 23 de noviembre, del Código Penal.

BOE. Ley Orgánica 1/2004, de 28 de diciembre, de Medidas de Protección Integral contra la Violencia de Género.

BOE. Ley Orgánica 11/2003, de 29 de septiembre, de medidas concretas en materia de seguridad ciudadana, violencia doméstica e integración social de los extranjeros.

BOE. Real Decreto 1150/2021, de 28 de diciembre, por el que se aprueba la Estrategia de Seguridad Nacional 2021.

Consejo Europeo, Ciberseguridad: cómo combate la UE las amenazas cibernéticas. Consular en: https://www.consilium.europa.eu/es/policies/cybersecurity/

Ministerio del Interior, Informe de Cibercriminalidad España 2017. Disponible para su descarga en la web: https://goo.su/stMZrw

Ministerio del Interior, Informe de Cibercriminalidad España 2018. Disponible para su descarga en la web: https://goo.su/stMZrw

Ministerio del Interior, Informe de Cibercriminalidad España 2019. Disponible para su descarga en la web: https://goo.su/stMZrw

Ministerio del Interior, Informe de Cibercriminalidad España 2020. Disponible para su descarga en la web: https://goo.su/stMZrw

Ministerio del Interior, Informe de Cibercriminalidad España 2021. Disponible para su descarga en la web: https://goo.su/stMZrw

Ministerio del Interior, Informe de Cibercriminalidad España 2022. Disponible para su descarga en la web: https://goo.su/stMZrw

Ministerio del Interior, Informe de Cibercriminalidad España 2023. Disponible para su descarga en la web: https://goo.su/stMZrw

CAPÍTULO V

INVESTIGACIÓN Y PRUEBA DE LOS DELITOS DE TRATA DE SERES HUMANOS CON INTELIGENCIA ARTIFICIAL

Irene González Pulido
Universidad de Salamanca

SUMARIO: I. CUESTIONES VICTIMOLÓGICAS Y MODUS OPERANDI DE LA TRATA DE SERES HUMANOS. II. INTELIGENCIA ARTIFICIAL GENERATIVA Y TSH. III. INVESTIGACIÓN TECNOLÓGICA Y PRUEBA CON IA. IV. REFLEXIONES FINALES. V. BIBLIOGRAFÍA.

I. Cuestiones victimológicas y *modus operandi* de la trata de seres humanos

La trata de seres humanos es un fenómeno delictivo que atenta contra los derechos humanos de las víctimas en todas y cada una de sus manifestaciones; con fines de explotación sexual, de mendicidad, de matrimonio forzoso, de esclavitud, de trabajos forzosos, de extracción de órganos, etc. A su vez estas modalidades delictivas podrían estar ligadas a otros tipos de criminalidad e incluso transversal, como pueden ser diferentes modalidades de delincuencia económica.

El presente estudio se centrará en el análisis de la trata de seres humanos, principalmente aquella que se dirige mayoritariamente contra mujeres y niñas[1], con fines de explotación sexual. En particular, para analizar como el

---

1 Ministerio del Interior. Secretaría de Estado de Seguridad, *Trata y explotación de seres humanos en España. Balance estadístico 2019-2023*, 2023, p. 12.

auge de la inteligencia artificial (en adelante, IA) ha influido en esta tipología delictiva debemos analizar el contexto delictivo actual, atendiendo a las cuestiones victimológicas más relevantes y al *modus operandi* que caracteriza a estas modalidades delictivas.

En primer lugar, en lo que respecta al victimario, debemos destacar que a nivel estatal mayoritariamente eran hombres, pero en la última anualidad objeto de estudio las mujeres detenidas superan a los hombres[2]. Por lo tanto, en España, encontramos hombres y mujeres que ostentan la autoría de estos tipos de delitos, en su mayoría de nacionalidad española, aunque también aparecen cifras elevadas de personas de nacionalidad colombiana, rumana, paraguaya y venezolana.

Por otro lado, como ya ha sido señalado, las víctimas de esta tipología delictiva son mayoritariamente mujeres y niñas. Un determinado perfil que ligado a un estado de vulnerabilidad se va a configurar como clave para que los delincuentes puedan captar a estas personas, ya que estos delitos también se caracterizan por el aprovechamiento de situaciones complicadas. Son múltiples las situaciones identificadas como oportunidad delictiva, podemos encontrar el deseo de viajar en busca de un trabajo mejor hasta la urgente necesidad de abandonar un Estado ante un conflicto bélico.

Con la aparición de Internet, la oportunidad delictiva aumenta, el número de víctimas potenciales con las que se puede contactar es muy elevado, el coste y el riesgo de realizar estos contactos se disminuye[3]. Por lo tanto, existe la posibilidad de que medie el engaño a través de Internet, sin que sea necesaria la intervención de otro grupo u otras personas de la organización. Nos encontraríamos ante técnicas que han sido calificadas como «no violentas» y que formarían parte del momento inicial de este tipo de delito; la captación o reclutación. Estas técnicas además se han subdividido en atención a si nos encontramos ante captación colectiva o individual[4].

Asimismo, la posibilidad de coaccionar y amenazar a las víctimas se incrementa con el factor de la globalización y la digitalización. La posibilidad de materializar la comunicación inmediata a través de Internet favorece nuestras prácticas cotidianas y nuestras comunicaciones a nivel internacional, pero también puede fomentar este tipo de prácticas ilícitas, aumentando el nivel de control y presión sobre las víctimas.

La oportunidad delictiva mejora al utilizar las nuevas tecnologías, en general, la adaptación a las diferentes tecnologías disruptivas de este tipo de delin-

2 *Ibidem.*

3 Véase análisis del tipo y, en particular, el estudio respecto a la captación, en: García Sedano, T., «El tipo de la trata de seres humanos», en *La Ley Penal,* núm. 109, 2014.

4 Colmenares Guillén, L.E., García García, A., *et al.,* «Una aproximación de identificación del modus operandi de los tratantes de personas en redes sociales virtuales», en *Revista Tecnología Digital,* vol. 13, núm. 2, 2023, pp. 171-185.

cuentes es elevada. Por ello, es necesario realizar un análisis exhaustivo de la utilización de la IA en el marco de los diferentes *modus operandi*, ya que solo de este modo se podrá analizar cuáles son las herramientas óptimas para detectar este tipo de conductas y reprimir aquellas que sean identificadas.

El anonimato que ofrece Internet, desde sus orígenes se ha presentado como un problema para las autoridades policiales y judiciales que persiguen esclarecer este tipo de hechos delictivos. No obstante, la postura del legislador y las autoridades competentes fue clara, ya que apostaron por técnicas especiales de investigación y medidas de investigación tecnológicas que minimizaran la sensación de impunidad y, sobre todo, el éxito de las conductas ilícitas que se comenten a través de Internet.

De igual modo, junto con la vulnerabilidad ligada a situaciones sociales o personales, hay que tener en cuenta como los y las menores de edad se presentan como un foco clave para la captación y explotación por parte de estas organizaciones. La identificación de las víctimas y, por ende, la detección de estas prácticas delictivas se dificulta cuando nos encontramos ante este perfil de víctimas menores de edad. Sin perjuicio de que con carácter general se hace referencia a la infradetección de estas modalidades delictivas.

Por lo tanto, tras esta breve aproximación al delito de trata de seres humanos con fines de explotación sexual, podemos sintetizar como la situación de vulnerabilidad, la edad y, en concreto, las mujeres y las niñas constituyen el foco de estos delincuentes. Pero, además, la tecnología se configura como clave para facilitar la comisión de estos delitos y mejorar significativamente la oportunidad delictiva. Todas estas cuestiones clave serán analizadas en profundidad en el presente estudio y deben estar presentes para poder abordar la lucha contra este tipo de criminalidad.

II. Inteligencia artificial generativa y TSH

Como se ha señalado, las tecnologías no han quedado al margen de los delitos tradicionales, entre los que se encuentra la trata de mujeres y niñas con fines de explotación sexual. En particular, en los últimos textos normativos se hace referencia a la utilización de las TIC con el objetivo de amplificar, agilizar y generalizar diferentes tipos delictivos que atentan contra las mujeres. Por ejemplo, la accesibilidad a la información, el alcance y la difusión se configuran como ventajas clave en la Directiva 2024/1385 del Parlamento Europeo y del Consejo, de 14 de mayo de 2024, sobre la lucha contra las mujeres y la violencia doméstica[5]. Pero también podríamos destacar como se detalla en el considerando 21 del citado texto que se «hace un uso indebido de la tecnología para intensificar un comportamiento coactivo y controla-

5 Directiva (UE) 2024/1385 del Parlamento Europeo y del Consejo, de 14 de mayo de 2024, sobre la lucha contra la violencia contra las mujeres y la violencia doméstica.

dor», características que se refieren en este texto a otras formas de violencia sobre la mujer, pero, sin embargo, la vigilancia, el temor y la manipulación forman parte de los *modus operandi* de este tipo de delito.

En particular, la Directiva (UE) 2024/1712 del Parlamento Europeo y del Consejo, de 13 de junio de 2024, por la que se modifica la Directiva 2011/36/UE relativa a la prevención y lucha contra la trata de seres humanos y a la protección de las víctimas, en su considerando 8 recoge que el número de delitos de trata que se cometen o facilitan a través de las TIC está aumentando, consecuencia del avance de la tecnología y de la digitalización que se ha experimentado a nivel global. Se identifica el uso de Internet para «captar, publicitar o explotar a las víctimas» y para «distribuir materiales de la explotación», pero también para «ejercer un control sobre ellas y organizar su transporte»[6], todas ellas, cuestiones clave para materializar este delito. En definitiva, parece que existe una tendencia que pone de manifiesto la preocupación a nivel internacional debido a la utilización de las TIC para cometer hechos delictivos, ejemplo de ello lo encontramos en el énfasis que pone el legislador en esta Directiva[7].

Se ha identificado, en los últimos años, un aumento de la utilización de Internet, principalmente de «redes sociales, aplicaciones móviles y la *dark web*» con el objetivo de explotar y captar a este tipo de víctimas. Pero además se utiliza para facilitar la comisión de la explotación, por ejemplo, recurriendo al alquiler telemático de pisos o apartamentos que son utilizados para consumar estos delitos[8].

En este sentido, de igual modo que ocurrió con el auge de Internet y de otros avances tecnológicos, la IA generativa no ha quedado al margen de las organizaciones criminales y de los delincuentes que cometen este tipo de hechos. Los modelos de IA generativa, en la actualidad, permiten la «generación flexible de contenidos», en múltiples formatos, como: «formato de texto, audio, imágenes o vídeo», como se señala en el considerando 99 del Reglamento (UE) 2024/1689 del Parlamento Europeo y del Consejo de 13 de junio de 2024, generalmente identificado como el Reglamento de Inteligencia Artificial aprobado en la Unión Europea[9].

---

6 Directiva (UE) 2024/1712 del Parlamento Europeo y del Consejo, de 13 de junio de 2024, por la que se modifica la Directiva 2011/36/UE relativa a la prevención y lucha contra la trata de seres humanos y a la protección de las víctimas.

7 Carrasco Pérez, C., «La tercera etapa de la Unión Europea en la lucha contra la trata de seres humanos: la Directiva (UE) 2024/1712 del Parlamento Europeo y del Consejo, de 13 de junio de 2024, relativa a la prevención y lucha contra la trata de seres humanos y a la protección de las víctimas», en *La Ley Unión Europea*, núm. 127, 2024.

8 Trafficking in persons report: Spain. Consultado en: https://www.state.gov/reports/2024-trafficking-in-persons-report/spain/ (Última consulta: 27/01/2024).

9 Reglamento (UE) 2024/1689 del Parlamento Europeo y del Consejo de 13 de junio de 2024 por el que se establecen normas armonizadas en materia de inteligencia artificial

Uno de los principales riesgos de la IA generativa es su utilización para la creación de *deepfakes,* en los últimos años esta tecnología ha experimentado importantes avances que permiten la creación de material audiovisual de un modo accesible para toda la población y, cada vez, con mayor calidad y precisión. Esto facilita todos los *modus operandi* que incluyan la práctica de engaños mediante imágenes, vídeos, identidades falsas, audios, etc.

En el citado Reglamento de IA de la Unión Europea se pone especial énfasis en las que se han denominado «ultrasuplantaciones» ya que conforme evolucionan los sistemas de IA de generación de contenido audiovisual también lo hace el grado de semejanza que estos tienen con la realidad. Con el objetivo de minimizar el engaño que se puede materializar a través de estas prácticas, se recoge que cuando se utilicen este tipo de sistemas y el resultado generado «se asemeje notablemente a personas, objetos, lugares, entidades o sucesos reales» y se pueda «inducir a una persona a pensar erróneamente que son auténticos o verídicos» se debería indicar que han sido generados con un sistema de inteligencia artificial de un modo claro y distinguible. Por lo tanto, se persigue evitar el engaño y el error que estos materiales crean sobre los diferentes sujetos.

La incorporación de la IA en los *modus operandi* de este tipo de delincuencia implica una serie de ventajas para los autores y organizaciones que se dedican a este tipo de prácticas. Por un lado, haremos referencia a algunas de las más comunes y que son compartidas con otras modalidades delictivas para, posteriormente, focalizar la atención en las particularidades de la trata de seres humanos. En primer lugar y, por excelencia, es reseñable que la corriente creada por el *Crime as a service*[10] está aumentando con el auge de la IA generativa[11], es decir, se permite que delincuentes con menos conocimientos técnicos tengan acceso a las ventajas que ofrecen las TIC. El alcance de las conductas y del lucro mediando instrumentos técnicos, favorecerá la continuidad de delitos como la trata de seres humanos en detrimento de la actuación policial y judicial efectiva.

De igual modo, de un modo genérico, se ha identificado que los sistemas de IA generativa se pueden utilizar para suplantar la identidad, con distintos objetivos: destruir la imagen y la credibilidad de la personas, acosar y humillar, extorsionar y engañar, facilitar la falsificación de documentos, falsificar identidades en línea, distribuir noticias falsas y fomentar la desinformación,

---

y por el que se modifican los Reglamentos (CE) n.º 300/s armonizadas en materia de inteligencia artificial y por el que se modifican los Reglamentos (CE) n.º 300/2008, (UE) n.º 167/2013, (UE) n.º 168/2013, (UE) 2018/858, (UE) 2018/1139 y (UE) 2019/2144 y las Directivas 2014/90/UE, (UE) 2016/797 y (UE) 2020/1828.

10 Trend Micro Research, United Nations Interregional Crime and Justice Research Institute (UNICRI) y Europol's European Cybercrime Centre (EC3). Malicious uses and abuses of artificial intelligence. 2020.

11 Europol, *Internet organised crime threat assessment,* 2024.

incitación al odio, el apoyo de grupos delictivos, etc.[12]. Los grandes modelos de lenguaje, LLM, han sido identificados por Europol como herramientas que propician el *CaaS* y que son óptimas para mejorar el *phishing* y la extorsión[13]. Entre los diferentes usos que puede hacerse de estos sistemas es oportuno, en este marco de análisis, incidir en dos de ellas que pueden estar directamente vinculadas con estos delitos.

En lo que respecta a la falsificación de documentación se presenta un problema grave ya que podría favorecer no solo la trata de seres humanos sino también el tráfico de personas y otros tipos delictivos que requieren documentación de identidad o pasaporte falso para su consumación. En este sentido, ya se identificaba en el Protocolo de Palermo, en el artículo doce, la importancia de garantizar la «seguridad y control de los documentos», debiéndose asegurar su integridad y evitar que se puedan falsificar, alterar, reproducir o expedir con fines delictivos[14].

En segundo lugar, en los casos de trata de seres humanos, se han identificado algunos métodos de actuación como el conocido como «lover boy» o «Don Juan», que se basan en la simulación de un perfil que engaña a las víctimas con promesas y falsas expectativas de una vida mejor en otro país con una persona que parece que será su pareja o su amor incondicional, es decir, es la metodología de la «falsa relación amorosa»[15]. Ante el auge de la IA generativa surge una mayor problemática ya que con estas herramientas se puede fomentar la simulación de identidades, detrás de las cuales puede haber varias personas e incluso organizaciones que tengan acceso al perfil falso.

También ha sido identificado por diferentes entidades públicas y privadas que la IA generativa mejorará la captación y atracción de víctimas, con diferentes fines delictivos, ya que favorece, entre otros, la simulación y adecuación del lenguaje, acabando con las denominadas «barreras lingüísticas». Se podrá asemejar al lenguaje utilizado en un determinado país o se podrá ajustar a una determinada edad[16].

De igual modo, es posible potenciar otro tipo de engaños no vinculados en sí mismos a una identidad falsa, como son los diferentes rituales, como

---

12 Trend Micro Research, United Nations Interregional Crime and Justice Research Institute (UNICRI) y Europol's European Cybercrime Centre (EC3). Malicious uses and abuses of artificial intelligence.. *op.cit.*

13 *Vid. op. cit.* Europol, *Internet organised crime threat assessment...*

14 Instrumento de Ratificación del Protocolo para prevenir, reprimir y sancionar la trata de personas, especialmente mujeres y niños, que complementa la Convención de las Naciones Unidas contra la delincuencia organizada transnacional, hecho en Nueva York el 15 de noviembre de 2000.

15 *Vid. op. cit.* Trafficking in persons report: Spain...

16 *Vid. op. cit.* Europol, *Internet organised crime threat assessment...*

pueden ser los de vudú[17], el envío de información e incluso material audiovisual de falsas empresas u ofertas de trabajo que no existen, de un trabajo que nunca ejercerán, etc. La extorsión se agrava ante la utilización de la TIC y, en concreto, de la IA[18].

El modelo de publicación de falsas ofertas de trabajo, con la finalidad de realizar una captación colectiva, ya ha sido estudiado con el objetivo de poder detectar este tipo de delitos con mayor frecuencia[19].

Entre los *deepfakes* existe la posibilidad de crear simulaciones de la voz; función reconocida como una de las principales ventajas que han identificado los delincuentes para cometer estafas, de todo tipo. Cuestión que podría propiciar no solo la captación sino también el mantenimiento del control de la explotación; pensemos que la simulación de voz puede ser utilizada para crear identidades falsas pero también para recrear identidades del entorno familiar o social de la víctima, incluso de alguna persona de referencia.

La globalización y el auge de los crímenes transfronterizos podría incluso propiciar el engaño en múltiples países, con diferentes idiomas. Los modelos basados en el NLP y los sistemas de IA generativos ya están siendo utilizados para realizar simulaciones de lenguaje humano, para configurar *chat bots* y para realizar traducciones simultáneas. Esto va a ampliar los horizontes delictivos, sin perjuicio de que no debamos obviar las ventajas que también se presentan para autoridades policiales y judiciales. La actuación de dichas autoridades se podría ver obstaculizada si, con carácter urgente, se requiere algún tipo de intervención en otro idioma que no controlan con el suficiente nivel. Por lo tanto, aunque las tecnologías van a llevar ligados unos obstáculos para las autoridades también van a poder propiciar intervenciones más efectivas, como veremos a continuación.

Por su parte, en este marco de análisis de los sistemas de IA generativa y de los *deepfakes* tenemos que hacer referencia a la difusión o distribución del material de explotación, ya que se ha identificado que el daño que se perpetra contra la víctima es más nocivo y duradero, de este modo se ha recogido en la reciente Directiva de 2024. En este contexto, deberíamos incluir todo el material audiovisual de carácter sexual que involucre a la víctima, lo que le generaría el referenciado perjuicio. Además no se va a exigir un alcance masivo de la distribución del contenido, sino que pone de manifiesto que

17 Se identifica el «vudú-yuyu» como método principal de captación para las víctimas de nacionalidad nigeriana. Centro de inteligencia contra el terrorismo y el crimen organizado (CITCO). Plan Estratégico Nacional contra la Trata y la Explotación de Seres Humanos 2021-2023...*op.cit.*

18 *Vid. op. cit.* EUROPOL, *Internet organised crime threat assessment*...

19 *Vid. op. cit.* COLMENARES GUILLÉN, L.E., GARCÍA GARCÍA, A., *et al.*, «Una aproximación de ...».

está «incluida la difusión en grupos cerrados a los que puede acceder un número limitado de participantes»[20].

En este mismo sentido, se ha identificado el *cybersex trafficking* o la visualización o acceso a los actos sexuales en directo como una posibilidad que surge debido al auge y a la transformación digital[21]. La IA generativa también podría favorecer la manipulación de material para obligar a la práctica de determinados hechos o bien para modificar o crear materiales que sean en sí mismo delictivos.

En definitiva, la combinación de las diferentes opciones que nos ofrece la IA generativa podría propiciar el engaño y la captación que se configuran como clave para la materialización de estos hechos delictivos. Además, ligado a la utilización de la tecnología tenemos que analizar las dificultades que existen para poder investigar y probar estos delitos. Principalmente, para poder reprimir un delito de trata de mujeres y niñas será necesario identificar la autoría, lo cual se dificulta debido al uso de las TIC, del *crime as a service* y, en particular, por la simulación de identidades que mantienen ocultas a las personas que están detrás de estas redes; encubriendo no solo su imagen sino también su voz.

III. Investigación tecnológica y prueba electrónica con IA

Con carácter general, se ha identificado un escaso número de enjuiciamientos y condenas por trata de seres humanos, se hace referencia a una cultura de impunidad. Principalmente se atiende a la importancia del testimonio de las víctimas y la importancia de aunar esfuerzos para apoyar estos testimonios y fomentar este tipo de declaraciones[22].

Además, la ausencia de sentencias firmes que ejecuten una condena para todos y todas las autoras de estas modalidades delictivas dificulta que se refuerce la confianza en la Administración de justicia por parte de las víctimas que todavía no han sido detectadas. Las dificultades para identificar y atribuir la autoría, como ya hemos señalado, son significativas[23], siendo este

20 Directiva (UE) 2024/1712 del Parlamento Europeo y del Consejo, de 13 de junio de 2024, por la que se modifica la Directiva 2011/36/UE relativa a la prevención y lucha contra la trata de seres humanos y a la protección de las víctimas...*op.cit.*

21 Planchadell-Gargallo, A., «Víctimas de trata de seres humanos, investigación del delito y nuevas tecnologías», en Arangüena Fanego, C.; de Hoyos Sancho, M., Pillado González, E. (Dirs.), *El proceso penal ante una nueva realidad tecnológica europea*, Thomson Reuters Aranzadi, Cizur Menor, 2023, pp. 393-412.

22 Council Of Europe - Greta. Group of experts on action against trafficking in human beings. 13th General Report. Covering the period from 1 January to 31 December 2023. April, 2023.

23 *Ibidem.*

uno de los objetivos principales de la investigación y de la que va a depender el propio proceso. En algunos casos, parte de los autores son identificados, mientras que otros son declarados en rebeldía.

Si analizamos la valoración de la declaración de las víctimas, como medio de prueba clave para desvirtuar la presunción de inocencia en estos casos, tenemos que atender a los requisitos que son objeto de análisis para la práctica de su valoración; ausencia de incredibilidad subjetiva, credibilidad objetiva y persistencia en la incriminación.

Desde el Grupo de Expertos sobre la Lucha contra la Trata de Seres Humanos se ha instado a los Estados Miembros a la apuesta por las denominadas «medidas de investigación especiales» con el objetivo de reforzar la investigación y obtención de material probatorio ante estos delitos. Han recogido expresamente la necesidad de mejorar la obtención de prueba electrónica, junto con otras recomendaciones como la asignación suficiente de recursos humanos y financieros[24].

Se hace un particular hincapié en la victimización secundaria de las víctimas, en atención a las múltiples tomas de declaración y a la lesividad de este tipo de prácticas a lo largo del proceso penal. Además, en lo que respecta a los menores de edad, se insiste en que no existen las suficientes salas especializadas, ya sea menores víctimas como testigos[25]. Debido a la situación de vulnerabilidad en la que se encuentran algunas víctimas, en la Directiva aprobada en el año 2011 ya se planteaba la especial protección de los menores y en la nueva Directiva aprobada en el año 2024 se ha incluido la mención expresa a las situaciones de discriminación por múltiples factores.

Asimismo en la Directiva (UE) 2024/1712 del Parlamento Europeo y del Consejo, de 13 de junio de 2024, se identifica expresamente en los considerandos nueve y diez que el uso de las TIC dificulta tanto la detección del delito como la identificación de autores y víctimas de trata. Se insta a que las autoridades policiales deben mejorar su capacitación en el ámbito tecnológico, tanto para poder actuar en el marco de un proceso penal como en un contexto previo de seguridad y detección en el que deben intervenir dichas autoridades[26].

La identificación de material generado por sistemas de IA generativa no siempre es fácil y conforme evolucionan y mejoran estos sistemas las dificultades se incrementan. Por un lado, por lo tanto, vamos a encontrar dificultades para identificar material de cualquier tipo que no muestre algunas

---

24 Council Of Europe - Greta. Group of experts on action against trafficking in human beings. 13th General Report...*op.cit.*

25 *Ibidem.*

26 Directiva (UE) 2024/1712 del Parlamento Europeo y del Consejo, de 13 de junio de 2024, por la que se modifica la Directiva 2011/36/UE relativa a la prevención y lucha contra la trata de seres humanos y a la protección de las víctimas...*op. cit.*

características significativas como sombras, fondos con luminosidad errónea, ausencia de movimiento natural, errores en las microexpresiones u otros errores de contenido, distorsiones o incoherencias. En concreto, destaca la apuesta por la utilización de sistemas de IA que permitan conocer los patrones a través de los que se crearon imágenes, vídeos o audios con IA[27].

Esta necesidad se ha incluido como recomendación de Europol en su informe IOCTA 2024, haciendo énfasis en la urgencia de disponer de herramientas más adecuadas para poder controlar, detectar y reprimir estos delitos que ya han incorporado IA a su *modus operandi.*

Con carácter general, la utilización de inteligencia artificial para la detección, investigación y prueba de estas tipologías delictivas se enmarcaría dentro de los sistemas que han sido catalogados de alto riesgo en el Anexo III del Reglamento (UE) 2024/1689 del Parlamento Europeo y del Consejo, de 13 de junio de 2024[28]. Además, supondría un tratamiento de «datos operativos sensibles» ya que están directamente relacionados con las actividades que se realizan para la prevención, detección, investigación o enjuiciamiento de los delitos de trata de seres humanos. Por lo tanto, el Reglamento prevé de un modo general la utilización de estos sistemas de IA por autoridades policiales y judiciales. Asimismo, estos sistemas deberán cumplir todas las garantías que recogen en el mismo y que se han regulado en el artículo 9 y siguientes[29].

En atención a una de las funciones de la IA, su utilización por parte de las autoridades podría favorecer la práctica de rastreos de los patrones que caracterizan el *modus operandi* de estas conductas. Por ejemplo, la práctica de rastreos con un sistema de IA para detectar las diferentes fórmulas que se están implementando para realizar captaciones colectivas, como las ya señaladas ofertas falsas de empleo[30]. Sin perjuicio, de otros muchos patrones que se podrían individualizar, incluyendo alguna metodología que incorpore IA para materializarse, como ya ha sido señalado.

---

27 Trend Micro Research, United Nations Interregional Crime and Justice Research Institute (UNICRI) y Europol's European Cybercrime Centre (EC3). Malicious uses and abuses of artificial intelligence. *op. cit.*

28 Reglamento (UE) 2024/1689 del Parlamento Europeo y del Consejo, de 13 de junio de 2024, por el que se establecen normas armonizadas en materia de inteligencia artificial... *op.cit.*

29 Véase, por ejemplo: Bueno de Mata, F., «La necesidad de regular la inteligencia artificial y su impacto como tecnología disruptiva en el proceso. De desafío utópico a cuestión de urgente necesidad», en Bueno de Mata, F. (Dir.), *El impacto de las tecnologías disruptivas en el derecho procesal,* Thomson Reuters Aranzadi, Cizur Menor, 2022, pp. 15-41; Herrera de las Heras, R., «El nuevo marco jurídico de la inteligencia artificial: las novedades del Reglamento Europeo», en *Actualidad civil,* núm. 5, 2024.

30 *Vid. op. cit.* Colmenares Guillén, L.E., García García, A., *et al.,* «Una aproximación de ...», pp. 171-185.

Una de las problemáticas que surgió ante otras herramientas de rastreo que se utilizaban a nivel policial en diferentes Estados y por diferentes cuerpos policiales, fue precisamente la fiabilidad y los denominados «falsos positivos». Esto generó un problema en el marco de la investigación del abuso sexual infantil en línea, sin embargo, la actual apuesta por inteligencia artificial explicable podría favorecer la implementación de sistemas que sean supervisados por las autoridades y que de un modo transparente evalúen las variables consideradas por el propio sistema para la emisión del resultado.

La implementación de sistemas transparentes y fiables podrá favorecer que se practiquen rastreos óptimos del material que se difunda y se distribuya, propiciando la represión delictiva pero también la protección de la víctima. Ya que si la intervención es efectiva podría minimizarse el daño ocasionado por la difusión sin control en Internet de cualquier tipo de material audiovisual de índole sexual relacionado con la víctima.

La inteligencia artificial favorece las posibles respuestas proactivas inteligentes[31], las cuales pueden mejorar la respuesta ante diferentes tipos delictivos, pudiendo alcanzar niveles que favorezcan las investigaciones y represiones de delitos complejos que se sirven de las TIC o la IA para aumentar su éxito. Una de las principales funciones que serviría para este fin sería esa particularidad del *machine learning* que favorece acotar y definir patrones a partir de un análisis de datos.

Muchas organizaciones criminales, desde hace décadas, también apuestan por la práctica de este tipo de delitos por el beneficio que les supone, aun cuando se produce a nivel interno en el mismo Estado, ya que no tiene que ser exclusivamente a nivel internacional. Además, se hace referencia a que pueden estar involucradas organizaciones criminales de pequeño tamaño o de gran tamaño y repercusión. Pero generalmente cuando nos encontramos con este tipo de organizaciones también habrá que hacer referencia a que practican otro tipo de delitos relacionados con el blanqueo de capitales, otros tipos de tráfico e incluso la violencia[32].

Ante esta circunstancia, no solo va a ser necesario recurrir a herramientas de investigación específicas para investigar y, en su caso, desarticular este tipo de organizaciones, sino que también se presentan dificultades en la investigación y prueba de este tipo delictivo cuando surge la necesidad de obtener material probatorio de otros Estados, por lo que el refuerzo de la cooperación judicial también se está exigiendo desde hace años[33]. Promover

---

31 Trend Micro Research, United Nations Interregional Crime and Justice Research Institute (UNICRI) y Europol's European Cybercrime Centre (EC3). Malicious uses and abuses of artificial intelligence.*op.cit.*

32 Naciones Unidas. Oficina Contra la Droga y el Delito, *Manual para la lucha contra la trata de personas. Programa mundial contra la trata de personas*, 2007.

33 *Ibidem.*

mejores plataformas de comunicación que favorezcan la interoperabilidad de datos y el refuerzo de la cooperación se configuran como líneas de acción claves para potenciar la lucha contra la trata de seres humanos[34].

Sobre esta cuestión también se incide en la Directiva 2011/36/UE del Parlamento Europeo y del Consejo, de 15 de abril de 2011, relativa a la prevención y lucha contra la trata de seres humanos y a la protección de las víctimas. En concreto, se incluye en su quinto considerando que se requerirá una mayor cooperación y en el considerando número 15 se insta a una mayor formación para optimizar la cooperación policial y judicial a nivel internacional, enumerando algunas de las agencias europeas, como Europol y Eurojust, así como la creación de equipos conjuntos de investigación. No obstante, destaca de estos considerando la referencia a la necesidad de acceder a las herramientas utilizadas para investigar la delincuencia organizada y grave, entre las que se incide en las tecnológicas que primaban en el momento de aprobación de dicho texto legal; «interceptación de comunicaciones, la vigilancia discreta, incluida la vigilancia electrónica, el control de cuentas bancarias y otras investigaciones financieras». De este modo, aunque con menor grado de detalle, queda reflejado en el artículo 9 relativo a la investigación y enjuiciamiento de estos hechos delictivos[35].

Por lo tanto, parece acertado señalar la necesidad de agilizar el desarrollo de sistemas de IA, así como por la apuesta por proyectos piloto, que sirvan para mejorar la eficacia de este tipo de investigaciones, facilitando la detección, investigación y prueba, en todos los niveles territoriales. Pero siempre haciendo referencia a sistemas de IA de alto riesgo que cumplan todos los requisitos y principios éticos previstos en el Reglamento y otros textos que se han ido desarrollando en el marco de la UE. Y no debiendo dejar al margen la importancia de la consideración de las garantías procesales una vez se utilizan estos sistemas en el marco del proceso penal[36].

34 Centro de Inteligencia contra el Terrorismo y el Crimen Organizado (CITCO), *Plan Estratégico Nacional contra la Trata y la Explotación de Seres Humanos 2021-2023*, 2024, *op. cit.*

35 Directiva 2011/36/UE del Parlamento Europeo y del Consejo, de 5 de abril de 2011, relativa a la prevención y lucha contra la trata de seres humanos y a la protección de las víctimas y por la que se sustituye la Decisión marco 2022/629/JAI del Consejo. DOUE L, 15 de abril de 2011.

36 Véase, por ejemplo: Bujosa Vadell, L., «Ética e inteligencia artificial: una mirada desde el proceso jurisdiccional», en *Revista Eletrônica de Direito Processual*, vol. 23, núm. 1, 2022, pp. 733-768; San Miguel Caso, C., «Desafíos y propuestas sobre la aplicación de la Inteligencia Artificial en el proceso penal», en Solar Cayón, J.I. y Sánchez Martínez, O. (Coords.), *El impacto de la inteligencia artificial en la teoría y la práctica jurídica*, Wolters Kluwer, Madrid, 2022, pp. 299-316; Reifarth Muñoz, W., «El uso del inteligencia artificial en el proceso judicial y los derechos fundamentales», Bueno de Mata, F. (Dir.), *El impacto de las tecnologías disruptivas en el derecho procesal,* Thomson Reuters Aranzadi, Cizur Menor, 2022, pp. 199-216; entre otros.

Además, las particulares previsiones de las diligencias de investigación tecnológicas, así como de las órdenes europeas que pueden ser utilizadas en casos transfronterizos, favorecerán la implementación a corto plazo de un modo garante estas herramientas por parte de autoridades formadas en materia de IA. No obstante, se apuesta por reformas legislativas que fomenten la seguridad jurídica, de tal modo que quede claro cuáles son los sistemas, los estándares y las responsabilidades que se derivan a nivel nacional de su implementación. Nos encontramos ante un delito que requiere investigaciones complejas y que puede comprometer múltiples derechos fundamentales tanto de personas investigadas como bienes jurídicos de las víctimas, ante esta particularidad podría haber sido oportuno instar a regular y a implementar medidas que se sirvan de sistemas de IA para luchar contra la trata de seres humanos. E incluso, como ha ocurrido en otras ocasiones, enfocadas a las particularidades del fenómeno que afecta principalmente a mujeres y niñas; que es la trata con fines de explotación sexual[37].

Con carácter específico, la previsión legal del uso de sistemas de IA para la investigación y prueba de delitos que se caracterizan por la referenciada transnacionalidad y complejidad es probable que requiera una armonización que solo se pueda conseguir a nivel supranacional. Se afirma por la doctrina que cuando el problema es transfronterizo, como ocurre con la globalización a través de las TIC de este fenómeno, es muy probable que debamos contar con herramientas que nos ofrezcan respuesta a estas necesidades[38].

IV. Reflexiones finales

Para aunar las reflexiones que se han emitido a lo largo de este estudio, es importante destacar que la trata de seres humanos se caracteriza por elevados índices de impunidad, que se justifican por las dificultades inherentes a su investigación[39] y prueba. Obstáculos que no han permanecidos estáticos, sino que se han incrementado con la utilización de Internet y otras tecnologías.

La IA y, en particular, la IA generativa no ha pasado desapercibida por los delincuentes. En algunas modalidades delictivas, como en las que se basan en la generación y distribución de material de abuso sexual en línea, ya se

---

37 Sin perjuicio de que la medida pueda ser utilizada para otros tipos delictivos. Como ocurrió, por ejemplo, con las previsiones legales del agente encubierto informático en la Ley de Enjuiciamiento Criminal, que estaba muy enfocado al *modus operandi* utilizado para la explotación sexual infantil en línea. O bien como está ocurriendo en otras propuestas a nivel europeo.

38 Castro Javier, B., «Cooperación internacional en materia de trata de seres humanos», en *Diario La Ley,* núm. 9761, 2020.

39 Se hace referencia a un delito que se caracteriza por la complejidad de su investigación y su instrucción. Perea González, A., «La prueba preconstituida en el delito de trata de seres humanos: el problema de la progresión procesal», en *La Ley Penal,* núm. 140, 2019.

ha identificado como un problema grave la incorporación de la IA generativa al *modus operandi.* En esta misma línea se han ido analizando cuáles son las ventajas, presentes y futuras, que se presentan para los delincuentes y cuáles son las preocupaciones del legislador ante las nuevas dinámicas y las oportunidades existentes para la consumación de la trata de seres humanos. Analizar cuáles son las vías de actuación delictiva en la actualidad se ha configurado como uno de los objetivos clave para poder «mejorar los métodos para combatir esta lacra y desarrollar acciones específicas complementarias»[40].

En el Plan Estratégico Nacional contra la Trata y la explotación de seres humanos 2021-2023 ya se señaló que había que utilizar las TIC para mejorar la detección de estos hechos delictivos[41]. No se hizo alusión expresa a la inteligencia artificial, pero esta se ha posicionado entre las principales tecnologías disruptivas de los últimos años.

En el marco del tratamiento procesal hay que reconocer que ya existe todo un elenco de herramientas reguladas con la suficiente seguridad jurídica para poder utilizarse ante estas tipologías delictivas. No obstante, tanto autoridades policiales como judiciales deben apostar por una digitalización de sus actividades y diligencias, solo de este modo se podrá conseguir la práctica de investigaciones eficaces.

En este sentido, ya se ha señalado que la utilización de la inteligencia artificial, con todas las garantías y salvaguardas, que ya se preveían en el marco de las investigaciones tecnológicas y de la actuación procesal, es una buena opción para hacer frente a la utilización de IA de un modo malicioso. Esta apuesta por la IA mejorará la efectividad de las intervenciones operativas y favorecerá el éxito del proceso en su totalidad.

En concreto, en la última Directiva (UE) 2024/1712 del Parlamento Europeo y del Consejo, de 13 de junio de 2024, en el artículo 19 ter, se incorpora como elemento dentro de los planes de acción nacionales contra la trata de seres humanos la necesidad de incluir «medidas para reforzar la lucha contra la trata de seres humanos, lo que incluye mejorar la investigación y el enjuiciamiento de los casos de trata de seres humanos y la cooperación transfronteriza», lo cual más allá de la protección de la víctima parece perseguir la utilización de medidas de investigación tecnológica y la obtención de material probatorio electrónico. Como ha sido señalado, a corto plazo, podría tener cabida en la legislación vigente la utilización de la IA como avance tecnológico que se enmarca dentro de otras diligencias tecnológicas ya regula-

40 Como se recogió en el Plan estratégico Nacional contra la Trata y la Explotación de Seres Humanos 2021-2023 del Centro de Inteligencia contra el terrorismo y el crimen organizado (CITCO)...*op.cit.*

41 *Ibidem.*

das, pero las funciones de la IA son variadas y no siempre corresponden en sentido estricto con las clásicas medidas de investigación.

Asimismo, como ha ocurrido ante el auge de las tecnologías que con carácter disruptivo iban transformando el *modus operandi* de los diferentes tipos delictivos, se espera y se incide en la importancia de la adquisición de conocimientos técnicos por parte de las autoridades policiales[42], ya que serán las que se encargarán de practicar las investigaciones y de obtener el material probatorio con todas las garantías. Conocimientos que deberán ser específicos en sistemas de IA y que deberán acompañarse de la dotación de los recursos informáticos apropiados, a los que tengan acceso las diferentes autoridades competentes involucradas en el proceso.

En el ámbito de la seguridad ciudadana y la detección policial ya son varias las unidades especializadas, de diferentes cuerpos policiales, las que están apostando por implementar inteligencia artificial. No obstante, ante este tipo de apuestas es preciso incidir en la necesidad de individualizar las particularidades criminógenas de los delitos de trata de mujeres y niñas, principalmente con fines de explotación sexual. Se está apostando por herramientas y aplicaciones especializadas que, cumpliendo los estándares de los sistemas IA de alto riesgo, se basan en IA explicable y sirven con fiabilidad para unos fines concretos.

Es posible, en el momento actual, realizar un símil respecto a la apuesta por normativa especializada que fomente no solo la tipificación penal sino también el tratamiento procesal, incluyendo desde la investigación hasta la protección de la víctima y la represión del delito. En este mismo sentido se ha ido avanzando en el ámbito de la violencia de género cometida en el seno de las relaciones de pareja o en los delitos relacionados con el material de abuso sexual infantil en línea. Por ello, se apuesta seguir esta misma línea en el caso de los delitos de trata de seres humanos.

Esta cuestión previa unida a lo que ya se propone respecto a la capacitación y especialización en la Directiva (UE) 2024/1712 del Parlamento Europeo y del Consejo, de 13 de junio de 2024, apostando porque todas las «personas, las unidades o los servicios que investiguen y enjuicien» los delitos en los que media la utilización de las TIC cuenten con los conocimientos y la formación técnica adecuada para hacer frente a este tipo de *modus operandi* que ya forma parte de los delitos de trata de seres humanos. Se insta incluso a la creación de unidades especializadas cuando proceda.

En definitiva, el desarrollo y la implementación de sistemas de IA para la lucha contra los delitos de trata de seres humanos parece ser una necesidad que nos podría brindar la oportunidad de contrarrestar la rápida adaptación

42 También se incluyó esta cuestión en el Plan Estratégico Nacional contra la Trata y la Explotación de Seres Humanos 2021-2023 elaborado por el centro de inteligencia contra el terrorismo y el crimen organizado (CITCO).

a las TIC de los delincuentes y organizaciones. No obstante, siempre deberá ser IA explicable, que cumpla con los requisitos exigidos y que se ajuste a las garantías inherentes a los procesos penales de los estados democráticos.

V. Bibliografía

Bueno de Mata, F., «La necesidad de regular la inteligencia artificial y su impacto como tecnología disruptiva en el proceso. De desafío utópico a cuestión de urgente necesidad», en Bueno De Mata, F. (Dir.), *El impacto de las tecnologías disruptivas en el derecho procesal,* Thomson Reuters Aranzadi, Cizur Menor, 2022, pp. 15-41.

Bujosa Vadell, L., «Ética e inteligencia artificial: una mirada desde el proceso jurisdiccional», en *Revista Eletrônica de Direito Processual*, vol. 23, núm. 1, 2022, pp. 733-768

Carrasco Pérez, C., «La tercera etapa de la Unión Europea en la lucha contra la trata de seres humanos: la Directiva (UE) 2024/1712 del Parlamento Europeo y del Consejo, de 13 de junio de 2024, relativa a la prevención y lucha contra la trata de seres humanos y a la protección de las víctimas», en *La Ley Unión Europea*, núm. 127, 2024.

Castro Javier, B., «Cooperación internacional en materia de trata de seres humanos», en *Diario La Ley,* núm. 9761, 2020.

Centro de Inteligencia contra el Terrorismo y el Crimen Organizado (CITCO), *Plan Estratégico Nacional contra la Trata y la Explotación de Seres Humanos 2021-2023*, 2024.

Colmenares Guillén, L.E., García García, A., *et al.,* «Una aproximación de identificación del modus operandi de los tratantes de personas en redes sociales virtuales», en *Revista Tecnología Digital,* vol. 13, núm. 2, 2023, pp. 171-185.

EUROPOL, *Internet organised crime threat assessment,* 2024.

García Sedano, T., «El tipo de la trata de seres humanos», en *La Ley Penal,* núm. 109, 2014.

Herrera de las Heras, R., «El nuevo marco jurídico de la inteligencia artificial: las novedades del Reglamento Europeo», en *Actualidad civil,* núm. 5, 2024.

Ministerio del Interior. Secretaría de Estado de Seguridad, *Trata y explotación de seres humanos en España. Balance estadístico 2019-2023*, 2023.

Naciones Unidas. Oficina contra la Droga y el Delito, *Manual para la lucha contra la trata de personas. Programa mundial contra la trata de personas*, 2007.

Perea González, A., «La prueba preconstituida en el delito de trata de seres humanos: el problema de la progresión procesal», en *La Ley Penal,* núm. 140, septiembre-octubre, 2019.

Planchadell-Gargallo, A., «Víctimas de trata de seres humanos, investigación del delito y nuevas tecnologías», en Arangüena Fanego, C.; de Hoyos Sancho, M., Pillado González, E. (Dirs.), *El proceso penal ante una nueva realidad tecnológica europea*, Thomson Reuters Aranzadi, Cizur Menor, 2023, pp. 393-412.

Reifarth Muñoz, W., «El uso del inteligencia artificial en el proceso judicial y los derechos fundamentales», Bueno de Mata, F. (Dir.), *El impacto de las tecnologías disruptivas en el derecho procesal,* Thomson Reuters Aranzadi, Cizur Menor, 2022, pp. 199-216.

San Miguel Caso, C., «Desafíos y propuestas sobre la aplicación de la Inteligencia Artificial en el proceso penal», en Solar Cayón, J.I. y Sánchez Martínez, O. (Coords.), *El impacto de la inteligencia artificial en la teoría y la práctica jurídica*, Wolters Kluwer, Madrid, 2022, pp. 299-316.

CAPÍTULO VI

LA VULNERACIÓN DE DERECHOS FUNDAMENTALES A TRAVÉS DE LA SEXTORSIÓN: REFLEXIONES DESDE EL DERECHO CONSTITUCIONAL

José Luis Mateos Crespo
Universidad de Salamanca

I. Introducción

La incorporación de la tecnología en nuestras vidas ha sido un proceso que se ha acelerado en las últimas dos décadas, sobre todo con la extensión del consumo de Internet. Las ventajas por tener a nuestro alcance multitud de herramientas derivadas del desarrollo tecnológico son múltiples, pero tampoco podemos pasar por alto el hecho de que este tipo de instrumentos tecnológicos también pueden implicar comportamientos lesivos para nuestros derechos fundamentales. No se trata, en este caso, de promover la desconfianza hacia la tecnología porque pueda ser mal utilizada, sino más bien todo lo contrario: poner el foco sobre los riesgos que entraña el mal uso de la tecnología para evitar consecuencias negativas, aprovechando en todo momento todo lo positivo que nos aporta, que es mucho.

En este trabajo pretendemos abordar determinadas prácticas que, aprovechando las posibilidades de la tecnología, buscan provocar un daño directo a terceras personas que acaban convirtiéndose en víctimas. En particular, analizaremos la conocida como *sextorsión* como forma de chantaje que amenaza a la víctima para que realice algún tipo de acción para no publicar o difundir contenidos con connotación sexual. Es evidente que este tipo de prácticas, además de constituir uno o varios delitos, también suponen un ataque directo y la vulneración de los derechos fundamentales de las víctimas. Por ello, se hará mención especial a la categoría de los derechos fundamentales reconocidos en el texto constitucional español.

Además, pretendemos también relacionar la sextorsión y la vulneración de los derechos fundamentales con el uso de la Inteligencia Artificial, puesto que, en ocasiones, se ha detectado cómo este tipo de tecnología que ha implosionado en tiempos recientes está suponiendo una vía rápida para distorsionar y difundir imágenes con el objetivo de provocar más daño a las víctimas. Incluyendo, en algunos casos, la generación de contenidos audiovisuales falsos o manipulados.

II. Los derechos fundamentales en la Constitución de 1978

Los derechos fundamentales se incorporan en los textos constitucionales de finales del siglo XVIII con el surgimiento y desarrollo del Estado liberal, como límite al poder estatal para garantizar la autonomía y libertad individuales[1], cuestión central para los revolucionarios liberales frente a los abusos del poder del Estado absoluto contra el que se rebelaron[2]; si bien este papel como límite del poder ha planteado algunos problemas en la práctica[3]. En todo caso, debemos vincular el origen de esta categoría de derechos con el surgimiento del Estado constitucional, puesto que sólo podemos hablar de derechos fundamentales si son reconocidos en los textos constitucionales y, además, de ello se deriva alguna consecuencia jurídica[4], esto es, lo vinculante y eficaz que resulta tal reconocimiento para garantizar la protección en el ejercicio de estos derechos subjetivos. Y, más aún, la teoría sobre los derechos fundamentales surgida a mediados del siglo XX y con la doctrina alemana como máximo exponente[5].

---

1 Peces-Barba, G, *Derechos fundamentales*, Latina, Madrid, 1980.

2 Fioravanti, M, *Los derechos fundamentales. Apuntes de historia de las constituciones,* Trotta, Madrid, 2023, pp. 56 y ss.

3 De Asís, R, *Las paradojas de los derechos fundamentales como límites al poder,* Dykinson, Madrid, pág. 95.

4 Cruz Villalón, P., «Formación y evolución de los derechos fundamentales», en *Revista Española de Derecho Constitucional,* núm. 25, 1989, p. 41.

5 Martín De La Vega, A., «Teoría de la Democracia y derechos fundamentales, en *Teoría y Realidad Constitucional,* núm. 54, 2024, p. 219.

Son derechos fundamentales aquellos que se encuentran positivizados en normas de rango constitucional y que, además de atribuir esferas subjetivas de poder a sus titulares, también «constituyen normas objetivas que integran la Constitución», gozando de una doble naturaleza que confiere mayor protección en el Estado Social y Democrático de Derecho, donde los derechos no sólo constituyen un límite a la actuación de los poderes públicos, sino que también establecen obligaciones para garantizar y hacer efectivo su ejercicio. Ello no supone que se trate de derechos con contenido estático, sino más bien lo contrario pues los derechos fundamentales interactúan con una realidad dinámica que incide en su constante evolución y desarrollo[6].

Podemos señalar, además, otras definiciones complementarias a la anterior y así podemos entender por derechos fundamentales «aquel conjunto de enunciados constitucionales que contienen un interés particular que se valora positivamente para la plena realización del individuo, lo que justifica su incorporación al texto constitucional y la instrumentalización de unas garantías que tutelen su efectividad»[7] o, en otro sentido, como «un poder jurídico individual o colectivo indisponible al poder público, y especialmente al legislador, justo por su rango constitucional. Es una garantía constitucional de la intangibilidad al poder público de la vinculación negativa de las personas al ordenamiento jurídico en ciertos ámbitos de la realidad, propia de un Estado democrático de Derecho»[8]. Definición esta última que se conecta, a su vez, con el concepto del *contenido esencial* de los derechos fundamentales como garantía reconocida en el artículo 53.1 de la Constitución española de 1978 como límite a la acción del legislador para desarrollar el contenido de los derechos fundamentales, en tanto que no puede rebasar el contenido esencial configurado constitucionalmente[9].

La categoría de los derechos fundamentales está presente en el texto constitucional español de 1978, integrante de la denominada *parte dogmática* de la Constitución, en concreto, en el Título I bajo la denominación *De los derechos y deberes fundamentales*. No obstante, la protección y las garantías de los derechos del Título I es diferente en función de su ubicación en el texto constitucional, de modo que los derechos del Capítulo segundo son diferentes de los del Capítulo tercero y, además, dentro del Capítulo segundo la protección jurisdiccional e institucional de los de la sección primera es mayor

6 Aba-Catoira, A., «El concepto jurisprudencial de límite de los derechos fundamentales», en *Anuario da Facultade de Dereito da Universidade da Coruña,* núm. 2, 1998, pp. 14-15.

7 Aguiar de Luque, L., «Las garantías constitucionales de los derechos fundamentales en la Constitución española», en *Revista de Derecho Político,* núm. 10, 1981, p. 110.

8 Villaverde, I., «Derechos fundamentales (Constitución española)», PENDÁS, B. (Coord.), *Enciclopedia de las Ciencias morales y políticas para el siglo XXI,* Real Academia de Ciencias Morales y Políticas, Boletín Oficial del Estado, 2020, p. 728.

9 Martín Huertas, A., «El contenido esencial de los derechos fundamentales», en *Revista de las Cortes Generales,* núm. 75, 2008, pp. 105-190.

que los que integran la sección segunda; aunque «los derechos constitucionales no deben su *fundamentalidad* al nivel de su eficacia o a su protección institucional o procesal, pues estos aspectos de los derechos no son causa de su valía sino sólo el exponente de la misma», por lo que habrá que atender al criterio material[10].

Además, se establecen una serie de garantías para los derechos constitucionales del Título I, con especial protección de aquellos que integran la sección primera del Capítulo II del Título I. Así, hablamos de garantías normativas, garantías jurisdiccionales y garantías institucionales. En particular, en relación con las garantías normativas, en torno a la reserva de la potestad normativa en materia de derecho fundamentales, destaca la garantía de la reforma constitucional, y los límites a la acción del legislador por medio de la reserva de ley orgánica y el respeto al contenido esencial. Por su parte, las garantías jurisdiccionales se relacionan con la posibilidad del procedimiento preferente y sumario en la jurisdicción ordinaria y el recurso de amparo ante el Tribunal Constitucional. Y, por último, el Defensor del Pueblo destaca por su papel en la protección y salvaguarda de los derechos fundamentales frente a las posibles lesiones que puedan sufrir sus titulares[11].

III. La tecnología y el ejercicio de derechos fundamentales: una relación cada vez más estrecha

La fuente de la que bebe la tecnología para saber más de nosotros es la gran cantidad de datos o *big data* que existen en circulación a través de Internet y que, extraídos y organizados de forma adecuada[12], por ejemplo, a través de herramientas de IA que han aportado sobre todo eficiencia a este proceso, son material valioso para cualquier tipo de proceso por la cantidad de información que contienen. Resulta evidente, por tanto, que, por la relevancia de los datos, la protección de los datos de carácter personal y la garantía de la privacidad son derechos fundamentales (art. 18 CE) directamente relacionados con el uso de la IA[13], pero no sólo porque casi cualquier

10 Solozábal Echavarría, J.J., «Algunas cuestiones básicas de la Teoría de los derechos fundamentales», en *Revista de Estudios Políticos,* núm. 71, 1991, pp. 91-92.

11 Aguiar de Luque, L., «Las garantías constitucionales de los derechos fundamentales en la Constitución española», en *Revista de Derecho Político,* núm. 10, 1981, pp. 116-129.

12 Cotino Hueso, L., «Big data e inteligencia artificial. Una aproximación a su tratamiento jurídico desde los derechos fundamentales», en *Dilemata*, 2017, núm. 24, p. 131.

13 Véase la excelente obra de referencia sobre la materia de Domínguez Álvarez, J. L., *Iusalgoritmia: las reglas de Derecho y la Inteligencia Artificial,* Tiran lo Blanch, Valencia, 2024.

derecho fundamental puede verse condicionado por el desarrollo de la IA[14] porque no podemos olvidarnos que esta tecnología imita y reproduce comportamientos propios de los seres humanos[15].

La utilización masiva de datos y algoritmos, además de la incidencia directa en el derecho individual de protección de datos, también puede suponer una incidencia en el derecho a no ser discriminado (art. 14 CE), sobre todo si de la programación y configuración de tales algoritmos que procesan e interpretan los datos se extraen conclusiones sesgadas para la toma de decisiones, por ejemplo, en el entorno laboral o para el desarrollo de políticas públicas[16]. Del mismo modo, y relacionado con lo señalado, en los procesos de participación política se ha ido incorporando el análisis de datos que los electores comparten a través de las redes sociales, de modo que se planifican los discursos políticos, las ofertas programáticas de los partidos y las tomas de decisiones desde las instituciones, teniendo en cuenta la información que ofrecen los datos extraídos, recopilados, sistematizados y analizados para el fin que se pretende, de modo especial en los periodos de las campañas electorales[17]; por lo que también se encuentra afectado el derecho de participación política (art. 23 CE)[18].

La tecnología en general, y la IA en particular, pueden incidir en el ejercicio de los derechos fundamentales, pero en este trabajo también debemos señalar aquellos en los que un uso inadecuado de esta tecnología puede provocar un daño mayor. Es el caso del uso que puede realizarse lesionando los derechos de protección de datos personales, de privacidad, honor, propia imagen, así como el derecho a la dignidad de la persona y a la integridad moral, con la creación de contenidos y difusión de información o imágenes falsas o manipuladas, un caso que resulta lesivo para cualquier persona porque afecta a su dignidad, pero aún más para menores y víctimas de violencia de género.

---

14 PRESNO LINERA, M.Á., «Teoría general de los derechos fundamentales e inteligencia artificial: una aproximación», en *Revista Jurídica de Asturias*, núm. 45, 2022, pp. 55-83.

15 Es de referencia la obra de PRESNO LINERA, M.Á., *Derechos fundamentales e Inteligencia Artificial,* Marcial Pons, Madrid, 2022.

16 GÓMEZ ABEJA, L., «Inteligencia artificial y derechos fundamentales», en GARRIDO MARTÍN, J. *et al.* (Coords.), *Inteligencia artificial y Filosofía del Derecho*, Laborum, Murcia, 2022, pp. 96-97.

17 MATEOS CRESPO, J. L., «La incidencia de los algoritmos en las campañas electorales: un riesgo para la participación política y la democracia», en TERRÓN SANTOS, D. y DOMÍNGUEZ ÁLVAREZ, J. L. (Dirs.), *Inteligencia artificial y defensa: nuevos horizontes*, Aranzadi, Pamplona, 2021, pp. 243-255.

18 MONTILLA MARTOS, J.A., «Inteligencia artificial y derechos de participación política», en *De lege ferenda. Revista de la Facultad de Derecho de la Universidad de Granada,* núm. 1, 2023, pp. 34-55.

IV. La *sextorsión* como forma de violencia digital

El Instituto Nacional de Ciberseguridad (INCIBE) nos ofrece un concepto de sextorsión como «una forma de chantaje en el que el atacante amenaza a la víctima para que realice algún tipo de acción específica con el fin de no hacer públicas imágenes o vídeos con connotación sexual, que previamente le ha enviado»[19]. En la mayoría de los casos, quienes chantajean a las víctimas puede que ni siquiera tengan material con contenido sexual ni de otro tipo que pueda perturbar a la víctima, pero se sirven del miedo, la inseguridad y el desconocimiento de quien recibe un mensaje con el chantaje. Con carácter general, además, el chantaje consiste en el envío de material de igual naturaleza o una cantidad de dinero para no difundir el material que el chantajista dice tener sobre la víctima.

No debe confundirse el *sexting* con la *sextorsión*, si bien puede haber algún nexo entre una y otra práctica. En relación con el sexting, hacemos referencia al «envío de fotos y/o mensajes de contenido erótico o sexual explícito a través de cualquier dispositivo electrónico, ya sea móvil, ordenador o móvil»[20]. No obstante, como hemos señalado, puede existir un nexo entre ambas prácticas, en tanto que el material compartido a través de la práctica del sexting puede derivar en sextorsión. Ello puede suceder en aquellos casos en que el material previamente compartido en un entorno de intimidad y confianza entre dos personas en un momento determinado, sin embargo, se convierte en un elemento de chantaje por parte de una de las personas que participaron en el intercambio, que amenaza a un tercero con la difusión sin su consentimiento del material audiovisual (imágenes, fotografías, vídeos...), esto es, derivando en un claro caso de sextorsión. Tanto en el sexting como en la sextorsión, no obstante, pueden identificarse prácticas y conductas donde se cosifica y considera a las mujeres como objetos sexuales, así como que la exposición de su sexualidad se utiliza como elemento de control sobre ellas y sobre su intimidad, lo que se agrava si los contenidos son difundidos con posterioridad sin consentimiento.

La difusión de imágenes, fotografías o grabaciones audiovisuales sin autorización de la persona afectada por parque de quien las hubiera obtenido con anuencia en el domicilio o en lugar fuera del alcance de la mirada de terceros, cuando la divulgación menoscabe gravemente la intimidad personal de la persona sobre la que versan las imágenes, está tipificado como delito en el artículo 197.7 del Código Penal y castigado con pena de prisión de tres

19 Definición disponible en: https://www.incibe.es/aprendeciberseguridad/sextorsion

20 Fernández Calero, E.M., «Sexting en la adolescencia», en Bocanegra Barbecho, L. y Romero Frías, E. (Coords.), *Territorios digitales: construyendo unas ciencias sociales y humanidades digitales (I Congreso Internacional)*, Universidad de Granada, Granada, 2018, pp. 35-36.

meses a un año o multa de seis a doce meses[21]. Además, también podrá ser condenado a multa de uno a tres meses quien recibiera tal contenido y lo difunda, revele o ceda a terceros sin consentimiento de la persona afectada. Y, por último, añade el legislador en el artículo 197.7 *in fine* que, en los supuestos contemplados en este apartado, la pena se impone en su mitad superior cuando los hechos fueran cometidos por el cónyuge o persona que esté o haya estado unida por análoga relación de afectividad, aunque no convivieran, la víctima fuera menor de edad o una persona con discapacidad necesitada de especial protección, o si los hechos se hubieran cometido con una finalidad lucrativa.

1. La relación entre la *sextorsión* y la violencia de género

La tecnología ha supuesto un cambio en la forma en que nos relacionamos, con incidencia en nuestra vida y conducta. De este modo, las interacciones sociales también incluyen las distintas fórmulas de compartir datos e información de carácter personal, sobre todo si hablamos de los contenidos que decidimos compartir a través de las redes sociales digitales, aunque no seamos del todo consciente de lo que implica la difusión de aspectos privados de nuestras vidas[22]. No obstante, el concepto de red social no es novedoso, sino que ha sido adaptado al entorno digital, de tal modo que por red social entendemos la «comunidad en la cual los individuos están conectados de alguna forma, a través de amigos, valores, relaciones de trabajo o ideas», lo que se ha transformado en un concepto al que aludimos para hacer referencia a «la plataforma web en la cual la gente se conecta entre sí» y donde identificamos nombres como WhatsApp, Facebook o Twitter (ahora, X)[23]. El contenido de la información publicada en estas redes sociales puede ser de acceso privado, pero también fuente de información de acceso público[24].

Cada vez más se identifican casos relacionados con el acoso y las redes sociales entre y hacia personas vulnerables, como menores de edad. Uno de esos casos que más impacto mediático tuvo fue la difusión durante el verano

21 VALENZUELA GARCÍA, N., «El rol de las TIC en el delito de «sexting»: problemas de aplicabilidad del artículo 197.7 del Código Penal», en ARÁNGUEZ SÁNCHEZ, T. y OLARIU, O. (Coords.), *Feminismo digital: violencia contra las mujeres y brecha sexista en Internet*, Dykinson, Madrid, 2021, pp. 440-462.

22 PERELLÓ MITJANS, E., «Impacto de las redes sociales en el Derecho a la protección de datos personales», en *Anuario Facultad de Derecho, Universidad de Alcalá*, núm. 2, 2019, pp. 107-129.

23 MARAÑÓN OLIVA, C., «Redes sociales y jóvenes: una intimidad cuestionada en Internet», *Aposta. Revista de Ciencias Sociales,* núm. 54, 2012, pág. 3.

24 GARCÍA SANZ, R.M., «Redes sociales online: fuentes de acceso público o ficheros de datos personales privados (Aplicación de las Directivas de protección de datos y privacidad en las comunicaciones electrónicas», *Revista de Derecho Político,* núm. 81, pp. 101-154.

de 2023 de imágenes manipuladas de niñas menores residentes en el municipio pacense de Almendralejo, y que fueron difundidas a través de grupos de la aplicación de mensajería instantánea WhatsApp[25]. Resulta evidente que este tipo de conductas que lesionan derechos de terceros, especialmente de personas vulnerables, exige la adopción de reformas legislativas para proteger a estos grupos de población; sin perjuicio de incrementar la colaboración y participación activa de las plataformas y empresas propietarias de las redes sociales por medio de una adecuada autorregulación[26].

Las distintas formas de violencia a través de Internet, incluyendo la violencia de género, constituye un fenómeno emergente y con un incremento preocupante de casos y denuncias en los últimos años[27]. Habida cuenta de esta realidad, el Parlamento Europeo, en una resolución del año 2017[28], declaró lo siguiente:

> «los medios digitales de comunicación han contribuido a la generalización de la incitación al odio y las amenazas contra las mujeres, habida cuenta de que un 18 % de las mujeres en Europa ha sufrido, desde la adolescencia, algún tipo de acoso en internet, y de que nueve millones de europeas han sido víctimas de la ciberviolencia; que el sistema judicial no tiene capacidad de respuesta para la violencia contra las mujeres en internet; que raras veces se denuncia, investiga, procesa y sentencia a los abusadores y a los incitadores al odio»
>
> «Destaca la estrecha interrelación entre los estereotipos y el marcado aumento de casos de acoso contra las mujeres y de sexismo en internet y en las redes sociales, que dan lugar a nuevas formas de violencia contra las mujeres y las niñas, como el ciberhostigamiento, el ciberacoso, el uso de imágenes degradantes en línea y la distribución en redes sociales de fotos y vídeos privados sin el consentimiento de las personas implicadas, etc.; subraya la necesidad de combatir estos comportamientos desde una edad temprana; hace hincapié en que estas situaciones pueden derivarse de una falta de protección por parte de las autoridades públicas y otras instituciones, a las que les corresponde en principio crear un entorno neutro respecto del género y denunciar el sexismo».

---

25 Decenas de menores de Extremadura denuncian que circulan fotos de falsos desnudos suyos creadas por inteligencia artificial: «Me dio un vuelco el corazón», información disponible en (fecha de consulta: 20 de septiembre de 2024): https://elpais.com/espana/2023-09-18/la-policia-investiga-el-desnudo-integral-de-varias-menores-en-extremadura-con-inteligencia-artificial-me-dio-un-vuelco-el-corazon.html

26 López Jiménez, D., «La protección de datos de carácter personal en el ámbito de las redes sociales electrónicas: el valor de la autorregulación», *Anuario Facultad de Derecho – Universidad de Alcalá*, núm. II, 2009, pp. 237-274.

27 Pérez Vallejo, A.M., «Ciberacoso sexualizado y ciberviolencia de género en adolescentes. Nuevo marco regulador para un abordaje integral», *Revista de Derecho, Empresa y Sociedad,* núm. 14, 2019, pág. 48.

28 Resolución del Parlamento Europeo, de 14 de marzo de 2017, sobre la igualdad entre mujeres y hombres en la Unión Europea en 2014-2015, texto disponible en: https://www.europarl.europa.eu/doceo/document/TA-8-2017-0073_ES.html

Esta Resolución del Parlamento Europeo, así como posteriores similares, tuvo impacto en la acción política y legislativa de las instituciones europeas. Tanto que, años más tarde eso sí, se elaboró una propuesta de Directiva del Parlamento europeo y del Consejo sobre la lucha contra la violencia contra las mujeres y la violencia doméstica[29], y en la que se ponía de manifiesto que *«la ciberviolencia contra las mujeres, también en el contexto de la violencia doméstica, se ha convertido en una nueva forma de este tipo de violencia, que se propaga y se amplifica traspasando las fronteras de los Estados miembros a través de internet»*, e incidiendo, como hemos señalado anteriormente, en:

> «El incremento del uso de internet y de las redes sociales ha dado lugar a un marcado aumento de la incitación pública a la violencia y al odio, también por motivos de sexo o género, en los últimos años. La fácil, rápida y amplia difusión de los discursos de odio a través del mundo digital se ve potenciada por el efecto de desinhibición en línea, ya que el supuesto anonimato en internet y el sentimiento de impunidad reducen la inhibición de la gente a proferir tales discursos. Las mujeres son a menudo blanco de odio sexista y misógino en línea, que puede intensificarse hasta convertirse en delito de odio fuera de línea. Esto debe interceptarse en una fase temprana. El lenguaje utilizado en este tipo de incitación no siempre hace referencia directa al sexo o al género de la persona o personas atacadas, pero los prejuicios que la motivan pueden deducirse del contenido general o el contexto de la incitación».

El texto de la directiva, con algunas modificaciones, fue aprobado y publicado en el Diario Oficial de la Unión Europea con fecha 24 de mayo de 2024[30], con un objetivo claro para proporcionar un marco integral para la prevención y combatir de forma eficaz la violencia contra las mujeres y la violencia doméstica con medidas en diversos ámbitos, tales como: la definición de los delitos y las sanciones correspondientes, la protección de las víctimas y el acceso a la justicia, el apoyo a las víctimas, la mejora de la recogida de datos, la prevención, la coordinación y la cooperación. Ahondando, además, en que la violencia contra las mujeres y la violencia doméstica «suponen una violación de los derechos fundamentales, como el derecho a la dignidad humana, el derecho a la vida y a la integridad de la persona, la prohibición de las penas o los tratos inhumanos o degradantes, el derecho al respecto de la vida privada y familiar, el derecho a la libertad y a la seguridad, el derecho a la protección de los datos de carácter personal, el derecho a la no discriminación, también por razón de sexo, y los derechos del menor, consagrados en la Carta y en la Convención de las Naciones Unidas sobre los Derechos del

---

29 Texto disponible en el siguiente enlace: https://eur-lex.europa.eu/legal-content/ES/TXT/?uri=CELEX %3A52022PC0105

30 Texto disponible en el siguiente enlace: https://www.boe.es/doue/2024/1385/L00001-00036.pdf

Niño». En esta Directiva, como se apuntaba en el texto de la propuesta inicial, también se integran medidas en torno a la ciberviolencia contra las mujeres.

Entre las conductas que pueden implicar ciberacoso hacia mujeres y tratarse de supuestos de violencia de género en el ámbito digital, podemos destacar[31]:

1. Distribuir una imagen por internet (sexting) o datos comprometidos de contenido sexual, ya sean reales o falsos.
2. Chantajear a la víctima exigiéndole la entrega de una cantidad de dinero a cambio de no difundir información privada o de carácter sexual (sextorsión).
3. Dar de alta a la víctima en un sitio vez para ridiculizarla o estigmatizarla.
4. Crear un perfil falso a nombre de la víctima para realizar demandas u ofertas sexuales.
5. Usurpar la identidad de la víctima para hacer comentarios ofensivos sobre terceros.
6. Acceder al ordenador de la víctima o cuentas de correo electrónico para controlar sus comunicaciones.
7. Difundir en las redes sociales rumores sobre un comportamiento reprochable que ha realizado la víctima, o que sin haberlo realizado se le atribuya a ésta.
8. Perseguir e incomodar a la víctima en espacios de internet que frecuenta de manera habitual.
9. Crear un perfil falso e interactuar con la víctima para llevar a cabo algún tipo de chantaje online.

Las mencionadas conductas contra víctimas que, en los casos de mujeres que son parejas o exparejas de quien las comete, siendo, por tanto, víctimas de violencia de género, pueden agravarse a través del uso de herramientas de IA para crear contenidos y ser difundidos de forma masiva. Sin embargo, estos usos para infligir daño a terceras personas no deben llevarnos a tener una visión negativa o desconfiada *per se* hacia la IA porque no depende de la propia herramienta, sino del uso para el que se destine, más allá de posibles estereotipos de género con los que se ha podido programar el algoritmo que hay detrás de la tecnología[32]. Pero lo cierto es que, a través de ciertas herra-

31 «El ciberacoso como forma de ejercer la violencia de género en la juventud: un riesgo en la sociedad de la información y del conocimiento», Delegación del Gobierno para la Violencia de Género, *Ministerio de Sanidad, Servicios Sociales e Igualdad – Centro de Publicaciones*, pp. 5-6.

32 García-Ull, F.J. y Melero-Lázaro, M., «Estereotipos de género en imágenes generadas mediante inteligencia artificial», en *Profesional de la información*, vol. 32, núm. 5, 2023.

mientas de IA, en particular la IA generativa, se pueden generar multitud de contenidos audiovisuales manipulados utilizando fotografías, vídeos o sonidos[33] para causar mayor daño o escarnio a la víctima, por ejemplo, a través de la difusión en redes sociales -o aplicaciones de mensajería instantánea como, por ejemplo, WhatsApp- de un vídeo de contenido íntimo o sexual que ha sido manipulado para que la protagonista de tal contenido sea la víctima. Este tipo de vídeos manipulados responden a la denominación de *deepfake* entendiendo por tales los «videos hiperrealistas manipulados digitalmente para mostrar a personas diciendo y haciendo cosas que en realidad nunca sucedieron o dijeron»[34] y, en este caso, contra mujeres, para infligir un daño mayor e incluso añadido a conductas previas también relacionadas con la violencia de género. En otros contextos, la difusión de *deepfakes* se relaciona también con el fenómeno de la desinformación para provocar un impacto en la sociedad y producir desestabilización política, económica o de otra índole[35].

La tecnología y su desarrollo a través de la IA puede ser una herramienta con usos perversos para ejercer violencia sobre grupos de población vulnerables, como son las mujeres, a través de prácticas como la sextorsión. De hecho, normalmente las víctimas de este tipo de prácticas suelen ser mayoritariamente mujeres que son objeto de la mayor parte de conductas de ciberacoso, y en países donde está extendida la cultura patriarcal, lo que dificulta el hecho de que las víctimas denuncien ante las autoridades para proteger el honor de la familia.

2. La ciberdelincuencia vinculada a la sextorsión

La extensión del consumo de Internet y, de forma especial de las redes sociales y aplicaciones de mensajería instantánea, como hemos señalado en distintos puntos a lo largo de este trabajo, ha hecho que nuestros datos personales tengan un mayor grado de exposición pública. Esta exposición de nuestros datos e imágenes compartidas por nosotros mismos es una fuente de información para quienes cometen ciberdelitos[36], bien cometan sus actividades delictivas individualmente u organizados en bandas criminales. Estos delincuentes que desarrollan sus actividades delictivas en la red de redes,

33 Franganillo, J., «La inteligencia artificial generativa y su impacto en la creación de contenidos mediáticos», en *Methaodos. Revista de Ciencias Sociales,* núm. 11, 2023, pp. 2-3

34 Cabrera, C., «El derecho a la propia imagen (ya la voz) frente a la inteligencia artificial», en *InDret*, núm. 1, 2024, p. 82.

35 Ballesteros-Aguayo, L. y Ruiz del Olmo, R. J., «Vídeos falsos y desinformación ante la IA: el deepfake como vehículo de la posverdad», en *Revista de Ciencias de la Comunicación e Información*, vol. 29, 2024, pp. 1-14.

36 Barrio Andrés, M., «La ciberdelincuencia en el Derecho español», en *Revista de las Cortes Generales,* núm. 83, 2011, pp. 273-305.

tienen demasiado «fácil» acceder a nuestra información de carácter personal y, en particular, a nuestras imágenes que publicamos en las redes sociales: viajes, vacaciones, encuentros familiares, celebraciones, etc.

La forma en que hoy en día nos comunicamos y trasladamos lo que hacemos hacia el exterior por medio de las redes sociales digitales, exponiendo nuestra vida sin apenas conocer los riesgos que ello entraña, es todo un mundo de posibilidades para quienes quieren sacar dinero fácil. El coste para obtener la información que compartimos es muy bajo, sobre todo si no somos lo suficientemente cuidadosos como para adoptar medidas en las cuentas de las redes sociales para evitar compartir toda la información sobre nosotros mismos; por lo que para un delincuente que quiere ganar dinero rápido y sin moverse siquiera de su propia casa, es bastante sencillo hacerlo y la relación coste-beneficio tiene muchos incentivos para aprovechar la ocasión.

Los ciberdelincuentes buscan víctimas vulnerables como, por ejemplo, personas en edad escolar[37] o mujeres víctimas de violencia de género[38], esto es, que sean un blanco fácil porque si reciben una comunicación o mensaje a través de una red social en el que se les exija el pago por no difundir información personal e íntima, probablemente vayan a entrar en pánico. Más aún si se trata de la amenaza vinculada a la difusión de imágenes de contenido o índole sexual, enmarcándose en un delito de sextorsión, bien a través de imágenes reales obtenidas sin consentimiento de la víctima o manipuladas por medio de algún tipo de herramienta de IA. La inseguridad y la especial vulnerabilidad de este tipo de víctimas hace que los ciberdelincuentes se aprovechen de estas circunstancias para obtener el mayor beneficio económico por la vía del chantaje.

Además del propio delito de la extorsión definido anteriormente, estas actividades también se pueden relacionar con otro tipo de figuras delictivas, tales como: amenazas y coacciones, explotación sexual, extorsión, revelación de secretos, agresión sexual, delitos contra el honor y la intimidad, interceptación de las comunicaciones de carácter personal, abuso de menores, corrupción de menores y pornografía infantil. Es evidente que no todas las figuras delictivas se darán en el mismo caso, pero sí puede darse una acumulación de varias de ellas, por lo que la gravedad de las conductas delictivas y la pena final asociada puede verse incrementada.

---

37 Sáenz-Díez, M. «La ciberdelincuencia acecha a los escolares», en *Escritura pública,* núm. 133, 2022.

38 Díaz Ramos, A., «El cibercrimen y la ciberdelincuencia de género», en *La Toga,* núm. 190, 2014-2015, p. 91.

V. Medidas básicas para prevenir la *sextorsión*

La privacidad es una parte de nuestra esfera personal que debe estar protegida de forma especial porque forma parte de nuestra vida íntima y, por tanto, reservada frente a las miradas de terceros. Por ello, es necesario que exista una concienciación acerca de la importancia que supone una reserva de nuestra privacidad, que es tanto como decir una protección frente a abusos o daños por parte de terceros a nuestra esfera personal más íntima con garantía de reserva, salvo que voluntariamente decidamos una exposición de la intimidad de un grado tal que reduzca al mínimo nuestra privacidad, lo que tampoco resulta aconsejable desde ningún punto de vista.

Resulta, por tanto, imprescindible la toma de conciencia acerca de lo fundamental que resulta la protección de nuestra intimidad y privacidad para evitar posibles casos de difusión no consentida de imágenes personales que nos sitúe como potenciales víctimas de un caso de sextorsión. De hecho, aunque a veces nos relajemos, no es buena idea el compartir imágenes o material audiovisual con contenido íntimo, aunque sea en un contexto de confianza en un determinado momento y que, pasado el tiempo, la persona con quien se ha compartido este tipo de material, deja de ser confiable y puede utilizarlo para hacer daño y como elementos para la extorsión.

Por otro lado, y aunque su uso esté bastante extendido y sea uno de los servicios ofrecidos por las compañías tecnológicas que está registrando mayores tasas de crecimiento en cuanto a su comercialización y número de usuarios, debe valorarse el tipo de información e imágenes que se almacenan en las «nubes», esto es, sistemas de almacenamiento en internet, puesto que los servidores exceden de nuestro control y la eliminación de contenidos que han sido previamente subidos a este tipo de herramientas, no está garantizada, por lo que debemos ser conscientes de los riesgos que entraña el uso de este tipo de tecnología. No se trata, en todo caso, de crear una alarma generalizada ante los sistemas de almacenamiento «en la nube», a los que se debe reconocer su utilidad; pero tampoco debemos obviar las cuestiones aquí señaladas.

En términos generales, podemos sintetizar las medidas básicas para prevenir la sextorsión, entre otras, las siguientes:

- Evitar hacerse fotografías o vídeos de contenido sexual o íntimo y, en caso de realizarse, no enviarlas ni publicarlas en ninguna red social.
- No enviar contenido a personas desconocidas.
- Cuidar la imagen que se proyecta en internet.
- Evitar compartir imágenes con la cara o rasgos identificables, especialmente si se trata de personas especialmente vulnerables.
- En caso de recibir algún tipo de mensaje con intención de chantaje, no ceder a las pretensiones del chantajista y denunciarlo ante las Fuerzas y Cuerpos de Seguridad del Estado.

- No confundir relaciones basadas en el respeto y la confianza con otro tipo de relaciones, sobre todo si el origen de estas relaciones está también en el ámbito digital y no se ha podido identificar al interlocutor.
- Borrar contenido comprometido en cualquier dispositivo ya sea móvil, ordenador o table, así como en sistemas de almacenamiento «en la nube».

Las medidas o recomendaciones explicitadas anteriormente no dejan de ser un estándar mínimo que adoptar por toda persona que interactuemos en las redes sociales digitales o utilicemos medios tecnológicos a través de internet para comunicarnos. Además de la conducta propia, es evidente que también es necesario reforzar la educación en uso responsable de las nuevas tecnologías y que los poderes públicos destinen más recursos para establecer mecanismos de control, aprovechando el propio desarrollo de la tecnología, que detecte, neutralice y elimine los contenidos que puedan lesionar derechos fundamentales de determinadas personas, especialmente de aquellas en situación de especial vulnerabilidad.

VI. Conclusiones

La digitalización presente en nuestras vidas, impulsada por el destacado desarrollo tecnológico en las dos últimas décadas, ha traído innumerables ventajas que nos facilitan tareas cotidianas como es, entre otras, la comunicación interpersonal. Destaca, como una herramienta de comunicación y conexión entre personas y organizaciones de todo tipo, el papel de las redes sociales. Al tiempo que reconocemos la relevancia de la tecnología para comunicar y compartir información y distintos contenidos para su consumo, abriendo un sinfín de posibilidades, también señalamos los riesgos que conlleva un mal uso de la tecnología a través de conductas lesivas de los derechos fundamentales; riesgos que deben identificarse para ser neutralizados con las herramientas precisas.

La práctica del sexting y el delito de sextorsión guardan relación con las conductas que provocan lesión de derechos fundamentales, si bien resulta más evidente en el caso de la sextorsión, aunque también con lo expuesto en este trabajo en relación con la práctica del sexting. En ambas prácticas, cobra un sentido especial el consentimiento para la difusión del contenido compartido, si bien en el caso de la sextorsión se materializa por medio de un chantaje para exigir a la víctima una contraprestación a cambio de no difundir el contenido comprometedor. Esto adquiere mayor gravedad en casos de víctimas que pertenecen a grupos vulnerables.

Con el objetivo de mejorar la identificación de los riesgos presentes en el entorno digital, es necesaria una mayor concienciación de la población en general para proteger nuestros derechos, así como combatir aquellas acciones y conductas que resultan lesivas. De forma especial, se debe incidir en la población joven —con mayor hincapié entre los menores de edad— y en las mujeres como grupos sociales que mayor vulnerabilidad tienen en relación con la difusión de contenidos acerca de su intimidad y que los convierte en blanco fácil de extorsionadores y ciberdelincuentes. Sobre todo, con el avance de la IA, estos grupos sociales sufren en mayor medida la manipulación de imágenes y vídeos que posteriormente son difundidos a través de redes sociales, causando gran daño a sus víctimas.

En esta tarea de concienciación, formación y herramientas eficaces para detectar y neutralizar riesgos y a quienes llevan a cabo conductas lesivas para los derechos de terceros en el entorno digital, es imprescindible que las instituciones públicas, especialmente en el ámbito educativo, tomen la iniciativa para promover el buen uso de la tecnología y alertar ante posibles casos de ciberdelincuencia o ciberacoso. Además, la inversión pública en ciberseguridad debe incrementarse y ser prioritaria para que los poderes públicos cuenten con las herramientas más avanzadas que permitan identificar y neutralizar el origen de la difusión de contenidos en internet que buscan provocar daño a terceras personas, con especial atención a los casos que puedan afectar a mujeres víctimas de violencia de género y menores de edad.

VII. Bibliografía

Aba-Catoira, A., «El concepto jurisprudencial de límite de los derechos fundamentales», en *Anuario da Facultade de Dereito da Universidade da Coruña,* núm. 2, 1998.

Aguiar de Luque, L., «Las garantías constitucionales de los derechos fundamentales en la Constitución española», en *Revista de Derecho Político,* núm. 10, 1981.

Aguiar de Luque, L., «Las garantías constitucionales de los derechos fundamentales en la Constitución española», en *Revista de Derecho Político,* núm. 10, 1981.

Ballesteros-Aguayo, L. y **Ruiz del Olmo, R.J.**, «Vídeos falsos y desinformación ante la IA: el deepfake como vehículo de la posverdad», en *Revista de Ciencias de la Comunicación e Información*, vol. 29, 2024.

Barrio Andrés, M., «La ciberdelincuencia en el Derecho español», en *Revista de las Cortes Generales,* núm. 83, 2011.

Cabrera, C., «El derecho a la propia imagen (ya la voz) frente a la inteligencia artificial», en *InDret*, núm. 1, 2024.

Cruz Villalón, P., «Formación y evolución de los derechos fundamentales», en *Revista Española de Derecho Constitucional,* núm. 25, 1989.

De Asís, R, *Las paradojas de los derechos fundamentales como límites al poder,* Dykinson, Madrid, 1992.

Díaz Ramos, A., «El cibercrimen y la ciberdelincuencia de género», en *La Toga,* núm. 190, 2014-2015.

Domínguez Álvarez, J. L., *Iusalgoritmia: las reglas de Derecho y la Inteligencia Artificial,* Tiran lo Blanch, Valencia, 2024.

Fernández Calero, E.M., «Sexting en la adolescencia», en Bocanegra Barbecho, L. Y Romero Frías, E. (Coords.), *Territorios digitales: construyendo unas ciencias sociales y humanidades digitales (I Congreso Internacional)*, Universidad de Granada, Granada, 2018.

Fioravanti, M, *Los derechos fundamentales. Apuntes de historia de las constituciones,* Trotta, Madrid, 2023.

Franganillo, J., «La inteligencia artificial generativa y su impacto en la creación de contenidos mediáticos», en *Methaodos. Revista de Ciencias Sociales,* núm. 11, 2023.

García Sanz, R.M., «Redes sociales online: fuentes de acceso público o ficheros de datos personales privados (Aplicación de las Directivas de protección de datos y privacidad en las comunicaciones electrónicas», en *Revista de Derecho Político,* núm. 81, 2011.

García-Ull, F.J.; Melero-Lázaro, M., «Estereotipos de género en imágenes generadas mediante inteligencia artificial», en *Profesional de la información*, vol. 32, núm. 5, 2023.

Gómez Abeja, L., «Inteligencia artificial y derechos fundamentales», en Garrido Martín, J. *et al.*, *Inteligencia artificial y Filosofía del Derecho,* Laborum, Murcia, 2022.

Hueso Cotino, L., «Big data e inteligencia artificial. Una aproximación a su tratamiento jurídico desde los derechos fundamentales», en *Dilemata*, núm. 24, 2017.

López Jiménez, D., «La protección de datos de carácter personal en el ámbito de las redes sociales electrónicas: el valor de la autorregulación», en *Anuario Facultad de Derecho – Universidad de Alcalá*, núm. II, 2009.

Marañón Oliva, C., «Redes sociales y jóvenes: una intimidad cuestionada en Internet», en *Aposta. Revista de Ciencias Sociales,* núm. 54, 2012.

Martín de la Vega, A., «Teoría de la Democracia y derechos fundamentales», en *Teoría y Realidad Constitucional,* núm. 54, 2024.

Martín Huertas, A., «El contenido esencial de los derechos fundamentales», en *Revista de las Cortes Generales,* núm. 75, 2008.

MATEOS CRESPO, J. L., «La incidencia de los algoritmos en las campañas electorales: un riesgo para la participación política y la democracia», en TERRÓN SANTOS, D. y DOMÍNGUEZ ÁLVAREZ, J. L. (Dirs.), *Inteligencia artificial y defensa: nuevos horizontes,* Aranzadi, Cizur Menor, 2021.

MONTILLA MARTOS, J.A., «Inteligencia artificial y derechos de participación política», en *De lege ferenda. Revista de la Facultad de Derecho de la Universidad de Granada,* núm. 1, 2023.

PECES-BARBA, G, *Derechos fundamentales*, Latina, Madrid, 1980.

PERELLÓ MITJANS, E., «Impacto de las redes sociales en el Derecho a la protección de datos personales», en *Anuario Facultad de Derecho, Universidad de Alcalá*, núm. 2, 2019.

PÉREZ VALLEJO, A. M., «Ciberacoso sexualizado y ciberviolencia de género en adolescentes. Nuevo marco regulador para un abordaje integral», en *Revista de Derecho, Empresa y Sociedad,* núm. 14, 2019.

PRESNO LINERA, M.Á., «Teoría general de los derechos fundamentales e inteligencia artificial: una aproximación», en *Revista Jurídica de Asturias*, núm. 45, 2022.

PRESNO LINERA, M. Á., *Derechos fundamentales e Inteligencia Artificial,* Marcial Pons, Madrid, 2022.

SÁENZ-DÍEZ, M. «La ciberdelincuencia acecha a los escolares», en *Escritura pública,* núm. 133, 2022.

SOLOZÁBAL ECHAVARRÍA, J.J., «Algunas cuestiones básicas de la Teoría de los derechos fundamentales», en *Revista de Estudios Políticos,* núm. 71, 1991.

VALENZUELA GARCÍA, N., «El rol de las TIC en el delito de «sexting»: problemas de aplicabilidad del artículo 197.7 del Código Penal», en ARÁNGUEZ SÁNCHEZ, T. y OLARIU, O. (Coords.), *Feminismo digital: violencia contra las mujeres y brecha sexista en Internet*, Dykinson, Madrid, 2021.

VILLAVERDE, I., «Derechos fundamentales (Constitución española)», PENDÁS, B. (Coord.), *Enciclopedia de las Ciencias morales y políticas para el siglo XXI,* Real Academia de Ciencias Morales y Políticas, Boletín Oficial del Estado, 2020.

CAPÍTULO VII

EL CANAL PRIORITARIO DE LA AGENCIA ESPAÑOLA DE PROTECCIÓN DE DATOS COMO INSTRUMENTO PARA COMBATIR LA VIOLENCIA DIGITAL CONTRA LA MUJER

José Javier Sendín González y José Julio López Labajos
Universidad de Salamanca

I. La lucha contra la violencia digital de género

1. Marco teórico de la violencia digital de género

La revolución digital en la que llevamos años inmersos pone de manifiesto distintos desafíos a los que nuestra sociedad debe hacer frente. Si los avances tecnológicos nos permiten desarrollar nuestra vida con mayor facilidad, se dan otros impedimentos que pretenden frustrar este avance. Uno de los desafíos que como sociedad debemos afrontar es el nuevo paradigma de violencia sobre la mujer surgido en torno a los medios digitales, una incipiente forma de ejercer la coacción sobre la mujer a través de las nuevas tecnologías. Una violencia hoy en día en auge y especialmente ejercida durante el confinamiento ante la crisis del COVID-19 y manifestada que obligó a los ciudadanos a alterar su manera de comunicarse con los demás promoviendo el uso de medios digitales.

Para aproximarnos al concepto de violencia de género digitar podemos acudir a la Resolución 2020/2035 (INL) del Parlamento Europeo[1], aprobada el 14 de diciembre de 2021, en donde se insta al desarrollo de legislación europea que promueva la erradicación de esta lacra, partiendo de una definición homogénea basada en el Informe de la Relatora Especial de la ONU sobre violencia de la mujer de 18 de junio de 2018. Todo ello nos permite entenderla como «todo acto de violencia de género contra las mujeres cometido, asistido o agravado en parte o en su totalidad por el uso de las TIC, [...] contra una mujer por su condición de mujer, o que afecte a las mujeres de manera desproporcionada»[2].

A lo largo de esta iniciativa no de ley encontramos un listado de acciones constitutivas de delitos que no suponen una enumeración taxativa, pues permiten la posibilidad de encontrar nuevas formas de violencia de género digital relacionadas con la ciberviolencia. Siguiendo la clasificación realizada por Blanco Ruiz[3], entre las más comunes podemos encontrar el *sexting* (remisión de contenido pornográfico), *grooming* o ciberacoso sexual, *ciberbullyng*, *stalking* o pornovenganza.

A pesar de encontrarnos ante un nuevo paradigma de violencia contra la mujer, las acciones mencionadas anteriormente pueden acarrear consecuencias extremadamente graves, psicológicas y físicas, similares a las de cualquier otra forma de violencia. Sin embargo, esta modalidad presenta ciertas particularidades que, tanto por la forma como por los medios empleados a la hora de ejercerla, le son inherentes y que, en muchos casos, pueden derivar en consecuencias aún más devastadoras para la víctima.

Entre estas particularidades destacamos dos aspectos fundamentales: el alcance masivo y la facilidad de manipulación. En relación con el primero, como es lógico, al tratarse de violencia digital el contenido puede ser difundido a gran velocidad y dirigido a un innumerable número de usuarios en un espacio de tiempo muy breve. Respecto al segundo, el acceso al contenido no supone una gran dificultad para quien lo pretende y en cambio sí para la

---

1 Resolución 2020/2035 (Parlamento Europeo), de 14 de diciembre de 2021, con recomendaciones destinadas a la Comisión sobre la lucha contra la violencia de género: la ciberviolencia.

2 Informe de la Relatora Especial de las Naciones Unidas sobre la violencia contra la mujer, sus causas y consecuencias, de 18 de junio de 2018, acerca de la violencia en línea contra las mujeres y las niñas desde la perspectiva de los derechos humanos (A/HRC/38/47).

3 Blanco Ruiz, M., «Perspectiva de género en el entorno digital», en VV. AA., *Curación digital y género en la Ciencia de la Información*, Ediciones Universidad de Salamanca, Salamanca, 2022, p. 60.

víctima que pretende cesar la acción. Una vez que el material ha salido del control de la persona afectada, rastrear su origen y controlar su propagación se vuelve una tarea difícil, lo que agrava la situación mientras la información permanece circulando en la red.

Una vez aproximados al concepto de violencia digital de género y sus particularidades, es necesario destacar que, a nuestro juicio, en la actualidad este tipo de violencia no cuenta con un amplio desarrollo en nuestro marco normativo. La principal manifestación podemos encontrarla en la Ley Orgánica 10/2022, de 6 de septiembre, de garantía integral de la libertad sexual, cuyo preámbulo menciona diversas situaciones incluidas en su ámbito de aplicación: difusión de actos de violencia sexual a través de medios tecnológicos, pornografía no consentida y la extorsión sexual. Del mismo modo la normativa incluye una serie de medidas preventivas y de sensibilización que permitan detectar y atajar esta violencia en edades tempranas a través de la promoción de una educación responsable y de campañas de información (arts. 7, 9 y 10).

No obstante, no debemos olvidar que estamos ante un tipo de violencia de género, lo que exige que los órganos jurisdiccionales agoten las posibilidades razonables de indagación ante hechos presuntamente delictivos, pues, de lo contrario, jueces y tribunales estarían vulnerando el derecho a la tutela judicial efectiva (art. 24.1 CE), tal y como ha declarado nuestro Tribunal Constitucional[4]. Un deber de diligencia extraído de la jurisprudencia del Tribunal Europeo de Derechos Humanos, que exige desempeñar una actuación suficiente y eficaz en el proceso.

2. La actuación de la Agencia Española de Protección de Datos en la lucha contra la violencia digital de género

En la actualidad, el uso malintencionado de herramientas digitales se ha convertido en un medio efectivo para ejercer control y manipulación, configurando diversos ilícitos contenidos en nuestro Código Penal y referidos con anterioridad como violencia digital de género. Tal como señala Domínguez Álvarez, la proliferación de dispositivos móviles y el acceso generalizado a Internet están propiciando la difusión ilegítima e incontrolada de nuestros datos personales a través de la red[5]. Pero no basta con tipificar las acciones delictivas, sino que es necesario que los poderes públicos desarrollen políticas que permitan implementar mecanismos para la detección temprana de la violencia digital de género, así como protocolos claros para su abordaje.

4 STC 87/2020, de 20 de julio de 2020, FJ 3.º (ECLI:ES:TC:2020:87).

5 Domínguez Álvarez, J. L., *Iusalgoritmia: las reglas de Derecho y la Inteligencia Artificial*, Tirant lo Blanch, Valencia, 2024, pp. 217-218.

Con el fin de garantizar una protección digital a las víctimas y la reparación del daño causado nos encontramos a distintas entidades entre las que destacamos a la Agencia Española de Protección de Datos (en adelante, AEPD), el organismo público encargado de velar por la protección de los datos relativos a la propia persona[6]. Para ello, son varias las acciones que esta agencia desempeña como la elaboración de guías para la identificación de la violencia, el fomento de modificaciones normativas, la colaboración interinstitucional o la puesta en marcha de un canal específico constituido como una solución eficaz a la ágil difusión de datos sensibles. Una estrategia que, a lo largo del pasado año 2023 y según los datos ofrecidos por la propia agencia, ha realizado su cometido con una efectividad cercana al cien por cien en un plazo aproximado de setenta y dos horas.

Una de las formas más comunes en que se ejerce esta violencia es a través de la difusión no consentida de fotografías, audios o vídeos de los que las víctimas son protagonistas, una práctica que vulnera su privacidad y derecho a la protección de datos agravada con el creciente uso de redes sociales y dispositivos digitales. Una situación en la que se facilita la circulación masiva y rápida de contenido sensible, lo que es especialmente preocupante en relación con colectivos especialmente vulnerables como los menores de edad. Precisamente es en este punto donde entra en juego el Canal Prioritario como un mecanismo de lucha contra la violencia digital de género.

II. El canal prioritario de la Agencia Española de Protección de Datos

La iniciativa de creación del Canal Prioritario de la AEPD surge en el año 2019 a través de la suscripción de varios protocolos de actuación con diversas entidades e instituciones. La Delegación del Gobierno contra la Violencia de Género, el Consejo General de la Abogacía Española o los Ministerios de Interior, Trabajo y Educación y Formación Profesional son algunos de los organismos que apostaron por la puesta en marcha del Canal colaborando también a través de campañas de difusión.

Su principal objetivo radica en la eliminación de Internet del contenido sensible o violento difundido de manera ilícita. A pesar de estar abierto a cualquier ciudadano, la importancia de esta iniciativa se configura trascendental cuanto estamos ante colectivos especialmente vulnerables como menores o mujeres víctimas de violencia de género. Tal es su alcance que no solo se limita a Internet, pues también se ocupa de todos aquellos contenidos como vídeos, imágenes y audios, distribuidos en las redes sociales, plataformas de difusión y páginas web.

6 Art. 18.4 CE. *Habeas data*: «La ley limitará el uso de la informática para garantizar el honor y la intimidad personal y familiar de los ciudadanos y el pleno ejercicio de sus derechos».

En este punto, consideramos pertinente realizar algunas advertencias con respecto al funcionamiento de dicho canal. En primer lugar, pueden acudir a este canal tanto el propio afectado como cualquier persona que tenga conocimiento de la difusión de este tipo de contenidos. Sin embargo, se circunscribe el acceso a este servicio a los ciudadanos españoles o personas residentes en España. En consecuencia, no podrán hacer uso del Canal Prioritario aquellos ciudadanos extranjeros no residentes en España.

De igual modo, debemos partir de la idea de que, como regla general, la normativa en materia de protección de datos no resulta de aplicación en el empleo por parte de los ciudadanos de las redes sociales cuando realicen actividades de índole personal o doméstica. Es por ello que únicamente será posible acudir al Canal Prioritario cuando nos encontremos ante una situación excepcionalmente delicada, entendiendo por tal la difusión de contenidos de carácter sexual o que muestren actos de agresión, por tratarse de datos especialmente sensibles. Es necesario, asimismo, que mediante dicha difusión se pongan en riesgo elevado los derechos y libertades del afectado; lo cual debe entenderse, por supuesto, si el afectado es un menor de edad o víctima de violencia de género. Además, se requiere que el afectado sea ciudadano español o que se encuentre en España.

Asimismo, se exige que la difusión de tales contenidos se realice a través de redes sociales, como pueden ser Facebook, Instagram, X o TikTok, con una concepción restrictiva del término que excluye la posibilidad de recurrir al Canal Prioritario cuando se hayan difundido esos contenidos mediante servicios de mensajería instantánea, tales como WhatsApp o Telegram, o por correo electrónico, puesto que no se consideran a estos efectos auténticas «redes sociales».

Realizadas estas aclaraciones, procedemos a analizar el funcionamiento de este servicio, comenzando con la propia solicitud de retirada de los contenidos que realiza el afectado o, como señalábamos, cualquier persona que conozca de la difusión de esos contenidos. Dicha solicitud se realiza a través de la sede electrónica de la AEPD, en el apartado relativo a Reclamaciones, debiendo disponer el solicitante de un certificado digital u otro de los medios de autenticación previstos. En caso de carecer de dichos medios, el usuario podrá cumplimentar un formulario y presentarlo impreso en cualquier oficina de correos, en una oficina de asistencia en materia de registros o, en caso de encontrarse en el extranjero, en las embajadas y consulados españoles.

En la solicitud se debe señalar en qué circunstancias se ha producido la difusión de los contenidos, enfatizando especialmente si la persona afectada pertenece a un colectivo especialmente vulnerable, como pueden ser los menores de edad, personas con discapacidad o víctimas de violencia de género. Asimismo, en caso de que los contenidos se estén difundiendo a través de Internet, resulta necesario indicar en qué web o perfil de una red social se está produciendo tal difusión. El solicitante podrá aportar, además, cualquier documento que estime relevante para el expediente, como podría ser una captura de pantalla de la web o red social en la que se esté produciendo la difusión no consentida de los contenidos. No obstante, se exige también que el solicitante aclare si ha dirigido alguna reclamación contra el prestador del servicio o si ha llevado a cabo de forma previa una denuncia de los hechos ante alguna instancia policial, judicial o administrativa.

Una vez recibida la solicitud, la AEPD llevará a cabo un examen prioritario de la reclamación y, si procede, podrá dictar una medida cautelar ordenando al prestador del servicio que retire el contenido difundido sin el consentimiento de la persona afectada, con la finalidad, tal como señala España Martí[7], de evitar la continuidad del tratamiento ilegítimo de los datos personales en esos casos particularmente graves. A estos efectos, la AEPD ha desarrollado una serie de canales directos de comunicación con prestadores de servicios tales como Facebook, Google, X o, desde noviembre de 2023, TikTok. Especialmente relevante, a nuestro juicio, resulta este último caso, pues se trata de una red social con un elevado nivel de utilización por parte de la población adolescente. Asimismo, en caso de que considere que existen indicios de delito, la AEPD lo pondrá en conocimiento del Ministerio Fiscal.

La AEPD desplegará una exhaustiva investigación, debiendo dar cuenta al solicitante de todas las decisiones que vaya adoptando y, si resulta oportuno, procederá a la apertura de un procedimiento sancionador contra quien resulte responsable de la difusión.

III. La responsabilidad por la difusión no consentida de contenidos de carácter sexual

Por la difusión, sin consentimiento de la persona afectada, de contenido de carácter sexual o que muestre actos de agresión se deriva responsabilidad de cuatro tipos: administrativa, civil, penal y laboral.

1. Responsabilidad administrativa en materia de protección de datos

Tal como indicábamos anteriormente, la AEPD es competente para, si procede, incoar un procedimiento sancionador contra la persona que haya difundido o contribuido a la difusión de material audiovisual de carácter sexual o violento sin la debida autorización de la persona afectada. Dicha competencia de la AEPD radica en que tales contenidos no dejan de ser datos relativos a la vida sexual de una persona física, por lo que, a efectos

7 España Martí, M., «La aplicación práctica de la Ley Orgánica de Protección de Datos y garantía de los derechos digitales», en *Diario La Ley*, núm. 34, 2019.

del art. 9.1 del Reglamento General de Protección de Datos[8], se considera un dato especialmente sensible, cuya difusión está expresamente prohibida si no se cuenta con el consentimiento del afectado. En este mismo sentido se expresa la Ley Orgánica de Protección de Datos Personales y garantía de los derechos digitales[9].

El responsable se enfrentaría en estos casos a una multa que, en los casos de mayor gravedad, podría ascender a los 20 millones de euros. De tratarse de una empresa, la multa podría también ser de una cuantía equivalente al 4 % como máximo del volumen de negocio total anual global del ejercicio financiero anterior, debiendo la AEPD optar por la sanción que resulte de mayor cuantía.

2. Responsabilidad civil

Al constituir una intromisión ilegítima en derechos de la personalidad, la difusión de contenidos de carácter sexual genera la obligación de resarcir los daños y perjuicios ocasionados. En este caso, la indemnización debe cubrir tanto los daños patrimoniales como los daños morales.

En caso de que el responsable de la difusión sea menor de edad, resultan responsables solidarios sus padres, tutores, acogedores y guardadores legales o de hecho.

3. Responsabilidad penal

La difusión de contenido de carácter sexual sin el consentimiento de la persona afectada constituye también un acto constitutivo de delito y que, dependiendo del autor de la difusión, podría encajar en diferentes tipos delictivos previstos en nuestro Código Penal[10] (en adelante, CP).

Así, podría constituir un delito contra la intimidad del art. 197.7 CP, castigado con castigado con pena de prisión de tres meses a un año o multa de seis a doce meses, el hecho de que se difunda revele o ceda a terceros imágenes o grabaciones audiovisuales, sin consentimiento de la persona afectada, y tal divulgación menoscabe gravemente su intimidad personal. Podrá imponerse, asimismo, impondrá una pena de multa de uno a tres meses a

8 Reglamento UE) 2016/679 del Parlamento Europeo y del Consejo de 27 de abril de 2016 relativo a la protección de las personas físicas en lo que respecta al tratamiento de datos personales y a la libre circulación de estos datos y por el que se deroga la Directiva 95/46/CE (Reglamento general de protección de datos).

9 Ley Orgánica 3/2018, de 5 de diciembre, de Protección de Datos Personales y garantía de los derechos digitales.

10 Ley Orgánica 10/1995, de 23 de noviembre, del Código Penal.

quien, habiendo recibido dichas imágenes o grabaciones audiovisuales, las difunda, revele o ceda a terceros sin consentimiento de la persona afectada.

De igual modo, podríamos encontrarnos ante un delito contra la integridad moral, tipificado en el art. 173.1 CP, si esas imágenes se divulgasen en un foro público con los datos de contacto de la persona afectada, lo que se consideraría un trato degradante que menoscaba gravemente su integridad moral y conllevaría la imposición de una pena de prisión de seis meses a dos años.

Si el responsable fuera menor, resultaría de aplicación el art. 7 de la Ley Orgánica de Responsabilidad Penal del Menor[11], que contempla un amplio abanico de medidas tales como la realización de servicios en beneficio de la comunidad o tareas socioeducativas; pudiendo llegar a medidas más severas como la libertad vigilada e, incluso, a la privación de libertad.

4. Responsabilidad laboral

En el caso de la responsabilidad exigible en el plano laboral por la difusión no consentida de este tipo de contenidos, es necesario distinguir entre la responsabilidad de los trabajadores y la responsabilidad de los empresarios.

Por lo que respecta a los trabajadores, tanto el Estatuto de los Trabajadores[12] como el Estatuto Básico del Empleado Público[13] contemplan este supuesto como objeto de sanción disciplinaria, pudiendo llegar incluso, en los casos más graves, a que se acuerde el despido disciplinario del trabajador.

En cuanto a la responsabilidad de los empresarios, quedan sujetos al régimen de infracciones y sanciones administrativas de la Ley sobre Infracciones y Sanciones en el Orden Social[14] (en adelante, LISOS). De este modo, si el empresario, ante un caso de acoso sexual en la empresa con la difusión no consentida de imágenes de carácter sexual, no activa el pertinente protocolo de acoso, incurriría en una infracción muy grave tipificada en el art. 8.13 y 13 bis LISOS, con la consiguiente imposición de una multa de 7.501 a 225.018 euros, por mor del art. 40.1.c) LISOS.

Asimismo, quedaría expuesto al empresario a este régimen sancionador si, desde la perspectiva de la prevención de riesgos laborales, no adoptase las

11 Ley Orgánica 5/2000, de 12 de enero, reguladora de la responsabilidad penal de los menores.

12 Real Decreto Legislativo 2/2015, de 23 de octubre, por el que se aprueba el texto refundido de la Ley del Estatuto de los Trabajadores.

13 Real Decreto Legislativo 5/2015, de 30 de octubre, por el que se aprueba el texto refundido de la Ley del Estatuto Básico del Empleado Público.

14 Real Decreto Legislativo 5/2000, de 4 de agosto, por el que se aprueba el texto refundido de la Ley sobre Infracciones y Sanciones en el Orden Social.

medidas preventivas necesarias para evitar situaciones de acoso sexual ante la ausencia de una evaluación de riesgos actualizada. En este caso, infringiría el art. 12.1.b) LISOS y se vería sometido a la imposición de una multa de 751 a 7.500 euros, al tratarse de una infracción grave (art. 40.1.b) LISOS).

IV. Conclusión

En definitiva, el Canal Prioritario de la AEPD constituye un importante instrumento para combatir la violencia digital contra la mujer, por su eficacia a la hora de detener la difusión de contenidos de carácter sexual o que muestren actos de agresión y menoscaben la integridad moral e intimidad de las víctimas. Por ello, resulta un método eficaz para la tutela de las personas afectadas por actos de violencia de género y opera como un elemento disuasorio a la hora de prevenir la difusión ilegítima de dichos contenidos por medios digitales.

No resulta, por tanto, sorprendente que, dado su elevado nivel de diligencia y efectividad a la hora de detener la difusión no consentida de imágenes y vídeos y de tutelar los derechos de las víctimas, el Canal Prioritario haya sido galardonado con el premio en la categoría *Dispute resolution & Enforcement* («Resolución de Conflictos y Aplicación de la Ley») en la 45.ª Asamblea General de Privacidad, que reunió, en octubre de 2023, a multitud de autoridades de protección de datos y privacidad a nivel internacional.

Además, el Canal Prioritario supone una muestra de la importancia de la colaboración interinstitucional, así como entre las Administraciones públicas y los prestadores de servicios de la sociedad de la información; lo que, a su vez, revierte en una mayor confianza de la ciudadanía hacia las instituciones. Constituye, pues, un mecanismo útil para combatir la violencia digital sobre la mujer y nos ayuda a repensar el elemento tecnológico en clave de igualdad, fomentando un uso responsable y lícito de las nuevas tecnologías.

V. Bibliografía

Blanco Ruiz, M., «Perspectiva de género en el entorno digital», en VV. AA., *Curación digital y género en la Ciencia de la Información*, Ediciones Universidad de Salamanca, Salamanca, 2022, pp. 51-65.

Domínguez Álvarez, J. L., *Iusalgoritmia: las reglas de Derecho y la Inteligencia Artificial*, Tirant lo Blanch, Valencia, 2024.

España Martí, M., «La aplicación práctica de la Ley Orgánica de Protección de Datos y garantía de los derechos digitales», en *Diario La Ley,* núm. 34, 2019.

CAPÍTULO VIII

INTELIGENCIA ARTIFICIAL Y SUS RIESGOS PARA LOS DERECHOS FUNDAMENTALES DESDE LA PERSPECTIVA DE GÉNERO: UNA VISIÓN CONSTITUCIONAL

Emilio Ferrero García[1]
Universidad de Salamanca[2]

SUMARIO: I. INTRODUCCIÓN. II. INTELIGENCIA ARTIFICIAL: ENCRUCIJADA DE CAMINOS. III. REVOLUCIÓN DIGITAL CON PERSPECTIVA DE GÉNERO. IV. MUJERES E IA: NUEVAS FORMAS DE INVISIBILIZACIÓN. V. ALGORITMOS, AMPLIFICACIÓN DE LA DISCRIMINACIÓN Y DIVISIÓN SEXUAL DEL TRABAJO. VI. TUTELA DE LA IGUALDAD Y DERECHO A LA NO DISCRIMINACIÓN. VII. IA, *DEEPFAKES* SEXUALES Y NUEVAS FORMAS DE VIOLENCIA MACHISTA. VIII. CONCLUSIONES Y PROPUESTA DE FUTURO. IX. BIBLIOGRAFÍA.

I. Introducción

La inteligencia artificial es sin el menor atisbo de duda la gran encrucijada de caminos de nuestro tiempo; aquello sobre lo que todo el mundo, así como

1 Este capítulo se realiza en el marco del Proyecto de Investigación «Desinformación, odio y polarización: la afectación de derechos y libertades de personas vulnerables», concedido para tres anualidades (2021-2025), dentro de la convocatoria Proyectos I+D+i 2020 del Ministerio de Ciencia e Innovación del Gobierno de España, con una cuantía de 24,200 euros. Investigadora principal: doctora Ángela Figueruelo Burrieza, catedrática de Derecho Constitucional, Universidad de Salamanca (referencia: PID2020-116603-RB-I00). Igualmente es fruto la estancia de investigación realizada en el Centro de Estudios Políticos y Constitucionales (CEPC).

2 Personal Investigador Predoctoral de Derecho Constitucional en el Departamento de Derecho Público General. Personal Investigador del Grupo de Investigación de Excelencia Reconocido «Derechos y libertades en la sociedad actual» y de la Red Internacional en Estudios Interdisciplinares de Género y Diversidad Sexual. Ha sido financiado con cargo a la convocatoria de concurrencia competitiva de contratos predoctorales USAL 2023, cofinanciada por el Banco de Santander.

la materia predilecta a la que se ha entregado la Academia con un absorto interés. Ciertamente, la atención es merecida y necesaria dado el carácter profundamente transformador de la realidad social, económica, laboral, política y jurídica de nuestro mundo.

Sin embargo, no puede abordarse la complejidad poliédrica de la IA sin una visión holística e interdisciplinar que incorpore ineluctablemente la perspectiva de género y un prisma garantista que ponga en el centro la afectación de los Derechos Fundamentales, en tanto que dimanantes de la Dignidad Humana, hoy en entredicho por la amenaza algorítmica.

Así las cosas, a lo largo de las siguientes páginas se estudiarán bajo las citadas premisas y desde una óptica constitucionalista los riesgos y controversias en torno a la utilización y aplicación de la IA, clave de bóveda de la galopante revolución digital. En ese sentido, se analizará la posición en que coloca a las mujeres en la ciencia, así como la perpetuación y amplificación de los roles y sesgos de género por parte del algoritmo, particularmente en materia de contratación y selección de personal, potenciando la discriminación y la división sexual del trabajo bajo una apariencia simulada de objetividad e infalibilidad.

De otra parte, reflexionaremos en torno a la tutela de la igualdad y el derecho a la interdicción de la discriminación ante las controversias y vacíos planteados en la praxis por la IA, así como el abordaje de los *deepfakes*, la hipersexualización y cosificación de las mujeres y la potenciación de nuevas formas de violencia machista, finalizando con una serie de conclusiones y propuestas de futuro, si bien ajustadas a la realidad cambiante e inestable pero cuyo horizonte aún está por fraguar.

II. Inteligencia artificial: encrucijada de caminos

En un mundo en el que la reflexión adopta demasiadas veces la forma de una quimera, en unos tiempos de zozobra e incertidumbre que la IA no viene sino a amplificar y complejizar exponencialmente. Un contexto en que el mundanal ruido con frecuencia nos impide vislumbrar el bosque y, por ello, a lo largo de las siguientes páginas pretendemos trasladar una serie de reflexiones teóricas, si bien formularán a menudo más preguntas que respuestas, esperamos permitan también arrojar cierta luz, siempre bajo un prisma constitucionalista y desde una ineludible perspectiva de género, sobre algunas de las múltiples disyuntivas, controversias y problemáticas generadas en torno a la inteligencia artificial.

En ese sentido, la IA nos plantea numerosos quebraderos de cabeza tanto doctrinales como, sobre todo, en la práctica jurídica cotidiana, particularmente en sede de Derechos Humanos y de Derechos Fundamentales. Peligros y amenazas que se nos antojan en ocasiones disyuntivas, pero, sobre todo, distopías aún difíciles de imaginar; *verbi gratia*, la implementación de sistemas de policía predictiva[3], articulada por medio de programas pilotos en países de nuestro entorno, situaciones de cribado masivo o incluso el desarrollo de sistemas de puntuación social, tal y como se está implementando ya en la República Popular China y que tienen un enorme impacto sobre la privacidad y la intimidad, particularmente en sede de protección de datos, por no hablar de la microsegmentación psicográfica, propia del capitalismo de la vigilancia[4], también en base al género, así como el clonado, la cesión de datos biométricos y los enormes desafíos que tales prácticas conllevan o, incluso, la manipulación de los procesos electorales[5].

Empero, queremos poner el foco en el presente capítulo en lo tocante a los derechos de las mujeres y, específicamente, respecto al principio y derecho de Igualdad, recogido eminentemente en las previsiones constitucionales contenidas en los artículos 1, 9.2 y 14 de nuestra Carta Magna de 1978.

III. Revolución digital con perspectiva de género

Cuando hablamos de inteligencia artificial tendemos a concebirla -erráticamente- como técnica de aprendizaje autónoma y evolutiva dirigida a la toma de decisión y suministro de soluciones, de una parte, infalibles y, de otra parte, objetivas. En lo tocante a la primera propiedad, hemos de tener presente que, ciertamente, la IA funciona en base a correlaciones entre millones de datos, pero ello no supone la constitución de cadenas de causalidad, en todo caso, inseparable de la falibilidad humana y ineludibles problemas de racionamiento que no escapan a las computadoras[6].

Respecto a esta segunda cualidad presunta, no es tal, puesto que la IA es programada evidentemente por personas, las cuales inoculan con sus correspondientes e inherentes sesgos y prejuicios subjetivos. Así las cosas, podrá ser todo lo inteligente que queramos considerarla, pero su naturaleza artificial implica necesariamente la intervención humana, en tanto que producto de la técnica y la ciencia. Por consiguiente, no podemos ignorar la

---

3 Mohler, G. O. *et al.*, «Randomized controlled field trials of predictive policing», en *Journal of the American Statistical Association*, vol. 110, núm. 512, 2015, pp. 1399-1411 y O'Donnell, R. M., «Challenging racist predictive policing algorithms under the equal protection clause», en *New York University Law Review*, vol. 94, núm. 3, 2019, pp. 551 y ss.

4 DENEMARK, J., «The risk of artificial intelligence for democracy and the EU´s first efforts to regulate it», en *The Lawer Quarterly*, vol. 14, núm. 1, 2024, p. 129.

5 Castellanos Claramunt, J., «La democracia algorítmica: inteligencia artificial democracia y participación política», en *Revista General de Derecho Administrativo*, núm. 50, 2019, pág. 3.

6 Pérez Estrada, M. J., «El uso de algoritmos en el proceso penal y el derecho a un proceso con todas las garantías», en Barona Vilar, S. (Dir.), *Claves de la Justicia Penal. Feminización, Inteligencia Artificial, Supranacionalidad y Seguridad*, Tirant Lo Blanch, Valencia, 2019, p. 239.

imposibilidad de abstracción de cuantos aquellos elementos subjetivos la impregnan, específicamente en lo tocante a los sesgos de género[7].

El machismo constituye evidentemente una fuente primaria estructural y sistémica para todo el conjunto de la sociedad. En ese sentido, la presunción de objetividad es tomada de forma más perniciosa si cabe como neutralidad, máxime, en lo tocante al género y, por consiguiente, equivalente a la posición de amparo del privilegio en una situación de desequilibrio y discriminación, es decir, eminentemente patriarcal.

Esa presunción de objetividad e infalibilidad es precisamente la que ahoga el espíritu crítico y afán por repensar, cuestionar, impugnar y deconstruir las estructuras patriarcales que el feminismo instala por medio de la perspectiva de género para negar la naturalización o normalización de la desigualdad, gracias a lo que venimos en llamar «gafas violeta», imprescindibles para poder analizar la revolución tecnológica, precisamente la revolución de los datos y la identidad digital[8] .

IV. Mujeres e IA: nuevas formas de invisibilización

Así las cosas, cuando nos referimos a las propiedades de inexorabilidad de la IA, hemos de tener muy presente el origen de extracción de los datos utilizados para la generación de sus conclusiones, no procedentes de universos alternativos ni planetas muy lejanos, sino de cientos de miles de escritos, trabajos, libros, artículos y demás *papers*, escritos evidentemente por humanos; empero, el problema reside en su selección. Por ello, es preciso cuestionarnos en todo momento quién hay detrás del algoritmo, cómo se programa y, sobre todo, a quién benefician y perjudican sus decisiones y respuestas[9].

Probada y conocida es la enorme invisibilización padecida por las mujeres en la Universidad y en la Ciencia, pero esta no hace sino aumentar exponencialmente por medio de la inteligencia artificial, puesto que no realiza ningún análisis riguroso de plasmación cualitativa, nutriéndose de toda esa información para la generación de respuestas y, en consecuencia, obteniendo como resultado la traslación cuantitativa de infra participación e infrarrepresentación de las mujeres.

Conviene recordar que, no en vano, el autor más prolijo de la Historia es «Anónimo» y detrás de esta identidad simulada se encuentran muchas muje-

---

7 Borges Blázquez, R., «El sesgo de la máquina en la toma de decisiones en el proceso penal», en *Ius et Scientia*, vol. 20, núm. 2, pp. 69-70.

8 Schawb, K., *The Fourth Industrial Revolution*, Ed. Debate, Barcelona, 2016, pp. 5 y 13-20.

9 Barona Vilar, S., «Cuarta revolución industrial (4.0.) o ciberindustria en el proceso penal: revolución digital, inteligencia artificial y el camino hacia la robotización de la justicia», en *Revista Jurídica Digital UANDES*, vol. 3, núm. 1, 2019, p. 16.

res que a lo largo de años contados por siglos han sido invisibilizadas, condenadas a la *damnatio memoriae* o a las que simplemente la sociedad de su tiempo les impidió firmar siquiera su obra. Es por ello que siempre será más sencillo para los hombres reivindicar la paternidad de una obra en un sistema patriarcal en que no sobran los casos de marginación e incluso expolio de las investigaciones de mujeres.

Sin embargo, la inteligencia artificial no viene sino a acrecentar este fenómeno, invisibilizando aún más el trabajo de las mujeres, negando no ya la maternidad de sus trabajos, sino convirtiéndolas en una suerte de becarias forzosas y maestras anónimas con las cuales enseñan y nutren a la IA, enseñándola y formándola, pero sin reconocer su trabajo, lo cual es perfectamente aplicable a otras disciplinas humanas como la literatura o el arte.

V. Algoritmos, amplificación de la discriminación y división sexual del trabajo

Cuanto hemos señalado respecto de la invisibilización científica y académica de las mujeres trae naturalmente aparejada otras muchas consecuencias nocivas, tales como la ausencia de referentes mujeres en ámbitos como las carreras STEM -con la consecuente retroalimentación en el sesgo de género en la programación tecnológica-, el aumento de la división sexual del trabajo o la brecha salarial propia del hurto al valor añadido generado y su demérito en la promoción profesional de las mujeres, entre otras.

Del mismo modo, este fenómeno viene a desplazar a las mujeres del centro de las tareas productivas, situándolas en fases primarias de la cadena de producción como meras recolectoras de información que sistemas creados por hombres puedan utilizar para generar conclusiones, anonimizando y restando importancia a sus trabajos y aportaciones, diluidas en el metaverso algorítmico.

Sin embargo, tal vez la mayor amenaza al respecto, de enorme trascendencia e impacto, sería la incorporación cada vez más extendida de herramientas y sistemas de inteligencia artificial para la contratación de personal, donde la reproducción de estereotipos sexistas no hacen sino amplificar la división sexual del trabajo y la consiguiente brecha de género, en los términos referidos anteriormente. Así, puestos de dirección o especialización con mayores salarios son dirigidos mayoritariamente para hombres, en detrimento de aquellos con escasa cualificación técnica y, por ende, mayor precarización y menos remuneración económica.

Tales efectos pueden ser respaldados científicamente con datos extraídos de investigaciones fiables y estudios al respecto, destacando el realizado por investigadores de la Johns Hopkins University de Baltimore, del Georgia Institute of Technology de Atlanta, de la Technical University of Munich y la

University of Washington de Seattle, precisamente en materia de selección de personal mediante sistemas de inteligencia artificial, demostrándose un alto grado de estereotipación profesional fundada, entre otras causas, en el género[10].

Así las cosas, se ha constatado la construcción de redes neuronales en base a las cuales filtrar, redirigir y seleccionar a las personas candidatas para un puesto de trabajo en base a su apariencia física por reconocimiento facial, nutriendo a la inteligencia artificial de millones de imágenes y datos sesgados obtenidos de internet, a fin de instruir a la IA en la construcción de arquetipos y anti-modelos prejuiciosos, racistas, clasistas y, por supuesto, machistas[11].

Poniendo el foco en las cifras, estas arrojan datos demoledores pero muy sugerentes a la hora de levantar el velo de infalibilidad y objetividad de la IA, pues se aprecia una brecha del 8 % de prima a los hombres sobre las mujeres en situaciones de equivalente formación, experiencia y cualificación profesional[12], incluso calculando en un análisis de riesgos las posibilidades de que una candidata mujer quede embarazada, lo que sobrepasa cualquier límite propio de una distopía de corte orwelliano.

Sin embargo, hemos de introducir ineluctablemente un elemento de interseccionalidad a la hora de apreciar discriminaciones múltiples, particularmente en el caso de mujeres afro o racializadas[13], con una mayor tendencia a su exclusión laboral por su catalogación o asociación prejuicios con la criminalidad, hasta un 10 %, exclusivamente basándose en el análisis de sus fotografías por medio de sistemas digitales de reconocimiento facial[14], al más puro estilo de las tesis biologicistas criminológicas de Lombroso.

Algunas herramientas similares para la realización y análisis de entrevistas en materia de contratación de personal han sido implementadas en empresas estratégicas transnacionales como Amazon, la cual tuvo que retirar un sistema experimental reservado por el miedo a la condena social al probarse

10 Hundt, A. *et al.*, «Robots Enact Malignant Stereotypes», en *ACM Conference on Fairness, Accountability, and Transparency*, (FAccT '22), June 21-24, 2022, Seoul, ACM, New York, 2022, pp. 743-756.

11 Sáinz, M., Arroyo, L. y Castaño, C., *Mujeres y digitalización. De las brechas a los algoritmos*, Instituto de la Mujer y para la Igualdad de Oportunidades, Ministerio de Igualdad, Madrid, 2020, pág. 63-64.

12 *Ibídem*, p. 750.

13 Deborah Raji, I. & Buolamwini, J., «Actionable Auditing: Investigating the Impact of Publicly Naming Biased Performance Results of Commercial AI Products», en Proceedings of the 2019 AAAI/ACM Conference on AI, Ethics, and Society (AIES '19), Honolulu, *Association for Computing Machinery*, New York, 2019, pp. 429–435. https://doi.org/10.1145/3306618.3314244.

14 Hundt, A. *et al.*, «Robots Enact Malignant Stereotypes», en *ACM Conference on Fairness, Accountability, and Transparency*, (FAccT '22), June 21-24, 2022, Seoul, ACM, New York, 2022, p. 751.

tales sesgos machistas en sus metodologías algorítmicas de aprendizaje y selección[15]. Sin embargo, la discriminación no se circunscribe a la selección y contratación, sino que la división sexual del trabajo por medio de la inteligencia artificial permea sobre a la hora de perpetuar los roles de género.

No por casualidad la voz de los asistentes virtuales inteligentes de entretenimiento y ocio, asistencia, cuidados, gestión de agendas o cuestiones domésticas (algunos tan populares y extendidos masivamente como Siri en Apple, Alexa en Amazon, Carina en WhatsApp, Aura en Telefónica, Irene en Renfe, Sara en Correos, Sophia en Hanson Robotics, Bixby en Samsung, Cortana en Microsoft o LuzIA) tienen voz y nombre de mujeres jóvenes -perpetuando una lógica machista que ordena a esas mujeres virtuales sumisas y serviciales a su pleno servicio y disposición-. En contraposición, los asistentes virtuales profesionales especializados particularmente en materias asociadas a gran cualificación o poder adquisitivo como el derecho la medicina son diseñados con voz masculina respondiendo a idéntica lógica[16].

VI. Tutela de la igualdad y derecho a la no discriminación

De otra parte, lo expuesto genera un grado de indefensión jurídica enorme, puesto que la apariencia de objetividad de la inteligencia artificial y, en última instancia, la creencia social de imparcialidad e inexorabilidad dogmática respecto a la tecnología, a diferencia del mucho más extendido y sencillo cuestionamiento o desconfianza hacia sistemas de selección de personal en base a -si queremos- inteligencia meramente humana (no digital), sobre la que podemos aplicar con mayor grado de protección sobre las víctimas la legislación y normativa antidiscriminatoria y la tutela de su derecho a la igualdad de trato y de oportunidades.

Por ello, resulta fundamental revisar y adaptar la legislación antidiscriminatoria a la nueva realidad digital y algorítmica de nuestro tiempo si queremos salvaguardar su eficacia normativa en la práctica jurídica, lo que incumbe tanto a su redacción legislativa como a su interpretación. Máxime cuando nos encontramos ante una relación profundamente desigual en que una parte cuenta con el conocimiento respecto al funcionamiento y posibilidades de utilización de unos sistemas y herramientas algorítmicas absolutamente alejados e incognoscibles para la inmensa mayoría de la población.

---

15 DASTIN, J., «Amazon scraps secret AI recruiting tool that showed bias against women», en *Reuters*, 2018.

16 WEST, M., KRAUT, R. & CHEW, H. E., *I'd blush if I could: closing gender divides in digital skills through education,* UNESCO, Equal Skills Coalition, 2019, pp. 96-113. https://doi.org/10.54675/RAPC9356.

Ello hace que la propuesta de la prueba de discriminación se antoje diabólica para la víctima, resultando esencial la inversión de la carga de la prueba y, unido a criterios previos de transparencia, la obligación de demostrar por parte de su beneficiario -v. g.: empresa usuaria- la ausencia de discriminación y carencia de sesgos de estereotipación en el proceso decisorio algorítmico.

En ese sentido, la actual regulación española respecto a mecanismos de toma de decisión automatizados en la materia, recogida en la reciente Ley 15/2022, de Igualdad de Trato[17], más conocida como Ley Zerolo, resulta claramente insuficiente, máxime teniendo en cuenta que será -por no decir que, de hecho, ya es- una de las principales vías de discriminación, a pesar de su profundo desconocimiento público y no copar los principales debates políticos.

Una mera previsión de que las Administraciones Públicas evalúen y favorezcan la puesta en marcha de mecanismos para que los algoritmos involucrados tengan en cuenta criterios de minimización de sesgos discriminatorios, transparencia y rendición de cuentas, exclusivamente autoimpuesta para la utilización que de ellos haga el propio Estado y alegando que solo en caso de que fuera factible técnicamente (art. 23.1), supone la consagración legislativa de una auténtica dejación de funciones con publicidad y amaneramiento.

Hace tiempo que el sector público perdió la capacidad de liderazgo en el desarrollo tecnológico, si es que alguna vez lo tuvo. Empero, hoy en día es precisamente en el sector privado donde reside no solo la investigación digital sino, sobre todo, su utilización, que es realmente donde los Poderes Públicos deben poner coto a las vulneraciones sistemáticas de derechos que allí se perpetran sin el menor control público ni regulación legal -no digamos ya intervención estatal- alguna.

No basta con rogar a las empresas promover un uso tecnológico conforme a principios éticos y respeto a los Derechos Fundamentales; es preciso obligar mediante mecanismos legales imperativos, claros y concretos, del mismo modo que existe en otros ámbitos y órdenes, so pena de transformar en materia de inteligencia artificial nuestros códigos legislativos en meros catecismos encíclicos, cargados de buenas intenciones y ninguna vocación de normatividad, como ya es habitual, de hecho, en la legislación y normativa antidiscriminatoria, particularmente en materia de igualdad de género.

VII. IA, *deepfakes* sexuales y nuevas formas de violencia machista

Finalmente, otro de los principales peligros de la IA sobre las mujeres es su increíblemente realista capacidad generativa de contenido audiovisual[18],

17 Ley 15/2022, de 12 de julio, «BOE» núm. 167, de 13-07-2022 (BOE-A-2022-11589).

18 Simó Soler, S., «Retos jurídicos derivados de la inteligencia artificial generativa», en *InDret*, núm. 2, pp. 493-515. doi:10.31009/InDret.2023.i2.11.

lo que permite la generación creíble de imágenes o vídeos de naturaleza sexual cuya veracidad puede resultar incluso imperceptible para una persona dotada de una diligencia media, dada su gran capacidad de simulación[19].

Estas *deepfakes* sexuales tienen indudablemente un mayor impacto negativo en las mujeres, hasta el punto de tener que considerarlo un hecho diferencial, puesto que la hipersexualización de sus cuerpos, así como su anulación, enjuiciamiento social, cancelación o estigmatización responde a patrones patriarcales de cosificación no equivalentes a los patrones y criterios aplicados a contenido análogo masculino[20]. Así las cosas, no podemos perder de vista que los algoritmos han tornado en aparato disciplinario de nuestro momento histórico[21] y, por consiguiente, la relevancia social y pública para la imagen proyectada por una persona resulta iconmensurable,

Su utilización para chantajes, venganzas sexuales como forma de violencia de género, extorsiones, persecuciones o incluso monetización por medio de la industria pornográfica[22] genera no pocas controversias a la hora de determinar la responsabilidad por una lesión de unos bienes jurídicos que, sensu stricto, no se verían en pulcritud vulnerados, puesto que tal contenido no corresponde a la realidad.

No obstante, la configuración misma de los derechos al honor, a la propia imagen, a la intimidad o la privacidad deben interpretarse conforme a parámetros del siglo XXI, en el sentido de entender esa realidad simulada como dotada de entidad y realismo tal que permite lesionarlos en idénticos términos, dado el crédito que socialmente generan y el consecuente daño a la imagen y consideración social de la persona afectada, sobre todo, en el caso de las mujeres y frente a nuevas formas de violencia machista.

De otra parte, la incorporación de la inteligencia artificial a sistemas automatizados predictivos en materia de protección a víctimas de violencia de género como el sistema VioGén, ha demostrado efectos adversos en su algoritmo a la hora de evaluar el riesgo conforme a estereotipos y sesgos de

---

19 Tolosana, R., *et al.*, «Deepfakes and beyond: A survey of face manipulation and fake detection», en *Information Fusion*, vol. 64, 2020, pp. 131 y ss.

20 Véase Barba Arteaga, C., «Deepfakes sexuales: impacto, prevención y perspectivas de género en el entorno digital», en *Miguel Hernández Communication Journal*, vol. 15, núm. 2, 2024, pp. 229-244.

21 Beiguelman, G., *Políticas da imagen: vigilancia e resistência na dadosfera*, Ed Ubu, Sao Paolo, 2021, pág. 46

22 Véase el reciente caso de Almendralejo en el año 2023 donde veintiún niñas fueron desnudadas por medio de IA, siendo algunas de sus imágenes distribuidas o subidas a la red a plataformas como *OnlyFans*.

género sobre las víctimas que han llegado a desencadenar incluso asesinatos machistas ante dicha situación desprotección por parte del Ministerio del Interior[23].

La IA no puede contar en ningún caso con una presunción de veracidad *iuris et de iure* y es bastante más que cuestionable que sea siquiera *iuris tantum* a la luz de lo expuesto. Por ello, siempre será imprescindible el control humano y, sobre todo, que la decisión en última instancia recaiga sobre personas -a ser posible, cumpliendo el mandato constitucional de necesaria incorporación de la perspectiva de género-, particularmente en la determinación o no de una actuación de relevancia jurídica, como ha señalado la jurisprudencia en la materia, tanto el Tribunal Supremo en su sentencia 371/2018 de 19 de julio[24], como la Audiencia Nacional en la sentencia dictada por la Sección 5.ª de la Sala Contencioso-Administrativa de 30 de septiembre de 2020[25], llegando a condenarse al Ministerio del Interior por la deficiente protección prestada a una víctima de violencia de género o el propio Tribunal Constitucional en su sentencia 87/2020 de 20 de julio[26].

VIII. Conclusiones y propuesta de futuro

Cuando hablamos de inteligencia artificial nos referimos, ciertamente, a un aprendizaje automático autónomo que se nutre de cientos de miles de millones de datos. Sin embargo, la IA es al conocimiento lo que la oclocracia a la democracia. Por ello, la apertura del nuevo abanico de posibilidades de participación, también con perspectiva de género, puede languidecer ante una oclocracia digital que sucumba nuestras democracias pluralistas demoliberales en un permanente *provocatio ad populum* algorítmico.

Por consiguiente, la síntesis digital de millones de datos desde un enfoque exclusivamente cuantitativo debe moderarse con la introducción de aquellos elementos cualitativos que las ciencias sociales y humanas deben hacer presentes en los procesos de configuración de dichos sistemas, con rigor y precisión científica, no así con la brocha gorda que la IA, tentadoramente, nos ofrece.

---

23 Véase López-Ossorio, J. J., González-Álvarez, J. L. y Andrés-Pueyo, A., «Eficacia predictiva de la valoración policial del riesgo de la violencia de género», en *Psychosocial Intervention*, vol. 25, núm. 1, 2016, pág. 1-7 y del Pozo Pérez, M., «¿Los algoritmos sirven para proteger a las víctimas de violencia de género?», en Bueno de Mata, F (Dir.), *El impacto de las tecnologías disruptivas en el derecho procesal*, Ed. Aranzadi, Cizur Menor, 2022, pp. 155-181.

24 Roj: STS 2758:2018 - ECLI: ES:TS:2018:2758. Núm. de recurso: 10067/2018.

25 Roj: SAN 2350:2020 - ECLI: ES:AN:2020:2350. Núm. de recurso: 2187/2019.

26 «BOE» núm. 220, de 15-08-2020 (BOE-A-2020-9775). Núm. de recurso de amparo: 6127/2018,

A tal fin, para arrojar luz sobre tanta incertidumbre la transparencia resulta fundamental para poder estudiar y conocer el funcionamiento de los algoritmos utilizados por cada sistema a la hora de apreciar la eventual existencia de sesgos de género. Igualmente, frente al riesgo de re-invisibilización de la mujer y su conversión en becaria forzosa de la IA, la transparencia es esencial para reconocer el trabajo de las mujeres, así como comprobar la utilización o no de un sesgo a la hora de seleccionar citas según el género.

En idéntico sentido, debemos garantizar y blindar la tutela del derecho de igualdad a fin de vencer cualquier vacío o situación de indefensión ante la discriminación em una relación eminentemente tecnológicamente desigual, para lo que la inversión de la carga de la prueba resulta fundamental frente a la actuación algorítmica. Por consiguiente, debe establecerse mecanismos de evaluación continua y periódica sobre el cumplimiento de estos parámetros de no discriminación a lo largo de todo el ciclo de vida de la IA, tanto en su diseño, y lanzamiento como en su implementación[27].

Por otro lado, resulta esencial la promoción de la educación e ilustración digital, fijando como objetivo estratégico la desmitificación acerca de la falaz infalibilidad y objetividad de la IA, debiendo no confiar ciegamente, en una lógica de deshumanización, tareas y procesos que puedan conculcar los Derechos Fundamentales. De tal modo, es preciso incorporar jurídicamente ciertas reservas de humanidad[28], de manera que la protección de la naturaleza humana biocultural misma sea preservada como bien jurídico, lo cual se demuestra urgentemente necesario en un contexto creciente de efervescencia trashumanista[29].

Igualmente, la IA ha agravado aún más la argumentación para ampliar cuanto antes el concepto de violencia de género, en el sentido de su adaptación al a los parámetros propios del Convenio de Estambul del Consejo de Europa adoptado en el 2011, superando la constricción propia de la Ley 1/2004[30], a fin de poder contar con una visión integral respecto al amplio espectro de violencias sobre las mujeres que desborden el ámbito de la pareja o análoga relación. Tal reforma, por tantos años reclamada, se vuelve

27 DOMÍNGUEZ ÁLVAREZ, J. L., «Sistemas algorítmicos, protección de datos y nuevas formas de desigualdad. La necesidad de afrontar los sesgos de género ante el avance digital», en DEL POZO PÉREZ, M. (Dir.), *Estudios interdisciplinares de género*, Aranzadi, Cizur Menor, 2021, pág. 211-229.

28 PONCE SOLÉ, J., «Inteligencia artificial, Derecho administrativo y reserva de humanidad: algoritmos y procedimiento administrativo debido tecnológico», en *Revista General de Derecho Administrativo*, núm. 50, 2019.

29 LÓPEZ ONETO, M., *Fundamentos para un Derecho de la Inteligencia Artificial. ¿Queremos seguir siendo humanos?*, Tirant lo Blanch, Valencia, 2020, p. 163.

30 Ley Orgánica 1/2004, de 28 de diciembre, de Medidas de Protección Integral contra la Violencia de Género.

imprescindible con el surgimiento de nuevas formas de violencia machista de la mano de la IA con las amenazas que los *deepfakes* sexuales plantean.

En ese sentido, la promoción de la incorporación equilibrada de mujeres en carreras y estudios STEM sigue siendo necesaria, pero de nada servirá por sí sola si no viene acompañada de un compromiso decidido por la introducción de la perspectiva de género al proceso de diseño y aplicación digital en clave interdisciplinar.

En definitiva, el Estado debe adoptar una posición central en esta revolución digital, asumiendo su papel de garante de los derechos y libertades, adecuando sus vetustos contrapesos constitucionales[31] y desarrollando una auténtica articulación de *check and balance* digitales como única vacuna de racionalización y gobernabilidad frente a la oclocracia algorítmica y la ruptura de los principios indelebles de la igualdad inherente a la dignidad humana, particularmente, en lo tocante al género.

VII. Bibliografía

Barba Arteaga, C., «Deepfakes sexuales: impacto, prevención y perspectivas de género en el entorno digital», en *Miguel Hernández Communication Journal*, vol. 15, núm. 2, 2024, pp. 229-244.

Barona Vilar, S., «Cuarta revolución industrial (4.0.) o ciberindustria en el proceso penal: revolución digital, inteligencia artificial y el camino hacia la robotización de la justicia», en *Revista Jurídica Digital UANDES*, vol. 3, núm. 1, 2019, pp. 1-17.

Beiguelman, G., *Políticas da imagen: vigilancia e resistēncīa na dadosfera*, Ed Ubu, Sao Paolo, 2021.

Betzu, M. *et al.*, «Gobernanza de los macrodatos y democracia representativa», en *Revista de Derecho Político*, núm. 106, 2019, pp. 253-264.

Borges Blázquez, R., «El sesgo de la máquina en la toma de decisiones en el proceso penal», en *Ius et Scientia*, vol. 20, núm. 2, pp. 54-71

Castellanos Claramunt, J., «La democracia algorítmica: inteligencia artificial democracia y participación política», en *Revista General de Derecho Administrativo*, núm. 50, 2019.

Dastin, J., «Amazon scraps secret AI recruiting tool that showed bias against women», en *Reuters*, 2018.

31 Betzu, M. *et al.* «Gobernanza de los macrodatos y democracia representativa», en *Revista de Derecho Político*, núm. 106, 2019, núm. 256.

Deborah Raji, I. & **Buolamwini, J.**, «Actionable Auditing: Investigating the Impact of Publicly Naming Biased Performance Results of Commercial AI Products», en Proceedings of the 2019 AAAI/ACM Conference on AI, Ethics, and Society (AIES '19), Honolulu, *Association for Computing Machinery*, New York, 2019, pp. 429–435. https://doi.org/10.1145/3306618.3314244.

Del Pozo Pérez, M., «¿Los algoritmos sirven para proteger a las víctimas de violencia de género?», en BUENO DE MATA, F (Dir.), *El impacto de las tecnologías disruptivas en el derecho procesal*, Ed. Aranzadi, Cizur Menor, 2022, pp. 155-181.

Denemark, J., «The risk of artificial intelligence for democracy and the EU´s first efforts to regulate it», en *The Lawer Quarterly*, vol 14, núm. 1, 2024, pp. 123-134.

Domínguez Álvarez, J. L., «Sistemas algorítmicos, protección de datos y nuevas formas de desigualdad. La necesidad de afrontar los sesgos de género ante el avance digital», en Del Pozo Pérez, M. (Dir.), *Estudios interdisciplinares de género*, Ed. Aranzadi, Cizur Menor, 2021, pp. 211-229.

Hundt, A. *et al.*, «Robots Enact Malignant Stereotypes», n ACM Conference on Fairness, Accountability, and Transparency, (FAccT '22), June 21-24, 2022, Seoul, ACM, New York, 2022, pp. 743-756. https://doi.org/10.1145/3531146.3533138.

López Oneto, M., *Fundamentos para un Derecho de la Inteligencia Artificial.* ¿Queremos *seguir siendo humanos?*, Tirant lo Blanch, Valencia, 2020.

López-Ossorio, J. J., **González-Álvarez, J. L.** y **Andrés-Pueyo, A.**: «Eficacia predictiva de la valoración policial del riesgo de la violencia de género», en *Psychosocial Intervention*, vol. 25, núm. 1, 2016, pp. 1-7.

Mohler, G. O. *et al.* «Randomized controlled field trials of predictive policing», en *Journal of the American Statistical Association*, vol. 110, n.º 512, 2015, pp. 1399-1411.

O'donnell, R. M., «Challenging racist predictive policing algorithms under the equal protection clause», en *New York University Law Review*, vol. 94, núm. 3, 2019, pp. 544-580.

Pérez Estrada, M. J., «El uso de algoritmos en el proceso penal y el derecho a un proceso con todas las garantías», en Barona Vilar, S. (Dir.), *Claves de la Justicia Penal. Feminización, Inteligencia Artificial, Supranacionalidad y Seguridad*, Tirant Lo Blanch, Valencia, 2019, pp. 235-254.

Ponce Solé, J., «Inteligencia artificial, Derecho administrativo y reserva de humanidad: algoritmos y procedimiento administrativo debido tecnológico», en *Revista General de Derecho Administrativo*, núm. 50, 2019.

Sáinz, M., Arroyo, L. y **Castaño, C.**, *Mujeres y digitalización. De las brechas a los algoritmos*, Instituto de la Mujer y para la Igualdad de Oportunidades. Ministerio de Igualdad, Madrid, 2020, pp. 63-64.

Schawb, K., *The Fourth Industrial Revolution*, Ed. Debate, Barcelona, 2016.

Simó Soler, S., «Retos jurídicos derivados de la inteligencia artificial generativa», en *InDret*, núm. 2, pp. 493-515. doi:10.31009/InDret.2023.i2.11.

Tolosana, R, *et al*. «Deepfakes and beyond: A survey of face manipulation and fake detection», en *Information Fusion*, núm. 64, 2020. https://doi.org/10.1016/j.inffus.2020.06.014.

West, M., **Kraut, R.** & **Chew, H. E.**, *I'd blush if I could: closing gender divides in digital skills through education*, UNESCO & Equal Skills Coalition, 2019, https://doi.org/10.54675/RAPC9356.

CAPÍTULO IX

IMPACTO DE GÉNERO EN LA GESTIÓN ALGORÍTMICA: LA SUPERACIÓN DE LOS SESGOS DISCRIMINATORIOS Y DE LAS BRECHAS DIGITALES

Ana Castro Franco
Universidad de León

I. ¿Hacia la superación de las brechas digitales por razón de género?

La digitalización, la automatización y la Inteligencia Artificial (IA), constituyen un reto para el mercado de trabajo no solo en términos cuantitativos— la creación y destrucción de empleo—, sino también cualitativos —los nuevos nichos de empleo y la imparable transformación de las profesiones ya conocidas—, de manera que factores como la edad, el género, la formación o el territorio signan de manera indeleble la interacción con las nuevas tecnologías.

Si bien, en los últimos tiempos cada vez más mujeres hacen uso de las TIC en su vida personal y profesional, no basta con garantizar el acceso material a los dispositivos tecnológicos para alcanzar la inclusión digital. Hoy es necesario indagar de forma más desagregada estas cuestiones para encontrar segmentos específicos con dificultades y prestar atención a aspectos como las actividades desarrolladas en línea, para poder detectar nuevas brechas de uso. La brecha en el uso semanal de Internet se ha ido cerrando progresivamente. En 2021, España era el octavo país con más mujeres usando Internet regularmente y se situaba seis puntos por encima de la media y seis por debajo de Dinamarca e Irlanda, que son los dos países que encabezaban la clasificación. El informe *Women in Digital Scoreboard* de 2024, publicado por la Comisión Europea, ofrece un análisis detallado sobre la participación de las mujeres en el ámbito digital en los diferentes Estados miembros. Con una puntuación general de 64 sobre 100, España ocupa la séptima posición. El 95 % de las mujeres en España son usuarias de Internet, por encima de la media europea, situada en el 91 %[1].

Los estudios que abordan esta problemática han ido transitando desde una concepción limitada, que liga la primera brecha al mero hecho de tener, o no, acceso a las infraestructuras digitales, hacia una valoración más amplia de las desigualdades digitales. Ahondar en la calidad de los medios técnicos requiere poner sobre el tapete que las barreras socioeconómicas para adquirir productos y servicios tecnológicos afectan especialmente a las mujeres con menores niveles de ingresos, y van desde la disponibilidad de dispositivos pasan por la conexión a Internet y alcanzan a la obtención de aplicaciones informáticas o mejores prestaciones. Es más, las brechas digitales por razón de género aumentan a medida que las tecnologías se tornan más sofisticadas y aumentan su precio, habida cuenta de la necesidad de actualización permanente de las herramientas digitales y de la conectividad. Las personas con un alto poder adquisitivo serán capaces de procurarse tecnologías de última generación, mientas aquellas con menor capacidad económica tendrán muchas más dificultades.

A pesar de la mejora de la conectividad a Internet en los países industrializados, persisten numerosas lagunas en el acceso desde determinadas regiones, pueblos y localidades, no siendo España un país ajeno a este problema. Las condiciones orográficas y geográficas en muchos entornos rurales y de montaña dificultan la instalación y el acceso a infraestructuras de calidad.

Sentado lo anterior y junto a ello, las dificultades de conectividad cobran particular relevancia entre las mujeres, sobre todo entre las de mayor edad y aquellas con menores recursos socioeconómicos. En paralelo, cuando se habla de calidad en el acceso a Internet y a otras herramientas digitales, se han de examinar las potencialidades y límites de los dispositivos. Disponer de un smartphone no implica necesariamente tener acceso a Internet, pues en algunos casos se circunscribe a espacios donde hay redes wifi-abiertas, con los consiguientes peligros de seguridad respecto a los datos manejados y compartidos.

---

1 Comisión Europea, *Women in Digital Scoreboard*, Comisión Europea, 2024, p. 12. Disponible en: https://n9.cl/4t5ty8.

En relación con otra de las caras de la brecha digital, que aborda las diferencias en usos y competencias digitales, se observa que el 66 % de las mujeres españolas poseen habilidades digitales básicas, superando el promedio de la Unión Europea. Las mujeres han conseguido revertir el estereotipo que asociaba a los hombres con las tecnologías y a las mujeres con lo no tecnológico[2]. Sin embargo, el nivel de competencias y usos de Internet es cualitativamente diferente entre uno y otro sexo. Destaca la mayor prevalencia relativa de actividades online relacionadas con los cuidados y la salud entre las mujeres y las relacionadas con la economía, el comercio y la información entre ellos.

Los estudios han destacado la interrelación entre el nivel de competencias y tipos de usos a la hora de determinar la posición que ocupan las personas en las redes digitales, así como su potencial de acceso a información valiosa y a mejores oportunidades laborales, profesionales, participación política o ejercicio de los derechos de ciudadanía. Para beneficiarse de las oportunidades digitales, primero hay que cumplir con ciertos requisitos de habilidades y, segundo, hay que operar en entornos digitales seguros: por un lado, las tecnologías digitales pueden mejorar la vida de las personas, ya que brindan acceso a más información y servicios a un coste reducido (por ejemplo, simplifican el acceso a la educación, a la información sanitaria o reducen el tiempo de transporte a través del teletrabajo); por otro lado, implican un importante riesgo de desigualdad para la sociedad, ya que introducen una brecha digital entre quienes tienen las habilidades para usarlas y quienes no las tienen[3]. Estas habilidades incluyen las puramente digitales, pero también las emocionales y sociales asociadas con la navegación segura. Poseer esta combinación de habilidades, etiquetada como «alfabetización digital», es una condición previa para que las personas combinen armoniosamente su vida digital y real, y para evitar los problemas de salud mental asociados con el abuso de las tecnologías digitales. Otros riesgos digitales se relacionan con cuestiones de carácter relacional como el acoso cibernético y las violaciones de la seguridad cibernética. Hacer que la digitalización funcione para el bienestar de las personas requeriría crear igualdad de oportunidades digitales, una alfabetización digital generalizada y una seguridad digital sólida.

La desigualdad se acrecienta cuando se consideran competencias informáticas —que suponen el conocimiento del uso de ordenadores, software y programación— y disminuye en competencias de navegación en Internet. Este fenómeno es relevante puesto que es el primer grupo de competencias

2 Sáinz, M.; Meneses, J., Fàbregues, S. y López, B., «Adolescents' Gendered Portrayals of Information and Communication Technologies Occupations», en *International Journal of Gender, Science and Technology*, vol. 8, núm. 2, 2016, pp. 181-201.

3 OCDE, *How's life in the Digital Age?: Opportunities and Risks of the Digital Transformation for People's Well-being*, OECD Publishing, París, 2019, pp. 11 y 12. Disponible en: https://n9.cl/izhut3

el que más se valora en el ámbito laboral, de forma que la brecha de género es más acusada en aquellas habilidades digitales con mayor impacto en la posición a ocupar en el mercado de trabajo. La magnitud de desigualdad en las competencias más sofisticadas y avanzadas como la programación está relacionada con el porcentaje más bajo de mujeres investigadoras en el sector de servicios TIC y con los estereotipos de género respecto a estas habilidades.

En efecto, la representación femenina en empleos relacionados con las TIC sigue siendo extremadamente escasa, con solo un 1,7 % de mujeres empleadas en este sector estratégico en España. Es preocupante el bajo porcentaje de mujeres que obtienen un título relacionado con las TIC, situado en un 0,6 %. La falta de graduadas en dicho ámbito afecta negativamente a las oportunidades de innovación y crecimiento en un mercado laboral que demanda cada vez más habilidades digitales avanzadas[4].

Los estudios sobre la inclusión de las mujeres en las TIC toman consciencia de cómo la brecha de habilidades impacta en la perpetuación de las desigualdades de género, pero también reconocen cambios importantes en el empoderamiento femenino en cuanto a las competencias tecnológicas hace. Los avances de las tecnologías de la información y la comunicación han transformado la relación mujer-máquina, en pro de una alianza positiva. Las tecnologías no han de ser diseñadas exclusivamente por hombres, porque entonces sus posibles usos y motivaciones estarán alineados con los intereses asociados a la masculinidad tradicional sin dar cabida a aquellos vinculados a las mujeres o a las masculinidades no hegemónicas[5].

Las disparidades de género observadas en la segunda brecha digital entroncan con los beneficios que las personas usuarias de las TIC obtienen de su uso, conformando una tercera brecha digital. Es a todas luces evidente el enorme potencial de interacción entre la Administración y la ciudadanía en aras de mejorar el acceso a los servicios públicos a través de Internet. España destaca por la adopción de herramientas digitales en la relación con el Estado, con un 83 % de las mujeres participando en servicios de *e-Government*, lo que parece augurar un entorno adecuado para la digitalización del sector público. Con todo, reaparece la preocupación por la tendencia a colocar a los varones en el centro de la participación sociopolítica digital y, por ende, se han de realizar todos los esfuerzos necesarios para que las mujeres intervengan activamente en la creación de contenidos digitales ligados a la producción de conocimiento.

---

4 Comisión Europea, *Women in Digital Scoreboard*, Comisión Europea, 2024, p. 12, disponible en: https://n9.cl/4t5ty8

5 Sáinz, M.; Arroyo, L. y Castaño, C., *Mujeres y digitalización. De las brechas a los algoritmos*, Instituto de la Mujer, Madrid, 2020, p. 36.

Las recomendaciones prácticas para la inclusión de las mujeres en las TIC han de asentarse en información rigurosa y actualizada acerca de los datos que muestren la realidad, desde las brechas superadas, las que persisten, hasta las nuevas diferencias surgidas de la aparición de nuevos dispositivos y aplicaciones digitales. Pese a la reducción en el acceso a los dispositivos digitales, persisten desigualdades cuya superación ha de partir de la puesta en marcha de políticas públicas. Ninguna persona debe ser excluida o resultar perjudicada en sus derechos por el hecho de no utilizar las TIC. Se han de reforzar las políticas de inclusión digital dirigidas a las mujeres, sin olvidar otros ejes que pueden agravar las brechas como son pertenecer a un entorno rural, la edad, la posición socioeconómica o el nivel educativo. Cobra especial relevancia el diseño de programas a través de los cuales desarrollar o perfeccionar competencias estratégicas, así como la creación de mecanismos capaces de garantizar la igualdad en el acceso de calidad a las tecnologías y a la conectividad.

Deviene en todo punto imprescindible incorporar el aprendizaje de las competencias informáticas y navegadoras ya desde los primeros niveles de enseñanza. El modelo de enseñanza ha de acomodarse a la realidad de las mujeres mediante la colaboración de los poderes públicos con las empresas. Los contenidos han de responder a las exigencias de un mundo laboral en cambio y a las necesidades inherentes a la sociedad digital. Por último, se debe potenciar la participación de la población femenina en los servicios públicos y de gobierno electrónico.

II. El papel de las mujeres en la digitalización del empleo

La creación de empleo vinculado al sector TIC se erige como una de las principales tendencias del mercado de trabajo en los próximos años y ello demanda un nivel de formación elevado en los puestos de trabajo, en particular en el diseño de tecnologías. El aumento de la demanda de personas con elevada formación, también en otros sectores como los de enseñanza o abogacía, está relacionado con la generación de empleos de calidad y con mejores condiciones laborales. Se prevé que, en 2025, las empresas demandarán en España alrededor del 37 % de personal altamente cualificado, un 50 % con cualificación media y un 14 % con cualificación baja[6]. La brecha entre la oferta y demanda se refleja en las aproximadamente 120.000 vacantes de personal cualificado en el ámbito tecnológico[7]. La inversión TIC en

6 Grupo de Trabajo Formación y Empleo – Digitales, *Anatomía de la brecha de talento tecnológico*, 2024. Disponible en: https://n9.cl/f18pk.

7 Grupo de Trabajo Formación y Empleo – Digitales, *Radiografía de las vacantes en el sector tecnológico*, 2022. Disponible en: https://n9.cl/yl5sh.

España alcanzó los 60 mil millones en 2023, un 5 % más que en el año anterior dada la importancia cada vez mayor de la tecnología en las empresas.

Persiste la segregación horizontal tanto en el ámbito académico como en el laboral en cuanto a las especialistas en el ámbito TIC. En la Unión Europea, solo el 30 % de las personas con doctorado en Ingeniería, Manufactura o Construcción y el 22,4 % en el sector TIC son mujeres[8]. El Servicio Público de Empleo Estatal resalta que el número de profesionales TIC en España debe aumentar en más de 1,39 millones para cumplir con los objetivos de la Década Digital de la Comisión Europea. Ahora bien, entre 2019 y 2020, este número solo ha experimentado un aumento del 2 %. Ante la escasez de demandantes de empleo que tengan la formación y las competencias técnicas requeridas, por lo que urge iniciar políticas de capacitación adecuadas.

En la Propuesta de Resolución del Parlamento Europeo sobre el cierre de la brecha digital de género, se constataba que las mujeres enfrentan mayores dificultades para encontrar hueco en el sector tecnológico debido a estereotipos, una considerable segregación vertical y horizontal, lugares de trabajo que carecen de diversidad, y la sobrecualificación para los puestos ocupados. En el ámbito de la ingeniería de software, solo una pequeña minoría de mujeres accede a puestos directivos. Además, un gran número de mujeres abandonan su educación superior, sus oportunidades académicas y sus carreras profesionales en el sector de las TIC (fenómeno conocido como «tubería con fugas»), debido principalmente a un deficiente equilibrio entre la vida profesional y la personal, a limitaciones organizativas y a un entorno dominado por los hombres[9]. Las empresas tecnológicas han sido testigo de un aumento significativo de mujeres en los consejos de administración, si bien también es el sector con el mayor porcentaje de consejos compuestos únicamente por hombres.

En efecto, la expectativa de ser madre y las dificultades de conciliación entre la vida personal y profesional avocan a muchas mujeres a renunciar a la progresión en su carrera o incluso a abandonar el sector TIC. En no pocas ocasiones las ingenieras abandonan las compañías tecnológicas para optar a puestos en la Administración Pública, pues las condiciones laborales más estables y los horarios compatibles con la vida familiar hacen de estas ocupaciones una opción sostenible[10]. Las empresas tecnológicas han de emprender medidas para retener el talento femenino. Ello requiere, de un

8 Comisión Europea, Dirección General de Investigación e Innovación, *She figures 2021: gender in research and innovation: statistics and indicators*, Publications Office, 2021. Disponible en: https://data.europa.eu/doi/10.2777/06090

9 Parlamento Europeo: *Propuesta de Resolución del Parlamento Europeo sobre el cierre de la brecha digital de género: participación de la mujer en la economía digital*, Diario Oficial de la Unión Europea, 21 de enero de 2021, (2019/2168(INI)).

10 *Vid. op. cit.* Sáinz, M.; Arroyo, L. y Castaño, C., *Mujeres y digitalización. De las brechas a los algoritmos*, p. 50.

lado, establecer programas para la promoción del interés por las tecnologías desde edades tempranas, así como apoyar la elección de estudios STEM por parte de las niñas; de otro, promover que las empresas pongan en marcha medidas efectivas de conciliación.

La brecha salarial se cuantifica de media en los Estados miembros en el 19,3 %, siendo España el tercer país más igualitario en las retribuciones reportando un 12 % de diferencia en las remuneraciones entre hombres y mujeres, según indica la Comisión Europea[11]. La articulación normativa se sustenta en el Real Decreto-ley 6/2019, de 1 de marzo, de medidas urgentes para garantía de la igualdad de trato y de oportunidades entre mujeres y hombres en el empleo y la ocupación, orientado a continuar reduciendo las barreras en el acceso al empleo de las mujeres, y el Real Decreto 902/2020, de 13 de octubre, de igualdad retributiva entre mujeres y hombres, que regula la transparencia retributiva y la tutela administrativa y judicial ante la brecha salarial.

1. La automatización de los puestos de trabajo

En el estudio de las tendencias respecto a la creación y destrucción de empleo debido a la digitalización se estima la pérdida del 12 % de puestos de trabajo debido al avance de la informatización[12]. Se espera que el impacto de la mayoría de las tecnologías en los empleos sea positivo en los próximos cinco años y que el análisis de macrodatos, las tecnologías de gestión del cambio climático y del medioambiente, el cifrado y la ciberseguridad sean los principales impulsores del crecimiento del empleo. No obstante, se anticipa una disrupción significativa ocasionada por las tecnologías agrícolas, las plataformas digitales, el comercio electrónico y la IA. Aunque algunas empresas pronostican la pérdida de puestos de trabajo en sus organizaciones debido a estos avances, esta situación se verá compensada con la creación de nuevos puestos en otros sectores, con un balance neto positivo[13]. Todas las tecnologías se proyectan como generadoras de empleo en los próximos cinco años, a excepción de los robots humanoides y no humanoides.

Estimaciones de toda clase coinciden en que la digitalización conlleva la sustitución de tareas y la desaparición de un número considerable de puestos de trabajo. No obstante, se han de valorar con cautela las diversas predicciones ya que, en función de la metodología seguida, la magnitud del

11 Observatorio Nacional de Tecnología y Sociedad, *Brecha digital de género*, Ministerio de Asuntos Económicos y Transformación Digital, Madrid, 2022, p. 29.

12 Arntz, M.; Gregory, T. y Zierahn, U., *The Risk of Automation for Jobs in OECD Countries: A Comparative Analysis, OECD Social, employment and migration working papers, núm. 189*, OECD Publishing, París, 2016. Disponible en: https://doi.org/10.1787/5jlz9h56dvq7-en.

13 Foro Económico Mundial, *The Future of Jobs*, 2023. Disponible en: https://n9.cl/rzt0b

impacto de la automatización varía de forma sustancial. Ninguna duda cabe, las ocupaciones con tareas rutinarias, de baja cualificación y sin apenas interacción social corren un mayor riesgo de ser automatizadas. En el otro lado del espectro, las ocupaciones menos susceptibles de ser informatizadas destacan por otorgar un peso importante a la creatividad, la empatía o la subjetividad. La mayor sustitución de empleo se generará en las funciones más mecánicas, administrativas y con producción muy controlable o localizable, que permitan el uso de algoritmos y robots con más facilidad[14]. Sería deseable identificar el efecto de la digitalización sobre los diferentes puestos de trabajo de un mismo sector, pues el riesgo de afectación depende de las tareas específicas susceptibles de ser automatizables.

Algunos informes apuntan a que una proporción mayor de mujeres (11 %) ocupa puestos de trabajo con alto riesgo de automatización en comparación con los hombres (9 %)[15]. Se necesitan políticas para dotar a las trabajadoras de las habilidades necesarias; cerrar las brechas de género en los puestos de liderazgo; superar la brecha digital de género (es más, la transformación digital podría conferir una mayor flexibilidad en el trabajo, lo que beneficiaría a las mujeres); y facilitar las transiciones para las empleadas de mayor edad y de baja cualificación. En cambio, otros estudios sitúan prácticamente a la par el riesgo de automatización de los puestos de trabajo de mujeres (20 %) y de hombres (21 %)[16].

Los hombres predominan en roles físicos y, por lo tanto, casi el 40 % de tales empleos podrían ser reemplazados por la automatización; mientras que las mujeres prevalecen en muchas ocupaciones con alto potencial de automatización debido al trabajo cognitivo rutinario, como los roles de apoyo administrativo o en el sector servicios, representando el 52 % de los posibles desplazamientos laborales femeninos. La feminización del trabajo de cuidados, unido a una demanda creciente de los servicios debido al envejecimiento de la población, presenta especial interés respecto a los retos del futuro del trabajo desde una perspectiva de género.

---

14 Fundación Telefónica, *50 estrategias para 2050. El trabajo y la revolución digital en España,* Fundación Telefónica, 2018. Disponible en: https://n9.cl/3p3p7k.

15 Brussevich, M. *et al.*, *Gender, technology, and the future of work*, International Monetary Fund, 2018. Disponible en: https://n9.cl/y5d0u.

16 Madgavkar, A., *et al.*, *The future of women at work: Transitions in the age of automation*, McKinsey Global Institute, 2019. Disponible en: https://n9.cl/mcbg0.

2. Retos para la igualdad de género en el mercado laboral

En primer lugar, la digitalización de la economía está enmarcada en el proceso de flexibilización de las condiciones laborales y la globalización de los procesos de producción: de un lado, emerge con fuerza el empleo vinculado a la economía de plataformas; de otro, ha aumentado el trabajo a tiempo parcial a consecuencia de la polarización de los empleos.

La tendencia a contratar a las mujeres a tiempo parcial y el autoempleo, bajo la premisa de facilitar las responsabilidades familiares, pueden reforzar las desigualdades preexistentes en el mercado de trabajo y perpetuar el tradicional reparto de roles ya expuesto en páginas precedentes. Aun cuando la flexibilidad horaria asociada a la *gig-economy* resulta particularmente atractiva para las mujeres, la forma en la que prestan sus servicios puede tener consecuencias adversas en el nivel de ingresos, la estabilidad laboral o el desarrollo profesional[17]. Las TIC favorecieron el auge del teletrabajo como modalidad de prestación de servicios para que las personas ocupadas desarrollen sus tareas fuera de los locales habituales de trabajo. En un principio, la flexibilidad laboral fue valorada como positiva, pues permitía equilibrar los intereses de los empleadores con las necesidades de los trabajadores en la distribución entre tiempo de trabajo y atención a las cargas familiares. Sin embargo, para evitar el efecto *boomerang*, es esencial fomentar la corresponsabilidad, evitando que las mujeres sigan siendo consideradas como las principales responsables del trabajo doméstico y de los cuidados[18]. El hecho de no tener delimitados los espacios y tampoco los tiempos puede provocar que las líneas de separación entre la esfera laboral y la personal aparezcan difuminadas.

En segundo término, ante un contexto laboral en constante cambio, aparece perfectamente justificada la necesidad de impulsar programas de capacitación a lo largo de toda la vida. En un mundo donde la digitalización es ya una herramienta fundamental para la creación de riqueza, las competencias digitales cobran una relevancia capital al objeto de garantizar la empleabilidad. Tal afirmación se aplica a cualquier sector de la actividad económica, si bien las habilidades requeridas en cada empleo difieren según el sector y la posición laboral. Es más, en un mismo sector las diferencias, experiencias, cualificaciones y habilidades que implican los puestos concretos requieren formación y actualización específicas de manera que todas las profesionales tengan la capacidad de realizar un uso estratégico de Internet para la genera-

17 OCDE, *Bridging the Digital Gender Divide: Include, Upskill, Innovate*, OECD Publishing, París, 2018. Disponible en: https://n9.cl/zybkn6.

18 CHUNG, H. y VAN DER LIPPE, T., «Flexible Working, Work–Life Balance, and Gender Equality: Introduction», en *Social Indicators Research*, núm. 151, 2018, p. 369.

ción de valor añadido. La adquisición de dichas competencias avanzadas por parte de las mujeres ha de sustentarse en la formación permanente para, así, afrontar los retos vinculados a la actualización constante de conocimientos y reorientar la trayectoria de quienes vean sus puestos de trabajo afectados por la digitalización o automatización.

Tercero, los nuevos retos del mercado de trabajo requieren aunar competencias digitales con otras habilidades básicas y estratégicas. Las mujeres con un nivel bajo de cualificación han de adquirir una serie de competencias cognitivas como la lectoescritura y matemáticas para que el uso de las tecnologías digitales pueda ser provechoso desde un punto de vista laboral. En lo relativo a las personas de elevada cualificación, los perfiles con trayectorias híbridas que combinan habilidades tecnológicas y de ingeniería con capacidades analíticas propias de las ciencias sociales/humanidades serán muy solicitados. Se han de desarrollar programas para detectar otras competencias básicas, específicas no digitales y transversales que los sectores productivos de cada región precisan, así como políticas orientadas a fomentar la inclusión de la diversidad en la innovación, asegurando que las competencias adquiridas en otros ámbitos alejados de la educación formal sean reconocidas[19].

Es importante destacar que los hombres ocupados en el sector TIC tienen vías de entrada directas y lineales desde los estudios universitarios o la formación profesional en informática; mientras las mujeres acceden desde disciplinas que, en un principio, no tienen una relación estrecha con las tecnologías o después de haber trabajado en ámbitos como la biblioteconomía, la gestión, o las humanidades digitales. Las *soft skills* devienen en todo punto fundamentales en el mercado laboral, pues competencias estratégicas propias de los empleos mejor pagados son la resolución de problemas, las habilidades comunicativas, de trabajo en equipo y las habilidades de planificación y organización[20].

3. El uso de sistemas de IA en el trabajo y su potencial impacto discriminatorio para las mujeres

La IA y el aprendizaje automático han propiciado la elaboración de perfiles y la automatización de las decisiones empresariales. Su utilidad para las organizaciones parece evidente en términos de eficiencia y ahorro de costes, pero esconde severos riesgos para los derechos y libertades de las personas trabajadoras. Aspectos como la contratación, la organización del tiempo de

---

19 Arroyo Prieto, L., *Las competencias digitales para el crecimiento económico en igualdad de oportunidades en España y la Unión Europea*, Fundación Alternativas, Madrid, 2018, p. 35.

20 *Vid. op, cit.* Sáinz, M.; Arroyo, L. y Castaño, C., *Mujeres y digitalización. De las brechas a los algoritmos*, p. 53.

trabajo (asignación automática de turnos o tareas), el control y vigilancia de la actividad, la promoción profesional, el cálculo del desempeño, la aplicación de sanciones disciplinarias, la determinación de la retribución salarial o los despidos, se canalizan a través de algoritmos. Cada vez más empleadores delegan sus responsabilidades en estas soluciones informáticas, renunciando a aplicar el factor humano en la gestión de la prestación laboral. Las empresas atribuyen a estos programas informáticos características de infalibilidad, neutralidad, precisión, imparcialidad u objetividad, aun cuando las decisiones pueden estar sesgadas e incidir negativamente en los derechos a la intimidad, a la protección de datos, a la igualdad o a la salud laboral.

Las desviaciones inadecuadas en el proceso de inferencia son particularmente graves cuando derivan en discriminaciones de un grupo en favor de otro, como sucede si la elaboración de perfiles perpetúa los estereotipos existentes y amplia la segregación social. En 2018, Amazon tuvo que reformular su sistema de contratación algorítmica, tras quedar constatado que perjudicaba a las mujeres eligiendo preferentemente a los candidatos varones. El sistema algorítmico utilizado por la Agencia Estatal de Empleo en Austria asignaba a las desempleadas a un grupo inferior, a pesar de que su experiencia y calificaciones fueran coincidentes con las de un hombre[21]. El algoritmo Frank empleado por la plataforma Deliveroo ignoraba el derecho a la conciliación, pues en el ranking reputacional premiaba al rider totalmente disponible, penalizando a la persona que cancela una sesión de trabajo, sin valorar si ello obedece a motivos de salud, cuidado de familiares o ejercicio de actividades sindicales.

Cuando los algoritmos o las aplicaciones reproducen los prejuicios existentes podrían vulnerar la prohibición de discriminación. La discriminación algorítmica se caracteriza por su invisibilidad, por cuanto «la automatización de los procesos de toma de decisiones se presenta como una forma de evitar decisiones humanas subjetivas y sesgadas, al reemplazarlas por una técnica neutral»; la intensidad, ya que cualquier sesgo introducido en el sistema se magnificará dado el elevado volumen, velocidad y variedad de los datos usados; y la complejidad técnica, pues los sesgos pueden surgir de los datos, pero también de la «caja negra», esto es, de la definición del algoritmo, de la forma en que trabaja y de su facultad de predicción[22].

En el ámbito de la Unión Europea, el Reglamento 2024/1689 del Parlamento Europeo y del Consejo, de 13 de junio de 2024, por el que se establecen normas armonizadas en materia de Inteligencia Artificial articula normas comunes para los sistemas de IA de alto riesgo al objeto de garantizar un

21 Sáez Lara, C., «Mujer, Trabajo y sistemas de Inteligencia Artificial», en *Revista de Derecho Laboral vLex*, núm. 4, 2021, p. 178.

22 Sáez Lara, C., «El algoritmo como protagonista de la relación laboral. Un análisis desde la perspectiva de la prohibición de discriminación», en *Temas Laborales*, núm. 155, 2020, pp. 45 y 46.

nivel elevado y coherente de protección de los intereses públicos. La norma define Sistema de IA como aquel que opera con elementos de autonomía y que, basándose en datos y entradas obtenidos de humanos o máquinas, infiere para alcanzar unos objetivos propuestos, usando para ello técnicas basadas en el aprendizaje-máquina o en lógica y conocimiento, y genera como salida contenidos, predicciones, recomendaciones o decisiones que influyen en el entorno con el que el sistema interactúa. Además, incorpora una jerarquía de riesgos en función del uso de la IA, y sobre las categorías detectadas, determina una serie de obligaciones.

En el ámbito del empleo, gestión de los trabajadores y acceso al autoempleo son sistemas de IA de alto riesgo los destinados a ser utilizados para la contratación o la selección de personas físicas, en particular para publicar anuncios de empleo específicos, analizar y filtrar las solicitudes de empleo y evaluar a los candidatos, así como los empleados para tomar decisiones que afecten a las condiciones de las relaciones de índole laboral o a la promoción o rescisión de relaciones contractuales de índole laboral, para la asignación de tareas a partir de comportamientos individuales o rasgos o características personales o para supervisar y evaluar el rendimiento y el comportamiento de las personas en el marco de dichas relaciones.

Los proveedores de sistemas de alto riesgo deben cumplir un conjunto de exigencias, a saber: i) contar con un sistema de gestión de riesgos; ii) establecer una gobernanza y gestión de los datos de entrenamiento y prueba, asegurando buenas prácticas en su diseño, recolección y preparación, garantizando su relevancia y corrección y sus apropiadas propiedades estadísticas, evitando sesgos que afecten negativamente a las personas; iii) incorporar la documentación técnica actualizada; iv) tomar automáticamente registros de actividad del sistema; v) aportar información a los usuarios sobre las capacidades del sistema, sus requisitos de equipamiento, su ámbito de aplicación, su nivel de precisión, las condiciones de utilización que pueden implicar riesgos, y los sistemas para supervisión humana; vi) facilitar la supervisión por personas durante su uso para minimizar los riesgos a la salud, seguridad y derechos fundamentales, permitiendo a los usuarios monitorizar los sistemas e interpretar sus salidas (en identificación biométrica remota la salida requerirá verificación por al menos una persona física); viii) proporcionar un nivel adecuado de precisión, robustez y ciberseguridad, estableciendo medidas de apropiadas y proporcionadas a las circunstancias, en particular de protección contra la manipulación de los datos de entrenamiento.

La prohibición de discriminación por razón de género en el ámbito de las relaciones laborales viene garantizada en el Estatuto de los Trabajadores, la Ley Orgánica 3/2007, de 22 de marzo, para la igualdad efectiva de mujeres y hombres, el Real Decreto 901/2020, de 13 de octubre, por el que se regulan los planes de igualdad y su registro o la Ley 15/2022, de 12 de julio, integral para la igualdad de trato y la no discriminación, entre otros textos normativos.

Los tipos de discriminación no varían cuando son efectuados a través de tratamientos de datos con el uso de algoritmos. La discriminación algorítmica se presenta como una de las tipologías jurídicas ya existentes, con la peculiaridad del empleo de algoritmos en su producción. Un algoritmo que en la selección del personal excluya a las personas de un sexo o perjudique a las mujeres de una determinada franja de edad por ser estadísticamente probable que tengan hijos, se encuadra en la modalidad de discriminación directa[23]. En cambio, será discriminación indirecta la situación dada por un algoritmo que determina los afectados por un despido colectivo priorizando categorías, franjas de edad o antigüedad, que en la empresa en cuestión se hallen feminizadas. Constituye acoso por razón de sexo la publicación en la empresa de las costumbres sexuales de una persona trabajadora, obtenidas de una aplicación privada de contactos a la que haya accedido otro empleado/a. Como ejemplo de la discriminación por razón de embarazo o maternidad destaca el procesamiento de datos de natalidad y la exclusión de candidatas pertenecientes a un municipio con tasas altas de natalidad.

Los planes de igualdad se erigen como una herramienta clave para el análisis desde una perspectiva de género de las políticas de la empresa ejecutadas mediante algoritmos. Si el uso de algoritmos, tratamiento masivo de datos o sistemas de IA implican directa o indirectamente el tratamiento de datos personal, la tutela antidiscriminatoria se ve reforzada por la aplicación de la normativa de protección de datos, en esencia el Reglamento (UE) 2016/679 del Parlamento Europeo y del Consejo, de 27 de abril de 2016 (RGPD) y la Ley Orgánica 3/2018, de 5 de diciembre, de Protección de Datos Personales y garantía de los derechos digitales (LOPDGDD).

III. Participación de mujeres en el diseño de las TIC

Las innovaciones tecnológicas con mayor repercusión en los empleos son la IA y la robótica, pero también el Internet de las cosas es omnipresente dada la conexión de cualquier objeto de uso común a la red. Una perspectiva esperanzadora respecto a la IA es la realización de predicciones tendentes a mejorar la calidad de vida de las personas, como la mejora del diagnóstico y tratamiento de enfermedades o el incremento de la eficiencia de los servicios públicos. El *quid* de la cuestión reside en que las mujeres participen en la concepción y desarrollo de las aplicaciones, teniendo en cuenta sus intereses y necesidades.

Las tecnologías tienden a replicar los sesgos de género presentes en la sociedad y, por lo tanto, se han de reforzar las medidas desplegadas en aras

23 Preciado Domènech, C.H., «Algoritmos y discriminación en la relación laboral», en *Jurisdicción Social, Revista de la Comisión de lo Social de Juezas y Jueces para la Democracia*, núm. 223, 2021, pp. 17 y 18.

de superar la escasa diversidad en los entornos asociados a la IA. Al tiempo, procede reducir y superar las asimetrías en el poder, eliminar el acoso sexual, las prácticas de exclusión de la población femenina en los procesos de selección, las compensaciones injustas y la participación meramente simbólica de las mujeres. La calidad de los datos tomados como referencia para el entrenamiento de las herramientas tecnológicas es primordial a la hora de garantizar la ausencia de sesgos.

Las herramientas basadas en la IA y el *Machine Learning* están presentes en cualquier aspecto de la vida, pero solo un 12 % de quienes participan en su desarrollo con capacidad de decisión de alto nivel y un 11 % de las personas que programan código fuente son mujeres. A pesar de los avances positivos en el número de mujeres, continúan funcionando estereotipos de género por los que las mujeres desempeñan tareas subordinadas —*back end*— y los hombres desarrollan la interfaz —*front end*— donde se obtienen mayores retribuciones. Una triste realidad que contrasta con el imprescindible papel jugado por las mujeres en los inicios de la programación: desde Ada Lovelace (pionera del lenguaje de programación), Margaret Hamilton (directora del equipo del MIT que desarrolló el lenguaje de navegación del Apolo 11), las matemáticas y programadoras del primer gran ordenador ENIAC en la Segunda Guerra Mundial, hasta Grace Hopper (que fue clave para el desarrollo del lenguaje COBOL y del segundo gran ordenador UNIVAC)[24].

Los sesgos de equidad pueden surgir de la replicación mimética de datos que pueden indicar resultados asentados en estereotipos a falta de diversidad en los equipos de trabajado a cargo del diseño de los sistemas y aplicaciones. Por ejemplo, los asistentes personales virtuales, que utilizan nombres, voces y personajes femeninos parecen reproducir prejuicios sobre el papel de la mujer en la sociedad y el tipo de trabajo que desempeña. Siri de Apple o Alexa de Amazon utilizan estas prácticas para transmitir que las mujeres están subordinadas a los hombres y existen para ser «utilizadas» por ellos[25].

Muchos algoritmos utilizados en aplicaciones de reconocimiento de imagen o voz reproducen tópicos relacionados con los atributos físicos de las personas según el sexo biológico, la orientación sexual o la procedencia étnica o cultural. Los hombres blancos pertenecientes a un grupo acomodado son el *target* objetivo de las herramientas de IA, en consonancia con quienes las diseñan. Asistentes de voz como Cortana o Google Home representaban la identidad de género femenina y estaban pensadas para desempeñar tareas administrativas de nivel básico como contestar emails o planificar el calenda-

24 *Vid. op. cit.* Sáinz, M.; Arroyo, L. y Castaño, C., *Mujeres y digitalización. De las brechas a los algoritmos*, pp. 59 y 60.

25 Adamas, R. y Loideain, N., «Addressing indirect discrimination and gender stereotypes in AI virtual personal assistants: the role of international human rights law», en *Cambridge International Law Journal,* vol. 8, núm. 2, 2019, p. 241.

rio. Los usuarios antropomorfizan a los agentes virtuales (se relacionan con ellos como humanos) y son más receptivos a ellos si son empáticos y femeninos. Pero esto puede depender de la tarea asignada al dispositivo, pues si se trata de un juego de rol de ingeniero o abogado, por ejemplo, los usuarios prefieren que sus *bots* sean hombres, volviendo a los estereotipos antiguos. Igualmente, las voces masculinas son consideradas por algunos usuarios como más fiables para transmitir instrucciones de navegación.

Asistentes como Siri o Alexa se defienden de un sinfín de solicitudes y abusos sexuales por parte de los usuarios. Algunos de estos agentes virtuales femeninos están programados para desviar los comentarios, otros responden con respuestas atrevidas y coquetas, y algunos aparentemente recapitulan si los usuarios son lo suficientemente persistentes.

La inclusión de diferentes perspectivas, experiencias y habilidades no es solo un ideal ético, es una necesidad fundamental para el desarrollo equitativo y eficaz de las tecnologías avanzadas. La diversidad ha de ir más allá de la representación de diferentes grupos étnicos o géneros, tratando de integrar una amplia gama de voces y antecedentes en todas las etapas del desarrollo de la IA, desde la concepción y el diseño hasta la implementación y el análisis. Los equipos diversos son propensos a reconocer y mitigar posibles sesgos, lo cual redunda en soluciones más robustas y eficientes.

Ha aumentado la inquietud por la presencia de déficits en la calidad de los datos masivos habida cuenta de la escasa representación de mujeres y otros colectivos específicos en las bases de datos. El seguimiento de los avances en materia de igualdad de género en el marco de los ODS exige el acceso a datos veraces recopilados con regularidad[26]. La expansión del Big Data ha suscitado preocupaciones sobre la vigilancia gubernamental y empresarial, la privacidad y la propiedad de los datos. Ello plantea serias cuestiones éticas como las siguientes: ¿se recopilan los datos mediante consentimiento informado?, ¿cómo se utilizan los datos?, ¿cómo puede perjudicar su uso indebido a personas o grupos? En cualquier caso, los datos han de reflejar convenientemente a todos los sectores de la población.

La ciberseguridad constituye un verdadero desafío ante el incremento de los ataques de diversa índole a los sistemas de seguridad de las instituciones, la presencia de *fake news* en las redes y el riesgo de acceso de ciberdelincuentes a los datos y recursos de las empresas. Los propios sistemas de seguridad de los aeropuertos seleccionan de forma desproporcionada a mujeres negras para que se quiten la ropa. Los sistemas de reconocimiento biométrico de caras tienen problemas para identificar mujeres y gente de color.

26 United Nations Women, *Gender equality and women. Making gender data visible*, 2018. Disponible en: https://n9.cl/rwht2k.

Es posible hablar de una sustancial transformación de las formas de interrelación de los ciudadanos, por cuanto la revolución digital lleva hacia una sociedad hiperinformada, hipercomunicada e hipervisualizada, donde los sujetos son incapaces de racionalizar las noticias y separar lo verdadero de lo falso, los hechos se quedan obsoletos rápidamente, las corrientes de opinión surgen de comentarios en las redes sociales, y las actuaciones dejan de tener repercusión en un entorno controlado para poder ser vistas potencialmente por un gran número de personas en cualquier momento y lugar[27].

La falta de seguridad en la red resulta especialmente alarmante, por cuanto una de cada cuatro mujeres entre los 16 y los 24 años ha recibido insinuaciones inapropiadas, humillantes, intimidatorias u ofensivas en redes sociales[28]. Solo el 6 % de las mujeres se siente muy segura en Internet y el 64 % de las víctimas de delitos en Internet contra la libertad sexual son mujeres. Las mujeres son más propensas a limitar el acceso a su perfil en redes sociales y a restringir el acceso a su ubicación geográfica, dato del cual se desprende una mayor preocupación por la privacidad. Por su parte, los hombres se preocupan más en términos relativos por comprobar la seguridad de los sitios web en los que entran. Continuamente se denuncian casos de acoso, agresiones o discriminación por razón de género acaecidos en Internet. Uno de los más palpables, tiene que ver con el hostigamiento dirigido a mujeres por parte de usuarios anónimos en redes, foros, y plataformas. El anonimato trata de enmascarar comportamientos violentos, reforzados por el efecto multiplicador de las redes. La ciberseguridad de las mujeres tiene que ver con lo relativo a su persona, honor, intimidad y privacidad. El temor a ser víctima de delitos puede llegar a restringir su socialización en igualdad de condiciones con los hombres y el desarrollo pleno de sus competencias digitales, así como el ejercicio de sus derechos. Las mujeres han de estar presentes en el diseño de herramientas y servicios de ciberseguridad, pues estas tienen una probabilidad mayor que los varones de sufrir ciberataques contra sus cuentas y su integridad personal y sexual.

En cuanto a la industria de los videojuegos, una de las que más dinero recauda en España, también es un sector laboral donde las mujeres con perfiles profesionales tecnológicos son minoría. La presencia de la mujer sigue siendo un reto, por cuanto el empleo femenino solo alcanza el 18,5 %, lo que contrasta con el equilibrio que hay en cuanto a *gamers* porque el 42 % son mujeres[29]. Dicho sector emplea de forma directa a más de 15.000 personas y

---

27 Fernández Fernández, R., *Redes sociales y Derecho del Trabajo. El lento tránsito desde la indiferencia legislativa a la necesaria regulación legal o convencional*, Aranzadi, Navarra, 2020, pp. 33 y 34.

28 *Vid. op. cit.* Observatorio Nacional de Tecnología y Sociedad, *Brecha digital de género*, p. 6.

29 DEV, *Libro Blanco del Desarrollo Español de Videojuegos*, 2020. Disponible en: https://dev.org.es/libroblancodev2020

al menos la mitad de sus empresas dice contar con políticas de igualdad. Las áreas con más mujeres son las ligadas al equipo artístico; por el contrario, apenas aparecen en producción y programación. Desde las administraciones y las principales empresas del sector se han de fomentar las redes de colaboración y el apoyo a las mujeres diseñadoras de videojuegos para poder combatir de manera conjunta las desigualades en este entorno.

Realizado un repaso sumario de los problemas derivados de no incorporar una perspectiva de género en los sistemas de i+D+i, procede insistir en la conveniencia de incorporar las necesidades de las mujeres en los nuevos estándares tecnológicos, no en vano son aplicables en ámbitos como la salud o la educación. Ello beneficiaría también a los hombres ya que, a título de ejemplo, falta de reconocimiento de la osteoporosis como una enfermedad también masculina al haber sido considerada tradicionalmente una patología de mujeres retrasa su diagnóstico y tratamiento. Las trabajadoras que participan en el desarrollo de dispositivos digitales provenientes de otros campos del saber cómo humanidades o ciencias sociales producen sinergias a la hora de incorporar una dimensión humana en las tecnologías. Los sistemas de reconocimiento de voz y de desarrollo del lenguaje en las máquinas o los dispositivos capaces de emular sistemas de procesamiento de la información a través de la lingüística para ayudar a personas con problemas graves vinculados al habla, son ejemplos de soluciones digitales a problema sociales[30].

En definitiva, la formación inicial de programadores y creadores de códigos y algoritmos ha de tomar en consideración la igualdad de género a efectos de evitar sesgos en las producciones tecnológicas.

IV. Reflexión final

La superación de las brechas por razón de género es necesaria para garantizar la igualdad en el acceso a los beneficios que aportan los recursos digitales. Además, constituye un primer paso clave para que las mujeres tengan oportunidades de participar en el diseño y desarrollo de productos y servicios tecnológicos.

Uno de los principales retos del mercado de trabajo está relacionado con la digitalización y el imparable desarrollo de la automatización y la IA, lo cual implica la destrucción de algunos puestos de trabajo, la transformación de otros y la creación de nuevos nichos de empleo. Este panorama afectará de manera distinta a mujeres y hombres, eliminando algunas desigualdades de género, pero desgraciadamente generando otras nuevas. Incluso si las mujeres permanecen en sus empleos actuales, es probable que sus formas de trabajo cambien a medida que los lugares de trabajo adopten tecnologías

30 *Vid. op. cit.* SÁINZ, M.; ARROYO, L. y CASTAÑO, C., *Mujeres y digitalización. De las brechas a los algoritmos*, pp. 72 y 73.

y se automaticen algunas de las actividades que componen sus ocupaciones específicas, lo que deriva en una automatización parcial de su trabajo.

Destacan los elevados niveles de formación requeridos en el sector TIC, no solo en perfiles científicos y tecnológicos, sino también en otros campos del saber cómo ciencias sociales y humanidades. No obstante, a pesar de los altos niveles de cualificación académica de las mujeres en la mayoría de los ámbitos, su presencia sigue siendo escasa en el empleo vinculado al sector digital. La posición de España en este ámbito y su capacidad para generar ciencia y desarrollar tecnología dependen en gran medida de la educación y de un modelo de formación a lo largo de toda la vida profesional y personal. El talento tecnológico será el motor que impulse no solo la recuperación económica, sino también la construcción de una sociedad más justa e innovadora. Se ha de fomentar la participación de la mujer y la diversidad de género en carreras STEM, superando definitivamente los sesgos en las materias curriculares y en las herramientas formativas. Del mismo modo, se precisan personas con altas competencias de interacción social, donde las mujeres suelen destacar más que sus compañeros.

Al objeto de frenar la discriminación a través de sistemas de IA, resulta oportuno, entre otras iniciativas: reforzar la transparencia; efectuar comprobaciones rigurosas durante todo su periodo de vigencia, ello incluye tanto controles previos a su aplicación como auditorías independientes y un continuo monitoreo; eliminar los sesgos en el diseño; proporcionar un análisis más amplio sobre cómo la Inteligencia Artificial se utiliza en cada entorno; e incluir una evaluación riesgos. Hay evidencia sobre la concurrencia de sesgos en el tratamiento y análisis de datos masivos, así como en los sistemas de reconocimiento de imagen y de voz. Asimismo, procede subrayar la baja participación de mujeres en ciberseguridad y en la creación de videojuegos y contenidos digitales. La participación y liderazgo en el diseño y producción de tecnologías contribuye a incorporar las realidades e intereses de las mujeres en estos ámbitos. Para ello, se han de ofrecer vías de acceso, fomentar la confianza de las mujeres en sus competencias digitales y promover el interés por las carreras STEM.

V. Bibliografía

Adamas, R. y **Loideain, N.**, «Addressing indirect discrimination and gender stereotypes in AI virtual personal assistants: the role of international human rights law», en *Cambridge International Law Journal,* vol. 8, núm. 2, 2019.

Arntz, M.; Gregory, T. y **Zierahn, U.**, *The Risk of Automation for Jobs in OECD Countries: A Comparative Analysis, OECD Social, employment and migration working papers, núm. 189*, OECD Publishing, París, 2016.

Arroyo Prieto, L., *Las competencias digitales para el crecimiento económico en igualdad de oportunidades en España y la Unión Europea*, Fundación Alternativas, Madrid, 2018.

Brussevich, M. *et al.*, *Gender, technology, and the future of work*, International Monetary Fund, 2018.

Chung, H. y **Van Der Lippe, T.**, «Flexible Working, Work–Life Balance, and Gender Equality: Introduction», en *Social Indicators Research*, núm. 151, 2018.

Comisión Europea, *Women in Digital Scoreboard*, Comisión Europea, 2024.

Comisión Europea, Dirección General de Investigación e Innovación, *She figures 2021: gender in research and innovation: statistics and indicators*, Publications Office, 2021.

DEV, *Libro Blanco del Desarrollo Español de Videojuegos*, 2020.

Fernández Fernández, R., *Redes sociales y Derecho del Trabajo. El lento tránsito desde la indiferencia legislativa a la necesaria regulación legal o convencional*, Aranzadi, Navarra, 2020.

Foro Económico Mundial, *The Future of Jobs*, 2023.

Fundación Telefónica, *50 estrategias para 2050. El trabajo y la revolución digital en España,* Fundación Telefónica, 2018.

Grupo de Trabajo, Formación y Empleo – DIGITALES, *Radiografía de las vacantes en el sector tecnológico*, 2022.

Anatomía de la brecha de talento tecnológico, 2024.

Madgavkar, A., *et al.*, *The future of women at work: Transitions in the age of automation*, McKinsey Global Institute, 2019.

Observatorio Nacional de Tecnología y Sociedad, *Brecha digital de género*, Ministerio de Asuntos Económicos y Transformación Digital, Madrid, 2022.

OCDE, *Bridging the Digital Gender Divide: Include, Upskill, Innovate*, OECD Publishing, París, 2018, disponible en: https://n9.cl/zybkn6

— *How's life in the Digital Age?: Opportunities and Risks of the Digital Transformation for People's Well-being*, OECD Publishing, París, 2019.

Parlamento Europeo: *Propuesta de Resolución del Parlamento Europeo sobre el cierre de la brecha digital de género: participación de la mujer en la economía digital*, Diario Oficial de la Unión Europea, 21 de enero de 2021, (2019/2168(INI)).

Preciado Domènech, C.H., «Algoritmos y discriminación en la relación laboral», en *Jurisdicción Social, Revista de la Comisión de lo Social de Juezas y Jueces para la Democracia*, núm. 223, 2021.

Sáez Lara, C., «El algoritmo como protagonista de la relación laboral. Un análisis desde la perspectiva de la prohibición de discriminación», en *Temas Laborales*, núm. 155, 2020.

«Mujer, Trabajo y sistemas de Inteligencia Artificial», en *Revista de Derecho Laboral vLex*, núm. 4, 2021.

Sáinz, M.; Arroyo, L. y **Castaño, C.**, *Mujeres y digitalización. De las brechas a los algoritmos*, Instituto de la Mujer, Madrid, 2020.

Sáinz, M.; Meneses, J., Fàbregues, S. y **López, B.**, «*Adolescents' Gendered Portrayals of Information and Communication Technologies Occupations*», en *International Journal of Gender, Science and Technology*, vol. 8, núm. 2, 2016.

United Nations Women, *Gender equality and women. Making gender data visible*, 2018.

CAPÍTULO X

LA INCORPORACIÓN DE LA IA EN LA PRESTACIÓN DE SERVICIOS ASISTENCIALES CON PERSPECTIVA DE GÉNERO

Paula M.ª Tomé Domínguez
Universidad de Salamanca

I. Introducción

La IA, el Big Data y la nueva conceptualización digitalizada de la realidad desde diferentes puntos de vista afecta a todos los ámbitos de la sociedad, desde las relaciones interpersonales, la manera en la que desempeñamos nuestro trabajo o el modo en que son prestados determinados servicios o los criterios aplicables a la hora de acceder a los mismos, sean públicos o privados, entre otras cuestiones.

Hoy en día nos encontramos ante una nueva revolución, que ya no es industrial si no tecnológica y que nos lleva a un cambio de paradigma, un cambio de era que desde hace algunos años ya se abre paso en diferentes realidades. Así, como primera aproximación, la IA pareciera un conjunto de tecnologías que, de manera potencial, genera una serie de beneficios sociales y económicos y que, en última instancia hacen la vida más fácil, que nuestras decisiones se tomen de una manera más rápida, eficaz y eficiente.

No obstante, en este contexto se manifiestan numerosas contradicciones, ya que si nos centramos en la toma de decisiones basada en sistemas de IA podemos advertir que en ese proceso exista un riesgo importante de errores o simplemente de elecciones basadas en sesgos o en ideas discriminatorios por razón de género[1] u otras. Por ello, el papel de las ciencias sociales, la ética, la ciencia política o las ciencias jurídicas es imprescindible y tenemos mucho que decir en cuanto a la incorporación de estos sistemas de manera que se garantice el respeto a los derechos y libertades fundamentales y la seguridad jurídica. La Unión Europea ha sido una pionera en este sentido ya que con su Reglamento ha generado uno de los primeros textos legislativos que regulan el uso de sistemas de IA a nivel mundial (Propuesta de Reglamento del Parlamento Europeo y del Consejo por el que se establecen normas armonizadas en materia de inteligencia artificial y se modifican determinados actos legislativos de la Unión, COM (2021) 206 *final* que dará pie al Reglamento (UE) 2024/1689 del Parlamento Europeo y del Consejo, de 13 de junio de 2024, por el que se establecen normas armonizadas en materia de inteligencia artificial y por el que se modifican los Reglamentos (CE) n.° 300/2008, (UE) n.° 167/2013, (UE) n.° 168/2013, (UE) 2018/858, (UE) 2018/1139 y (UE) 2019/2144 y las Directivas 2014/90/UE, (UE) 2016/797 y (UE) 2020/1828 (Reglamento de Inteligencia Artificial).

Con carácter previo se aprobaron algunos textos no normativos, programáticos o estratégicos como el *Libro Blanco* sobre la Inteligencia Artificial: un enfoque europeo orientado a la excelencia y la confianza COM (2020) 65 final y la *Estrategia Europea de Datos*, así como el trabajo que comenzó a realizar el Grupo de Expertos de Alto Nivel en IA en el año 2018 (IA ética, legal y robusta)[2].

II. Desafíos éticos y normativos de la IA en la prestación de servicios públicos asistenciales

Realizar una aproximación a las oportunidades o riesgos que presenta la incorporación de los sistemas de IA en la prestación de servicios con carácter general, y de servicios públicos asistenciales, en particular, requiere poner de

1 Alonso Betanzos, A., «Inteligencia artificial y sesgos de género», en *Gender on Digital: Journal of Digital Feminism,* vol. 1, 2023, pp. 11-13.

2 Moreno Rebato, M., «La propuesta de Reglamento de la Unión Europea sobre inteligencia artificial y las Directrices éticas para una inteligencia artificial fiable: una oportunidad para la Administración Pública española», en VESTRI, G. (Dir.), *La disrupción tecnológica en la Administración Pública: retos y desafíos de la inteligencia artificial*, Thomson Reuters Aranzadi, Pamplona, 2022, p. 68.

manifiesto las ventajas e inconvenientes que supone la incorporación de esta herramienta en general en el Sector Público[3]. De esta manera, respecto a las primeras podemos mencionar que, previsiblemente, se producirá un incremento de la consistencia y objetividad en la prestación ya que el sistema se basará en datos objetivos tratados adecuadamente para dar respuesta a esa necesidad de prestación de servicio.

Igualmente, los sistemas de IA que se basan en experiencias previas, exitosas y fallidas y que a partir de esos datos infieren una respuesta determinada, impulsan una mejora del diseño y de la implementación de medidas concretas y una atención más individualizada al ciudadano. Así mismo, muchos autores consideran que la inclusión de esta herramienta en el sistema prestacional dará lugar a una reducción de la demora y burocratización de la Administración pública, así como aumentará la rapidez y eficiencia en la gestión y dará lugar a una optimización del uso de recursos materiales y humanos en las organizaciones públicas[4]. Por otro lado, se considera que los sistemas que se sirven de la IA tienen acceso a una mayor cantidad de datos para la toma de una decisión final sobre la prestación de un servicio asistencial que parece más acertada, quizá, por tener presente más variables, lo cual es imprescindible para concretar las actuaciones en función del perfil del ciudadano[5].

En relación con lo anterior, también se deduce que las actuaciones serán mucho más eficientes y objetivas con un posible doble filtro, profesional humano y tecnológico y, además, otro de los beneficios sería o es la posibilidad de obtener prescripciones o itinerarios personalizados y predicciones con el fin de posibilitar una potencial personalización del servicio asistencial prestado. Esto también puede unirse a la posibilidad de desarrollar políticas preventivas más eficaces y una mejor planificación de los servicios y racionalización de los recursos públicos[6].

Por otro lado, somos conscientes de la existencia de no pocos problemas o riesgos aparejados a la incorporación de sistemas de IA en las Administraciones Públicas como herramienta facilitadora de la prestación de servicios, lo que pone en juego o compromete en algunos casos el debido respeto a

---

3 Sandoval Martin, T., Sainz de Baranda Andujar, C., la Rosa Barrolleta, L., «La expansión de los sesgos de género con la inteligencia artificial», en Bandrés Goldáraz, E. (Coord.), *Estudios de género en tiempos de amenaza*, Dykinson, Madrid, 2021, pp. 572-575.

4 Sarasibar Iriarte, M., «La integración de la Inteligencia Artificial en la Administración Pública», en *Derecho Digital e Innovación. Digital Law and Innovation Review*, núm. 17 (julio-septiembre), 2023, p. 4.

5 Ortiz de Zárate Alcarazo, L., «Sesgos de género en la inteligencia artificial», en *Revista de Occidente*, núm. 502, 2023, pp. 7-8.

6 Campos Acuña, C., «Inteligencia artificial e innovación en la administración pública: in(necesarias) regulaciones para la garantía del servicio público», en *Revista Vasca de Gestión de Personas y de Organizaciones Públicas*, núm. 3 extra, 2019, pp. 76-77.

los derechos y libertades fundamentales de los ciudadanos. Es importante ponerlos de manifiesto porque precisamente son estos riesgos los que impulsarán la reforma o modificación legislativa necesaria para poder aprovechar las bondades de la IA sin poner en riesgo los derechos y libertades fundamentales y la necesaria seguridad jurídica.

En este sentido, la regulación es una herramienta clave para incorporar preceptos éticos que ordenen la actuación de los sistemas de IA o de los organismos con el fin de que se valgan de los mismos para la toma de decisiones. Añadido e ello, debería contarse siempre con un consejo y asesoramiento técnico de los proveedores de estas herramientas con el fin de crear en última instancia un equipo multidisciplinar que pueda tomar decisiones fundamentades con el fin de aminorar riesgos desde el punto de vista jurídico, ético y tecnológico.

Así mismo, existe un riesgo de que se produzca una percepción de deshumanización de la atención al ciudadano que redunde en una calidad menor de la misma y además, muchos son los expertos autorizados que consideran que existen cuestiones que no son objetivables, hoy en día, por los sistemas de IA existentes y que sí serían importantes para la determinación del derecho a un determinado servicio asistencial, o la correlación entre esas cuestiones puede determinar una respuesta diferente si interviene el elemento humano o no[7].

Evidentemente, y este es uno de los riesgos más resaltado, puede existir un claro riesgo para la privacidad de los datos de carácter personal, aunque esta vulnerabilidad, a nuestro juicio, se palia de forma lo suficientemente amplia a través de la normativa en materia de protección de datos[8]. Igualmente, se verá afectado en algún modo el principio de transparencia ya que no está completamente claro en algunos casos cuál es el mecanismo exacto que opera en cada sistema de IA y que nos lleva a esa relación de variables con un resultado determinado. Incluso aunque estuviera claro desde un punto de vista técnico presenta problemas a la hora de explicarse desde una óptica jurídica o de derechos, es decir, ¿hasta qué punto el operador jurídico podrá motivar la decisión tomada basándose en una herramienta de IA? Así, podemos decir que también se compromete la imperativa motivación de las actuaciones de las Administraciones Públicas en su relación con los intere-

7 Soriano Arranz, A., «La propuesta de Reglamento de Inteligencia Artificial de la Unión Europea y los sistemas de alto riesgo», en *Revista General de Derecho de los Sectores Regulados RSR*, núm. 8, 2021, p. 6.

8 Sobrino Garcia, I., «Las decisiones automatizadas en el sector público. Conflictos entre la protección de datos y la inteligencia artificial», en Bonorino Ramírez, P., Fernández Acevedo, R., Valcárcel Fernández, P. (Dirs.), *Nuevas normatividades: inteligencia artificial, derecho y género*, Thomson Reuters Aranzadi, Pamplona, 2021, pp. 20-22.

sados, lo que, consecuentemente, podría poner en riesgo la tutela judicial efectiva del interesado y su derecho a recurrir en vía administrativa[9].

Por otro lado, una de las vulnerabilidades más significativas es la posible reproducción de prejuicios sociales o sesgos discriminatorios que pueden operar en los sistemas de IA, por razones de género, de raza etc. lo que perpetua las desigualdades sociales y es contrario al principio de igualdad. Esto puede tener su origen en una mala calidad de los datos, del combustible del sistema para generar respuestas, estos datos sirven para que la herramienta «aprenda» y tome decisiones fundamentales: si los datos son sesgados las respuestas también lo serán. La solución, a nuestro juicio, comprendería el refuerzo del sistema de transparencia y auditabilidad (como solución ex post a la toma de decisiones sesgadas) así como una correcta supervisión posterior de carácter humano que observe los principios de igualdad y no discriminación en cada una de las decisiones propuestas por el sistema[10].

En concreto, en el ámbito de la personalización y proactividad existen varios obstáculos: se cuenta con un gran número de usuarios o destinatarios lo que dificulta la individualización del servicio, y por tanto, un mal diseño normativo que puede dar lugar a impedimentos innecesarios, a la vez que la escasez de recursos de diverso tipo, materiales, humanos, tecnológicos etc. puede derivar en una ineficiencia en el uso de los sistema de IA con fines de personalización en cuanto a la actividad administrativa de prestación de servicios públicos asistenciales. Además, la Administración por su propia naturaleza y por inercia tiende a ser reactiva no predictiva, lo de la proactividad es una idea que aún no encaja demasiado en la estructura organizativa y funcional del sector público.

---

9 Se modifica esta cuestión en cierta medida, aunque si el responsable del despliegue desconoce el funcionamiento, la medida es ineficaz. Vinculado con lo anterior, consultar el artículo 86 Reglamento de IA. *Derecho a explicación de decisiones tomadas individualmente 1. Toda persona que se vea afectada por una decisión que el responsable del despliegue adopte basándose en los resultados de salida de un sistema de IA de alto riesgo que figure en el anexo III, con excepción de los sistemas enumerados en su punto 2, y que produzca efectos jurídicos o le afecte considerablemente del mismo modo, de manera que considere que tiene un efecto perjudicial para su salud, su seguridad o sus derechos fundamentales, tendrá derecho a obtener del responsable del despliegue explicaciones claras y significativas acerca del papel que el sistema de IA ha tenido en el proceso de toma de decisiones y los principales elementos de la decisión adoptada. 2. No se aplicará el apartado 1 a la utilización de sistemas de IA para los que existan excepciones o restricciones a la obligación prevista en dicho apartado derivadas del Derecho de la Unión o nacional de conformidad con el Derecho de la Unión. 3. El presente artículo se aplicará* únicamente *en la medida en que el derecho a que se refiere el apartado 1 no esté previsto de otro modo en el Derecho de la Unión*. Igualmente, *Vid.* Díaz Diez, C.A., «Voluntad y motivación en actos administrativos automatizados con Inteligencia Artificial: ¿un nuevo entendimiento de conceptos humanos?», en *Indret: Revista para el Análisis del Derecho*, núm. 4, 2024, pp. 409-440.

10 Valle Escolano, R., «Transparencia en la inteligencia artificial y en el uso de algoritmos: una visión de género», en Cotino Hueso, L., Castellanos Casademunt, J. (Coords.), *Transparencia y explicabilidad de la inteligencia artificial*, Tirant lo Blanch, Valencia, 2022, págs 90-91.

Finalmente, podemos mencionar la descoordinación y falta de interoperabilidad que aún existe entre las diferentes administraciones públicas en nuestro país en cuanto a la compartición de datos, lo que supone una dificultad para coordinarse y utilizar bases de datos comunes, que serían una herramienta muy útil para poder hacer más eficiente el funcionamiento de las herramientas de IA.

En definitiva, no se aprecia por el momento una sistematización clara de la incorporación de estos sistemas de IA en el funcionamiento del sector público en lo que a prestación de servicios se refiere y a la determinación del acceso a los mismos. Esta falta de sistematización da pie a problemas de interpretación en lo que se refiere a la afectación de derechos fundamentales. A nuestro juicio, la principal solución pasaría por llevar a cabo una interpretación más o menos homogénea en cuanto a los principios rectores que deberían regir la incorporación de estas novedosas herramientas de IA en las Administraciones Públicas, interpretación que podría basarse en los preceptos recogidos en la Carta de Derechos Digitales publicada en el marco de la Agenda 2026 (julio 2021). En esta, se detallan una serie de derechos ante la IA (Capítulo XXV) que se corresponden con los siguientes:

- Enfoque centrado en la persona y «su inalienable dignidad, perseguirá el bien común y asegurará cumplir con el principio de no maleficencia».
- Derecho a la no discriminación sea cual sea su causa o naturaleza.
- Condiciones de transparencia, auditabilidad, explicabilidad, trazabilidad, supervisión humana, gobernanza, accesibilidad, usabilidad y fiabilidad.
- Derecho de los ciudadanos a solicitar la supervisión humana de las decisiones automatizadas que afecten a su ámbito personal y patrimonial.

III. Inteligencia artificial en la Administración Pública: reglamento de IA como eje de actuación

1. Ley 40/2015 de Régimen Jurídico del Sector Público y normativa en materia de protección de datos de carácter personal

La primera referencia al tratamiento automatizado de datos en el ámbito de la Administración Pública se produce con la incorporación del art. 41 en la Ley 40/2015 de Régimen Jurídico del Sector Público, que se corresponde con una breve definición de la misma y una escueta y ambigua remisión a los órganos competentes para la determinación del resto del régimen jurídico y la supervisión de la actuación referida[11].

11 Art. 41. 2. Ley 40/2015, de 1 de octubre de Régimen Jurídico del Sector Público [...] «deberá establecerse previamente el órgano u órganos competentes, según los casos,

Así, se define actuación administrativa automatizada como aquel acto o actuación que se realiza de manera íntegra a través de medios electrónicos (lo cual no implica directamente utilización de herramientas de IA pero podría ser una categoría dentro de la cual incluir estos sistemas, es decir los sistemas de IA son medios electrónicos en el sentido amplio del término). Además de esto, se añade a la definición que esta actuación, como es lógico, se enmarca en el ámbito de un procedimiento administrativo, y que, además, en esta formulación no ha intervenido ningún empleado público de manera directa.

Esta consideración parece que se refiere más a meros actos de trámite y no a toma de decisiones en relación con la prestación final de servicios de este tipo, pero al menos es útil como hoja de ruta y como base de desarrollo posterior, aunque el precepto siga siendo insuficiente. Sin embargo, aunque se refiere a la supervisión humana, no se concreta cómo se llevará a cabo o a través de qué órgano, lo que sería vital conocer en este ámbito, en el que se toman decisiones respecto a la personalización en el acceso a una prestación concreta. Es en este punto donde también se pone de manifiesto una clara disyuntiva entre objetividad y discrecionalidad administrativa, que existe y también es necesaria para modular algunas actuaciones administrativas, en este caso, muy recomendable para supervisar la actuación de la herramienta de IA en aras del respeto a los derechos y libertades fundamentales.

Por otro lado, la normativa en materia de protección de datos sí es amplia y aborda en profundidad una de las problemáticas asociadas al uso de datos de manera masiva, a su tratamiento y automatización para dar soluciones o propuestas de solución ante la prestación de un servicio público asistencial. Esta es la privacidad de los mismos, el mantenimiento de la confidencialidad de los datos de los interesados y, sobre todo, evitar el uso y elaboración de perfiles por terceros sin contar con el consentimiento informado del ciudadano, entre otros requisitos que condicionan el tratamiento.

En este sentido, el art. 22 (Reglamento (UE) 2016/679[12], RGPD) se dedica exclusivamente a regular las decisiones individualizadas automatizadas haciendo hincapié en la elaboración de perfiles. En ese sentido, se incorpora el derecho del interesado a no ser objeto de una decisión basada exclusivamente en un tratamiento automatizado de los datos (incluyendo precisa-

para la definición de las especificaciones, programación, mantenimiento, supervisión y control de calidad y, en su caso, auditoría del sistema de información y de su código fuente. Asimismo, se indicará el órgano que debe ser considerado responsable a efectos de impugnación».

12 Reglamento (UE) 2016/679 Del Parlamento Europeo y del Consejo de 27 de abril de 2016 relativo a la protección de las personas físicas en lo que respecta al tratamiento de datos personales y a la libre circulación de estos datos y por el que se deroga la Directiva 95/46/CE (Reglamento general de protección de datos).

mente la elaboración de perfiles) que conlleve efectos jurídicos perjudiciales para su persona, salvo excepciones que comentaremos a continuación.

Estas salvedades se corresponden con a) contar con el consentimiento del interesado, b) que sea necesario ese tratamiento para la ejecución de un contrato consentido por el interesado y responsable del tratamiento, c) que esté autorizado dicho tratamiento por norma interna o de derecho de la UE aplicable al responsable del tratamiento siempre que recoja medidas de protección de los derechos y libertades, así como de los intereses legítimos (que a veces no se mencionan o no se tienen en cuenta lo suficiente en algunos preceptos legales) de los interesados.

Todo ello sin perjuicio de que para las dos primeras excepciones también se deberán contemplar las medidas necesarias para salvaguardar dichos derechos y libertades fundamentales e intereses legítimos (literalmente se especifica que se debe garantizar «como mínimo el derecho a obtener intervención humana por parte del responsable, a expresar su punto de vista y a impugnar la decisión»). Como es lógico, el tratamiento estará autorizado bajo esas excepciones siempre que se cumpla con los principios de tratamiento de datos (art. 5 RGPD) y con la licitud de ese tratamiento (art. 6 RGPD). No obstante, este precepto legal no se aplicará de este modo en los casos referidos a categorías especiales de datos de carácter personal recogidas en el art. 9 RGPD (art. 22.4 RGPD), cuyo régimen jurídico es diferente y lo expondremos a continuación.

Es vital conocer este punto ya que muchos de los datos que se manejan en el ámbito de la prestación de servicios asistenciales se corresponden con categorías especiales de datos. En lo que interesa en este estudio, son datos de carácter especial (para los cuales con carácter general se impone una prohibición de tratamiento, ex. art. 9.1 RGPD[13]) los datos relativos a la salud. De esta manera, se prohíbe su tratamiento automatizado (art. 22 RGPD) salvo en los casos estipulados en los apartados a) y g) del art. 9.2 RGPD y su tratamiento no automatizado podrá producirse si se cumplen alguna de las múltiples excepciones recogidas en el 9.2 RGPD.

En cuanto a esas excepciones a la prohibición general al tratamiento automatizado de las categorías especiales de datos (datos de salud), estas se corresponden en primer lugar con el consentimiento explícito del interesado (art. 9.2.a RGPD) y con la existencia de un interés público esencial que lo justifique, dentro del marco jurídico nacional o de la Unión, siempre que sea proporcional al fin perseguido y que se garantice el establecimiento de medi-

13 Art. 9.1. RGPD. *Quedan prohibidos el tratamiento de datos personales que revelen el origen* étnico *o racial, las opiniones políticas, las convicciones religiosas o filosóficas, o la afiliación sindical, y el tratamiento de datos genéticos, datos biométricos dirigidos a identificar de manera unívoca a una persona física, datos relativos a la salud o datos relativos a la vida sexual o las orientaciones sexuales de una persona física.*

das o herramientas adecuadas para la protección de los derechos fundamentales e intereses legítimos (art. 9.2.g RGPD).

Igualmente, en cuanto al tratamiento de estos datos de carácter especial, conducentes a la elaboración de perfiles o no, se exigirá previa evaluación de impacto al tratarse de datos vinculados a datos de salud, estrechamente conectados o determinantes del nivel de protección social o asistencial en un porcentaje elevado (art.35.3.a y b). Es muy importante tener en cuenta estas cuestiones ya que la elaboración de perfiles será práctica habitual en el acceso y prestación de servicios personalizados y proactivos en general, y también en servicios públicos asistenciales de este tipo.

En otro orden de cosas, y sin ánimo de extenderse demasiado, es importante resaltar cómo en nuestro país determinados planes de actuación como Agenda España Digital 2026, el Plan de Recuperación, Transformación y Resiliencia, así como el Plan de Digitalización de las Administraciones Públicas 2021-2025 incluyen entre sus ejes de actuación u objetivos, dotar de un impulso a las herramientas de IA en las Administraciones Públicas, en sus diferentes ámbitos de actuación, para lo cual se debe contar con el ordenamiento jurídico actual, sin perjuicio de que se inste a una promoción e incorporación de nuevas medidas legislativas que faciliten la tarea de digitalización en este sentido de la actuación administrativa.

2. Reglamento de la Unión Europea sobre inteligencia artificial: sistemas de alto riesgo

Añadido a lo anterior, el recientemente aprobado Reglamento de Inteligencia Artificial[14] es de vital trascendencia para comprender el régimen jurídico que ampara a las herramientas de IA que se utilizan tanto en el ámbito público como privado en toda la Unión Europea, con un enfoque transversal de la gestión de riesgos asociados a la IA en el ámbito privado y público. Así, esta normativa se centra por un lado en consolidar el mercado único en el desarrollo de productos y servicios de IA en la Unión Europea y es por ello que se armonizan algunos aspectos básicos a través de este reglamento. Es decir, es muy importante para la Unión garantizar cierta seguridad jurídica en el despliegue de la IA en su territorio, establecer un sistema de gobernanza estable, prefijado y común y generar una aplicación homogénea de los criterios y principios básicos recogidos de forma armonizada.

14 Reglamento (UE) 2024/1689 del Parlamento Europeo y del Consejo, de 13 de junio de 2024, por el que se establecen normas armonizadas en materia de inteligencia artificial y por el que se modifican los Reglamentos (CE) n.º 300/2008, (UE) n.º 167/2013, (UE) n.º 168/2013, (UE) 2018/858, (UE) 2018/1139 y (UE) 2019/2144 y las Directivas 2014/90/UE, (UE) 2016/797 y (UE) 2020/1828 (Reglamento de Inteligencia Artificial).

Respecto a los derechos fundamentales y a las libertades públicas, la garantía del respeto a los mismos se erige como un segundo pilar del Reglamento, tal es así que se establece un sistema de gestión de riesgos denominado en palabras de Gamero Casado[15] como sistema de semáforo, que permite evaluar la herramienta en función de las posibles vulneraciones de derechos y libertades fundamentales que ésta pueda provocar en el correcto desarrollo de su funcionamiento. Así, en función del riesgo existente la herramienta se verá sometida a mayores o menores restricciones o requisitos de implementación[16].

Así, aunque será explicado con detenimiento posteriormente, adelantamos que se prohíben algunos sistemas o usos vinculados a herramientas de IA directamente, y otros, por considerarse de alto riesgo, se someten a limitaciones o restricciones importantes, así como a medidas evaluación, supervisión y vigilancia específicas, como, por ejemplo, respecto a la identificación biométrica. No obstante, a nuestro juicio la normativa carece de claridad, existen demasiados conceptos jurídicos indeterminados, vagos u abstractos desde el punto de vista jurídico, cuestión que se aclarará con la aplicación de la norma y el paso del tiempo de manera progresiva, basándonos en otras experiencias previas de regulación incipiente de nuevas realidades tecnológicas.

En este sentido, el carácter humanista de los legisladores europeos, si bien limita el desenfrenado avance de la tecnología, favorece un desarrollo de la misma en condiciones mucho más respetuosas para con los derechos fundamentales que en otros estados, en particular se observa con detenimiento el contenido de la Carta de los Derechos Fundamentales de la UE (DO CE 2000/c 364/01). De esta manera, se observa que los principales derechos en juego son «el derecho a la dignidad humana (art. 1), el respeto de la vida privada y familiar y la protección de datos de carácter personal (arts. 7 y 8), no discriminación (art. 21), la igualdad entre hombres y mujeres (art. 23)», con el fin de salvaguardar igualmente el «derecho a libertad de expresión (art. 11), y de reunión (art. 12) y garantizar el derecho a la tutela judicial efectiva y a un juez imparcial, la presunción de inocencia y los derechos de la defensa (arts. 47 y 48)».

En el Reglamento de IA se define sistema de IA como un *sistema basado en una máquina que está diseñado para funcionar con distintos niveles de autonomía y que puede mostrar capacidad de adaptación tras el despliegue, y que, para objetivos explícitos o implícitos, infiere de la información de entrada que recibe la manera de generar resultados de salida, como predicciones, contenidos, recomendaciones o decisiones, que pueden influir en entornos físicos o virtuales* (art. 3.1. Reglamento IA).

Partiendo de ese concepto se establece, como hemos adelantado, una categorización de los sistemas de IA en función de su peligrosidad y se iden-

15 Gamero Casado, E., «El enfoque europeo de Inteligencia Artificial», en *Revista de Derecho Administrativo,* núm. 20, 2021, pp. 277-278.

16 Sarasibar Iriarte, M., «La integración de la Inteligencia Artificial...», *op. cit.*, pp. 7-8.

tifica con un régimen jurídico determinado. En particular, en el Capítulo II (art. 5 Reglamento IA) se establecen «prácticas» de IA prohibidas, que pueden implicar graves vulneraciones de derechos fundamentales entre las cuales no se encuentra ningún supuesto de sistema de IA que pueda ser utilizado, a priori, en el desarrollo de las actuaciones públicas conducentes a la prestación de un servicio público asistencial.

2.1. Categorización de la determinación del acceso a prestaciones públicas asistenciales a través de sistemas de IA como actividad de alto riesgo

Adquiere especial trascendencia el Capítulo III sobre sistemas de IA de alto riesgo (arts. 6 a 9 Reglamento IA), donde se encuentran los sistemas utilizados para la prestación de este tipo de servicios. Concretamente, se consideran servicios de IA de alto riesgo aquellos que cumplan con tres características: a) el sistema es utilizado como uno de los componentes de seguridad de los productos sujetos a armonización del anexo III. b) el producto por sus características debe someterse a una evaluación de conformidad por un organismo independiente según la legislación de armonización del anexo III o c) los sistemas incluidos en el Anexo III se consideran de alto riesgo. Uno de ellos son los servicios públicos asistenciales, su prestación y las condiciones de acceso a los mismos y la determinación de dicho acceso (art. 5.a)[17]).

Igualmente, se puede modificar el listado del Anexo III (art. 7 Reglamento IA) que faculta a la comisión a adoptar actos delegados conforme al art. 97 Reglamento IA tanto para incorporar nuevos sistemas como para eliminar (art. 7.3 Reglamento IA) aquellos que eran de alto riesgo de los cuales exista evidencia de que no plantean riesgos para la seguridad, la salud o los derechos fundamentales de las personas físicas (art. 6.6 Reglamento IA). En particular y en relación con lo anterior, el estudio de la incorporación de nuevos sistemas de IA a la categoría de alto riesgo se regirá por los parámetros de evaluación establecidos en el art. 7.2 Reglamento IA.

2.2. Requisitos básicos a cumplir por los sistemas de IA de alto riesgo

En la Sección II de este Capítulo III Reglamento IA (arts. 8 a 15), se establecen igualmente una serie de requisitos básicos para este tipo de sistemas.

---

17 5. Acceso a servicios públicos esenciales y a servicios y prestaciones públicas esenciales y disfrute de estos servicios y prestaciones. a) Sistemas de IA destinados a ser utilizados por las autoridades públicas o en su nombre para evaluar la admisibilidad de las personas físicas para beneficiarse de servicios y prestaciones esenciales de asistencia pública, incluidos los servicios de asistencia sanitaria, así como para conceder, reducir o retirar dichos servicios y prestaciones o reclamar su devolución

En primer lugar, y el más desarrollado de todos ellos, es la obligatoriedad de instaurar un sistema detallado de gestión de riesgos de cada aplicación de este tipo (art. 9 Reglamento IA). Es especialmente relevante ya que de esta manera se establece al menos un sistema de gestión marco que prevé protocolos de actuaciones ex ante y ex post con el fin de minimizar los riesgos existentes vinculados a este tipo de sistemas o de paliar las consecuencias de estas herramientas estableciendo medidas correctivas.

Sumado a lo anterior, nos encontramos con la obligatoriedad de respetar un determinado protocolo de transparencia y comunicación[18] de toda la información relevante sobre la protección de derechos fundamentales del usuario (y otras cuestiones técnicas) a los responsables del despliegue (art. 13 Reglamento IA). Y finalmente, y lo más importante a nuestro juicio, el art. 14 Reglamento IA impone que estas herramientas deben contar con un diseño que posibilite la vigilancia y supervisión humana con el objetivo fundamental de reducir al mínimo los riesgos que estos sistemas pudieran ocasionar en la seguridad, la salud y los derechos fundamentales.

Igualmente, se establecen una serie de consideraciones en las que el papel del responsable del tratamiento es mayor o menor en función de las circunstancias, pero siempre el diseño establecido por el proveedor debe garantizar la supervisión humana de la decisión[19]. Es muy importante apreciar cómo incluso se prevé que el responsable de la supervisión humana pueda decidir descartar la respuesta o solución propuesta por el sistema de IA cuando considere que la misma no es adecuada a los fines que se persigue o que incurre en riesgos para la salud, seguridad o riesgos de vulneración de derechos fundamentales (art. 14.4.d)). Consideramos un gran acierto haber reflejado con esta contundencia en el Reglamento IA la trascendencia de la supervisión humana, ya que se ha producido un refuerzo de esta figura desde la propuesta de reglamento a la que tuvimos acceso en marzo de 2024 hasta el texto final que entró en vigor en agosto de 2024. Sin embargo, esto no obsta de considerar que existe alguna deficiencia sobre todo en cuanto a concretar qué tipo de sesgos o discriminaciones pueden surgir al tomarse esas decisiones automatizadas y no se contemplan medidas particulares destinadas a paliar, por ejemplo, sesgos de género en los sistemas de IA de alto riesgo[20].

En este sentido, recomendamos, a fin de evitar sesgos de género como uno de los sesgos particulares susceptibles de manifestarse[21] y que no se mencionan concretamente en todo el texto del Reglamento IA, una intervención prefijada de una persona formada en perspectiva de género con el fin de analizar la situación en su conjunto, las variables y condicionantes implica-

18 Moreno Rebato, M., «La propuesta de Reglamento...», *op. cit.,* p. 69.

19 *Vid.* Soriano Arranz, A., «La propuesta de Reglamento.», *op.cit.*

20 Sarasibar Iriarte, M., «La integración de la Inteligencia Artificial...», *op. cit.*, p. 10.

21 Ortiz de Zárate Alcarazo, L., «Sesgos de género...», *op. cit.*, p. 7.

das y confirmar la decisión automatizada o no. Si bien es cierto que esto se prevé ya en este reglamento, no se concreta la especialización en género ni tampoco en ningún otro ámbito susceptible de provocar sesgos ni se prevé formación específica en este sentido que debería proporcionarse a los funcionarios o empleados públicos responsables de esta supervisión humana del funcionamiento de un sistema de IA de alto riesgo[22].

Seguidamente y como medida de refuerzo adicional en aras del respeto a los derechos y libertades fundamentales, se incluye el art. 27 Reglamento IA en el que también se prevé el establecimiento de una evaluación de impacto sobre los derechos fundamentales[23] de los sistemas de IA de alto riesgo aplicable a los sistemas recogidos en el Anexo III 5 a) Reglamento IA (prestación de servicios asistencias y lo que implica en cuanto a actuación administrativa) que se llevará a cabo por los responsables del despliegue del sistema de IA y no por los diseñadores del mismo[24].

Se señala que parte de la evaluación consistirá en determinar las categorías de personas físicas y colectivos que pueden verse afectados en ese contexto determinado y se deberá realizar una descripción de las medidas de supervisión humana aplicables (apartados c) y e) del art. 27 Reglamento IA, respectivamente). Así mismo, esta evaluación de impacto se complementa con la evaluación de impacto en materia de protección de datos de carácter personal ya mencionada (art. 27.4 Reglamento IA).

Sin embargo, reiteramos que es imprescindible la formación en género de estos funcionarios o empleados públicos, como medida indirecta de discriminación positiva aplicable al acceso a estos servicios asistenciales, que, por cierto, son usados en no pocas ocasiones por familias monoparentales o mujeres víctimas de violencia de género o en situaciones de vulnerabilidad[25].

Estos sistemas estarían entre la segunda y la tercera fase de automatización, según el Parlamento Europeo, en las cuales la decisión automatizada estará sometida a supervisión humana profesional, aunque algunos autores defienden la no supervisión en aras de la eficiencia y eficacia de la decisión en determinadas fases del proceso. Por otro lado, se prevé un registro base de carácter europeo de sistemas de IA de alto riesgo (art. 49 en relación con el art. 71 Reglamento IA).

---

22 MARTIN MORO, M., «Análisis de la perspectiva de género en la normativa sobre inteligencia artificial», en MOYA GONZÁLEZ, E., FUENTES CANO, A. M., RODRÍGUEZ GONZÁLEZ, V. (Coords.), *Virtualmente invisibles: género, violencia y desigualdad en entornos virtuales*, Aranzadi, Pamplona, 2024, p. 40.

23 SORIANO ARRANZ, A., «La propuesta de Reglamento...», *op. cit,* pp. 10-14.

24 SOBRINO GARCIA, I., «Las decisiones automatizadas...», *op.cit.,* p. 31.

25 MENÉNDEZ SEBASTIÁN, E.M., «Buena administración, algoritmos y perspectiva de género» en *Nuevas normatividades: inteligencia artificial, derecho y género*, en BONORINO RAMÍREZ, P., FERNÁNDEZ ACEVEDO, R., VALCÁRCEL FERNÁNDEZ, P. (Dirs.), *Nuevas normatividades: inteligencia artificial, derecho y género*, Thomson Reuters Aranzadi, Pamplona, 2021, p. 40.

En definitiva, si analizamos el resto del ordenamiento jurídico a nivel interno no existe mucha normativa referida al uso de herramientas de IA en las Administraciones Públicas en el proceso de actuaciones administrativas conducentes a la prestación de un servicio público. En particular en nuestro país, podemos encontrar la Resolución de 23 de febrero de 2016 del Instituto Nacional de la Seguridad Social por la que se regula la tramitación electrónica automatizada de diversos procedimientos de gestión de prestaciones de este sistema.

Si bien el estado actual de desarrollo y uso de herramientas de IA por los entes públicos se encuentra muy lejos del grado de evolución del ámbito privado, no se debe olvidar que nos debemos dar un marco regulatorio garantista que nos permita anticiparnos o al menos protegernos del avance tecnológico en términos de derechos. Es imprescindible la regulación para garantizar que no se producen nuevos «silos de exclusión social, digital y otras discriminaciones que, vía transformación digital, limiten los derechos de la ciudadanía»[26].

3. Casos prácticos de incorporación de sistemas de IA en España en la prestación de servicios públicos asistenciales

A modo de ejemplo, creemos conveniente señalar una serie de casos, aunque sean escasos, de aplicación práctica, aunque sea incipiente y en algunos casos en periodo de prueba, de algunos sistemas de IA en la gestión de las prestaciones o servicios de asistencia social de diversas entidades, desde el nivel autonómico al local. Así, en primer lugar, cabe destacar el Servicio de Ocupación de Cataluña, que se trata de un sistema de IA diseñado por Eurecat que apoya al orientador laboral haciendo una predicción de las opciones laborales de una persona, en qué sector, con qué grado de éxito y en cuanto tiempo conseguirá un empleo[27].

Así mismo, el Ayuntamiento de Barcelona ha implementado el denominado sistema DPR (demandas, problemas, recursos) que, a través de *machine learning* mediante una recopilación de datos vinculados a casos previos, ayuda a la toma de decisión de los empleados encargados de los servicios sociales, sugiriendo una respuesta en función del perfil del solicitante[28]. Otro supuesto

---

26 Campos Acuña, C., «Inteligencia artificial e innovación en la administración pública: in(necesarias) regulaciones para la garantía del servicio público», en *Revista Vasca de Gestión de Personas y de Organizaciones Públicas,* núm. 3 extra, 2019, p. 77.

27 Más información sobre el sistema y la empresa diseñadora en: https://serveiocupacio.gencat.cat/es/inici/index.html y https://eurecat.org/home/es/

28 Se puede encontrar información concreta sobre esta interesante e innovadora herramienta en: https://isocial.cat/es/dpr-herramienta-inteligente-para-facilitar-el-trabajo-de-los-las-profesionales-de-atencion-primaria-de-servicios-sociales/

interesante es el Simulador de ayudas sociales de este mismo ayuntamiento, del Ayuntamiento de Barcelona, que es un ejemplo claro de prestación proactiva, y personalizada de servicios asistenciales.

Igualmente, en nuestra comunidad autónoma contamos con el Sistema PACT de la Junta de Castilla y León dedicado a la predicción del riesgo de que una persona se encuentre en un futuro cercano en situación de exclusión social analizando una serie de variables socioeconómicas, dando lugar a sugerencias en cuanto a las ayudas disponibles y también haciendo más eficaz la labor de los trabajadores sociales que se centrarán más en los perfiles más vulnerables, que han sido identificados como tal por la herramienta de IA seleccionada[29].

IV. Conclusiones

A lo largo de este texto se ha realizado un análisis de riesgos y beneficios de la incorporación de sistemas de IA en el Sector Público, en particular en el ámbito de acceso y provisión de servicios públicos sociales y asistenciales, teniendo en cuenta el escaso marco normativo interno existente, sin perjuicio de lo extenso y pormenorizado del contenido del Reglamento de IA que incorpora no pocos aspectos de extraordinaria relevancia para las herramientas concretas que afectan a esta actuación administrativa.

Así, esta regulación marca el camino a seguir también por el legislador interno y establece una serie de restricciones aplicables a estos sistemas destinadas a garantizar la erradicación de sesgos o situaciones discriminatorios en general, lo que aplica igualmente en particular al sesgo de género que puede manifestar una decisión automatizada en este ámbito. Por ello, como hemos dicho, es importante que exista un sistema de gestión de riesgos con perspectiva de género adecuada a cada aplicación utilizada, teniendo en cuenta los datos utilizados y las inferencias o relaciones que han llevado a esa decisión. De esta manera y enlazando con el segundo de los requisitos, es imprescindible el establecimiento de un protocolo de transparencia y comunicación del funcionamiento del sistema que permita conocer minuciosamente cómo opera la aplicación. Todo ello con el fin de que, como tercera condición, la supervisión humana de la decisión pueda contar con la información necesaria para inferir, o al menos intentarlo, si ha existido una discriminación en la toma de la decisión. Además, la persona que supervise debe contar con la adecuada formación en materia de perspectiva de género y con las herramientas y habilidades necesarias para poder modular la decisión automatizada hacia una perspectiva garante de derechos fundamentales.

29 Disponible más información sobre el proyecto PACT de la Junta de Castilla y León en este enlace: https://serviciossociales.jcyl.es/web/es/proyecto-pact-active-casebased.html

En conclusión, creemos que los pasos dados son adecuados, pero, en primer lugar, a nivel de la UE deben ampliarse las medidas de protección con un enfoque más sectorial del sesgo, es decir, identificando aquellos más frecuentes, como, por ejemplo, el sesgo de género e implementando medidas dirigidas exclusivamente a evitar este, como es la formación, un sistema de gestión de riesgos específicos en este sentido o un sistema, quizá, de doble validación y supervisión humana de la decisión. Seguidamente, si bien el reglamento es un avance muy importante, aunque precavido y algo ambiguo en algunas cuestiones, creemos que los Estados miembros deberían aprobar normativa interna[30] que adapte las prescripciones europeas ya en vigor, pero aún no incorporadas plenamente al ecosistema normativo español en este caso (modificación de la Ley 40/2015 de 1 de octubre de Régimen Jurídico del Sector Público o de la Ley 39/2015, de 1 de octubre, del Procedimiento Administrativo Común de las Administraciones Públicas, en su caso).

V. Bibliografía

Alonso Betanzos, A., «Inteligencia artificial y sesgos de género», en *Gender on Digital: Journal of Digital Feminism*, vol. 1, 2023, pp. 11-32.

Campos Acuña, C., «Inteligencia artificial e innovación en la administración pública: in(necesarias) regulaciones para la garantía del servicio público», en *Revista Vasca de Gestión de Personas y de Organizaciones Públicas*, núm. 3 extra, 2019, pp. 74-91.

Díaz Diez, C.A., «Voluntad y motivación en actos administrativos automatizados con Inteligencia Artificial: ¿un nuevo entendimiento de conceptos humanos?», en *Indret: Revista para el Análisis del Derecho*, núm. 4, 2024, pp. 409-440.

Gamero Casado, E., «El enfoque europeo de Inteligencia Artificial», en *Revista de Derecho Administrativo*, núm. 20, 2021, pp. 268-289.

Martin Moro, M., «Análisis de la perspectiva de género en la normativa sobre inteligencia artificial», en Moya González, E., Fuentes Cano, A.M., Rodríguez González, V. (Coords.), *Virtualmente invisibles: género, violencia y desigualdad en entornos virtuales* Aranzadi, Pamplona, 2024, pp. 39-56.

Menéndez Sebastián, E.M., «Buena administración, algoritmos y perspectiva de género», en Bonorino Ramírez, P., Fernández Acevedo, R., Valcárcel Fernández (Dirs.), *Nuevas normatividades: inteligencia artificial, derecho y género*, P., Thomson Reuters Aranzadi, Pamplona, 2021, pp. 35-62.

30 Moreno Rebato, M., «La propuesta de Reglamento...», *op.cit.,* p. 67.

Moreno Rebato, M., «La propuesta de Reglamento de la Unión Europea sobre inteligencia artificial y las Directrices éticas para una inteligencia artificial fiable: una oportunidad para la Administración Pública española», en Vestri G. (Dir.), *La disrupción tecnológica en la Administración Pública: retos y desafíos de la inteligencia artificial,* Thomson Reuters Aranzadi, Pamplona, 2022, pp. 67-81.

Ortiz de Zárate Alcarazo, L., «Sesgos de género en la inteligencia artificial», en *Revista de Occidente*, núm. 502, 2023, pp. 5-20.

Sandoval Martin, T., **Sainz de Baranda Andujar, C.**, **la Rosa Barrolleta, L.**, «La expansión de los sesgos de género con la inteligencia artificial», en Bandrés Goldáraz, E. (Coord.), *Estudios de género en tiempos de amenaza*, Dykinson, Madrid, 2021, pp. 566-582.

Sarasibar Iriarte, M., «La integración de la Inteligencia Artificial en la Administración Pública», en *Derecho Digital e Innovación. Digital Law and Innovation Review*, núm. 17 (julio-septiembre), 2023.

Sobrino Garcia, I., «Las decisiones automatizadas en el sector público. Conflictos entre la protección de datos y la inteligencia artificial», en Bonorino Ramírez, P., Fernández Acevedo, R., Valcárcel Fernández, P. (Dirs.), *Nuevas normatividades: inteligencia artificial, derecho y género*, Thomson Reuters Aranzadi, Pamplona, 2021, pp. 17-34.

Soriano Arranz, A., «La propuesta de Reglamento de Inteligencia Artificial de la Unión Europea y los sistemas de alto riesgo», en *Revista General de Derecho de los Sectores Regulados RSR*, núm. 8, 2021.

Valle Escolano, R., «Transparencia en la inteligencia artificial y en el uso de algoritmos: una visión de género», en Cotino Hueso, L., Castellanos Casademunt, J., (Coords.), *Transparencia y explicabilidad de la inteligencia artificial*, Tirant lo Blanch, Valencia, 2022, pp. 85-107.

CAPÍTULO XI

CIDADES DIGITAIS E VULNERABILIDADE: UM DESAFIO DE TODOS E, EM PARTICULAR, DOS NOVOS VULNERÁVEIS - OS EXCLUÍDOS DIGITAIS

Isabel Celeste[1]
Universidade do Minho

I. Introduçao

O conceito de *smart city* apareceu na década de oitenta do século passado, ligado aos problemas de urbanização crescente e a preocupações de

1 Investigadora Principal do projeto *Smart Cities and Law, E.Governance and Rights.* O projeto *Smart Cities and Law, E.Governance and Rights: Contributing to the definition and implementation of a Global Strategy for Smart Cities* foi um projeto de investigação cofinanciado pelo (FEDER), desenvolvido, entre janeiro de 2021 e junho de 2023, no Centro de Investigação em Justiça e Governação (JusGov), da Escola de Direito da Universidade do Minho, por uma equipa multidisciplinar de investigadores e bolseiros. Neste contexto, foi feito um mapeamento de boas práticas de transição digital nas autarquias locais do norte do país e foi apresentado um conjunto de propostas com vista a desenhar uma estratégia global para a implementação das cidades inteligentes portuguesas. O projeto continua a ser desenvolvido no JusGov. Sobre os resultados já produzidos, vd., sob a nossa coordenação; *Cidades Inteligentes e Direito, Governação Digital e Direitos. Estudos*, (coautoria) Almedina, 2023, em acesso aberto https://hdl.handle.net/1822/87907; *Cidades Inteligentes e Direito, Governação Digital e Direitos: Mapeamento das cidades e Código de Conduta*, (coautoria) Almedina, 2023, em acesso aberto https://hdl.handle.net/1822/87906; *Smart Cities and Law, E.Governance and Rights*, Public Administration at the boundaries, Studies and Perspectives on an Evolving Public Law, n.º 5, (coautoria) Wolters Kluwer/CEDAM, Milano, 2023, em acesso aberto, https://hdl.handle.net/1822/87928; *Cidades inteligentes e Direito, Governação Digital e Direitos: Desafios Futuros globais*, Gestlegal, Coimbra, 2023.

2 O texto corresponde, em parte, à apresentação que a autora proferiu no *ESA RN27 Midterm Conference Territories, Communities and Sustainability: views from Southern Europe*, September 21-22, 2023. Comunicação: «As cidades inteligentes: um desafio de todos, em particular um desafio dos idosos - por que estas cidades são para velhos».

sustentabilidade e de gestão eficiente de recursos, continuando, nesta última década, a ser um conceito associado à descarbonização e à redução das emissões de gases com impacto na alteração climática. Os antigos problemas que fizeram nascer a cidade inteligente e as antigas questões mantêm-se lamentavelmente na atualidade: a população urbana continua a aumentar em relação à população rural, sendo comumente afirmado que mais de 60 % da população mundial vive agrupada em volta de núcleos urbanos e que é possível que 70 % da população seja urbana, em 2050.

As cidades têm, na verdade, um grande impacto no desenvolvimento económico e social dos países e começam a ocupar um lugar destacado no panorama mundial, contando com poder económico, político e tecnológico. Constituem verdadeiros ecossistemas onde as pessoas vivem e trabalham, onde as empresas desenvolvem a sua atividade e no âmbito das quais são prestados numerosos serviços públicos. São, ainda, grandes centros de consumo de recursos, estimando-se que sejam responsáveis pelo consumo de 75 % da energia mundial e pela produção de 80 % dos gases responsáveis pelo efeito de estufa.

Contudo, se o conceito de *smart city* surge associado, portanto, a esta preocupação de implementar territórios e comunidades sustentáveis, hoje, está em transformação e está, sobretudo, ligado às Tecnologias de Informação e de Comunicação (TIC), propondo no seu desenho a utilização ao máximo *da high-tech*, de *software*, de algoritmos e ferramentas de *Inteligência Artificial* (AI), de Iot, e de *Digital Twins for Predictive Maintenance*[3].

É neste contexto, precisamente, das cidades governadas por dinâmicas de servidores e serviços digitais, em que o atendimento físico na entidade administrativa é substituído pela Plataforma, pelo *website* e pela *App* descarregada em *smartphone*, que se impõe refletir sobre os infoexcluídos. Impõe-se sobretudo pensar nos idosos a que falta tanto a infraestrutura como a literacia suficiente para manter a ligação aos serviços públicos e a satisfação das respetivas pretensões fundamentais de acesso à saúde ou outras de natureza social.

O que quer que seja ou venha a ser a cidade do futuro, seja mais do tipo verde-sustentável ou mais digital-TIC, aquilo que é absolutamente importante

---

3 Um gémeo digital é uma representação atualizada de um ativo físico real em funcionamento. A criação de um gémeo digital permite gerar dados de sensores para um fluxo de trabalho de manutenção preditiva, ajudando a determinar o momento ideal para a manutenção e reduzindo o tempo de inatividade, ao mesmo tempo que evita a falha do equipamento. Funcionando baseado em dados (*data-driven model*), ou com base num modelo baseado na física, ou em ambos, um gémeo digital é uma representação atualizada, um modelo, de um ativo físico real em funcionamento. Reflete o estado atual do ativo e inclui dados históricos relevantes sobre o ativo. Os gémeos digitais podem ser utilizados para avaliar o estado atual do ativo e, mais importante ainda, para prever o comportamento futuro, aperfeiçoar o controlo ou otimizar o funcionamento.

é que a cidade seja desenhada a partir das pessoas e para as pessoas que nela habitam, colocando-as no centro das opções dos tecnólogos, dos políticos e dos juristas, para que as pessoas tenham qualidade de vida, alcancem o pleno desenvolvimento humano e sejam felizes, sendo finalmente certo que ninguém pode ser dela excluído ou afastado, seja por falta de literacia digital, seja por ausência de infraestrutura adequada, seja ainda em razão de fragilidades de ordem económica ou quaisquer outras que em nada podem justificar que se deixe alguém para trás, como como se afirma na Agenda 2030 para o Desenvolvimento Sustentável das Nações Unida.

Especialmente quando se sabe que existem hoje cerca de 700 milhões de pessoas com mais de 60 anos, sendo certo que se estima que este número dobrará até 2025, chegando a dois bilhões em 2050. Assim, quando se estima que os idosos serão 20 % da população global, em 2050, e que mais de 40 % da população provavelmente terá mais de 60 anos de idade, de acordo com os dados mais recentes das Nações Unidas, importa estar atento aos desafios que para a geração Y a transição digital pode vir a significar.

Portugal será um dos países da União Europeia (UE) com maior percentagem de idosos e menor percentagem de população ativa em 2050, segundo dados do Eurostat. As projeções da população 2004-2050, divulgadas recentemente em Bruxelas, traçam um cenário em que a percentagem de idosos portugueses praticamente duplicará entre 2004 (16,9 % da população) e 2050 (31,9 %). Segundo o Departamento de Estatística da União Europeia (UE), os países do sul da Europa registarão as percentagens mais elevadas de pessoas com mais de 65 anos a partir do meio do século, bem como a menor quantidade de trabalhadores. Em 2050, Portugal será o quarto país da UE a 25 com maior percentagem de idosos, só ultrapassado por Espanha (35,6 %), Itália (35,3 %) e Grécia (32,5 %). «Os países mediterrânicos continuarão a verificar uma baixa taxa de natalidade, conjugada com uma esperança de vida longa e com saúde», justificou, em conferência de imprensa, o Diretor da Unidade de Demografia do Eurostat, Konstantinos Giannakouris.

Em suma, é neste cenário que importa sublinhar que as tecnologias devem ser aliadas na promoção das cidades inclusivas e não podem ser ferramentas de criação de novos vulneráveis: os vulneráveis digitais. Vejamos. A questão da formação e aumento das competências digitais apresenta-se aqui como verdadeiramente fundamental. A verdadeira literacia digital é diminuta, o investimento em iniciativas educativas neste âmbito é parco, o que cria situações de vulnerabilidade, ou até hiper-vulnerabilidade.

O conceito de vulnerabilidade é visto como pertencente, em geral, ao campo da filosofia e da moral, contudo já entrou também no domínio do Direito permitindo abordar, de um ponto de vista substancial, questões relacionadas com o princípio da igualdade, indo além da mera igualdade formal e tomando em consideração desvantagens históricas, sistémicas e institucionais de grupos socialmente reconhecidos como diferenciados, assim como «posições efetivas de cada indivíduo no seio da sociedade». Remete-se aqui para uma ideia de proteção, fragilidade, dependência e tutela que concerne a uma parte não negligenciável da população que, devido a condicionamentos históricos ou socioeconómicos, se vê afastada da noção de «homem médio» tantas vezes referenciada pelo Direito e por consequência vê a sua posição no sistema jurídico decisivamente afetada, não sendo protegida de forma completa e efetiva por uma Lei com pretensão de generalidade[4].

No fundo, a posição de vulnerabilidade de um determinado sujeito acaba por ser, em grande medida, pré-determinada por referência ao grupo/grupos sociais a pertence, sendo consequentemente afetados os «mecanismos que garantem a sua representação efetiva no exercício do poder público» e as «oportunidades teóricas e prático-metodológicas para ver reconhecidas e debatidas as suas pretensões»[5].

Na área do Direito Administrativo, fala-se em «Direito Administrativo da Resiliência», que é aquele em que o Estado assume a responsabilidade de garante da resiliência em face das posições de vulnerabilidade ou situação de risco/crise dos particulares. Nas palavras de Artur Flamínio da Silva: a «função do Estado é, neste contexto, garantir o reforço da resiliência dos cidadãos para que estes se possam defender contra a vulnerabilidade»[6].

Quando falamos em falta de literacia digital, esta não se cinge apenas aos cidadãos sujeitos da administração, mas estende-se aos decisores públicos, aflorando-se aqui como importante uma educação digital verdadeiramente interdisciplinar. Esta é uma educação que deve ser orientada não só para o cidadão que já interage de forma significativa com o Estado e com a administração e que se encontra numa situação de vulnerabilidade – seja por questões associadas à sua avançada idade, seja por falta de oportunidades educativas –, mas também para crianças e jovens que devem ser preparados, desde cedo, para uma sociedade crescentemente mais tecnicizada/digitalizada e sensibilizados para possíveis mudanças futuras, havendo depois oportunidade de transmitirem esse conhecimento no seio familiar e nas suas interações com a sociedade em geral[7].

Uma das funções da Administração, hoje, é a satisfação de determinadas necessidades dos particulares. Contextualizando, existem necessidades que o indivíduo, por si só, não tem a capacidade de satisfazer, o que historica-

4 Flamínio da Silva, A. (Coord.), *Vulnerabilidade e Direito Administrativo*, Almedina Editora S.A., Coimbra, 2022, p. 12.

5 Canotilho, M., «A vulnerabilidade como conceito constitucional: Um elemento para a construção de um constitucionalismo do comum», em *Oñati Socio-Legal Series*, vol. 12, núm. 1, 2022, pp. 154-155.

6 *Vid. op. cit.* Flamínio da Silva, A. (Coord.), *Vulnerabilidade e ...*, pp. 14-15.

7 Fonseca, I.C., «Governação Pública (Local) Digital: notas breves sobre a aceleração da transição digital», in Flamínio, A. (Coord.), *Direito Administrativo e Tecnologia*, Almedina, Coimbra, 2021, p. 524.

mente implicava a pertença a coletividades organizadas que tinham o poder de cumprir essa função. Na presença de interesses de proteção necessária/ necessidades a ser satisfeitos teria de haver uma organização apta a satisfaze-los e para isso teria de estar dotada de poderes para isso[8].

No nosso ordenamento, esse poder pertence sobretudo ao Estado, sendo que a expressão «interesses que precisam de ser satisfeitos» define aqueles interesses/necessidades que, num determinado contexto histórico, social, cultural, económico e político, as comunidades devem necessariamente satisfazer. Estas podem ser necessidades da comunidade em geral, de grupos sociais específicos ou de pessoas individuais – como a segurança, o desenvolvimento, o bem-estar, etc. – que criam, pelo menos, uma potencial obrigação para a administração pública. É claro que algumas destas necessidades podem ser satisfeitas através do mercado, alcançando-se a sua satisfação através de atos contratuais livres, mas se por alguma razão esta não for possível o poder público tem o dever de garantir e/ou providenciar essa satisfação[9].

Estamos certos, contudo, que o tema exige muita reflexão. E assim é, sobretudo, se pensarmos que, no quadro do regime europeu sobre IA, a partir de agora aplicam-se s regras respeitantes à literacia em IA. E, embora esteja para lá do escopo do Art.º 4.º do Regulamento da IA, é fundamental que as organizações e especialmente as entidades públicas promovam níveis básicos de conhecimento quanto aos riscos decorrentes destes sistemas, mesmo antes de os implementarem.

II. As cidades inteligentes: conceitos e dimensões de inteligência

É imperioso começar por dizer por que é inevitável o estudo das cidades nos nossos dias, invocando os célebres números: estima-se que mais de 60 % da população mundial vive agrupada em volta de núcleos urbanos e que, em 2050, 70 % da população seja urbana, sendo certo que também se estima que os idosos sejam 20 % da população global, em 2050. Aliás, as projeções da população 2004-2050, divulgadas recentemente em Bruxelas, traçam um cenário em que a percentagem de idosos portugueses praticamente duplicará, entre 2004 (16,9 % da população) e 2050 (31,9 %). As cidades são, portanto, grandes centros de consumo de recursos, sendo indicado que sejam responsáveis pelo consumo de 75 % da energia mundial, e são também quem mais produz lixo e resíduos, estando na origem da produção

---

8 ROSSI, G., «Poder administrativo e interesses de satisfacción necessária. Crisi y nuevas perspectivas del Derecho Administrativo», en *Dereito: Revista xuridica da Universidade de Santiago de Compostela*, núm. 1, 2011, p. 27.

9 *Vid. op. cit.* ROSSI, G., «Poder administrativo e ..», pp. 37-39.

de 80 % dos gases que causam o efeito de estufa. E começam a revelar desigualdades socais e demográficas muito sérias.

Por outro lado, se assim é, a verdade é também outra: as cidades são polos de desenvolvimento económico, têm grande responsabilidade pelo bem-estar da população e concentram grande parte das ofertas de trabalho, educação, equipamentos culturais, serviços públicos e privados. As cidades são verdadeiros ecossistemas onde as pessoas convivem e trabalham, as empresas desenvolvem atividades e uma infinidade de serviços são prestados. Por isso, as cidades estão hoje no centro do debate, podendo afirmar-se que o século XXI será o século das cidades, dada a potencialidade e os riscos que lhe são associados.

Quem estuda as cidades inteligentes e sobretudo procura mapear os indicadores de implementação de cidades inteligentes, sabe que a construção das Cidades Inteligentes começa por acudir a propósitos ecológicos e de sustentabilidade ambiental. Contudo, hoje, já não dispensa a estratégia de transição digital, que pressupõe um conjunto de indicadores diversos, a incluir os territórios inteligentes e a georreferenciação interoperativa, o *e.government* e a *e.governance,* que obriga a concretizar modelos *de back-end data base systems*, isto é sistemas inteligentes de recolha de dados, através de sensores, *drones* ou câmaras e a criação de um *cérebro* ou um *banco* central local de dados (*big data*) para a tomada de decisão assente em dados atuais; exige a concretização de sistemas aberto de dados (modelo *open connectivity and free movement of data*), que recolhem, tratam em sentido estrito, analisam e disponibilizam dados, com interoperabilidade nacional e europeia, garantindo simultaneamente reutilização.

A implementação de cidades neutras concretiza a digitalização dos modelos de governação e dos modelos de relação entre os entes públicos e os munícipes. É um facto que a transição digital tem sido acolhida como prioridade na Europa, no contexto da efetiva implementação do Mercado Único Digital e da criação do Espaço Europeu Comum de dados.

A Transição Digital da Governação Pública das Administrações Públicas integra o Plano de Ação para a Transição Digital, aprovada pela Resolução n.º 30/2020, em Conselho de Ministros, no dia 21 de abril, e faz parte do Programa do XXIII Governo Constitucional, e a *e.governance* e a *sensorização* são realidades em construção em todo o espaço nacional.

De norte a sul, assistimos à governação local assente em *Back-end Data Base Systems*, e a uma governação assente no modelo «DIKW» (*Data-Information-Knowledge-Wisdom*). Do mesmo modo, a *e.procedimentalização*, o relacionamento através de websites, e de plataformas digitais e a administração local em linha são já recorrentes. As autarquias têm cada vez mais websites interativos, onde disponibilizam diverso tipo de informação, sendo certo que em alguns caos, são autênticos portais local de dados abertos já com indexação ao portal nacional de dados abertos, sendo certo que em breve este sará indexado ao Portal Europeu de dados abertos.

Ademais, os munícipes estão cada vez mais sujeitos aos sistemas inteligentes e a ferramentas de Iot, bem como a decisões administrativas em cujos processos intervêm algoritmos, existindo, portanto, a respetiva utilização para a definição de perfis e para a decisão automatizada, sendo já frequente a tomada de decisão através de Inteligência Artificial, com função preditiva para os domínios da mobilidade, trânsito e do estacionamento.

Enfim, a implementação de cidades, hoje, já não passa sem a existência de modelos de governação inteligente, o que pressupõe a recolha de dados e a decisão pública com análise em tempo real, e, portanto, já deve acolher a utilização AI e sobretudo de aplicação de algoritmos, tanto para análise e sistematização como para a decisão administrativa automatizada, sobretudo quando possível — o que deve ser restringido, parece-nos, aos momentos de total vinculação administrativa —, como para a preparação da decisão administrativa local com intervenção do decisor humano, nos casos de decisão discricionária, ou, pelo menos, para a análise preditiva com vista à decisão posterior do agente humano[10].

Sem prejuízo, importa evidenciar que a concretização dos modelos de cidade de proximidade digital apresenta muitos desafios, sendo, aliás, entre nós, inúmeros os obstáculos à implementação das cidades digitais, a começar, por exemplo, em aspetos demográficos das cidades rurais e do interior do país, onde é notória a falta de literacia digital da população mais idosa, a continuar nas fragilidades técnicas ao nível do cumprimento de obrigações decorrentes do Regulamento Geral de Proteção de Dados (RGPD, Regulamento Europeu (UE)2016/679, do Parlamento Europeu e do Conselho, de 27 de abril de 2016, aplicável em Portugal desde finais de 2018, que veio a ser executado em Portugal pela Lei n.º 58/2019 de 08 de agosto). Lembrar, ainda, as fragilidades da infraestrutura digital, incluindo os lugares e os espaços sem acesso à internet, e as dificuldades de acesso pelos munícipes à rede digital, a merecer soluções de acesso gratuito em pontos diversos da cidade ou a oferta de aparelhos de acesso.

Importa lembrar, por exemplo, que já existe operacionalização de sistemas inteligentes, nos domínios, designadamente, da mobilidade, da iluminação pública, da monitorização da qualidade do ar, do trânsito e do estacionamento, da gestão da água, que permitam a recolha de informação e a decisão pública em tempo real, mediante a utilização de IoT e eventualmente de

10 Sobre o tema, o tema da AI envolve alguma complexidade quando pensamos na decisão administrativa discricionária. Contudo, nem sempre a complexidade pode estar subjacente e a sua aplicação à cidade pode ser defendida. Sobre o tema, vd. o nosso «Inteligencia artificial, (nuevo) derecho administrativo y buenas decisiones públicas», apresentação nas *XIII Jornadas Prof. Meilán Gil de Derecho Administrativo Iberoamericano. La buena administración del procedimiento administrativo*, coordenado por Jaime Rodríguez-Arana Muñoz, Professor Catedrático de Derecho Administrativo da Universidade de A Coruña e Presidente del Foro Iberoamericano de Derecho Administrativo. Universidad de A Coruña, 07.04.2022. O texto que serviu de base à exposição está no prelo.

AI, sendo ainda existente a utilização de decisões totalmente automatizadas em processos administrativos.

Contudo, se assim é, a verdade é que é rara a informação, a explicação, a justificação e a responsabilização pelo uso de sensores, *drones*, câmaras, que alimentam os sistemas[11] e a decisão automatizada. Aqui importa relembrar algumas medidas especiais sempre que um sistema de inteligência artificial for desenvolvido para finalidades públicas, de entre as quais, algumas a montante, da sua utilização. A Ferramenta de Avaliação de Risco irá traduzir os valores e princípios de AI Responsável, sendo esta ferramenta indispensável à antecipação e mitigação de riscos em sistemas com AI de forma global e nas cinco dimensões: Responsabilização, Transparência, Explicabilidade, Justiça e Ética. De entre essas, evidencia-se o dever de ser disponibilizada informação, por exemplo, no site da entidade que dela fará uso. Trata-se de uma medida de controle público, de responsabilização (accountability) e de transparência, que, concretamente, deve fornecer informações claras quanto: i) ao facto de tal sistema estar a ser desenvolvido, incluindo informações sobre sua finalidade e possíveis locais de uso e populações afetadas. Também a jusante, outras medidas devem acompanhar o respetivo uso, funcionamento e ciclo de vida, como a informação dos abrangidos e explicação de utilização, a monitorização, a elaboração de relatórios e a transparência através da publicação, acesso a informação pelos abrangidos por decisões automatizadas tomadas. Não esquecer a criação de entidades de monitorização e a manutenção do controlo humano nos sistemas, de onde se destaca a revisão humana de decisões automatizadas e a capacidade de reverter e corrigir decisões automatizadas[12].

---

11 São lembradas ainda algumas outras medidas especiais sempre que um sistema de inteligência artificial for desenvolvido para finalidades públicas, de entre as quais, algumas ainda a montante, da sua utilização. De entre essas, evidencia-se o dever de ser disponibilizada informação, por exemplo, no site da entidade que dela fará uso. Trata-se de uma medida de controle público, de responsabilização (accountability) e de transparência, que, concretamente, deve fornecer informações claras quanto: i) ao facto de tal sistema estar a ser desenvolvido, incluindo informações sobre sua finalidade e possíveis locais de uso e populações afetadas; ii) previsão de que direitos fundamentais serão afetados pelo sistema, e o que está ser feito para mitigar tais impactos; iii) quais os mecanismos utilizados para a seleção do modelo e o uso de ferramentas que calculam a importância e a (in) dependência entre os atributos de um conjunto de dados; iv) qual o modelo algorítmico utilizado, se o sistema é atualizado, e se sim, como e com que frequência; v) qual a origem da base de dados utilizada para seu treinamento; vi) informações de contacto para o exercício de direitos individuais; e vii) publicação de um relatório durante o desenvolvimento da ferramenta.

12 A este propósito, importa lembrar a Estratégia Nacional de Inteligência Artificial (AI Portugal 2030), onde se considera que os sistemas inteligentes são confiáveis e fiáveis: i) quando existe uma AI legal, ética e robusta; ii) se os sistemas concretizam quatro princípios éticos: a) respeito pela autonomia humana, b) fazem uma prevenção de danos, b) pressupõem equidade e explicabilidade; iii) e se asseguram sete requisitos: 1. controlo e supervisão humana, 2. segurança e robustez técnica, 3. privacidade de governação dos

A bem ver, o tema encerra as dificuldades e os desafios gerais da Governação Pública do Séc. XXI e traduz alguns dos dilemas do pensamento jurídico da Era atual, dita Era Digital, e dos paradoxos que lhe assistem e que dizem respeito, por um lado, à digitalização dos modos de viver em comunidade e à intensificação da aplicação das TIC à Governação Pública e, por outro, a intensificação da regulamentação de medidas de salvaguarda de direitos e da necessária blindagem da privacidade das pessoas singulares e da segurança das instituições, sobretudo dos mais vulneráveis, devendo ser combatido todo o tipo de hiato digital[13].

A cidade inclusiva do ponto de vista digital é aquela que garante o acesso e a utilização das tecnologias da informação e da comunicação a todos os seus cidadãos, com base em cinco requisitos essenciais: i) disponibilidade de Internet, ii) disponibilidade de equipamentos, iii) promoção de literacia digital, iv) apoio técnico permanente e, finalmente, v) e recursos que promovam a participação ativa.

III. Desafios de literacia digital

É certo que a cidade inteligente (sustentável e digitalizada) não se constrói toda de uma vez só e a sua implementação depende de múltiplos fatores, de entre os quais se inclui a tecnologia disponível, aspetos demográficos, geográficos e culturais locais, a dimensão da cooperação e colaboração em rede público-privada, tanto do ponto de vista da partilha da inovação como do financiamento, e as políticas prioritariamente acolhidas pelo decisor político para a cidade (que são vulgarmente limitadas ao tempo da duração do mandato político).

Do mesmo modo a noção de *smart city* está intrinsecamente relacionada com o direito a viver com qualidade de vida na cidade e o direito a aceder

---

dados, 4. transparência, 5. diversidade e não discriminação e justiça, 6. bem-estar social e ambiental e, finalmente, 7. Responsabilização.

13 De resto, o tema situa-se numa envolvência de prioridades globais europeias e dos Estados, em que a transição digital visa alcançar múltiplos objetivos, de desenvolvimento e crescimento económico e social, não devendo traduzir-se em perdas de direitos das pessoas — traduzidas em vazamento de informações que contenham dados pessoais e informação atinente à sua privacidade — das empresas ou das instituições públicas, bem como também não pode ser descurada as regras atinentes à segurança da informação digital e dos respetivos sistemas, obrigando ao reforço da cibersegurança. Sobre estes assuntos, já escrevemos em: Fonseca, I.C., «Governação Pública (Local) Digital: notas breves sobre a aceleração da transição digital», in Flamínio, A. (Coord.), *Direito Administrativo e Tecnologia*, Almedina, Coimbra, 2021. E também, procurando destacar alguns dos aspetos complicados e de difícil harmonização, coordenámos, com a chancela da Almedina 2 publicações: Estudos de E. *Governação, Transparência e Proteção de Dados*, Almedina, Coimbra, 2021; e um mais recente, Governação Pública Digital, Smart Cities e Privacidade, em 2022.

facilmente ao serviço público local, participar na tomada da decisão pública e obter soluções em tempo real para o perigo e a catástrofe, sendo certo que as escolhas das soluções dependem sobretudo dos tecnólogos e dos políticos.

Voltamos ao início desta escrita e à preocupação já há algum tempo partilhada: se a transição digital deve ser encarada como o motor de transformação do país em geral e de cada uma das cidades portuguesas, em particular, importa que as pessoas sejam o centro das decisões e das escolhas, sendo certo que qualquer solução só pode ser tida como boa decisão se for inclusiva e equitativa. E, por conseguinte, o primeiro pilar de atuação pública prende-se com a necessária criação de condições para que todos possam enfrentar os mesmos desafios digitais. Parece-nos, pois, que o fosso digital pode combater-se de várias formas, umas mais institucionalizadas e outras assentes em laços de solidariedade intergeracional, por exemplo. Iniciativas e Programas Educativos e de Literacia Digital em Portugal para Pessoas Idosas há várias. E o Plano de Ação para Colmatar a Desigualdade de Género nas Tecnologias Digitais é outro bom exemplo. As Comunidades Criativas para a Inclusão Digital são, finalmente, bons modelos a seguir. Estas, as Comunidades Criativas para a Inclusão Digital (CCIDs), que já têm alguma expressão no território nacional, consistem em comunidades que têm como objetivo promover a inclusão digital, respondendo às necessidades de grupos específicos de pessoas, nas suas comunidades. A criação de uma rede público-privada de centros educativos (instituições de solidariedade social, lares de idosos, instituições de solidariedade social, universidades, grupos de jovens voluntários) é disso exemplo, operacionalizando medidas concretas para combater a exclusão das pessoas idosas devido à falta de literacia digital, como por exemplo, através do desenvolvimento de ações de comunicação sobre a promoção e a explicação das cidades inteligentes para as pessoas idosas, e, em particular, para as mulheres com mais de 65 anos, através de iniciativas alegres e simples, em conferências, workshops, publicação de textos e desenhos em revistas e jornais locais e através de distribuição de brochuras. Vamos explicar cada uma das diferentes modalidades.

Em boa verdade, as cidades devem incluir nas suas estratégias de transformação digital a Educação Digital, a Inclusão Digital e a Capacitação e Literacia Digital, devendo dirigir-se especialmente ao público frágil, que inclui dois importantes grupos: i) as crianças e jovens do ensino básico (compreendendo o 1.º, 2.º e 3.º ciclos, correspondendo, por isso, ao 1.º até ao 9.º ano de escolaridade); ii) e, ainda os idosos (particularmente as Mulheres) com mais de 65 anos.

Na verdade, a construção de uma sociedade digital deve ser orientada para o cidadão que apresenta, naturalmente, vulnerabilidades de literacia digital, mas também para as crianças e jovens, pois, além da formação adquirida, que se repercutirá ao longo do seu percurso, são os jovens que serão os sensibilizadores para a mudança dos seus familiares e da comunidade em geral, podendo alcançar-se o tecido social adequado, do ponto de vista da literacia digital, para a fruir e desfrutar da cidade inteligente.

Assim, a Educação Digital é um importante veículo para dotar as crianças e os jovens das competências digitais necessárias à sua plena realização pessoal e profissional. Deste modo, acompanhando e completando a integração transversal das tecnologias nas diferentes áreas curriculares do ensino básico em particular, julgamos que se poder fazer mais, visando a melhoria contínua da qualidade das aprendizagens e do desenvolvimento do sistema educativo através da adoção de medidas, algumas inovadoras e outras resultantes do aproveitamento da experiência acumulada. Assim, a partir de uma lógica pedagógica é possível desenvolver atividades lúdicas, de reflexão e de aprendizagem seja através de jogos, de desenhos e de *workshops,* de forma a promover o conhecimento daquilo que é a cidade inteligente, as TIC e as demais valências das cidades do futuro.

Por seu lado, a Inclusão Digital através da Capacitação e Literacia Digital são absolutamente necessárias. Comecemos por evidenciar que uma cidade digitalmente inclusiva é aquela que garante que todos os seus munícipes tenham acesso e utilizem tecnologias de informação e comunicação, tendo por base cinco pré-requisitos essenciais: disponibilidade de internet, disponibilidade de equipamentos, literacia digital, suporte técnico permanente, recursos que promovam a participação. Neste contexto, importa voltar a fazer referência às Comunidades Criativas para a Inclusão Digital (CCID), que já encontram alguma expressão no território nacional, e consistem em comunidades que pretendem promover a inclusão digital, respondendo às necessidades de determinados grupos de pessoas das suas comunidades.

No fundo o que estamos aqui a lembrar nesta matéria, e muito à semelhança das CCID, é que importa fazer um esforço e uma interligação entre os agentes locais, as IPSS, os lares e os centros de dia, de forma a capacitar os mais idosos de competências digitais que, aliás, já encontra alguma concretização em alguns municípios que desenvolvem uma maior literacia digital nos mais idosos.

De facto, as autarquias devem aprofundar mais projetos educativos de inclusão digital de idosos, enquanto população em risco de exclusão digital, que inclua conteúdos formativos simples de forma a contribuir ativamente para a formação em competências digitais básicas. Neste alinhamento, devem desenvolver-se projetos de inclusão digital assentes numa rede municipal de jovens voluntários e de centros como IPSS e lares em que os conteúdos básicos formativos abrangidos podem ser, de entre outros, a criação de correio eletrónico, a capacidade de pesquisa online, a consulta e utilização de serviços públicos online e o acesso a redes sociais. Outros bons exemplos do necessário, aqui fica: explicar como consultar sítio Web de um organismo público; como aceder a um serviço público em linha; como marcar uma consulta médica; como obter uma receita de medicamentos; como criar uma conta numa rede social; como enviar uma mensagem de correio eletrónico; como descarregar uma aplicação num smartphone e sobretudo o que são dados pessoais, que direitos tem sobre esses dados pessoais e como pode exercê-los.

Em suma, advogamos a realização de ações de sensibilização sobre as TIC e as cidades inteligentes em lares, IPSS e centros de dia através de atividades lúdicas, muito à semelhança do que deve realizar também com os mais jovens, sendo um método semelhante. Importa ainda salientar que, a concretização de pilares de atuação neste domínio poderá ser reforçado as seguintes atividades: *i)* desenvolvimento e acompanhamento de uma Rede Municipal de centros educativos para crianças até 12 anos (Escolas e Instituições de Solidariedade Social, Universidade do Minho); *ii)* desenvolvimento e acompanhamento de uma Rede Municipal de jovens voluntários que colaborem em iniciativas de capacitação de maiores de 65 anos; *iii)* Elaboração de livros pedagógicos para crianças sobre a descoberta da cidade inteligente e sobre a Internet e proteção de dados pessoais; *iv)* a Elaboração de ações de comunicação sobre a promoção de cidades inteligentes para idosos: (através de textos/desenhos semanais nos media locais; *v)* Iniciativas híbridas (online e presencial) de formação (relativa a sites dos centros, App do voluntário e redes sociais).

Importa, em suma, ajudar os mais idosos a compreender as mudanças em curso: i) as novas formas de mobilidade urbana disponíveis na cidade, o que implica explicar: como se consulta os horários do transporte público em linha; como se compra online o bilhete de viagem em linha; como se compreende a visualização do geoportal e a demora no trânsito; o sensor e o radar.

Estas medidas, que vão sendo concretizadas no norte do país, estão a contribuir para a formação de adultos com mais de 65 anos em competências digitais básicas, reduzindo assim a percentagem da população que não usufrui dos benefícios da digitalização em vários domínios, incluindo as comunicações, o acesso à informação e a utilização de serviços públicos digitais. A «TIC sénior» é uma Agenda de iniciativas que incluem conteúdos de formação simples (como a criação e a gestão de uma conta de correio eletrónico, capacidades de pesquisa em linha, consulta e utilização de serviços públicos digitais, acesso a serviços como o *homebanking* ou o acesso às redes sociais) estão a acontecer, são reais e combatem a solidão, permitem o acesso a serviços públicos digitais locais e possibilitam às pessoas mais velhas acompanhar os novos ritmos de vida comunitária sustentável.

À semelhança de William Shakespeare, que interroga «O que é a cidade senão as pessoas?», também encerramos o texto concluindo que a cidade inteligente não pode ser implementada sem a cumplicidade das pessoas que nela habitam, dos jovens e adultos, das mulheres e dos imigrantes, dos residentes na sede do concelho e dos que habitam as zonas mais rurais, e, em particular, daqueles que podem ter dificuldade em acompanhar o processo de mudança, como são as crianças, as mulheres e os maiores de 65. Todas as Agendas de transformação digital ditam que o processo em curso se realiza de forma sustentada e inclusiva, no sentido de que ninguém deve ser deixado para trás. Porque a vida é para ser vivida por todos, todos, com alegria.

IV. Bibliografía

Canotilho, M., «A vulnerabilidade como conceito constitucional: Um elemento para a construção de um constitucionalismo do comum», em *Oñati Socio-Legal Series*, vol. 12, núm. 1, 2022.

Cardoso, F., «A Revolução energética está a chegar aos bairros», em *Smart/ Cities, Cidades Sustentáveis*, 2021, pp. 10-18.

Cristino, J., «O Papel das cidades no cumprimento do Acordo de Paris», in *Smart/ Cities, Cidades Sustentáveis*, núm. 32, 2021, pp. 10-24.

Fonseca, I. C., Prata, A.R., «Las ciudades inteligentes en Portugal», in Gómez Jiménez, M.L. y Romero Guisado, O. (Coord.), *Greencities, 11.º Foro de Inteligencia y Sostenibilidad Urbana: Actas del XI International Greencities* Congress, 2021, pp. 267-278.

Fonseca, I.C., «Local e-governance and law: thinking about the portuguese charter for smart cities», in *Ius Publicum*, 2021, pp. 3-24.

— «Governação Pública (Local) Digital: notas breves sobre a aceleração da transição digital», in Flamínio, A. (Coord.), *Direito Administrativo e Tecnologia*, Almedina, Coimbra, 2021.

— «Governação Pública Digital e a Proteção de Dados Pessoais: notas breves sobre as dificuldades de harmonização», in Fonseca, I. C. (Coord.), *Estudos de E. Governação, Transparência e Proteção de Dados,* Almedina, Coimbra, 2021.

— «Smart cities and Law, E.Governance and Rights: do we need a global digital transition strategy for the city?», in *European Review of Digital Administration and Law*, vol. 2, 2021.

Fonseca, I.C. and **Lopes, R.**, «A cidade inteligente e a descoberta da proximidade: A cidade em 15 minutos», en Carvalho, M.M. y Moreira, S. (Eds.), *E.Tec Yearbook, Governance & Technology*, JusGov - Research Centre for Justice and Governance, School of Law, University of Minho, 2021, pp. 75-93.

Fonseca, I.C., Alves, J. A., «Legal Developments on Smart Public Governance and Fundamental Rights in the Digital Age», in VV. AA., *Legal Developments on Cybersecurity and Related Fields*, Springer, Suíça, 2024, pp. 130-131.

Freitas, S. G., «Governança na promoção da transformação digital e o Estado como agente de vulnerabilização», in Flamínio da Silva, A. (Coord.), *Vulnerabilidade e Direito Administrativo*, Almedina Editora S.A., Coimbra, 2022.

Goodland, R., «The Concept of Environmental Sustainability», in *Annual Review of Ecology and Systematics*, Volume XXVI, 1995, pp. 1-24.

Helsen, P. B., *Cidades Inteligentes, as cidades do Porto e de Lisboa: comparação*, Trabalho Final na modalidade de Dissertação apresentado à Universidade Católica Portuguesa para obtenção do grau de mestre em Business Economics, abril, 2018

Marceau, J., «Introduction: Innovation in the city and innovative cities», in *Organization and Magagement,* vol. 10, 2008, pp. 136-145.

Mendes, J. L., *Smart Cities: Revitalização Urbana no Centro Histórico de Braga,* Dissertação de Mestrado, Universidade Lusíada de Vila Nova de Famalicão, Faculdade de Arquitetura e Artes, 2014.

Michalina, D., Mederly, P., Diefenbacher, H., Held, B., *Sustainable Urban Development: A Review of Urban Sustainability Indicator Frameworks,* MDPI, Sustainability, 2021.

Moreno, C., *Droit de cité. De la «ville-monde»* à *la ville du quart d'heure,* Éditions de l'Observatoire, Paris, 2020.

Moreno, C., *Vie urbaine et proximité* à *l'heure du Covid-19,* Éditions de l'Observatoire, Paris, 2020.

Newman, P, Matan, P, Mclntosh, J., «Urban Transport and Sustainable Development», in Redclift, M., Springett, D., (Eds.), *Routledge International Handbook of Sustainable Development,* Routledge, London, 2015, pp. 337–350.

Oliveira, A., Campolargo, M., «From smart cities to human smart cities», in *48th Hawaii International Conference on System Sciences (HICSS),* Washington, DC: IEEE Computer Science, 2005, pp. 2336– 2344.

Rossi, G., «Poder administrativo e interesses de satisfacción necessária. Crisi y nuevas perspectivas del Derecho Administrativo», en *Dereito: Revista xuridica da Universidade de Santiago de Compostela*, núm. 1, 2011, pp. 21-94.

Silva, A.F., *Vulnerabilidade e Direito Administrativo*, Almedina Editora S.A., Coimbra, 2022

Vancluysen, K., «Transporte público: como pode contribuir para a sustentabilidade das cidades europeias», in *Smart/ Cities*, 2021, pp. 8-10.

CAPÍTULO XII

PROPUESTAS PARA SANAR LA BRECHA DE GÉNERO STEM EN LAS AULAS

María Flores Ceballos
Universidad de Salamanca

I. Introducción

Este trabajo pretende potenciar la presencia de las mujeres en el ámbito STEM (Ciencia, Tecnología, Ingeniería y Matemáticas) y se ha inspirado principalmente en un estudio reciente sobre el número de científicas en España[1]. En este informe, se cuantifica la brecha de género tanto «horizontal» (número de egresadas) como «vertical» (número de mujeres en puestos de alta especialización y/o liderazgo) en numerosas áreas técnicas.

Además, el documento incide en los retos persistentes para lograr una participación igualitaria en las carreras científicas y tecnológicas, señalando la existencia de barreras culturales y sociales que dificultan el acceso, la permanencia y el desarrollo profesional de las mujeres en el ámbito STEM.

En términos de la brecha «horizontal», los datos reflejan que, aunque ha habido un aumento en el número de mujeres que acceden a estudios universitarios en áreas como ciencias y ciencias de la salud, persiste una baja representación femenina en disciplinas pertenecientes a las ingenierías y a arquitectura.

Esta situación se puede corroborar analizando los datos de la gráfica 1, donde se representa la evolución del porcentaje de alumnas matriculadas (respecto al total del alumnado en cada rama de enseñanza) en estudios de grado y primer

1 Ministerio de Ciencia e Innovación, *Científicas en Cifras 2023*, 2023.

y segundo ciclo según rama de enseñanza para los cursos comprendidos entre 2017-2018 y 2021-2022. Cabe mencionar que los datos sobre los estudios universitarios comprenden universidades tanto públicas como privadas.

Los datos muestran que el porcentaje de mujeres matriculadas en la rama de ingeniería y arquitectura, incluyendo, entre otros, Ingeniería Informática, ha tenido una leve tendencia al alza, pasando del 25 % en el curso 2017-2018 al 26.5 % en 2021-2022.

A pesar de que se observa una pequeña mejora, la participación femenina sigue siendo baja en comparación con otras ramas como ciencias de la salud, donde las mujeres superan el 70 % y es muestra de la brecha de género STEM que persiste en las aulas en la actualidad.

Esta disparidad pone de manifiesto la necesidad de implementar estrategias desde los niveles educativos más tempranos para fomentar el interés y la confianza de las niñas en estas áreas.

Gráfica 1. Evolución del porcentaje de alumnas matriculadas en estudios de grado y primer y segundo ciclo según rama de enseñanza. Cursos 2017-2018 a 2021-2022.

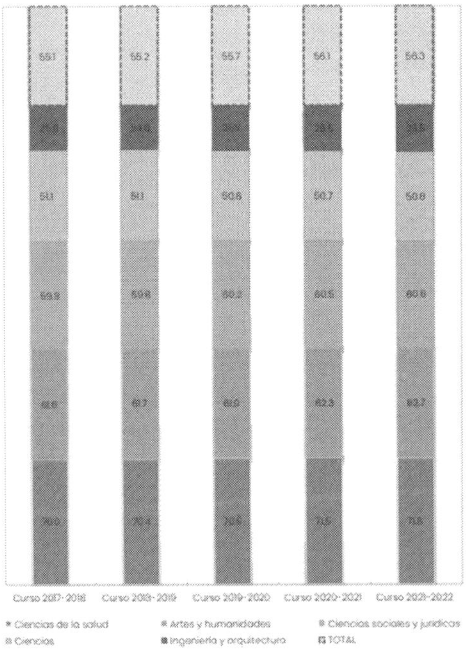

Fuente: Informe «Científicas en cifras 2023». Unidad de Mujeres y Ciencia del Ministerio de Ciencia e Innovación en colaboración con la Fundación Española para la Ciencia y la Tecnología (FECYT). Elaboración propia a partir de los datos del Sistema Integrado de Información Universitaria, Ministerio de Universidades.

Por otro lado, la brecha «vertical» subraya que, a pesar de los avances en la incorporación de mujeres a la carrera científica, su presencia disminuye considerablemente en los niveles superiores de especialización y liderazgo.

En concreto, las cifras muestran que las mujeres están subrepresentadas en puestos de alta responsabilidad, como cátedras universitarias, dirección de grupos de investigación y posiciones de liderazgo en empresas tecnológicas. Este fenómeno, conocido como «efecto tijera», no solo limita el desarrollo profesional de las mujeres, sino que también impide que sus perspectivas, habilidades y conocimientos se integren en la toma de decisiones clave en ciencia y tecnología.

La gráfica 2 representa la evolución de la distribución (en forma de porcentaje respecto del total del personal investigador) de mujeres y hombres en el personal investigador de las universidades según la categoría investigadora para los cursos 2018-2019 y 2020-2021. Los datos incluyen universidades públicas, centros adscritos y universidades privadas.

Los datos son de Equivalencia a Jornada Completa (EJC). A continuación, se indican las categorías que recoge cada grado indicado en el eje horizontal de la gráfica 1. Grado A (Puesto más alto): Full Professor: Funcionario Catedrático de Universidad. Grado B (Doctores): Titular, Catedrático de Escuela, Titular de Escuela doctor, lector doctor, visitante doctor y Contratado doctor de universidades públicas; Profesor con capacidad investigadora de centros adscritos/universidades privadas: Profesores doctores de Facultades o E.T.S. con niveles comprendidos entre el II y el III, Profesores doctores de Facultades o E.T.S. con nivel III, Profesores doctores de E.U. y Otras Enseñanzas con niveles comprendidos entre el II y el III; Ramón y Cajal, otros postdoctorales e investigador visitante. Grado C (Primer puesto doctor de acceso a la universidad/ doctores recién titulados): Ayudante doctor de universidades públicas; Juan de la Cierva. Grado D (Predoctorales): Ayudante de universidades públicas Investigadores predoctorales, FPI y FPU.

Los datos reflejan el «efecto tijera» en la distribución de mujeres en el personal investigador de las universidades, evidenciando cómo su representación disminuye a medida que ascienden en las categorías investigadoras.

En el Grado D, que corresponde a las etapas iniciales, las mujeres representan algo menos del 50 %, lo que indica una fuerte presencia femenina en los comienzos de la carrera investigadora. No obstante, en el Grado C se observa un equilibrio con los hombres. Por otro lado, los Grados B y A, correspondientes a las posiciones de mayor rango y responsabilidad, la participación femenina cae drásticamente. En el Grado A, las mujeres representan menos del 30 %, poniendo de manifiesto la existencia de barreras que dificultan su avance hacia los niveles más altos.

Las conclusiones indicadas se mantienen para los dos cursos que contempla el estudio, es decir, los cursos 2018-19 y 2020-21.

En el informe citado se concluye que es urgente promover políticas públicas que impulsen la igualdad de género en el ámbito STEM. Estas políticas deben incluir medidas para garantizar la equidad en la selección y promoción profesional, facilitar la conciliación entre la vida laboral y familiar, y crear entornos de trabajo inclusivos y libres de sesgos de género. De esta manera, se conseguirá paliar las dos brechas de género STEM comentadas a lo largo de esta sección introductoria.

Cabe comentar que, aunque el proyecto de investigación presente se haya inspirado principalmente del informe citado sobre el número de científicas en España, existen diferentes estudios que tratan sobre la representación femenina en áreas STEM.

Gráfica 2. Evolución de la distribución de mujeres y hombres en el personal investigador de las universidades según la categoría investigadora. Cursos 2018-2019 y 2020-2021.

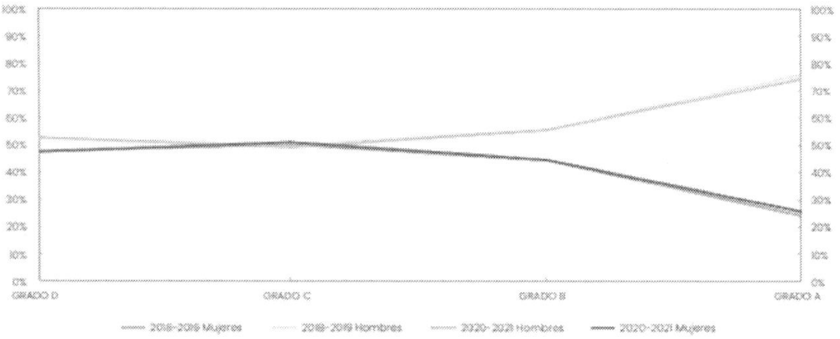

Fuente: Informe «Científicas en cifras 2023». Unidad de Mujeres y Ciencia del Ministerio de Ciencia e Innovación en colaboración con la Fundación Española para la Ciencia y la Tecnología (FECYT). Elaboración propia a partir de los datos del Ministerio de Universidades.

Estos analizan la participación de mujeres en la educación STEM a nivel mundial y soluciones para mejorarla[2], los elementos que afectan la decisión de las mujeres de ingresar y permanecer en estos campos[3], las razones detrás de la baja representación femenina en campos STEM[4], la importancia de los programas de mentoría y el impacto positivo que los modelos a seguir

2 Huyer, S., «Is the gender gap narrowing in science and engineering», en *UNESCO Science Report: Towards 2030*, 2015, pp. 85-103.

3 Kricorian, K., Seu, M., Lopez, D., Ureta, E., & Equils, O., «Factors influencing participation of underrepresented students in STEM fields: matched mentors and mindsets», en *International Journal of STEM Education*, vol. 7, 2020, pp. 1-9.

4 Pollack, E., «Why are there still so few women in science», en *The New York Times Magazine*, 2013, p. 3.

pueden tener en las aspiraciones de las jóvenes[5] y las barreras que enfrentan las mujeres debido a estereotipos de género, ofreciendo una visión integral sobre la situación de la mujer en estos campos[6][7].

II. Propuestas para sanar la brecha de género STEM en las aulas

El proyecto de investigación a desarrollar tiene como objetivo principal fortalecer la participación de las mujeres en el ámbito STEM y se basa en una estrategia de doble enfoque que combina la visibilidad y la educación como pilares fundamentales. A través de esta estrategia, se busca tanto expandir proyectos ya existentes que fomenten vocaciones STEM como diseñar e implementar nuevos programas que logren una mayor equidad de género en estas disciplinas.

1. Visibilidad

La visibilidad es clave para romper con los estereotipos de género que han limitado históricamente la participación femenina en el ámbito STEM y, por tanto, es vital crear modelos a seguir que inspiren a las generaciones más jóvenes a interesarse en estas áreas.

La implementación de diferentes iniciativas puede potenciar este objetivo, destacando tanto el trabajo de mujeres actuales como de las pioneras del pasado y generando un ambiente en el que las jóvenes se sientan identificadas y motivadas para seguir carreras STEM.

1.1. Propuestas que se centran en la visibilidad de referentes

a) Visitas a centros educativos

Una de las actividades más efectivas para despertar la curiosidad científica en las niñas es la visita de mujeres profesionales a centros educativos.

5 LOPEZ, P. D. J., & DURAN, A., «The role of mentoring on the retention of women from diverse backgrounds in STEM», en *Implementation Strategies for Improving Diversity in Organizations*, IGI Global, 2021, pp. 271-310.

6 SWAFFORD, M., & ANDERSON, R., «Addressing the Gender Gap: Women's Perceived Barriers to Pursuing STEM Careers», en *Journal of Research in Technical Careers*, vol. 4, núm. 1, 2020, pp. 61-74.

7 ERTL, B., LUTTENBERGER, S., & PAECHTER, M., «The impact of gender stereotypes on the self-concept of female students in STEM subjects with an under-representation of females», en *Frontiers in Psychology*, vol. 8, 2017, p. 703.

La iniciativa «Una ingeniera en cada cole» ha demostrado que este tipo de interacción directa no solo motiva, sino que también ayuda a que las estudiantes se visualicen en áreas científicas y tecnológicas.

En el ámbito de la informática, donde la brecha de género es especialmente significativa, sería muy útil replicar esta experiencia con mujeres que trabajen en sectores tecnológicos. Por ejemplo, el sector de los videojuegos ofrece una excelente oportunidad, ya que es un área que despierta gran interés entre las nuevas generaciones. Al incluir a mujeres que trabajen en la industria de los videojuegos se podría generar un impacto aún mayor aprovechando el atractivo que esta industria tiene entre adolescentes y jóvenes.

b) Invitación de divulgadoras científicas

Otra forma eficaz de dar visibilidad a mujeres en STEM es a través de la invitación de divulgadoras científicas a centros educativos para que puedan transmitir sus conocimientos y pasión por la ciencia de una manera accesible y cercana. Divulgadoras como Clara Grima, conocida por su capacidad para explicar conceptos matemáticos complejos de manera entretenida y comprensible, representan ejemplos a seguir.

También cabe resaltar el caso de Sara García, una destacada científica en las áreas de biotecnología y astrobiología que se ha convertido recientemente en la primera mujer astronauta española en recibir entrenamiento en el Centro Europeo de Astronautas de la ESA (Agencia Espacial Europea).

c) Proyectos educativos de mentoría

Los programas de mentoría son otra herramienta clave para fomentar vocaciones STEM en mujeres jóvenes.

«Stem Talent Girl» es un ejemplo destacado de un proyecto educativo que conecta a alumnas de la ESO, Bachillerato y la universidad con mujeres ya establecidas en el ámbito STEM, proporcionando un apoyo continuo durante su desarrollo académico y profesional.

Este tipo de iniciativas son especialmente valiosas, ya que permiten a las jóvenes aprender de la experiencia directa de mujeres que han enfrentado y superado las barreras de género en estas disciplinas.

Además de las mentorías, este programa también incluye talleres diseñados para que las estudiantes desarrollen habilidades de liderazgo, proactividad y emprendimiento. Fomentar estas habilidades desde una edad temprana puede marcar una diferencia significativa en la confianza y determinación de las jóvenes al elegir y persistir en carreras científicas y tecnológicas.

Cabe citar también el programa «Mujeres que Transforman» que impulsa las vocaciones STEM entre mujeres jóvenes mediante mentoría, talleres y actividades para crear contactos. Las participantes del programa pueden desarrollar habilidades de liderazgo y emprendimiento, preparando a las jóvenes para contribuir a un futuro más diverso e inclusivo en STEM.

Una estrategia interesante sería permitir que las universitarias actúen como mentoras para estudiantes más jóvenes. Esto no solo ofrecería a las niñas un modelo a seguir cercano, sino que también permitiría a las universitarias compartir sus experiencias, retos y logros en el ámbito académico.

d) Encuentros entre mujeres científicas

Los encuentros entre mujeres científicas, como las «Jornadas de Investigadoras de Castilla y León», son plataformas cruciales para la creación de redes de apoyo entre mujeres en áreas STEM.

Estos eventos permiten compartir experiencias, conocimientos y desafíos, creando un espacio seguro en el que las científicas puedan aprender unas de otras y fortalecer sus trayectorias profesionales. Además, estos eventos tienen el potencial de aumentar la visibilidad del trabajo realizado por mujeres científicas, tanto dentro de la comunidad académica como en la sociedad en general y fomentar la conexión entre mujeres científicas. Estos encuentros son fundamentales para inspirar y empoderar a mujeres jóvenes en el ámbito STEM.

Una propuesta que se podría desarrollar para fomentar las vocaciones STEM en mujeres y niñas es dar más visibilidad a encuentros científicos que reúnan a mujeres en el ámbito de la investigación.

e) Plataformas y recursos de difusión

La creación de plataformas que valoren las contribuciones de las mujeres en la ciencia, tanto del pasado como del presente, es una de las formas más efectivas de asegurar que su legado no se pierda. Un ejemplo destacado es la página web «Mujeres con ciencia».

En el marco de este proyecto de investigación, se podría ofrecer a estudiantes la posibilidad de contribuir con sus propios textos sobre mujeres científicas que admiren como parte de una actividad educativa. Este tipo de ejercicios no solo fomenta el interés por la historia de la ciencia, sino que también permite a las jóvenes investigar y descubrir modelos femeninos con los que se identifiquen.

f) Otras propuestas

Se podrían organizar sesiones de cine en las que se proyecten películas como «Figuras ocultas», que narra la historia real de un grupo de mujeres afroamericanas que contribuyeron de manera fundamental al éxito de la NASA durante la carrera espacial. Esta película habla de la importancia de la diversidad en la ciencia y también pueden servir como una fuente de inspiración directa para las estudiantes.

Hasta ahora, se han indicado una serie de propuestas actuales que fomentan la visibilidad de la mujer en áreas STEM y nuevas ideas para alcanzar ese objetivo. En la siguiente sección, se realizará un estudio similar, tomando ahora como foco la educación para paliar la brecha de género STEM en las aulas.

2. Educación

El ámbito de la educación juega un papel fundamental en la promoción de la igualdad de género, especialmente en áreas como las disciplinas STEM donde históricamente se ha dado una menor participación de las mujeres.

Para lograr cambiar esta situación, es crucial que el personal docente se forme en materia de igualdad de género, para que puedan mejorar la inclusión en las aulas desde las primeras etapas educativas.

2.1. Propuestas que se centran en la educación

Los docentes desempeñan un papel vital en la formación de la autoestima y la autoconfianza de sus estudiantes. Cuando se trata de incentivar el interés por las vocaciones STEM, su influencia puede ser determinante.

Para que los profesores puedan inculcar de manera efectiva la igualdad de género desde la infancia, sería muy beneficioso implementar programas de formación especializados en la inclusión de las mujeres en áreas STEM.

Estos cursos tendrían como objetivo no solo sensibilizar al profesorado sobre la importancia de la igualdad, sino también proporcionarles herramientas concretas para aplicarla en su práctica diaria. La formación debería abarcar diversas áreas, como el uso de lenguaje inclusivo, y la promoción activa de las vocaciones STEM entre niñas y jóvenes.

El uso del lenguaje inclusivo en las aulas es una estrategia interesante para reducir la brecha de género. Por ejemplo, el simple hecho de que un profesor utilice términos como «científica» o «investigadora» en lugar de sus formas masculinas es un pequeño cambio con un gran impacto. Al dar ejemplos que incluyan a mujeres en roles científicos o tecnológicos, se amplía la percepción que los estudiantes tienen sobre quiénes pueden ocupar esos puestos.

Además, los profesores deben fomentar activamente la participación de las niñas en actividades científicas y tecnológicas y animar a las niñas a participar roles de liderazgo en pequeños proyectos, por ejemplo.

Incluir una asignatura sobre género en cada máster de profesorado es fundamental para fomentar una educación inclusiva y equitativa. Esta materia debe abordar las desigualdades de género en el sistema educativo, desarrollar estrategias pedagógicas inclusivas, y fomentar modelos a seguir en campos como STEM.

También es importante realizar un análisis crítico de la cultura y el contexto social que perpetúan estereotipos, así como promover un entorno seguro y respetuoso en el aula.

III. Líneas de investigación propuestas

Una línea de investigación futura sería evaluar la efectividad de las propuestas expuestas mediante estudios de opinión que permitan medir el impacto de estas iniciativas en la percepción de la igualdad de género en STEM.

Estos estudios se podrían realizar tanto antes como después de la implementación de las propuestas, para obtener una visión comparativa y evaluar cambios en las actitudes de la sociedad sobre la brecha de género en disciplinas STEM.

La recogida de información podría hacerse mediante diferentes métodos, como por ejemplo mediante la elaboración encuestas para estudiantes, docentes, personal administrativo y familias. De esta forma se pretende evaluar si las propuestas de visibilidad y educación han influido en la comunidad.

Los parámetros que se podrían medir en el estudio de opinión son: el nivel de interés de las niñas en carreras STEM, el nivel de satisfacción de las mujeres científicas en su puesto de trabajo actual, la participación de las niñas en actividades STEM, etc.

Para ello, en el estudio de opinión se podrían incluir preguntas como: «¿Qué materias o actividades relacionadas con STEM te interesan más y por qué?», «¿Cómo ha influido el apoyo de tu familia en tu decisión de seguir una carrera en este campo?» y «¿Te sientes capaz de tener éxito en un área STEM? ¿Qué habilidades consideras que necesitas desarrollar?». Además, sería valioso preguntar: «¿Has tenido alguna experiencia positiva o negativa en clases STEM?» y «¿Qué tipo de eventos o actividades te gustaría que se organizaran para fomentar el interés en STEM?». Estas preguntas ayudarían a comprender los intereses, experiencias y necesidades de las mujeres jóvenes, lo que facilitaría el diseño de estrategias efectivas para impulsar su participación en estos campos.

Otra posible línea de investigación sería llevar a cabo un estudio de opinión especializado que explore el impacto de establecer cupos de mujeres en puestos de trabajo en el sector STEM.

A partir de los estudios de opinión, también sería posible identificar obstáculos que puedan estar limitando el impacto de las iniciativas, como la percepción de que el ámbito STEM sigue siendo un espacio predominantemente masculino. Estos hallazgos permitirían realizar ajustes en las estrategias para lograr una mayor efectividad y asegurar un entorno más inclusivo.

La propuesta de investigación indicada se centra en el ámbito STEM y refleja la creciente necesidad de fomentar la participación y el interés de las mujeres en estas disciplinas, un campo donde la subrepresentación de mujeres es notable. Sin embargo, es importante destacar que muchas de las estrategias y enfoques desarrollados en este contexto son aplicables a otras áreas científicas y tecnológicas.

IV. Conclusiones

El análisis de la presencia de mujeres en el ámbito de STEM (Ciencia, Tecnología, Ingeniería y Matemáticas) revela una situación preocupante, caracterizada por la persistente brecha de género tanto «horizontal» como «vertical».

A pesar de los avances en la matriculación de mujeres en disciplinas como biología y ciencias de la salud, la representación femenina sigue siendo insuficiente en áreas técnicas, especialmente en las ingenierías y en arquitectura. Las cifras indican que, aunque la matriculación en ingenierías ha mostrado una leve mejora, la participación femenina se estanca alrededor del 26 %, subrayando la necesidad urgente de estrategias para motivar a las más jóvenes hacia estas carreras.

Además, el fenómeno del «efecto tijera» se manifiesta en la disminución notable de mujeres en posiciones de liderazgo y alta especialización. Aunque las mujeres superan el 50 % en los niveles iniciales de la carrera investigadora, su representación se reduce drásticamente a medida que avanzan en sus trayectorias, con menos del 30 % en los niveles más altos. Esta situación no solo limita el desarrollo profesional de las mujeres, sino que también priva a la ciencia y la tecnología de la diversidad de perspectivas necesarias para una innovación efectiva.

Para abordar esta situación, se propone un enfoque integral que combine la visibilidad y la educación. La visibilidad de referentes femeninos es fundamental para inspirar a las nuevas generaciones y combatir los estereotipos de género. Proyectos como «Una ingeniera en cada cole» y «Stem Talent Girl» han demostrado ser efectivos al conectar a estudiantes con mujeres en STEM, y ofrecer mentoría, lo que ayuda a construir un sentido de pertenencia y posibilidad en estos campos. La inclusión de mujeres en la educación científica, ya sea a través de visitas, talleres, o medios de comunicación, es esencial para crear un ambiente en el que las jóvenes se sientan motivadas a perseguir carreras en STEM.

Por otro lado, la educación juega un papel crucial en la promoción de la igualdad de género. La capacitación del personal docente en temas de inclusión y el uso de lenguaje inclusivo son estrategias que pueden impactar positivamente la percepción y el interés de las niñas en STEM desde una edad temprana. Es vital que los educadores adopten prácticas que fomenten la participación de las niñas, promoviendo su autoconfianza y su capacidad de liderazgo.

Finalmente, se destaca la importancia de evaluar y ajustar constantemente las iniciativas implementadas. Los estudios de opinión y la recolección de datos sobre la percepción de la igualdad de género y la participación en STEM pueden proporcionar información valiosa para diseñar estrategias efectivas que atiendan las necesidades y aspiraciones de las mujeres jóvenes en estos campos. Es crucial que las políticas públicas incluyan medidas que garanticen la equidad en la selección y promoción profesional, así como la creación de entornos de trabajo inclusivos y libres de sesgos de género.

La combinación de visibilidad, educación y evaluación continua permitirá avanzar hacia una mayor equidad de género en STEM, beneficiando no solo a las mujeres, sino a la sociedad en su conjunto.

V. Bibliografía

Ertl, B., Luttenberger, S., & **Paechter, M.**, «The Impact Of Gender Stereotypes On The Self-Concept Of Female Students In Stem Subjects With An Under-Representation Of Females», En *Frontiers In Psychology*, Vol. 8, 2017.

Huyer, S., «Is The Gender Gap Narrowing In Science And Engineering», En *Unesco Science Report: Towards 2030*, 2015, Pp. 85-103.

Kricorian, K., Seu, M., Lopez, D., Ureta, E., & **Equils, O.**, «Factors Influencing Participation Of Underrepresented Students In Stem Fields: Matched Mentors And Mindsets», En *International Journal Of Stem Education*, Vol. 7, 2020, Pp. 1-9.

Lopez, P. D. J., & **Duran, A.**, «The Role Of Mentoring On The Retention Of Women From Diverse Backgrounds In Stem», En *Implementation Strategies For Improving Diversity In Organizations*, Igi Global, 2021, Pp. 271-310.

Ministerio de Ciencia e Innovación, *Científicas En Cifras 2023*, 2023.

Pollack, E., «Why Are There Still So Few Women In Science», En *The New York Times Magazine*, Vol. 3, 2013.

Swafford, M., & **Anderson, R.**, «Addressing The Gender Gap: Women's Perceived Barriers To Pursuing Stem Careers», En *Journal Of Research In Technical Careers*, Vol. 4, Núm. 1, 2020, Pp. 61-74.

CAPÍTULO XIII

LA BRECHA DE GÉNERO EN LA ESTRATEGIA DIGITAL EUROPEA: UN ANÁLISIS DESDE EL DERECHO ADMINISTRATIVO

Juan Francisco Rodríguez Ayuso
Universidad de Educación a Distancia

I. Introducción: la brecha de género en el contexto de la Estrategia Digital Europea

La digitalización ha transformado radicalmente la forma en que las economías y sociedades contemporáneas funcionan. Europa no es una excepción a esta tendencia. Con el auge de las Tecnologías de la Información y la Comunicación (en adelante, TIC), la Unión Europea ha sido consciente de la necesidad de posicionarse como líder global en la economía digital. Para ello, en 2020, la Comisión Europea lanzó la Estrategia Digital Europea, una iniciativa que pretende fortalecer la competitividad y la innovación digital en todo el continente[1]. Esta estrategia es crucial para garantizar la soberanía digital de Europa y, al mismo tiempo, fomentar el desarrollo de tecnologías que respeten los valores fundamentales europeos, como la protección de los derechos fundamentales, y la igualdad de oportunidades.

En este sentido, la Estrategia Digital Europea busca aprovechar el potencial de los datos y las nuevas tecnologías para mejorar la eficiencia de los servicios públicos, fortalecer la competitividad de las empresas europeas y garantizar que Europa pueda competir de manera efectiva con otras potencias tecnológicas como Estados Unidos y China. Sin embargo, este proceso de transformación digital ha revelado también importantes desafíos, entre los que destaca la brecha de género en el sector tecnológico. A pesar de los avances en igualdad de género en muchos otros ámbitos, las mujeres siguen estando subrepresentadas en el sector digital, especialmente en áreas como la Inteligencia Artificial, el Big Data o la Ciberseguridad.

La brecha de género en el ámbito digital no es solo una cuestión de justicia social, sino también un problema que afecta al crecimiento económico y a la innovación. Diversos estudios han demostrado que la inclusión de las mujeres en sectores tecnológicos no sólo mejora la competitividad de las empresas, sino que también fomenta la creatividad y la diversidad de ideas, lo que resulta en productos y servicios más innovadores. Sin embargo, las mujeres se enfrentan a una serie de barreras que limitan su participación en la economía digital, incluyendo estereotipos de género, falta de acceso a la educación en competencias digitales, y la ausencia de políticas efectivas para promover su participación en sectores tecnológicos[2].

En este sentido, el Derecho Administrativo tiene un papel crucial en la promoción de políticas públicas que aborden esta brecha de género. La regulación y supervisión de las plataformas digitales, así como la implementación de políticas de igualdad de género, son herramientas esenciales para garantizar que el proceso de digitalización sea inclusivo y equitativo. En este contexto, es fundamental que las Administraciones Públicas adopten un enfoque proactivo para promover la igualdad de género en el sector digital, utilizando instrumentos administrativos como subvenciones, incentivos fiscales y contratos públicos para fomentar la inclusión de las mujeres en las TIC.

Además, la Estrategia Digital Europea reconoce la importancia de la igualdad de género como un pilar clave para el éxito de la digitalización. A través de diversas iniciativas, la Unión Europea busca garantizar que las mujeres tengan acceso a la educación en competencias digitales, que se

---

1 Van Der Sloot, B./Broeders, D./Schrijvers, E., *Exploring the Boundaries of Big Data,* Amsterdam University Press, 2016.

2 Rubery, J./Grimshaw, D., «How to Close the Gender Pay Gap in Europe: Towards the Gender Mainstreaming of Pay Policy», in *Journal of European Social Policy*, núm. 29, 2019, pp. 352-367.

promueva su participación en sectores tecnológicos y que se eliminen las barreras estructurales que limitan su acceso a puestos de liderazgo en la economía digital.

Este capítulo tiene como objetivo analizar cómo la Estrategia Digital Europea enfrenta la brecha de género desde un enfoque de Derecho Administrativo, evaluando las políticas públicas dirigidas a mitigar esta desigualdad y los retos que plantea su implementación en los Estados miembros de la Unión Europea. Para ello, se explorarán las causas de la brecha de género en el sector digital, las barreras estructurales y culturales que limitan la participación de las mujeres o las iniciativas que se han puesto en marcha para corregir esta desigualdad. Asimismo, se analizará cómo el Derecho Administrativo puede ser una herramienta clave para promover la igualdad de género en el sector digital, utilizando instrumentos normativos y de supervisión para garantizar que las políticas públicas se implementen de manera efectiva.

En última instancia, la brecha de género en el ámbito digital no es únicamente un desafío para la igualdad de oportunidades, sino también una cuestión crucial para el desarrollo económico y la competitividad de Europa en el siglo XXI. Si la Unión Europea quiere posicionarse como líder mundial en la economía digital, es esencial que garantice la participación plena de las mujeres en este proceso. El éxito de la Estrategia Digital Europea dependerá, en gran medida, de la capacidad de Europa para superar estas desigualdades y crear un entorno digital inclusivo y equitativo para todos sus ciudadanos.

La inclusión de las mujeres en el sector digital es, por tanto, un imperativo no sólo desde el punto de vista de la justicia social, sino también desde una perspectiva económica. A medida que la digitalización avanza y se convierte en un motor clave para el crecimiento y la competitividad global, garantizar la participación de las mujeres en este proceso es crucial para aprovechar todo el potencial de la economía digital. En este sentido, la Estrategia Digital Europea debe ser vista como una oportunidad para abordar la brecha de género y crear un entorno digital que sea verdaderamente inclusivo, equitativo y sostenible para el futuro.

1. La estrategia digital europea y sus objetivos fundamentales

La Estrategia Digital Europea es un proyecto ambicioso que refleja la necesidad de la Unión Europea de adaptarse a los cambios tecnológicos que están redefiniendo las dinámicas económicas y sociales en el mundo. La digitalización no es un fenómeno nuevo, pero en los últimos años ha adquirido una velocidad y una escala sin precedentes, impulsada por avances en Inteligencia Artificial, Big Data, el internet de las cosas u otras tecnologías emergentes[3]. En este contexto, la Unión Europea ha tomado una postura proactiva, buscando, además de mantenerse a la vanguardia de la revolución tecnológica, asegurar que este proceso se desarrolle de manera coherente con los valores fundamentales europeos, como la igualdad, la transparencia, la privacidad o la protección de los datos personales.

La Estrategia Digital Europea tiene como objetivo principal crear un mercado único digital en el que los datos y la tecnología fluyan libremente entre los Estados miembros, facilitando la innovación y la competitividad. Esta estrategia está diseñada para garantizar que Europa pueda competir con otras potencias tecnológicas, como Estados Unidos y China, y que, al mismo tiempo, mantenga su compromiso con los derechos fundamentales y la justicia social. Uno de los pilares fundamentales de la Estrategia es el desarrollo de una infraestructura digital sólida, que permita a las empresas y Administraciones públicas europeas acceder y utilizar datos de manera eficiente, asegurando una mayor interconexión y cooperación entre los diferentes actores económicos y sociales.

En esta línea, uno de los elementos centrales de la citada Estrategia es la creación de un espacio europeo común de datos que facilite la reutilización de datos tanto por el sector público como privado. Europa es consciente de que los datos son un recurso estratégico clave en la economía digital y, por ello, ha establecido un marco normativo que promueve el intercambio seguro y ético de datos, garantizando que las empresas europeas puedan acceder a los datos que necesitan para innovar y competir a nivel global. Sin embargo, este intercambio de datos debe realizarse de manera responsable, respetando los derechos de los ciudadanos y evitando la concentración de poder en unas pocas plataformas tecnológicas, como ha ocurrido en otras partes del mundo.

Además de fomentar la libre circulación de datos, la Estrategia Digital Europea también se centra en potenciar la digitalización de las pequeñas y medianas empresas (PYMES), que representan el 99 % del tejido empresarial europeo. La digitalización de las pymes es fundamental para garantizar que la innovación tecnológica llegue a todos los rincones de la economía europea y no se concentre únicamente en las grandes empresas tecnológicas. Para lograr este objetivo, la Unión Europea ha lanzado una serie de programas de financiación y apoyo para facilitar el acceso de estas empresas a tecnologías emergentes.

Otro de los pilares de la Estrategia es el desarrollo de competencias digitales entre los ciudadanos europeos. Conocedora de que la transformación digital no será efectiva si no se asegura que todos los ciudadanos tengan las habilidades necesarias para participar activamente en la economía digital, el

3 LÓPEZ BENÍTEZ, M. «Una aproximación a la normativa sobre violencia de género desde el derecho administrativo», en *Revista General de Derecho Administrativo*, núm. 50, 2019.

espacio comunitario incluye, no sólo la formación en competencias básicas, como el uso de internet y las herramientas digitales, sino también en competencias avanzadas, como la programación, el análisis de datos o la Inteligencia Artificial. En este sentido, hace un llamado a los Estados miembros para que inviertan en la educación y formación de su fuerza laboral, garantizando que nadie quede excluido de los beneficios de la digitalización.

En este contexto, es fundamental abordar la brecha de género en el acceso a las competencias digitales. Las mujeres están subrepresentadas en los sectores tecnológicos, lo que limita sus oportunidades laborales y priva a la economía europea de una fuente crucial de talento[4]. La Estrategia reconoce este desafío y propone una serie de medidas para aumentar la participación de las mujeres en la economía digital, como la creación de programas específicos de formación y el fomento de políticas de igualdad de género en el lugar de trabajo. Sin embargo, la implementación de estas medidas dependerá en gran medida de la voluntad política de los Estados miembros y de la capacidad de las Administraciones Públicas para poner en marcha políticas efectivas que promuevan la igualdad de género en el sector digital.

La ética y la transparencia también ocupan un lugar central en la Estrategia Digital Europea. La Unión Europea ha dejado claro que no está dispuesta a sacrificar sus valores fundamentales en nombre de la innovación tecnológica. Esto se refleja en su enfoque normativo, que pone un énfasis particular en la protección de los derechos de los ciudadanos, la privacidad y la seguridad de los datos. En este sentido, el Reglamento (UE) 2016/679 del Parlamento Europeo y del Consejo de 27 de abril de 2016 relativo a la protección de las personas físicas en lo que respecta al tratamiento de datos personales y a la libre circulación de estos datos y por el que se deroga la Directiva 95/46/CE (Reglamento general de protección de datos) es un ejemplo claro del compromiso con la protección de los derechos fundamentales en la era digital.

2. Impacto de la digitalización en el orden jurídico-administrativo

El impacto de la digitalización en el orden jurídico-administrativo es uno de los aspectos más transformadores de la Estrategia Digital Europea. El Derecho Administrativo, como rama encargada de regular las relaciones entre los ciudadanos y las Administraciones Públicas, ha sido profundamente influenciado por los cambios tecnológicos y la creciente digitalización de la socie-

4 Iglesias Lucía, M., «Relaciones entre derecho administrativo y género: experiencia de una nueva herramienta para la docencia», en Espuny i Tomás, M. J. y Zapater Duque, E. (Coords.), *La Docencia del derecho con perspectiva de género*, Universidad Autónoma de Barcelona, Barcelona, 2018, pp. 215-230.

dad. Las Nuevas Tecnologías han permitido que los procedimientos administrativos sean más ágiles, accesibles y eficientes, pero también han planteado importantes desafíos normativos y éticos.

Uno de los aspectos más evidentes de este impacto es la transformación de los servicios públicos. Gracias a la digitalización, los ciudadanos pueden acceder a una amplia gama de servicios públicos de manera más rápida y eficiente, sin necesidad de acudir físicamente a las oficinas de los órganos públicos. La Administración electrónica ha permitido que muchos trámites administrativos, como la solicitud de certificados, el pago de impuestos o la inscripción en servicios públicos, se realicen en línea, lo que ha mejorado significativamente la relación entre los ciudadanos y el Estado. Sin embargo, esta digitalización también ha generado nuevos problemas, como la brecha digital, que afecta a las personas que no tienen acceso a Internet o que carecen de las competencias digitales necesarias para interactuar con la Administración de manera efectiva.

El Derecho Administrativo ha tenido que adaptarse rápidamente a estas nuevas realidades, desarrollando un marco normativo que regule el uso de las tecnologías digitales en la Administración pública. Esto incluye la protección de los derechos de los ciudadanos en el entorno digital, como la protección de datos personales, la seguridad de la información y la transparencia en el uso de los datos por parte de las Administraciones públicas.

Uno de los mayores desafíos que plantea la digitalización en el ámbito administrativo es el equilibrio entre eficiencia y derechos fundamentales. Si bien la tecnología permite que los procedimientos administrativos sean más rápidos y eficientes, también existe el riesgo de que el uso de tecnologías como la Inteligencia artificial o el *Big Data* pueda llevar a decisiones automatizadas que no respeten plenamente los derechos de los ciudadanos. En este sentido, el principio de transparencia es fundamental para garantizar que los ciudadanos comprendan cómo se utilizan sus datos y cómo se toman las decisiones administrativas en el entorno digital.

Otro aspecto importante del impacto de la digitalización en el orden jurídico-administrativo es la regulación de las plataformas digitales. Las plataformas tecnológicas, como Google, Facebook o Amazon, juegan un papel cada vez más importante en la economía digital, lo que ha llevado a la necesidad de desarrollar un marco normativo que regule su actividad. Estas plataformas no sólo controlan gran parte de los datos que circulan por Internet, sino que también tienen un impacto significativo en la competencia y en el derecho de los consumidores. El Derecho Administrativo ha tenido que adaptarse a esta nueva realidad, desarrollando políticas que promuevan la competencia leal y que protejan los derechos de los consumidores frente al poder creciente de las grandes plataformas tecnológicas.

En este sentido, la Estrategia Digital Europea ha lanzado una serie de iniciativas para regular la actividad de las plataformas digitales, como el

Reglamento (UE) 2022/2065 del Parlamento Europeo y del Consejo de 19 de octubre de 2022 relativo a un mercado único de servicios digitales y por el que se modifica la Directiva 2000/31/CE (Reglamento de Servicios Digitales) o el Reglamento (UE) 2022/1925 del Parlamento Europeo y del Consejo de 14 de septiembre de 2022 sobre mercados disputables y equitativos en el sector digital y por el que se modifican las Directivas (UE) 2019/1937 y (UE) 2020/1828 (Reglamento de Mercados Digitales). Estos Reglamentos tienen como objetivo garantizar que las plataformas tecnológicas operen de manera justa y transparente, promoviendo un ecosistema digital competitivo y asegurando que los derechos de los consumidores estén protegidos. Además, buscan evitar que las grandes plataformas digitales abusen de su posición dominante en el mercado, fomentando la competencia y facilitando la entrada de nuevas empresas en el mercado digital.

Finalmente, la digitalización también ha tenido un impacto profundo en el ámbito de la contratación pública[5]. La digitalización de los procedimientos de contratación ha permitido una mayor transparencia y eficiencia en la adjudicación de contratos públicos, pero también ha planteado nuevos desafíos en términos de seguridad de la información y protección de datos. En este sentido, el uso de herramientas digitales en la contratación pública ha facilitado la participación de un mayor número de empresas en los procesos de licitación, pero también ha hecho necesario desarrollar normativas que garanticen la integridad de los procedimientos y la protección de los derechos de los participantes.

3. El desafío de la brecha de género en la era digital

La brecha de género en el ámbito digital representa uno de los desafíos más significativos en el contexto de la Estrategia Digital Europea. A pesar de los avances logrados en términos de igualdad de género en otros sectores, el sector tecnológico sigue siendo uno de los más desiguales en cuanto a la participación femenina. Esta desigualdad no sólo se refleja en la baja representación de las mujeres en áreas como las Tecnologías de la Información y la Comunicación, sino también en las limitadas oportunidades para acceder a puestos de liderazgo en empresas tecnológicas y en la persistente exclusión de las mujeres de las políticas de formación en competencias digitales avanzadas.

Según los datos más recientes, sólo el 17 % de los especialistas en TIC en Europa son mujeres, lo que pone de manifiesto la existencia de una brecha considerable en un sector que está en el centro del crecimiento económico

5 Soledad Aprile, N., «Barajar y dar de nuevo: la reconfiguración del derecho administrativo a partir de la incorporación de la perspectiva de género», en Restrepo Medina, M. (Coord.), *Nuevos rumbos del derecho administrativo: Conmemoración del XXV aniversario de la Maestría en Derecho Administrativo de la Universidad del Rosario*, Universidad del Rosario, Bogotá, 2022.

y la innovación en la era digital. Las razones detrás de esta desigualdad son múltiples y complejas: por un lado, existen barreras estructurales que limitan el acceso de las mujeres a la educación en competencias digitales desde una edad temprana, como los estereotipos de género que desincentivan a las niñas a interesarse por las ciencias y las tecnologías; por otro lado, las mujeres que logran formarse en áreas tecnológicas a menudo enfrentan dificultades para progresar en sus carreras debido a discriminaciones más sutiles, como la falta de modelos femeninos en puestos de liderazgo o la falta de políticas efectivas de conciliación entre la vida laboral y personal en el sector tecnológico.

La Estrategia Digital Europea reconoce este problema y se ha comprometido a abordar la brecha de género como un aspecto clave de la transformación digital. Entre las iniciativas propuestas, se encuentran programas específicos para fomentar la participación de mujeres y niñas en el ámbito de las TIC, así como medidas para promover la igualdad de género en las empresas tecnológicas. Sin embargo, uno de los mayores retos para el éxito de estas iniciativas es la implementación efectiva en los Estados miembros, que, a menudo, tienen diferentes enfoques y niveles de compromiso con las políticas de igualdad de género.

Un aspecto clave para reducir la brecha de género en el sector digital es garantizar que las mujeres tengan acceso a la formación en competencias digitales avanzadas, como la inteligencia artificial, el análisis de big data o la ciberseguridad, áreas que están experimentando una demanda creciente de profesionales altamente cualificados. Sin embargo, las estadísticas muestran que las mujeres están significativamente infrarrepresentadas en estos campos, lo que pone en riesgo no sólo su participación en la economía digital, sino también su capacidad para beneficiarse de las oportunidades laborales y de innovación que ofrece este sector. La falta de competencias digitales excluye a las mujeres de empleos de alto valor añadido y limita su capacidad para crear y dirigir sus propias empresas tecnológicas, lo que perpetúa un ciclo de desigualdad estructural en el ámbito digital.

Otro desafío importante es la necesidad de abordar la discriminación de género en los algoritmos y las plataformas tecnológicas. Los algoritmos que subyacen a muchas de las aplicaciones digitales que utilizamos hoy en día, como los motores de búsqueda, las redes sociales o los sistemas de contratación automatizada, están diseñados en su mayoría por hombres, lo que, con frecuencia, introduce sesgos inconscientes que perpetúan las desigualdades de género. Por ejemplo, los estudios han demostrado que los algoritmos de reclutamiento automatizado tienden a discriminar a las mujeres, al priorizar a candidatos masculinos en sectores dominados por hombres. Esta forma de discriminación algorítmica es especialmente preocupante porque, habitualmente, desapercibida y es difícil de corregir sin una regulación específica que garantice la transparencia y la responsabilidad en el diseño y uso de algoritmos.

En este sentido, el Derecho Administrativo tiene un papel crucial que desempeñar en la promoción de políticas públicas que aborden la brecha de género en el sector digital. A través de la regulación de las plataformas digitales y la supervisión de las prácticas empresariales en el ámbito tecnológico, las Administraciones Públicas pueden garantizar que las empresas tecnológicas adopten medidas efectivas para promover la igualdad de género, como la introducción de algoritmos transparentes y no discriminatorios, la adopción de políticas de conciliación laboral y la implementación de programas de formación en competencias digitales específicamente dirigidos a mujeres.

Además, los poderes públicos también pueden desempeñar un papel importante en la promoción de la igualdad de género mediante el uso de instrumentos administrativos como las subvenciones y los contratos públicos. Por ejemplo, las Administraciones Públicas pueden otorgar subvenciones a empresas tecnológicas que promuevan la participación de las mujeres en sectores clave o pueden incluir cláusulas de igualdad de género en los contratos públicos de tecnología, asegurando que las empresas que trabajan con el sector público adopten políticas activas de inclusión y diversidad. Esta forma de regulación indirecta, a través de incentivos económicos y normativos, puede ser una herramienta poderosa para promover la igualdad de género en el sector digital.

Finalmente, es esencial que las políticas públicas dirigidas a reducir la brecha de género en el sector digital se basen en datos fiables y actualizados[6]. Esto implica la necesidad de desarrollar observatorios de género y Tecnología, que monitoreen de manera continua la participación de las mujeres en el sector digital, identifiquen las barreras que enfrentan y evalúen el impacto de las políticas públicas. Estos observatorios pueden proporcionar información valiosa que permita ajustar las políticas en función de los resultados y garantizar que las medidas adoptadas sean efectivas y sostenibles a largo plazo.

II. La brecha de género en el ámbito digital

La brecha de género en el ámbito digital se refiere a las diferencias significativas en el acceso, uso y beneficios que hombres y mujeres obtienen del entorno digital y las Tecnologías de la Información y la Comunicación. Esta brecha tiene múltiples dimensiones: desde la infrarrepresentación de las mujeres en el sector tecnológico y la escasez de formación específica en competencias digitales, hasta las barreras que limitan su acceso a puestos de liderazgo en empresas tecnológicas. La magnitud de este fenómeno es

6 Menéndez Sebastián, E. M., «Introducción. El papel de la Administración y Derecho administrativo en materia de igualdad de género», en Menéndez Sebastián, E. M. (Coord.), *La administración promotora de la igualdad de género*, Tirant lo Blanch, Valencia, 2012, pp. 23-64.

alarmante, ya que no sólo perpetúa la desigualdad de género en términos de oportunidades laborales, sino que también limita el potencial de innovación y desarrollo económico que las mujeres podrían aportar al sector digital.

La brecha digital de género no es un fenómeno homogéneo, sino que varía en función de varios factores, como la edad, el nivel educativo y la ubicación geográfica. Las mujeres jóvenes en áreas urbanas, por ejemplo, tienden a estar más conectadas y a tener más oportunidades de acceder a la educación en competencias digitales que las mujeres mayores o aquellas que viven en zonas rurales. Esta fragmentación dentro de la brecha de género requiere un enfoque multidimensional en las políticas públicas para garantizar que las soluciones adoptadas aborden las distintas necesidades y barreras que enfrentan las mujeres en la era digital.

Uno de los principales factores que contribuyen a la brecha de género en el ámbito digital es la escasez de mujeres en las carreras STEM (Ciencia, Tecnología, Ingeniería y Matemáticas), que son la base de las competencias digitales avanzadas. Aunque ha habido un incremento en la matrícula de mujeres en algunas carreras tecnológicas en los últimos años, la representación femenina sigue siendo baja, especialmente en áreas como la Inteligencia Artificial y el análisis de Big Data, que son campos clave en la economía digital. Este déficit se explica, en parte, por los estereotipos de género que desincentivan a las niñas a elegir carreras relacionadas con la tecnología desde una edad temprana. Desde la infancia, las niñas son socializadas para evitar áreas que se perciben como masculinas, como las matemáticas y la informática, lo que limita su interés y confianza para incursionar en estos campos más adelante.

Además de los estereotipos de género, existen barreras estructurales que dificultan la participación de las mujeres en el ámbito digital. A menudo, las mujeres enfrentan un acceso limitado a recursos educativos y tecnológicos, especialmente en regiones con menos desarrollo tecnológico o en entornos socioeconómicamente desfavorecidos. En estos contextos, la falta de acceso a dispositivos tecnológicos y la conectividad limitada restringen su capacidad para aprovechar las oportunidades que ofrece el entorno digital. Además, las responsabilidades domésticas y de cuidado, que recaen de manera desproporcionada sobre las mujeres, también limitan su tiempo y su disposición para adquirir nuevas competencias digitales o explorar oportunidades laborales en el sector tecnológico.

El impacto de la brecha digital de género en la economía es significativo. La digitalización es uno de los motores más importantes del crecimiento económico en el siglo XXI y la exclusión de las mujeres de este proceso tiene consecuencias profundas tanto para ellas como para el conjunto de la sociedad. Al restringir la participación de las mujeres en el ámbito digital, se está perdiendo una fuente esencial de talento y creatividad que podría impulsar la innovación y el desarrollo económico. Las investigaciones han demostrado que las empresas con mayor diversidad de género tienden a ser más competitivas, más innovadoras y a tener una mayor capacidad de adaptación a los cambios del mercado. Por lo tanto, la brecha de género no sólo es una cuestión de justicia social, sino también un desafío económico para Europa.

En este sentido, la Unión Europea ha reconocido la necesidad urgente de abordar la brecha de género en el ámbito digital. La Estrategia Digital Europea incluye varias iniciativas dirigidas a promover la participación de las mujeres en el sector tecnológico, entre las que se destacan programas de formación en competencias digitales, apoyo a emprendedoras tecnológicas y políticas para promover la igualdad de género en las empresas. Sin embargo, estas medidas aún enfrentan importantes desafíos en su implementación. A pesar del compromiso de la Unión Europea con la igualdad de género, la realidad es que las políticas en esta materia han sido inconsistentes a nivel nacional, lo que ha generado diferencias significativas entre los Estados miembros en términos de avances hacia la igualdad en el sector digital.

Uno de los obstáculos más difíciles de superar es la falta de un marco normativo coherente que garantice la igualdad de género en el ámbito digital. Si bien la Estrategia Digital Europea y otras iniciativas europeas abordan esta cuestión de manera explícita, su éxito depende de la voluntad política y de los recursos disponibles en cada Estado miembro para implementar las medidas necesarias. En muchos casos, las políticas de igualdad de género son vistas como secundarias frente a otras prioridades económicas o tecnológicas, lo que limita su impacto real. Además, la ausencia de mecanismos de supervisión efectivos que evalúen el progreso hacia la igualdad de género en el ámbito digital dificulta la identificación de áreas de mejora y la implementación de medidas correctivas.

En términos de iniciativas específicas, uno de los programas más destacados es el *Digital Skills and Jobs Coalition*, que promueve la adquisición de competencias digitales entre mujeres y otros grupos subrepresentados en el ámbito tecnológico. Este programa busca reducir la brecha de género proporcionando formación gratuita en competencias digitales y fomentando la creación de redes de apoyo para mujeres en el sector tecnológico. Asimismo, el programa *Women in Digital* de la Unión Europea también tiene como objetivo visibilizar el talento femenino en el sector digital y crear oportunidades para que las mujeres accedan a puestos de liderazgo en empresas tecnológicas.

Sin embargo, a pesar de estos esfuerzos, es evidente que queda mucho por hacer para garantizar una participación plena de las mujeres en la economía digital. Para que estas iniciativas sean efectivas, es necesario que estén respaldadas por políticas públicas nacionales más robustas y por una mayor cooperación entre los sectores público y privado. Las empresas tecnológicas, en particular, tienen una responsabilidad clave en la promoción de la igualdad de género, y deben ser incentivadas a adoptar políticas de inclusión más proactivas, que incluyan la creación de entornos laborales más diversos y la eliminación de sesgos de género en los procesos de contratación y promoción interna.

Por último, es fundamental que las políticas públicas dirigidas a reducir la brecha de género en el ámbito digital sean evaluadas de manera continua para garantizar su efectividad. Esto implica la necesidad de desarrollar indicadores de género específicos que permitan medir el progreso hacia la igualdad en el sector digital y ajusten las políticas en función de los resultados obtenidos. Además, la Unión Europea debe trabajar en la creación de una cultura digital inclusiva que promueva la diversidad de género desde la educación primaria hasta el ámbito laboral, eliminando los estereotipos de género y fomentando el interés de las niñas en las carreras STEM.

1. Factores que explican la brecha de género en el sector tecnológico

La brecha de género en el sector tecnológico es el resultado de una serie de factores interrelacionados, que van desde estereotipos de género profundamente arraigados hasta barreras estructurales que limitan el acceso de las mujeres a la educación y al empleo en áreas tecnológicas. Estos factores no sólo excluyen a las mujeres de las oportunidades que ofrece el sector digital, sino que también perpetúan desigualdades sociales y económicas más amplias.

Uno de los principales factores que explican la brecha de género en el sector tecnológico es la socialización de género. Desde una edad temprana, las niñas son expuestas a estereotipos de género que les indican qué comportamientos, intereses y roles son apropiados para su género. En el contexto educativo, estos estereotipos se manifiestan en la percepción de que las carreras STEM son «masculinas» y, por lo tanto, poco apropiadas para las niñas. Esta percepción es reforzada por una falta de modelos femeninos en estos campos, lo que hace que las niñas tengan menos probabilidades de verse a sí mismas como futuras científicas o ingenieras.

La falta de modelos femeninos en las áreas STEM es un factor crítico que contribuye a la perpetuación de la brecha de género. La representación es clave para el desarrollo de aspiraciones profesionales; si las niñas no ven a mujeres ocupando puestos de liderazgo en el sector tecnológico, es menos probable que consideren seguir una carrera en este ámbito. Las investigaciones han demostrado que la exposición a modelos femeninos en roles tecnológicos puede aumentar significativamente el interés de las niñas en las ciencias y la tecnología. Sin embargo, a pesar de los esfuerzos para visibilizar el talento femenino en el sector tecnológico, las mujeres siguen estando subrepresentadas en las carreras STEM y en los roles de liderazgo en empresas tecnológicas.

Otro factor clave que contribuye a la brecha de género en el sector tecnológico es la falta de acceso a la formación en competencias digitales. A medida que el mundo se digitaliza, las competencias digitales avanzadas, como la programación, la inteligencia artificial y el análisis de big data, se están convirtiendo en habilidades fundamentales para acceder a los empleos mejor remunerados y con mayor proyección de crecimiento. Sin embargo, las mujeres, especialmente aquellas en entornos rurales o socioeconómicamente desfavorecidos, enfrentan barreras significativas para acceder a este tipo de formación. Estas barreras incluyen no sólo la falta de recursos económicos para financiar la educación, sino también la falta de acceso a la tecnología y la conectividad.

En muchas regiones, las brechas de conectividad afectan de manera desproporcionada a las mujeres, limitando su acceso a internet y, por lo tanto, a las oportunidades de formación en línea. Las mujeres en áreas rurales, en particular, suelen tener menos acceso a internet y a dispositivos tecnológicos, lo que les impide beneficiarse de las plataformas de aprendizaje digital y los cursos en línea que ofrecen formación en competencias digitales. Esta falta de acceso a la tecnología exacerba la brecha de género en el sector tecnológico, ya que las mujeres carecen de las habilidades necesarias para competir en el mercado laboral digital.

Además de estas barreras educativas, existen también barreras laborales que limitan la participación de las mujeres en el sector tecnológico. A pesar de que las mujeres están cada vez más representadas en las universidades y en las carreras STEM, su participación en el mercado laboral sigue siendo baja en comparación con la de los hombres. Esto se debe, en parte, a la discriminación de género en los procesos de contratación y promoción en las empresas tecnológicas. Las mujeres a menudo enfrentan sesgos inconscientes por parte de los reclutadores, que las perciben como menos competentes o menos comprometidas que sus homólogos masculinos. Además, las políticas laborales que no permiten la conciliación de la vida laboral y personal también afectan de manera desproporcionada a las mujeres, que a menudo tienen que asumir responsabilidades de cuidado familiar que limitan su disponibilidad para asumir roles de mayor responsabilidad o dedicación en el ámbito laboral[7].

Otro factor que contribuye a la perpetuación de la brecha de género en el sector tecnológico es la discriminación algorítmica. Como ya se ha dicho, los algoritmos que se utilizan en muchos procesos de contratación automatizada, por ejemplo, tienden a favorecer a los candidatos masculinos, perpetuando así las desigualdades de género en el sector laboral. Esta discrimina-

7 FERNANDO PABLO, M. M., «Sobre la equidad de género en un régimen de derecho Administrativo a propósito de la Ley Orgánica 3/2007», en REGUERO CELADA, J. y GARCÍA TRASCASAS, A. (Coords.), *Hacia la igualdad efectiva entre hombres y mujeres*, Comares, Granada, 2008, pp. 13-27.

ción algorítmica es difícil de detectar, ya que los algoritmos a menudo operan de manera opaca y sin supervisión. A menos que las empresas tecnológicas adopten políticas explícitas para garantizar que sus algoritmos no perpetúen los sesgos de género, es probable que estas desigualdades persistan.

2. El impacto de la baja representación de las mujeres en la economía digital

La baja representación de las mujeres en el sector tecnológico tiene consecuencias significativas para la economía digital en su conjunto. La exclusión de las mujeres de los puestos de liderazgo y de los empleos mejor remunerados en el sector digital no sólo afecta su desarrollo profesional y económico, sino que también limita el potencial de innovación y crecimiento de las empresas tecnológicas y, en última instancia, de la economía europea en su conjunto.

Uno de los impactos más evidentes de la baja representación de las mujeres en la economía digital es la pérdida de talento. Las mujeres representan más del 50 % de la población europea, y su exclusión de sectores clave como la inteligencia artificial, la ciberseguridad o el análisis de big data priva al mercado laboral de una fuente esencial de talento. Las investigaciones han demostrado que las empresas con mayor diversidad de género tienden a ser más innovadoras y a tener mejores resultados económicos que aquellas que no lo son. La diversidad de género fomenta una mayor diversidad de perspectivas y enfoques, lo que resulta en productos y servicios más creativos y competitivos. Por lo tanto, la baja representación de las mujeres en el sector digital limita la capacidad de las empresas para innovar y competir a nivel global.

Además de la pérdida de talento, la baja representación de las mujeres en la economía digital también tiene un impacto negativo en términos de equidad salarial. El sector tecnológico es uno de los que ofrece los salarios más altos, y la exclusión de las mujeres de estos empleos perpetúa la brecha salarial de género en la economía en general. Según el Foro Económico Mundial, las mujeres en Europa ganan, en promedio, un 14 % menos que los hombres, y esta brecha es aún mayor en sectores como las TIC, donde la proporción de mujeres en empleos bien remunerados es significativamente más baja que la de los hombres. La baja representación de las mujeres en el sector digital no sólo perpetúa esta desigualdad salarial, sino que también contribuye a la pobreza a largo plazo y a la exclusión social de las mujeres.

Otro impacto importante de la baja representación de las mujeres en la economía digital es la falta de productos y servicios diseñados para satisfacer las necesidades de las mujeres. La mayoría de los productos tecnológicos y las plataformas digitales son diseñados y desarrollados por hombres, lo que a menudo lleva a la creación de productos que no tienen en cuenta las perspectivas o necesidades de las mujeres. Esto es especialmente evidente en el campo de la inteligencia artificial y los algoritmos, donde la falta de diversidad en los equipos de desarrollo puede resultar en sesgos de género que perpetúan las desigualdades existentes. Por ejemplo, los algoritmos de reconocimiento facial han demostrado tener un rendimiento significativamente peor en el reconocimiento de rostros femeninos y de personas de color en comparación con los rostros masculinos blancos, lo que pone de manifiesto la importancia de contar con equipos diversos que puedan identificar y corregir estos sesgos.

La baja representación de las mujeres en la economía digital también tiene un impacto negativo en el desarrollo de políticas públicas inclusivas y efectivas. A medida que las tecnologías emergentes, como la inteligencia artificial y el big data, juegan un papel cada vez más importante en la toma de decisiones en sectores clave como la sanidad, la educación y la justicia, es fundamental que estas tecnologías sean diseñadas y gestionadas de manera inclusiva y equitativa. La falta de mujeres en los puestos de toma de decisiones en el sector tecnológico significa que sus perspectivas y necesidades a menudo no son tenidas en cuenta en el diseño y la implementación de estas tecnologías, lo que puede llevar a políticas públicas que perpetúan las desigualdades de género en lugar de corregirlas.

III. Derecho administrativo y la regulación de la Estrategia Digital Europea

El Derecho Administrativo desempeña un papel crucial en la implementación de la Estrategia Digital Europea. Como rama del derecho público que regula la actuación de las administraciones públicas y su relación con los ciudadanos y las empresas, el Derecho Administrativo ofrece el marco normativo necesario para supervisar, regular y garantizar el cumplimiento de las políticas públicas que se derivan de esta estrategia. La Estrategia Digital Europea tiene como objetivo convertir a la Unión Europea en un líder mundial en la economía digital, pero para lograr este objetivo es imprescindible contar con un marco jurídico que asegure el respeto de los derechos fundamentales, la equidad en el acceso a los recursos digitales y la promoción de la igualdad de género en todos los niveles del proceso de digitalización.

La digitalización plantea importantes retos para las administraciones públicas, que deben adaptarse a un entorno cada vez más tecnológico y en constante evolución. Por un lado, las administraciones deben garantizar que los ciudadanos puedan acceder a los servicios públicos de manera digital, lo que requiere el desarrollo de administraciones electrónicas eficientes y accesibles para todos. Por otro lado, el papel del Derecho Administrativo es asegurar que las grandes plataformas digitales y las empresas tecnológicas cumplan con las normativas europeas en materia de protección de datos, competencia y transparencia.

Uno de los principales desafíos que enfrenta el Derecho Administrativo en el contexto de la Estrategia Digital Europea es el equilibrio entre la innovación tecnológica y la protección de los derechos fundamentales[8]. La digitalización ofrece grandes oportunidades para mejorar la eficiencia y la transparencia de las administraciones públicas, pero también plantea riesgos importantes para la privacidad y la seguridad de los datos de los ciudadanos. En este sentido, el Reglamento General de Protección de Datos ha sido una pieza clave en la regulación de la economía digital en Europa, proporcionando un marco normativo robusto que garantiza que las administraciones y las empresas tecnológicas respeten los derechos de los ciudadanos en el entorno digital.

Además del RGPD, otro aspecto central de la regulación administrativa en el contexto de la Estrategia Digital Europea es el Reglamento de Servicios Digitales y el Reglamento de Mercados Digitales, aprobadas recientemente por la Comisión Europea. Estas leyes tienen como objetivo regular la actividad de las plataformas digitales y garantizar que operen de manera transparente y equitativa. A través de estas normativas, el Derecho Administrativo busca evitar que las grandes plataformas tecnológicas, como Google, Amazon o Facebook, abusen de su posición dominante en el mercado y garantizar que los consumidores y las pequeñas empresas tengan acceso a un entorno digital competitivo y justo.

En este contexto, es fundamental que las administraciones públicas tengan la capacidad de supervisar y regular el comportamiento de las plataformas digitales de manera efectiva. El Reglamento de Servicios Digitales, por ejemplo, establece una serie de obligaciones para las plataformas en relación con la moderación de contenidos, la transparencia en el uso de algoritmos y la responsabilidad por los productos y servicios que ofrecen a los consumidores. Estas obligaciones requieren la intervención de las administraciones públicas para garantizar su cumplimiento y para sancionar a aquellas plataformas que no respeten las normativas europeas.

Uno de los retos más importantes para el Derecho Administrativo en este ámbito es la necesidad de adaptar sus instrumentos normativos y sancionadores a la velocidad a la que evoluciona la tecnología. Las plataformas digitales operan en un entorno global y cambiante, lo que dificulta la aplicación de normativas que a menudo se desarrollan con mayor lentitud. Además, las empresas tecnológicas tienen un poder económico significativo, lo que les permite eludir, en algunos casos, las regulaciones o influir en los procesos normativos. Por esta razón, es crucial que las administraciones públicas no sólo cuenten con los instrumentos legales adecuados para regular el comportamiento de estas plataformas, sino también con los recursos técnicos y humanos necesarios para implementar y hacer cumplir estas normativas de manera efectiva.

---

8 SILVA HERNÁNDEZ, F., «Justicia alternativa en el Derecho administrativo», en BERMÚDEZ VÁZQUEZ, M., CASARES LANDAURO, E. y VADILLO, M. (Coords.), *Humanismo poliédrico. Nuevas apuestas de estética, arte género y ciencias sociales*, Dykinson, Madrid, 2022, pp. 1035-1051.

El Derecho Administrativo también desempeña un papel crucial en la promoción de la igualdad de género en la economía digital. La brecha de género en el sector tecnológico es un desafío importante para la Estrategia Digital Europea, y el Derecho Administrativo puede ser una herramienta clave para promover la inclusión de las mujeres en este ámbito. A través de la regulación de la contratación pública y el desarrollo de políticas de incentivos, las administraciones pueden fomentar la participación de las mujeres en el sector digital, garantizando que las empresas tecnológicas adopten políticas de igualdad de género y que promuevan un entorno laboral inclusivo.

Por ejemplo, las administraciones públicas pueden utilizar la contratación pública como un mecanismo para promover la igualdad de género en las empresas tecnológicas. Al establecer requisitos de igualdad de género en los contratos públicos, las administraciones pueden incentivar a las empresas a adoptar políticas proactivas que promuevan la participación de las mujeres en los equipos de desarrollo tecnológico y en los puestos de liderazgo. Además, las subvenciones públicas destinadas a la innovación tecnológica también pueden incluir cláusulas que fomenten la diversidad de género en las empresas que reciben financiación.

Otro aspecto importante del papel del Derecho Administrativo en la regulación de la Estrategia Digital Europea es la protección de los consumidores en el entorno digital. Las plataformas digitales tienen un impacto directo en los derechos de los consumidores, desde la protección de sus datos personales hasta la garantía de que los productos y servicios que compran en línea cumplan con las normativas de seguridad y calidad. En este sentido, las administraciones públicas deben garantizar que las plataformas digitales cumplan con las normativas europeas en materia de protección al consumidor, y que los ciudadanos tengan acceso a mecanismos efectivos para denunciar abusos o fraudes en el entorno digital.

1. El rol del derecho administrativo en la implementación de la estrategia digital

El derecho administrativo juega un papel fundamental en la implementación de la Estrategia Digital Europea, no sólo como un instrumento regulador, sino también como un facilitador del proceso de transformación digital. La complejidad de este desafío reside en la naturaleza interdisciplinaria de la digitalización, que afecta a diversos sectores económicos, sociales y jurídicos. En este contexto, las administraciones públicas deben desempeñar múltiples funciones: desde la promoción de la innovación tecnológica hasta la protección de los derechos fundamentales y la promoción de políticas inclusivas.

El derecho administrativo, como mecanismo de regulación de la actividad pública, es clave para garantizar que las administraciones adapten sus procedimientos administrativos a la nueva realidad digital. Uno de los aspectos más importantes de esta adaptación es la digitalización de los servicios públicos, lo que ha llevado al desarrollo de la administración electrónica. Este proceso permite a los ciudadanos acceder de manera más eficiente a servicios públicos clave, como la solicitud de documentos, la gestión de impuestos o la inscripción en programas de bienestar social. La Estrategia Digital Europea establece objetivos claros para la digitalización de las administraciones públicas, y el derecho administrativo debe garantizar que este proceso se lleve a cabo de manera inclusiva y accesible para todos los ciudadanos, independientemente de su nivel de competencias digitales o su acceso a la tecnología.

La digitalización de los servicios públicos no sólo mejora la eficiencia administrativa, sino que también promueve la transparencia y la responsabilidad en la gestión pública. Las administraciones pueden aprovechar las herramientas digitales para hacer más accesible la información pública y garantizar que los ciudadanos tengan acceso a datos en tiempo real sobre las decisiones y acciones de las administraciones públicas. En este sentido, el derecho administrativo establece las bases para garantizar el derecho de los ciudadanos a acceder a la información pública y a participar en los procesos de toma de decisiones, lo que refuerza la confianza en las instituciones democráticas.

Otro aspecto fundamental del rol del derecho administrativo en la implementación de la Estrategia Digital Europea es la regulación del uso de tecnologías emergentes en el ámbito público. La inteligencia artificial, el big data y otras tecnologías emergentes ofrecen grandes oportunidades para mejorar la eficiencia de las administraciones públicas, pero también plantean importantes desafíos éticos y jurídicos. El derecho administrativo debe garantizar que el uso de estas tecnologías por parte de las administraciones públicas se realice de manera transparente, respetando los derechos de los ciudadanos y evitando la creación de nuevos tipos de discriminación o exclusión.

Por ejemplo, el uso de algoritmos y sistemas de inteligencia artificial en la toma de decisiones administrativas plantea importantes retos en términos de transparencia y responsabilidad. A medida que las administraciones públicas adoptan tecnologías automatizadas para gestionar grandes volúmenes de datos y tomar decisiones de manera más eficiente, es fundamental que estas decisiones sean comprensibles y revisables por los ciudadanos. El principio de transparencia algorítmica es clave para garantizar que los ciudadanos puedan entender cómo se toman las decisiones administrativas y para evitar situaciones en las que los algoritmos perpetúen sesgos o discriminen a determinados grupos sociales.

Además, el derecho administrativo también tiene un papel importante en la regulación de la colaboración público-privada en el ámbito de la digitalización. Las administraciones públicas dependen cada vez más de empresas tecnológicas para desarrollar e implementar soluciones digitales, lo que requiere una regulación clara sobre las responsabilidades y obligaciones de ambos sectores. El derecho administrativo establece las bases para garantizar que estas colaboraciones sean transparentes y se lleven a cabo en un marco de responsabilidad compartida, protegiendo los derechos de los ciudadanos y garantizando que las empresas cumplan con las normativas europeas.

Finalmente, es importante destacar que el derecho administrativo no sólo regula las relaciones entre las administraciones públicas y los ciudadanos, sino que también establece los mecanismos para la supervisión y el control de las plataformas digitales y las empresas tecnológicas que operan en Europa. La Estrategia Digital Europea incluye una serie de iniciativas para regular la actividad de estas empresas, y el derecho administrativo es fundamental para garantizar que estas regulaciones se implementen de manera efectiva, protegiendo los derechos de los consumidores y promoviendo un entorno digital justo y competitivo.

2. Instrumentos administrativos para la promoción de la igualdad de género en el sector digital

Uno de los pilares fundamentales de la Estrategia Digital Europea es la promoción de la igualdad de género en el ámbito digital. El derecho administrativo, como marco normativo encargado de regular la acción pública, tiene la capacidad de implementar instrumentos administrativos que promuevan la inclusión de las mujeres en el sector tecnológico y aseguren que los beneficios de la digitalización se distribuyan de manera equitativa entre hombres y mujeres.

Los instrumentos administrativos para promover la igualdad de género en el sector digital son diversos y abarcan desde medidas legislativas y normativas hasta políticas de incentivos económicos y de contratación pública. Uno de los principales instrumentos que pueden utilizar las administraciones públicas es la contratación pública con perspectiva de género. La contratación pública representa una herramienta poderosa para influir en el comportamiento de las empresas tecnológicas, ya que las administraciones son uno de los principales compradores de productos y servicios digitales. Al incluir cláusulas de igualdad de género en los contratos públicos, las administraciones pueden incentivar a las empresas a adoptar políticas activas de inclusión, como la promoción de la participación de las mujeres en sus equipos de desarrollo tecnológico y la eliminación de barreras en los procesos de contratación y promoción interna.

Otra medida importante es la concesión de subvenciones y ayudas públicas para proyectos tecnológicos que promuevan la igualdad de género. A través de estas subvenciones, las administraciones pueden financiar iniciativas que fomenten la participación de las mujeres en el sector tecnológico, como programas de formación en competencias digitales, mentoría para mujeres emprendedoras y proyectos que visibilicen el talento femenino en la economía digital. Estas subvenciones pueden estar dirigidas tanto a pymes como a grandes empresas tecnológicas, siempre que cumplan con criterios específicos de igualdad de género.

El derecho administrativo también tiene la capacidad de regular la gestión de los recursos públicos para garantizar que las políticas de igualdad de género sean coherentes y eficaces en todos los niveles de la administración[9]. En este sentido, los gobiernos nacionales y regionales deben desarrollar planes de igualdad de género que incluyan medidas específicas para reducir la brecha de género en el sector digital. Estos planes pueden incluir objetivos concretos, como aumentar el número de mujeres en las carreras STEM o mejorar el acceso de las mujeres a la formación en competencias digitales avanzadas. El seguimiento y evaluación de estos planes es crucial para garantizar que se alcancen los objetivos establecidos y para ajustar las políticas en función de los resultados obtenidos.

Uno de los desafíos más importantes en la promoción de la igualdad de género en el sector digital es la necesidad de superar los estereotipos de género que limitan el acceso de las mujeres a las oportunidades laborales y educativas en este ámbito. En este sentido, el derecho administrativo puede desempeñar un papel importante al regular las campañas de sensibilización y programas educativos que promuevan la igualdad de género en el ámbito digital. Estas campañas deben estar dirigidas tanto a niñas como a niños desde una edad temprana, para garantizar que ambos géneros tengan las mismas oportunidades de acceder a la educación en competencias digitales y de considerar una carrera en el sector tecnológico.

Además de los instrumentos normativos y de contratación pública, las administraciones también pueden desarrollar alianzas público-privadas para promover la igualdad de género en el sector digital. A través de estas alianzas, las administraciones pueden trabajar en colaboración con empresas tecnológicas, organizaciones de la sociedad civil y centros educativos para crear programas de formación y mentoría dirigidos específicamente a mujeres y niñas. Estas alianzas permiten aprovechar los recursos y el conocimiento de los distintos actores involucrados y garantizar que las políticas de igualdad de género se implementen de manera efectiva y sostenible.

Por último, es fundamental que las administraciones públicas adopten políticas de transparencia y rendición de cuentas en la promoción de la igualdad de género en el sector digital. Esto implica desarrollar indicadores de género

---

9 Mora Ruiz, M., «El informe de impacto de género en las disposiciones administrativas de carácter general, ¿Una garantía efectiva de la igualdad desde el derecho administrativo?», en Mora Ruiz, M. (Coord.), *Formación y objeto del Derecho antidiscriminatorio de género: Perspectiva sistemática de la igualdad desde el Derecho público*, Atelier, Madrid, 2010, pp. 207-234.

que permitan evaluar el impacto de las políticas públicas en la reducción de la brecha de género y en el aumento de la participación de las mujeres en el sector tecnológico. Estos indicadores deben estar basados en datos fiables y actualizados, y deben ser utilizados para ajustar las políticas en función de los resultados obtenidos, garantizando que las medidas adoptadas sean eficaces y sostenibles a largo plazo.

IV. La economía de los datos y su repercusión en la igualdad de género

La economía de los datos se ha convertido en un motor clave para el desarrollo económico en la Unión Europea y a nivel global. La capacidad para generar, recopilar y analizar grandes volúmenes de datos ha transformado no sólo sectores tradicionales como la manufactura o la salud, sino que ha creado nuevos campos y oportunidades en el ámbito de la Inteligencia Artificial, el Machine Learning o el Big Data. La Estrategia Europea de Datos, enmarcada dentro de la Estrategia Digital Europea, busca aprovechar este potencial para fomentar la competitividad y la innovación en el continente. Sin embargo, la inclusión y participación equitativa de hombres y mujeres en esta nueva economía digital sigue siendo un reto pendiente, especialmente cuando se observan las desigualdades de género que persisten en el acceso, uso y beneficio de la economía de los datos.

Un aspecto crucial para considerar es que la economía de los datos tiene una relación directa con la creación de empleo de alta cualificación. Las áreas relacionadas con el análisis de datos, la programación y el desarrollo de algoritmos son sectores de alto crecimiento, pero también son sectores en los que las mujeres están claramente subrepresentadas. Según las cifras más recientes, menos del 20 % de los especialistas en TIC en Europa son mujeres. Esta situación no sólo perpetúa la desigualdad de oportunidades laborales entre hombres y mujeres, sino que también refuerza las barreras estructurales que limitan el acceso de las mujeres a puestos de liderazgo y toma de decisiones en empresas tecnológicas.

La falta de diversidad de género en los equipos que desarrollan y gestionan sistemas basados en datos tiene consecuencias importantes. Por un lado, la ausencia de mujeres en estos procesos refuerza los sesgos de género que pueden estar presentes en los algoritmos y en los sistemas automatizados. Los datos utilizados para entrenar sistemas de inteligencia artificial, por ejemplo, tienden a reflejar las desigualdades existentes en la sociedad. Esto significa que, si no se toman medidas para garantizar la neutralidad y equidad en la recolección y el uso de los datos, es probable que los algoritmos perpetúen discriminaciones sistémicas que afectan de manera desproporcionada a las mujeres. Por ejemplo, se ha demostrado que algunos algoritmos de selección de personal utilizados por empresas tecnológicas tienden a favorecer a candidatos masculinos, basándose en patrones históricos de contratación que excluyen a las mujeres.

La repercusión de esta discriminación algorítmica es más profunda de lo que puede parecer a simple vista. A medida que la economía de los datos avanza, la automatización de decisiones en sectores clave como la contratación, la salud o los servicios financieros se está convirtiendo en una realidad. Si estos sistemas no están diseñados de manera inclusiva, pueden reproducir desigualdades de género en áreas tan críticas como el acceso al empleo, el crédito bancario o los tratamientos médicos personalizados. Esto no sólo afecta el bienestar y las oportunidades económicas de las mujeres, sino que también tiene un impacto en la equidad social en su conjunto.

Un ejemplo concreto de este fenómeno es el uso de algoritmos en el sector de la salud digital. Las aplicaciones móviles y plataformas de salud basadas en datos ofrecen un gran potencial para mejorar el diagnóstico y tratamiento de enfermedades. Sin embargo, si los datos utilizados en estos sistemas no representan adecuadamente las diferencias biológicas y sociales entre hombres y mujeres, es probable que las mujeres reciban diagnósticos incorrectos o tratamientos ineficaces. Los estudios han demostrado que muchas bases de datos de investigación médica históricamente han excluido o subrepresentado a las mujeres, lo que ha llevado a tratamientos menos efectivos para problemas de salud que afectan principalmente a las mujeres, como las enfermedades cardíacas o los trastornos autoinmunes.

En este sentido, es fundamental que la regulación de la economía de los datos tenga en cuenta las necesidades específicas de las mujeres y otros grupos subrepresentados. El derecho administrativo puede desempeñar un papel crucial en la supervisión y control de cómo se utilizan los datos en los sectores clave. Las administraciones públicas, por ejemplo, pueden establecer requisitos para garantizar que los datos utilizados en los algoritmos sean representativos y que los sistemas automatizados se sometan a auditorías periódicas para asegurar que no perpetúan desigualdades. Este tipo de medidas puede ayudar a mitigar los efectos negativos de la discriminación algorítmica y a promover una economía de los datos más equitativa.

Otro aspecto relevante en el debate sobre la economía de los datos y la igualdad de género es la explotación económica de los datos personales. Las plataformas digitales, como las redes sociales y los servicios de comercio electrónico, dependen en gran medida de los datos personales para generar ingresos a través de la publicidad dirigida y la personalización de servicios. Sin embargo, el uso de datos personales con fines comerciales también plantea riesgos específicos para las mujeres, particularmente en relación con la explotación de sus datos sin su consentimiento o conocimiento. Las investigaciones han mostrado que las mujeres son a menudo el objetivo principal de campañas publicitarias basadas en estereotipos de género, lo que refuerza normas sociales perjudiciales y perpetúa roles de género limitantes.

Por tanto, es necesario contar con marcos normativos robustos que protejan los derechos de privacidad y datos de las mujeres. La protección de datos debe ser una prioridad en la economía de los datos, y las mujeres deben tener el control sobre cómo se utilizan sus datos personales. E RGPD ha sido un avance importante en este sentido, al proporcionar a los ciudadanos europeos un mayor control sobre sus datos personales. Sin embargo, todavía es necesario mejorar la implementación de estas normativas y garantizar que las plataformas digitales cumplan estrictamente con las leyes de protección de datos, especialmente en lo que respecta a los derechos de las mujeres.

Finalmente, la promoción de políticas inclusivas es esencial para garantizar que la economía de los datos beneficie por igual a hombres y mujeres. Los planes de acción adoptados por la Unión Europea, como la Estrategia Europea de Datos y la Estrategia Digital Europea, deben ir acompañados de políticas específicas de igualdad de género que fomenten la participación activa de las mujeres en el desarrollo y la gestión de la economía de los datos. Esto incluye la creación de programas de formación en competencias digitales dirigidos a mujeres, incentivos para que las empresas tecnológicas promuevan la diversidad de género en sus equipos y la adopción de medidas que garanticen la transparencia y responsabilidad en el uso de los datos.

En resumen, la economía de los datos ofrece grandes oportunidades para la innovación y el crecimiento económico, pero también plantea riesgos importantes para la igualdad de género si no se regula adecuadamente. Para que la economía de los datos sea inclusiva y equitativa, es esencial que los derechos de las mujeres sean protegidos, que las barreras estructurales que enfrentan en el acceso a empleos tecnológicos sean eliminadas y que se promueva su participación en la toma de decisiones en sectores clave. Solo a través de una regulación proactiva y de políticas públicas inclusivas, Europa podrá asegurar que los beneficios de la economía de los datos se distribuyan de manera equitativa entre hombres y mujeres.

V. Bibliografía

Fernando Pablo, M. M., «Sobre la equidad de género en un régimen de derecho Administrativo a propósito de la Ley Orgánica 3/2007», en Reguero Celada, J. y García Trascasas, A. (Coords.), *Hacia la igualdad efectiva entre hombres y mujeres*, Comares, Granada, 2008, pp. 13-27.

Iglesias Lucía, M., «Relaciones entre derecho administrativo y género: experiencia de una nueva herramienta para la docencia», en Espuny I Tomás, M. J. y Zapater Duque, E. (Coords.), *La Docencia del derecho con perspectiva de género*, Universidad Autónoma de Barcelona, Barcelona, 2018, pp. 215-230.

López Benítez, M. «Una aproximación a la normativa sobre violencia de género desde el derecho administrativo», en *Revista General de Derecho Administrativo*, 50, 2019.

Menéndez Sebastián, E. M., «Introducción. El papel de la Administración y Derecho administrativo en materia de igualdad de género», en Menéndez Sebastián, E. M. (Coord.), *La administración promotora de la igualdad de género*, Tirant lo Blanch, Valencia, 2012, pp. 23-64.

Mora Ruiz, M., «El informe de impacto de género en las disposiciones administrativas de carácter general, ¿Una garantía efectiva de la igualdad desde el derecho administrativo?», en MORA RUIZ, M. (Coord.), *Formación y objeto del Derecho antidiscriminatorio de género: Perspectiva sistemática de la igualdad desde el Derecho público*, Atelier, Madrid, 2010, pp. 207-234.

Rubery, J./Grimshaw, D., «How to Close the Gender Pay Gap in Europe: Towards the Gender Mainstreaming of Pay Policy», in *Journal of European Social Policy*, núm. 29, 2019, pp. 352-367.

Silva Hernández, F., «Justicia alternativa en el Derecho administrativo», en Bermúdez Vázquez, M., Casares Landauro, E. y Vadillo, M. (Coords.), *Humanismo poliédrico. Nuevas apuestas de estética, arte género y ciencias sociales*, Dykinson, Madrid, 2022, pp. 1035-1051.

Soledad Aprile, N., «Barajar y dar de nuevo: la reconfiguración del derecho administrativo a partir de la incorporación de la perspectiva de género», en Restrepo Medina, M. A. (Coord.), *Nuevos rumbos del derecho administrativo: Conmemoración del XXV aniversario de la Maestría en Derecho Administrativo de la Universidad del Rosario*, Universidad del Rosario, Bogotá, 2022.

Van Der Sloot, B./Broeders, D./Schrijvers, E., *Exploring the Boundaries of Big Data,* Amsterdam University Press, 2016.

CAPÍTULO XIV

OFFLINE NA IGUALDADE: NAVEGANDO NOS DESAFIOS DIGITAIS EM MEIO RURAL: UM ESTUDO EXPLORATÓRIO NO CÔA PARQUE E NO PARQUE NATURAL DA SERRA DA ESTRELA

Helena Antunes[1]
CETRAD-UTAD (Portugal)
Universidade de Salamanca (Espanha)

I. Introdução

Desde que Portugal se tornou um Estado democrático que eliminou da legislação a discriminação em razão do sexo, assumiu vários compromissos internacionais em prol da igualdade, das políticas de ação positiva e criou mecanismos oficiais permanentes para a igualdade entre mulheres e homens. Dessa forma, Portugal tem sido considerado como um país com legislação que parece demonstrar a vontade e ação do Estado português na

---

1 Bolsa de doutoramento PRT/BD/154929/2023 da Fundação para a Ciência e Tecnologia (FCT) e Fundação Côa

promoção da igualdade entre os sexos[2,3]. Contudo, no terreno verificam-se frequentemente falhas múltiplas na implementação destas políticas, quer na esfera privada quer na esfera pública[4], ou na esfera digital.

No séc. XXI, a desigualdade digital agrava ainda mais a desigualdade de género no meio rural onde o acesso a tecnologias e a participação equitativa de mulheres na economia e na sociedade são limitados em comparação com áreas urbanas[5].

A Carta Portuguesa de Direitos Humanos na Era Digital (Lei 27/2021)[6] foi elaborada em consonância com as diretrizes e princípios promovidos pela União Europeia (UE) para assegurar direitos fundamentais no ambiente digital. Essas diretrizes estão alinhadas com a visão europeia de promover uma transformação digital inclusiva, justa e centrada nas pessoas, nesse sentido, é urgente incluir a perspetiva de género no meio rural nos processos de desenvolvimento tecnológico, para combater a reprodução de estereótipos e fomentar a participação das mulheres na educação e formação das Tecnologias de Informação e Comunicação (TIC), das Ciência, Tecnologia, Engenharia, Artes e Matemática (STEAM) e da Inteligência Artificial (IA), assim como combater a crescente violência que as mulheres sofrem no meio digital[7].

Há que ter em conta que a IA se foca no conhecimento proposicional (historicamente masculino), o conhecimento representado nos sistemas de inteligência artificial simbólica reflete padrões de racionalidade que carregam marcadores de género. Esses padrões incorporam uma visão do mundo que pressupõe, de forma implícita, uma norma de masculinidade[8]. É, portanto, essencial que as mulheres participem mais no desenvolvimento da IA, para

2 Monteiro, R., *Feminismo de estado em Portugal: mecanismos, estratégias, políticas e metamorfoses*, Tese de doutoramento em Sociologia, Faculdade de Economia da Universidade de Coimbra, 2011.

3 Diário da República, *Resolução do Conselho de Ministros* n.º 61/2018, de 21 de maio, 2018.

4 Sousa, N.; Gonzalez, L. O.; Mendonça, V., «Gender (In)Equality in Local Employment: A Perspective of Municipal Executives», en *Revista Portuguesa de Estudos Regionais*, núm. 61, 2022, pp. 121-134.

5 Senent Vidal, M. J.; Ventura Franch, A., «Inteligencia artificial e igualdad de mujeres y hombres: una regulación jurídica necesaria. Especial referencia al proyecto de reglamento europeo», en *IgualdadES*, Año VI, núm. 10, 2024, pp. 45-71.

6 Diário da República, *Carta Portuguesa de Direitos Humanos na Era Digital* (Lei n.º 27/2021, de 17 de maio), 2021.

7 Domínguez Álvarez, J. L., «La silenciosa construcción de los derechos digitales», en *Revista Boliviana de Derecho*, núm. 34, 2022, pp. 582-613.

8 Costa, P. C. F., *Conversations with ELIZA: sobre género e inteligência artificial*, Tese de mestrado, orientadora: Luísa Maria Lopes Ribas, Design de Comunicação e Novos Media, Universidade de Lisboa, Faculdade de Belas Artes, 2019.

não se alimentarem as discrepâncias de género procedentes da programação masculina[9].

Diversos estudos[10] evidenciam que as mulheres em zonas rurais permanecem relativamente afastadas de coletivos ou instâncias de poder político, do espaço público e dos momentos de lazer. Pois, embora as mulheres que vivem e trabalham em áreas rurais estejam envolvidas em atividades como agricultura, indústria, serviços, turismo e cultura, elas continuam a enfrentar desigualdades de oportunidades em relação aos homens. Em geral, além de receberem remunerações inferiores, essas mulheres não têm voz ativa nas decisões sobre as dinâmicas e transformações dos territórios onde vivem, nem são incluídas de forma significativa no planeamento integrado para o futuro dessas regiões.

Em Portugal, a Estratégia Nacional para a Igualdade e a Não Discriminação 2018-2030[11] decretou a implementação de Planos Municipais de Igualdade e Não Discriminação (PMIND), em consonância com a Agenda 2030 para o Desenvolvimento Sustentável, contudo em junho de 2024 apenas 194 municípios de 308 contavam com este Plano Municipal[12].

Nesse contexto, a análise dos PMIND nos municípios do Parque Côa e no município de Seia no Parque Natural da Serra da Estrela torna-se especialmente relevante para compreender como as políticas públicas enfrentam as desigualdades digitais em zonas rurais. A presença dos Centros Ciência Viva em Vila Nova de Foz Côa e Figueira de Castelo Rodrigo permite investigar como esses espaços podem complementar as iniciativas dos PMIND ao promoverem práticas educativas que integrem a igualdade de género no acesso às tecnologias digitais. Essa articulação entre políticas públicas e iniciativas

---

9 Rodríguez Pasquín, M.; López-Martínez, M.; Esteban-Yago, M.; García-Alonso, J.; García-Alonso, J.; García-Alonso, J., «Digitalization and skills in Spain: regional differences and gender gaps», en *Sociología y Tecnociencia*, vol. 12, núm. 13, 2023, pp. 94-117

10 Iturra, R., «Estratégias na organização doméstica da produção na Galiza Rural», en *Ler História*, núm. 1, 1983, pp. 81-109.; Cabral, J. P., *Filhos de Adão. Filhas de Eva. A visão do mundo camponesa do Alto Minho*, Lisboa, D. Quixote, 1989; Maya Frades, V., «Ocio y tiempo libre de la mujer rural», en *Turismo, ocio y deporte*: VIII Congreso de Sociología, 2004; Miguel Álvarez, A., «Nuevos conflictos sociales, nuevas identidades sociales: la lucha por el reconocimiento», en *Tabanque: Revista pedagógica*, núm. 18, 2004, pp. 11-30; Silva, C. S., *Sócio-antropologia rural e urbana. Fragmentos da sociedade portuguesa (1960-2010)*, Porto, Edições Afrontamento, 2012; Domínguez Álvarez, J. L. y Sánchez, A. R., «Mujer rural y reto demográfico: La acuciante necesidad de repensar la intervención de los poderes públicos», en Ramos Hernández, P. Ferrero García, E. & del Pozo Pérez, M. (Eds.), *Estudios de género: un análisis interdisciplinar*, 2022, pp. 151-167.

11 Diário da República, Resolução do Conselho de Ministros n.º 61/2018, de 21 de maio, 2018.

12 CIG - COMISSÃO PARA A CIDADANIA E IGUALDADE DE GÉNERO. Bases de Dados - Documentação: Municípios, 2024. Disponível em: https://www.cig.gov.pt/bases-de-dados/documentacao/#Munic%C3%ADpios

educacionais é essencial para reduzir a falha digital[13] e criar condições que incentivem a participação igualitária de mulheres e homens na transformação digital do território.

Os Clubes Ciência Viva são iniciativas educativas que surgiram no final dos anos 90 com o objetivo de estimular o interesse dos/as alunos/as pela ciência, tecnologia e inovação através de atividades práticas, experimentação e projetos interdisciplinares. Atualmente funcionam como espaços de aprendizagem não-formal, onde estudantes e professores/as desenvolvem projetos em parceria com cientistas, instituições de ensino superior e centros de investigação. Estes clubes procuram incentivar o gosto pelo conhecimento científico entre os/as jovens, ainda são necessárias estratégias mais robustas e integradas para combater a falha de género no meio digital.

Este estudo exploratório visa compreender em que medida os municípios de Figueira de Castelo Rodrigo, Mêda e Seia têm implementado políticas ou iniciativas que combatam a falha digital em ambiente rural, analisando se essas ações consideram os desafios específicos enfrentados por populações rurais, nomeadamente a menor participação feminina nos meios digitais, a forma desigual como a IA processa os dados digitais e a ciberviolência de género.

II. Desigualdade de género no digital

A Década Digital da UE propõe-se reduzir as falhas digitais até 2030, sendo a sua prioridade a convergência de género. O termo falha digital faz a comparação entre homens e mulheres no meio digital onde se agrava o risco de exclusão para as mulheres, e também reforça as diferenças sociais, económicas, ou geracionais[14].

A UE dispõe de um sistema próprio de indicadores para avaliar os avanços no progresso da digitalização denominado Índice de Economia e Sociedade Digital (DESI), e partir deste construiu-se o índice da participação feminina na sociedade digital denominado de *Woman in Digital* (WiD)[15], como podemos analisar no quadro seguinte:

13 Falha digital é um conceito que descreve a desigualdade no acesso, uso e aproveitamento das TIC. Surgiu nos anos 1990, quando o uso da internet começou a expandir-se globalmente, mas de forma desigual entre países, regiões e grupos sociais.

14 Rodríguez Pasquín, M.; López-Martínez, M.; Esteban-Yago, M.; García-Alonso, J.; García-Alonso, J.; García-Alonso, J., «Digitalization and skills in Spain: regional differences and gender gaps», *Sociología y Tecnociencia*, vol. 2, núm. 13, 2023, pp. 94-117

15 Rodríguez Pasquín, M.; López-Martínez, M.; Esteban-Yago, M.; García-Alonso, J.; García-Alonso, J.; García-Alonso, J., «Digitalization and skills in Spain: regional differences and gender gaps», en *Sociología y Tecnociencia*, vol. 2, núm. 13, 2023, pp. 94-117

Quadro de indicadores WiD, Portugal e UE

Dimensões	Indicadores	Portugal (Mulher)	Portugal (Homem)	UE (Mulher)	UE (Homem)
1. Uso de Internet	1.1 Uso habitual de Internet (2023)	83 %	85 %	90 %	91 %
	1.2 Nenhum uso de Internet (2023)	13 %	11 %	6 %	6 %
	1.3 Banco online (2023)	67 %	71 %	69 %	71 %
	1.4 Formação online (2023)	20 %	16 %	17 %	16 %
	1.5 Consultas ou votações online (2023)	13 %	11 %	9 %	9 %
	1.6 Administração eletrónica (2023)	81 %	80 %	75 %	75 %
2. Competências uso de Internet	2.1 Ao menos habilidades digitais básicas (2023)	55 %	57 %	54 %	57 %
	2.2 Habilidades digitais acima das básicas (2023)	28 %	32 %	25 %	29 %
	2.3 Ao menos habilidades básicas de software (2023)	61 %	63 %	67 %	69 %
3. Habilidades especializadas e emprego	3.1 Licenciaturas STEM (2021 - por 1000 indivíduos dos 20-29)	17	28	15	29
	3.2 Especialistas em TIC (2022)	1,9 %	7,2 %	1,9 %	7 %
	3.3 Licenciaturas TIC (2021)	0,5 %	2 %	0,9 %	3,3 %
	3.4 Diferença salarial de género não ajustada (2022)	17 %	-	19 %	-

Fonte: Comissão Europeia[16]

16 Disponible en: https://digital-strategy.ec.europa.eu/en/news/women-digital-scoreboard-2024.

A análise sobre o impacto da integração digital das mulheres no índice de digitalização de um país revela uma forte correlação entre a participação ativa das mulheres nas tecnologias digitais e o progresso geral em termos de transformação digital. Quanto mais elevada for a integração digital das mulheres maior será o alcance desse índice por país. Esta correlação é evidente ao observar as diferenças no índice de digitalização em vários países da Europa, bem como as implicações dessas diferenças para o desenvolvimento económico, social e tecnológico. Por exemplo, com níveis superiores a 70 (0-100) estão a Finlândia, Irlanda, Países Baixos, Suécia e Dinamarca, com a Roménia e a Bulgária abaixo dos 40. Portugal, com um índice de 63,3 está acima da média europeia de 54,9[17]. Contudo, Portugal enfrenta o desafio da persistência das disparidades de género na adoção de competências digitais avançadas, tendo uma menor participação feminina em setores de tecnologia e inovação comparativamente a outros países líderes, além de que Portugal necessita expandir programas de literacia digital em regiões rurais do interior.

Os avanços tecnológicos e científicos, bem como suas implicações na sociedade, economia e ambiente, colocam desafios significativos para a Educação e Cidadania no século XXI. É necessário integrar precocemente a abordagem STEAM na Educação Pré-Escolar, reorganizando currículos e investindo na formação de professores/as, e a pandemia destacou ainda mais a importância das TIC. Estas medidas são cruciais para formar cidadãos e cidadãs capazes de enfrentar de forma igualitária os desafios da sociedade contemporânea[18].

De acordo com esta pesquisa, há três grandes falhas que agrupam dentro delas várias formas de desigualdade digital: a menor participação feminina; a forma como os estereótipos de género se reproduzem na IA e a ciberviolência baseada no género.

A menor participação de raparigas e mulheres nos trabalhos mais específicos de TIC e a sua reduzida participação nos trabalhos relacionados com as STEAM é preocupante, Este desequilíbrio em pleno processo de transformação digital tem repercussões negativas no, tão aclamado, crescimento económico, ao desaproveitar as capacidades das mulheres[19].

A forma como a IA processa os dados pode torná-los tendenciosos, ao seguir padrões normalizados que aparentam ser lógicos. Segundo Friedman

17 Comissão Europeia, *Women in Digital Scoreboard 2024*. Country Profiles, 2024.

18 Santos, N. P., «Importância da abordagem STEAM na Educação Pré-Escolar», em *RELAdEI. Revista Latinoamericana de Educación Infantil*, núm. 11:1, 2022, pp. 25-32.

19 Criscuolo, C.; Gal, P.; Leidecker, T.; Nicoletti, G., «The Human Side of Productivity: Uncovering the Role of Skills and Diversity for Firm Productivity», *OECD Productivity Working Papers*, núm. 29. OECD Publishing, 2021.

e Nissenbaum[20], esses vieses podem permanecer ocultos no código de sistemas complexos, dificultando sua identificação e divulgação. Pois esses vieses têm raízes em práticas sociais e nas perspetivas pessoais dos programadores, refletindo tanto intenções conscientes quanto inconscientes durante o design dos sistemas. A crescente integração da inteligência artificial na vida quotidiana e a sua proximidade com os/as utilizadores/as podem perpetuar e até reforçar estereótipos de género[21].

A violência baseada no género facilitada pelas novas tecnologias é um fenómeno que afeta cada vez mais a privacidade e a segurança das mulheres e raparigas dentro e fora do ciberespaço, com impactos físicos, mentais, sociais, culturais e económicos[22]. Como resultado da utilização das redes sociais, encontramos diferentes tipos de ciberviolência baseada no género, onde as mais afetadas são as mulheres, como por exemplo ciberbullying, discurso de ódio, grooming[23], happy slappimg[24], stalking[25] ou sextorsion[26].

O European Institute for Gender Equality[27] define a ciberviolência de género contra mulheres e raparigas como uma forma de violência de género cometida através de comunicações eletrónicas e internet, que afeta mais as mulheres e raparigas pois estas experimentam formas diferentes e mais traumáticas dessa violência. De entre as diversas formas de ciberviolência contra mulheres e raparigas está o ciberassédio, a pornografia não consen-

---

20 Friedman, B., e Nissenbaum, H., «Bias in Computer Systems», em *ACM Transactions on Information Systems*, núm. 14, vol. 3, 1996, pp. 330-347.

21 Costa, P. C. F., *Conversations with ELIZA: sobre género e inteligência artificial*. Tese de mestrado, Orientadora: Luísa Maria Lopes Ribas, Design de Comunicação e Novos Media, Universidade de Lisboa, Faculdade de Belas Artes, 2019.

22 Nadhiroh, A. M., Winarti, E., Rozifa, A. W., e Saudah, N., «Multi-Dimensional Impact of Cyber Gender-Based Violence: Examining Physical, Mental, Social, Cultural, and Economic Consequences», *Gaceta Médica de Caracas*, núm. 131(4S), 2023.

23 Grooming é uma prática de manipulação e aliciamento com intenções maliciosas para ganhar a confiança de menores com o objetivo de explorá-los, geralmente em contextos de abuso sexual ou exploração online.

24 Happy slapping combina agressão física com humilhação e exposição pública, consiste em registar com dispositivos móveis, atos de violência física ou psicológica cometidos contra uma pessoa desprevenida, com o objetivo de compartilhar as imagens ou vídeos em meios digitais para obter atenção, «popularidade» ou diversão às custas da vítima.

25 Stalking refere-se a um comportamento obsessivo e persistente de perseguição, assédio ou monitorização de outra pessoa, causando-lhe medo, angústia ou sensação de ameaça. O termo é frequentemente associado a situações em que o stalker (o perseguidor) tenta invadir a vida pessoal da vítima, seja presencialmente ou por meios digitais.

26 Sextorsion refere-se a uma forma de extorsão onde a vítima é ameaçada com a divulgação de imagens íntimas ou privadas (geralmente de teor sexual) se não atender a exigências financeiras ou outras exigências do agressor.

27 European Institute for Gender Equality (EIGE), *Ciberviolência de género contra mulheres e raparigas*, 2024.

sual (ou pornografia de vingança), insultos baseados no género, discurso de ódio e assédio, pornografia não solicitada, sextorsion, ameaças de violação, ameaças de morte e redes de tráfico de seres humanos facilitadas eletronicamente. Neste sentido, a ciberviolência não é um fenómeno dissociado da violência fora do ambiente online, pois frequentemente reproduz os mesmos padrões.

Atualmente, o espaço digital é palco de uma disputa discursiva entre o ativismo feminista digital e a misoginia online. De um lado, o ativismo feminista digital utiliza esse espaço para denunciar desigualdades de género, violências e discriminações, além de promover a conscientização e lutar por direitos. Por outro lado, a misoginia online, que representa o ódio e o preconceito contra mulheres, também se manifesta intensamente nesse mesmo ambiente, por meio de ataques, discursos de ódio e tentativas de silenciar vozes feministas[28]. Estas duas forças opostas disputam atenção, influência e legitimidade no espaço digital, transformando-o num lugar de embates discursivos sobre questões de género.

A transformação digital traz inúmeras oportunidades, mas também desafia a sociedade a enfrentar desigualdades profundamente enraizadas, como a falha de género no meio digital. Apesar de avanços pontuais, persistem barreiras que limitam a participação equitativa de mulheres na esfera tecnológica. Assim, é essencial promover estratégias abrangentes que combinem educação inclusiva, políticas públicas robustas e iniciativas colaborativas entre governos, instituições académicas e organizações sociais. Apenas através de um compromisso coletivo será possível garantir que a revolução digital se torne verdadeiramente inclusiva e acessível a todos e todas.

III. Metodologia

A investigação segue uma abordagem qualitativa, ajustando-se ao contexto, recursos disponíveis e objetivos definidos para o estudo[29]. Esta abordagem prioriza a interpretação e compreensão, com ênfase na construção colaborativa de conhecimento, alinhada aos princípios da antropologia aplicada[30].

A pesquisa bibliográfica foi a etapa inicial, com foco na revisão de literatura científica e técnica disponível sobre o tema da desigualdade digital. Foram analisadas publicações académicas, artigos em revistas especializadas e

28 Núñez Puente, S., «El espacio digital en disputa: un nuevo paradigma de testimonio ético de la violencia frente a la apropiación y la misoginia», em *Revista de Estudios de Juventud*, núm. 125, 2022, pp. 49-56.

29 Ghliglione, R.; M Atalon, B., *O Inquérito: Teoria e Prática*, Oeiras, Celta, 2001.

30 Crapo, R. H., *The Anthropology of the Community: From Models to Practices*, Westport, CT: Praeger, 2004.

relatórios institucionais relevantes. Essa etapa permitiu identificar conceitos-chave, lacunas teóricas e contextos comparativos para situar a investigação.

De seguida foi feita uma análise detalhada de documentos oficiais disponíveis online, especialmente provenientes dos municípios e das Escolas Ciência Viva dos territórios em estudo. Esta análise restringiu a pesquisa a dois dos quatro municípios do Parque Côa, devido à não existência de PMIND em dois deles, e ao município de Seia, no Parque Natural da Serra da Estrela. Devido à dimensão do Parque Natural optou-se por restringir a pesquisa ao município de Seia, por também aí se encontrarem sítios de arte rupestre preparados para fruição pública. Essa análise permitiu contextualizar as dinâmicas locais e identificar as principais iniciativas já implementadas na região a nível da igualdade digital.

A fase exploratória envolveu a observação participante numa atividade do PMIND da Câmara Municipal de Figueira de Castelo Rodrigo, a facilitação de uma atividade da Plataforma da Ciência Aberta (PCA), uma entrevista semiestruturada com a coordenadora da PCA e a recolha de informação através de e-mail com o município de Seia. As participantes foram selecionadas com base na sua ligação direta com os temas investigados.

Esta pesquisa exploratória tem como objetivo construir um saber coletivo, em interação direta com as pessoas locais, para que os resultados possam ser aplicados em benefício do território rural em causa. Contudo, enfrentam-se desafios significativos ao longo desse processo. Esses desafios foram enfrentados por meio de uma postura reflexiva, com atenção às dinâmicas culturais e sociais locais.

III. Igualdade digital em meio rural

A igualdade digital é crucial para garantir que todas as pessoas, independentemente da sua localização ou classe social tenham acesso igualitário às tecnologias e ao mundo digital. Em particular, no meio rural, onde as desigualdades no acesso à internet e à formação digital são mais acentuadas[31], essa inclusão é essencial para promover oportunidades de educação, emprego, saúde e participação cívica. A falta de acesso a tecnologias digitais em zonas rurais perpetua a exclusão social e limita as capacidades de inovação e desenvolvimento desses territórios. Programas que procuram reduzir a falha digital no meio rural podem melhorar a qualidade de vida, ampliar o acesso a serviços essenciais e promover a autonomia das pessoas.

A cobertura Very High Capacity Network(VHCN) fixa rural melhorou de 29 % em 2020 para 37 % em 2021, mas continua a existir uma grande lacuna entre os números rurais e nacionais. Contudo Portugal, Espanha, Malta, Luxem-

31 Comissão Europeia, *Women in Digital Scoreboard 2024*. Country Profiles, 2024.

burgo, Dinamarca, Letónia e Países Baixos são os Estados-Membros mais avançados na cobertura VHCN fixa total (todos com mais de 90 % dos lares cobertos). Contudo, a divisão urbano-rural no uso da Internet perdura: Os agregados familiares nas cidades, vilas e subúrbios têm taxas de assinatura comparativamente mais elevadas (94 % nas cidades e 92 % nas vilas e subúrbios), enquanto os das zonas rurais registam números ligeiramente mais baixos (89 %). Esta divisão urbano-rural é particularmente visível em Portugal, Bulgária e Grécia, onde os agregados familiares nas zonas rurais registam valores inferiores a 80 %[32].

As mulheres rurais, muitas vezes com menor literacia digital, enfrentam desafios adicionais no combate à ciberviolência, tornando mais difícil identificar, denunciar ou proteger-se da violência online. Além disso, a ausência de anonimato e a exposição nas redes sociais podem intensificar o estigma e a vergonha em comunidades pequenas, onde as repercussões sociais são amplificadas. A ciberviolência de género no meio rural pode manifestar-se de maneiras mais discretas, mas igualmente devastadoras, através do controlo das mulheres por meio de dispositivos digitais ou o uso de plataformas online para espalhar rumores e insultos, o que agrava ainda mais a desigualdade de género.

O sexting, e a ciberviolência que pode resultar dele, como a pornografia de vingança, são comportamentos digitais em expansão. Estudos sobre as implicações dessa violência digital de género em contextos rurais[33] demonstram que as transgressões de género associadas ao sexting representam um desafio maior para as mulheres jovens em zonas com pouca privacidade. As características da vida rural exacerbam os efeitos negativos para as vítimas da circulação não consensual de imagens. As mulheres sentem maior pressão e julgamento por parte da sociedade, que podem responsabilizá-la pelo ocorrido ou criticá-la por estar envolvida em uma situação vista como «imprópria». As mulheres podem ser vistas de forma negativa em relação aos estereótipos de género, como a expectativa de comportamentos «adequados» para uma rapariga e mulher, a circulação de imagens íntimas sem consentimento pode fazer com que seja tratada de forma desrespeitosa ou como alguém que perdeu valor em termos sociais. Isto origina impactos mentais consideráveis nas mulheres, mas também gera impactos negativos em termos sociais, culturais, económicos e físicos[34].

---

32 Comissão Europeia, *Women in Digital Scoreboard 2024*. Country Profiles, 2024.

33 Pavón-Benítez, L., Romo-Avilés, N., & Tarancón Gómez, P., ««In my village everything is known": sexting and revenge porn in young people from rural Spain», *Feminist Media Studies*, vol. 8, núm. 22, 2022.

34 Nadhiroh, A. M., Winarti, E., Rozifa, A. W., e Saudah, N., «Multi-Dimensional Impact of Cyber Gender-Based Violence: Examining Physical, Mental, Social, Cultural, and Economic Consequences», em *Gaceta Médica de Caracas*, núm. 131(4S), 2023.

Portanto, combater a ciberviolência de género no meio rural requer em primeiro lugar o combate aos estereótipos de género e exige políticas públicas que promovam a igualdade digital, a educação sobre segurança online e a proteção das mulheres contra abusos digitais. Iniciativas de apoio psicológico, educação digital e apoio legal devem ser especialmente adaptadas às necessidades dessas mulheres, garantindo que elas tenham as ferramentas para se defender e as redes de apoio para lidar com os impactos dessa violência. O Governo deve formular uma estratégia clara para combater a ciberviolência contra as mulheres. Deve ser implementada de forma intensiva uma educação que se foque na prevenção do cibercime por parte dos rapazes[35].

Tal como SOUSA, GONZALEZ e MENDONÇA[36] evidenciam é necessário

> «explorar a compreensão do papel das instituições municipais não apenas na promoção de políticas de igualdade de género, mas também no combate à segregação do trabalho por género a nível local, pois a importância da construção de uma base educativa e de ações políticas que possam contribuir para a erradicação deste flagelo social, alertam para a extrema dificuldade de mudar mentalidades e comportamentos fortemente enraizados na cultura local».

Combater a ciberviolência de género no meio rural exige uma abordagem integrada que envolva a desconstrução de estereótipos de género, políticas públicas eficazes e ações educativas focadas na prevenção e apoio. A colaboração entre instituições municipais, organizações locais e a sociedade civil será crucial para transformar mentalidades e erradicar comportamentos discriminatórios, garantindo um ambiente digital seguro e inclusivo para todas as mulheres.

1. Planos municipais para a igualdade e não discriminação

Os PMIND dos três municípios em análise iniciaram em 2022 e estão estruturados com 7/8 objetivos estratégicos até 2026. Os municípios de Mêda e Figueira de Castelo Rodrigo têm um eixo dedicado ao «Desenvolvimento científico e tecnológico igualitário, inclusivo e orientado para o futuro», enquanto o município de Seia não menciona a inclusão digital, e nenhum deles tem uma visão especificamente direcionada para o meio rural onde estão inseridos.

---

35 NADHIROH, A. M., WINARTI, E., ROZIFA, A. W., e SAUDAH, N., «Multi-Dimensional Impact of Cyber Gender-Based Violence: Examining Physical, Mental, Social, Cultural, and Economic Consequences», em *Gaceta Médica de Caracas*, núm. 131(4S), 2023.

36 SOUSA, N.; GONZALEZ, L. O.; MENDONÇA, V., «Gender (In)Equality in Local Employment: A Perspective of Municipal Executives», *Revista Portuguesa de Estudos Regionais*, núm. 61, 2022, pp. 121-134.

1.1. Figueira de Castelo Rodrigo

O PMIND do município de Figueira de Castelo Rodrigo resulta das conclusões retiradas do Diagnóstico Municipal da Igualdade, através do qual se analisaram as diferenças entre mulheres e homens na análise de determinados fenómenos, políticas e processos:

«designadamente nos domínios temáticos da gestão de pessoas, formação e emprego, da saúde e ação social, da educação, da cultura, desporto e juventude, do urbanismo e ambiente, da mobilidade e transportes, da segurança e prevenção da violência no espaço público e da violência no trabalho»[37].

Isto leva à definição de oito Objetivos Estratégicos (OE) de intervenção. O alcance dos OE faz-se através do envolvimento do Município, da Equipa para a Igualdade na Vida Local (EIVL) e de todos os parceiros, que em conjunto desenharam uma matriz de atividades com um total de 45 ações a realizar para os quatro anos de implementação do PMIND, havendo uma ênfase significativa na modernização tecnológica e na melhoria do acesso à informação. Entre as iniciativas destacadas, o município tem apoiado programas de literacia digital, incluindo esforços para melhorar o acesso a dispositivos tecnológicos, a conectividade e a formação digital para a população. Contudo, há ações em que claramente lhes falta a linha de atuação diretamente conectada com as especificidades do território, como foi o caso da ação 14 - Colóquio 'Igualdade no Contexto Rural Ibérico' a que tive a oportunidade de assistir em setembro de 2023. Embora o evento tenha abordado questões importantes sobre igualdade de género, ele não considerou de forma suficientemente aprofundada as particularidades da realidade rural, como o acesso limitado à tecnologia, e os estereótipos próprios dessas comunidades. As intervenções, embora relevantes, careceram de uma adaptação prática às condições locais, como a promoção de soluções específicas para mulheres em zonas com pouca privacidade. A implementação de ações de igualdade de género no meio rural exige, portanto, uma abordagem mais localmente orientada, que leve em conta as dificuldades e os recursos específicos de cada região, promovendo uma verdadeira inclusão digital e social.

Apesar de existirem lacunas no PMIND que não abordam de forma suficientemente específica as particularidades do território rural, há exemplos positivos que têm demonstrado um compromisso real com a igualdade de género. O município que foi recentemente reconhecido pelas suas boas práticas em igualdade de género, evidenciado pela atribuição do prémio 'Viver em Igualdade' pela CIG em outubro de 2024 a 61 municípios, sendo o único município do distrito da Guarda a ser galardoado.

---

37 Municipio de Figueira de Castelo Rodrigo, *Plano Municipal para a Igualdade e Não Discriminação 2022-2026*, 2022.

1.2. Mêda

O PMIND do município de Mêda resulta das conclusões retiradas do Diagnóstico Municipal da Igualdade, estando estruturado com oito Objetivos Estratégicos.

O alcance dos OE faz-se através do envolvimento do Município, da Equipa para a Igualdade na Vida Local (EIVL) e de todos os parceiros, que em conjunto desenharam uma matriz de atividades com um total de 37 ações a realizar para os quatro anos de implementação do PMIND. O plano procura integrar a perspetiva de género nas políticas locais e aborda áreas como emprego, educação e formação, ação social, saúde, cultura, desporto, juventude, mobilidade, urbanismo e ambiente e prevenção da violência em espaço público e privado. Quanto ao tema da igualdade digital, o documento menciona iniciativas relacionadas ao desenvolvimento científico e tecnológico inclusivo, onde inclui ações para capacitação tecnológica e promoção da inclusão digital dos habitantes. Devemos também realçar a atividade 16[38] que pretende desenvolver um «Plano de criação de emprego masculino na área social» situação que vários autores[39] defendem que também é necessária encorajar para contra balancear as desigualdades de género no emprego digital.

Contudo, este PMIND tem pouco foco direcionado para o território rural onde está inserido e além disso não há evidências da sua execução nos canais oficiais do município da Mêda.

1.3. Seia

O PMIND do município de Seia resulta das conclusões retiradas do Diagnóstico interno e externo «onde foram utilizadas metodologias ativas e participativas»[40], e também do trabalho que o município considera ter vindo a desenvolver em matéria de igualdade e não discriminação.

Este PMIND estrutura-se em torno de sete Objetivos Estratégicos, em áreas como solidariedade social, educação, emprego, saúde, cultura, desporto e participação. Este PMIND, como os anteriores, prioriza o envolvimento de organizações locais para garantir uma abordagem colaborativa e eficaz. Destaca-se ainda o foco em colmatar fragilidades e potenciar boas

38 Municipio de Mêda, *Plano Municipal para a Igualdade e Não Discriminação 2022-2026*, 2022.

39 Rodríguez Pasquín, M.; López-Martínez, M.; Esteban-Yago, M.; García-Alonso, J.; García-Alonso, J.; García-Alonso, J., «Digitalization and skills in Spain: regional differences and gender gaps», en *Sociología y Tecnociencia*, vol. 2, núm. 13, 2023, pp. 94-117

40 Municipio de Seia, *Plano Municipal para a Igualdade e Não Discriminação 2022-2026*, 2022.

práticas identificadas durante a fase de diagnóstico, mas não há qualquer referência a ações específicas voltadas para a igualdade digital.

De acordo com Mónica Martins da Unidade de Desenvolvimento Social deste Município:

«Relativamente à implementação das ações previstas no PMIND de Seia foram desenvolvidas várias edições da *Ação de sensibilização sobre a temática da orientação sexual, identidade e expressão de género e características sexuais*, junto de profissionais da educação; de dirigentes e profissionais das IPSS´s, do Município e outros serviços públicos; de profissionais de saúde; associações de pais; de dirigentes da área do desporto e atletas e comunidade em geral. Junto dos alunos do 1.° ciclo do concelho, o Município desenvolveu a Ação de sensibilização À *descoberta das profissões*. Os profissionais da educação do pré-escolar e 1.° ciclo participaram na *Ação de formação no* âmbito *da Igualdade e Não Discriminação, da Cidadania e Responsabilidade Social*. Os/as dirigentes do Município participaram na *Ação de sensibilização sobre a importância da adoção de planos de desenvolvimento pessoal dos/as colaboradores/as da CMS*. Para pais/mães/cuidadores/as das crianças dos Jardins de Infância e 1.° ciclo foi realizada a Ação de Capacitação '*Oficina da Parentalidade Cooperante*'. Foi, também, realizado o *Seminário Boas Práticas em Igualdade e não Discriminação*. Elaborou-se um '*Guia para uma Linguagem Inclusiva*' e procedeu-se à revisão de alguns documentos estratégicos municipais, para compatibilização com os princípios da Igualdade e Não Discriminação».

O PMIND do município de Seia reflete um esforço na promoção da igualdade de género. No entanto, apesar de diversas iniciativas valiosas, a falta de uma abordagem direcionada à igualdade digital aponta para uma lacuna que poderia fortalecer ainda mais o compromisso do município com a inclusão social.

2. Rede centros ciência viva

Em 2002 foi definido o conceito de Centro Ciência Viva, no Despacho n.° 8890/2002 do Ministério da Ciência e Tecnologia, publicado na 2a série do Diário da República de 30 de abril de 2002, assumindo um papel de grande relevo na divulgação científica e tecnológica, em especial junto da população jovem. Este despacho estabelece um conjunto mínimo de requisitos a observar para que este estatuto possa ser reconhecido a uma determinada entidade, tais como: Promoção da Cultura Científica e Tecnológica; Caráter Educativo; Instalações Adequadas; Estabelecer Parcerias Estratégicas; Sustentabilidade e Gestão e, claro, ter um alinhamento com os Objetivos da Rede Ciência Viva.

Cada Centro Ciência Viva alimenta a sua própria rede local e regional, ligada a autarquias, empresas, escolas, universidades, politécnicos e unidades de investigação da sua região. Atualmente existem 21 espaços de Ciência Viva em Portugal e dois dos quais na região do Côa Parque.

2.1. Centro Ciência Viva: Museu do Côa

O Museu do Côa integra a Rede de Centros Ciência Viva desde março de 2019. Os conteúdos abordados são relevantes para várias áreas do saber: História, Geografia; Estudos Artísticos; Geologia; Biologia ou a Comunicação e Imagem.

Este Centro Ciência Viva pretende quebrar as barreiras que separam a Ciência dos cidadãos e das cidadãs. «Ciência para todos» apresenta-se como lema para envolver o público em geral, especialmente os jovens estudantes, sensibilizando-os para a relevância da investigação e inovação na Europa com vista a um futuro mais sustentável, inclusivo e identitário.

2.2. Centro Ciência Viva: Plataforma da Ciência Aberta – Município de Figueira de Castelo Rodrigo

A PCA integra a Rede de Centros Ciência Viva desde janeiro de 2021. Promove o desempenho escolar e impulsiona o empreendedorismo e a inovação social na região, através de colaborações entre a escola, sociedade civil, empresas, universidades e a comunidade em geral.

Este centro recebe alunas/os do pré-escolar e do primeiro ciclo do ensino básico para proporcionar aprendizagens e descobertas nas áreas das STEAM, com um foco em temas socialmente relevantes e com ligação ao território. No âmbito da Escola Ciência Viva, proporciona também o 'Dia com o/a Cientista', que pretende combinar o conhecimento e a experiência de um/a profissional das áreas da ciência, tecnologia, investigação, inovação com um valor (natural, cultural, patrimonial) e/ou parceiro do território. Eu própria, enquanto investigadora de doutoramento, tive a oportunidade de participar nesta sessão em outubro de 2023 implementando atividades de Educação Não-Formal sobre igualdade de género em meio rural a numa turma da 3.ª classe do Agrupamento de Escolas de Figueira de Castelo Rodrigo.

Maria Vicente, coordenadora da PCA, refere que infelizmente não têm dados separados por género de todas as atividades que a Plataforma desenvolve. Mas têm dados separados por género nas atividades que decorrem no âmbito da Escola Ciência Viva, e nesse caso é notório que quando fazem atividades com os pais e as mães das crianças e jovens são maioritariamente as mães que participam, «por exemplo, no ano letivo de 2023/2024 tivemos 28 homens a participarem em atividade de educação na faixa dos 30-54 anos e 69 mulheres na mesma faixa etária, e 2 homens com idade acima dos 55 e 19 mulheres nessa mesma faixa etária». Contudo, refere que futuramente irão passar a fazer a recolha de dados por género em toda a atividade da PCA.

IV. Análise e conclusões

Todos estes documentos internacionais, europeus, nacionais ou municipais são necessários para se combater a desigualdade de género no meio digital. Contudo, ainda assim está a evitar-se um compromisso concreto na participação das mulheres nas TIC, STEAM e IA ao não existir uma meta quantificável para 2030, e no caso dos municípios rurais a não existência de ações concretas planeadas sobre este problema nos seus territórios.

Os PMIND procuram criar uma base sólida para mudanças estruturais na comunidade, promovendo a igualdade como um princípio essencial de convivência social. Estes PMIND também reforçam a importância de monitorizar e avaliar as ações implementadas, com o intuito de assegurar a sua sustentabilidade e impacto positivo ao longo do tempo. Mas o combate à falha digital na promoção de um acesso mais equitativo às novas tecnologias de informação, principalmente nas áreas rurais, é um desafio importante que o município de Figueira de Castelo Rodrigo tenta mitigar no seu PMIND, evidenciando um foco mais robusto na igualdade digital do que Seia e Mêda. Facto que talvez se possa justificar pela existência de um Centro Ciência Viva no concelho que trabalha as STEAM.

Estes PMIND devem estar em consonância com o processo global de transformação da Internet, e devem responder às especificidades do século XXI e do território rural em que estão localizados, focando-se em questões como a agricultura, o ambiente e os estereótipos de género enraizados culturalmente.

É fundamental considerar as especificidades dos nossos territórios rurais e reconhecer, sem preconceitos, as pessoas que neles habitam, para que sejam implementadas medidas e ações que realmente respondam às características e necessidades locais.

A igualdade digital no meio rural é um desafio crítico e interdisciplinar, cuja ausência evidencia lacunas no acesso à tecnologia e ao conhecimento digital, limitando o desenvolvimento socioeconómico e as oportunidades dessas comunidades. Esse desafio torna-se ainda mais complexo quando se considera a igualdade de género, exigindo uma abordagem integrada que combine o investimento em infraestruturas tecnológicas, a redução de custos, a promoção de educação digital igualitária e o desenvolvimento de competências, juntamente com políticas que fomentem a igualdade de género em todos os âmbitos, incluindo o digital.

Futuramente, há que conectar os poder político, a academia e as comunidades locais para o desenvolvimento de medidas e políticas e a sua implementação de forma envolvente, privilegiando sempre a sua monitorização e avaliação de forma a que haja uma melhoria e evolução destas ações.

Apesar da evolução positiva nas últimas décadas, ainda persistem na sociedade grandes desigualdades de género, dessa forma uma estratégia nacional, alinhada com vários organismos internacionais, direcionada para a implementação local, liderada pelos municípios (ou outras entidades locais) é essencial para trabalhar de perto, com a população local, e as suas idiossincrasias, o combate à perpetuação dos estereótipos de género no dia-a-dia, na vida pública, na vida privada e na vida digital.

AGRADECIMENTOS: José Luis Domínguez Álvarez/USAL, Maria Vicente coordenadora da Plataforma da Ciência Aberta; Sandra Ribeiro presidente da CIG; Mónica Martins/Unidade de Desenvolvimento Social da Câmara Municipal de Seia; Vera Mendonça/CETRAD-UTAD e Diana Gomes/ESAV-IPV.

VI. Bibliografía

Amorós, C., «Espacio público, espacio privado y definiciones ideológicas de "lo masculino" y "lo femenino"», en *Feminismo, igualdad y diferencia*, UNAM, PUEG, México, 1994, pp. 23-52.

Cabral, J. P., *Filhos de Adão. Filhas de Eva. A visão do mundo camponesa do Alto Minho*, Lisboa, D. Quixote, 1989.

CIG - Comissão para a Cidadania e Igualdade de Género, *Bases de Dados - Documentação: Municípios*, 2024.

Comissão Europeia, *Women in Digital Scoreboard 2024*. Country Profiles, 2024.

Costa, P. C. F., *Conversations with ELIZA: sobre género e inteligência artificial*, Tese de mestrado, orientadora: Luísa Maria Lopes Ribas. Design de Comunicação e Novos Media, Universidade de Lisboa, Faculdade de Belas Artes, 2019.

Crapo, R. H., *The Anthropology of the Community*: From Models to Practices, Westport, CT, Praeger, 2004.

Criscuolo, C.; Gal, P.; Leidecker, T. and **Nicoletti, G.**, «The Human Side of Productivity: Uncovering the Role of Skills and Diversity for Firm Productivity», *OECD Productivity Working Papers*, núm. 29, OECD Publishing, 2021.

Diário da República, *Resolução do Conselho de Ministros n.º 61/2018*, de 21 de maio, 2018.

Diário da República, *Carta Portuguesa de Direitos Humanos na Era Digital* (Lei n.º 27/2021, de 17 de maio), 2021.

Domínguez Álvarez, J. L. y **Sánchez, A. R.**, «Mujer rural y reto demográfico: La acuciante necesidad de repensar la intervención de los poderes públicos», en *Estudios de género: un análisis interdisciplinar*, 2022, pp. 151-167.

Domínguez Álvarez, J. L., «La silenciosa construcción de los derechos digitales», en *Revista Boliviana de Derecho*, núm. 34, 2022, pp. 582-613.

European Institute for Gender Equality (EIGE), *Ciberviolência de género contra mulheres e raparigas*, 2024.

Municipio de Figueira de Castelo Rodrigo, *Plano Municipal para a Igualdade e Não Discriminação 2022-2026*, 2022.

Municipio de Figueira de Castelo Rodrigo, *Relatório de Execução Plano Municipal para a Igualdade 2022-2026*, maio, 2023.

Friedman, B; Nissenbaum, H., «Bias in Computer Systems», en *ACM Transactions on Information Systems*, vol. 3, núm. 14, 1996, pp. 330-347.

Ghliglione, R.; **Matalon, B.**, *O Inquérito: Teoria e Prática*, Oeiras, Celta, 2001.

Iturra, R., «Estratégias na organização doméstica da produção na Galiza Rural», en *Ler História*, núm. 1, 1983, pp. 81-109.

Maya Frades, V., «Ocio y tiempo libre de la mujer rural», en *Turismo, ocio y deporte: VIII Congreso de Sociología*, 2004.

Municipio de Mêda, *Plano Municipal para a Igualdade e Não Discriminação 2022-2026*, 2022.

Miguel Álvarez, A., «Nuevos conflictos sociales, nuevas identidades sociales: la lucha por el reconocimiento», en *Tabanque: Revista pedagógica*, núm. 18, 2004, pp. 11-30.

Monteiro, R., *Feminismo de estado em Portugal: mecanismos, estratégias, políticas e metamorfoses*, Tese de doutoramento em Sociologia, Faculdade de Economia da Universidade de Coimbra, 2011.

Nadhiroh, A. M.; **Winarti, E.; Rozifa, A. W.; Saudah, N.**, «Multi-Dimensional Impact of Cyber Gender-Based Violence: Examining Physical, Mental, Social, Cultural, and Economic Consequences», em *Gaceta Médica de Caracas*, núm. 131(4S), 2023.

Núñez Puente, S., «El espacio digital en disputa: un nuevo paradigma de testimonio ético de la violencia frente a la apropiación y la misoginia», em *Revista de Estudios de Juventud*, núm. 125, 2022, pp. 49-56.

Pavón-Benítez, L.; **Romo-Avilés, N.**; **Tarancón Gómez, P.**, «"In my village everything is known": sexting and revenge porn in young people from rural Spain», em *Feminist Media Studies*, vol. 8, núm. 22, 2022.

Rodríguez Pasquín, M.; **López-Martínez, M.**; **Esteban-Yago, M.**; **García-Alonso, J.**, «Digitalization and skills in Spain: regional differences and gender gaps», em *Sociología y Tecnociencia*, vol. 2, núm. 13, 2023, pp. 94-117.

Santos, N. P., «Importância da abordagem STEAM na Educação Pré-Escolar», em *RELAdEI. Revista Latinoamericana de Educación Infantil*, vol. 1, núm. 11, 2022, pp. 25-32.

Municipio de Seia, *Plano Municipal para a Igualdade e Não Discriminação 2022-2026*, 2022.

Senent Vidal, M. J.; **Ventura Franch, A.**, «Inteligencia artificial e igualdad de mujeres y hombres: una regulación jurídica necesaria. Especial referencia al proyecto de reglamento europeo», en *IgualdadES*, Año VI, núm. 10, 2024, pp. 45-71.

Silva, C. S., *Sócio-antropologia rural e urbana. Fragmentos da sociedade portuguesa (1960-2010)*, Porto, Edições Afrontamento, 2012.

Sousa, N.; Gonzalez, L. O.; Mendonça, V., «Gender (In)Equality in Local Employment: A Perspective of Municipal Executives», en *Revista Portuguesa de Estudos Regionais*, núm. 61, 2022, pp. 121-134.

Made in United States
Orlando, FL
04 November 2026

90201663R00168